Baumann / Müller / Stricker (Hrsg.)
Philosophie der Praxis ...

D1721243

Claus Baumann, geb. 1967, ist Lehrbeauftragter für Philosophie an der Universität Stuttgart sowie für Gesellschaftstheorie und Sozialphilosophie an der Dualen Hochschule Baden-Württemberg in Stuttgart; Promotion in Philosophie zum Thema *Was tun wir, wenn wir arbeiten? – Überlegungen zur Formbestimmung von Arbeit*; arbeitet zu Dialektik, Geschichts- und Entwicklungstheorie, Politischer und Rechtsphilosophie, Kritik der politischen Ökonomie und zur Ästhetik.

Jan Müller, geb. 1979, studierte Philosophie und Deutsche Sprache und Literatur in Marburg/Lahn; Promotion 2010; forscht und publiziert zu Fragen im Spannungsfeld von Sprachphilosophie, Handlungstheorie, Rechtsphilosophie und Metaethik.

Ruwen Stricker, geb. 1980, studiert Ethik/Philosophie, Politikwissenschaft und Geschichte an der Universität Stuttgart; stud. Hilfskraft am Institut für Philosophie; Interessenschwerpunkte: politische Philosophie, Gesellschaftstheorie, Kritische und marxistische Theorie, Weimarer Republik und Konservative Revolution.

Claus Baumann / Jan Müller / Ruwen Stricker (Hrsg.)

Philosophie der Praxis und die Praxis der Philosophie

Michael Weingarten zum Sechzigsten

WESTFÄLISCHES DAMPFBOOT

Gefördert durch die Rosa Luxemburg-Stiftung Baden-Württemberg

Bibliografische Information der Deutschen Nationalbibliothek
Die Deutsche Nationalbibliothek verzeichnet diese Publikation in der Deutschen
Nationalbibliografie; detaillierte bibliografische Daten sind im Internet über
http://dnb.d-nb.de abrufbar.

1. Auflage Münster 2014
© 2014 Verlag Westfälisches Dampfboot
Alle Rechte vorbehalten
Umschlag: Lütke Fahle Seifert AGD, Münster
Druck: Rosch-Buch Druckerei GmbH, Scheßlitz
Gedruckt auf säurefreiem, alterungsbeständigem Papier
ISBN 978-3-89691-954-0

Inhalt

Claus Baumann / Jan Müller / Ruwen Stricker

Vorwort: Im Weingarten der Philosophie

„Philosophie der Praxis – Praxis der Philosophie": Mit dem Titel des vorliegenden Sammelbandes sind implizit die Fragen nach der Legitimität der Philosophie in der gesellschaftlichen Praxis und nach ihrem spezifischen Beitrag zu ihr aufgeworfen – das heißt vor allem: nach dem „spezifischen Können" der Philosophie. Beide Fragen sind – wenn auch in gegenläufiger Weise – eng miteinander verbunden: In der geschichtlich rekonstruktiven Perspektive sieht man, dass die Frage nach dem spezifischen Können der Philosophie – insbesondere einer Philosophie, die mit dem Attribut „kritisch" versehen ist – vorzugsweise in manifesten gesellschaftlichen Krisenzeiten in den Fokus rückt. In relativ gefestigten gesellschaftlichen Verhältnissen – also in Zeiten, während derer die Krise nur latent ist – wird Philosophie als kritische Instanz regelmäßig so wahrgenommen, als befände sie sich in einer Legitimationskrise. Insofern sind es nicht nur historische Zufälle, dass der Philosoph Josef König die Frage nach dem spezifischen Können der Philosophie in den 1930er Jahren aufwirft und ihre Legitimität an die Möglichkeit eines spezifischen Redenkönnens zurückgebunden findet[1], und der Überlebende Jorge Semprún diese Reflexion angesichts der zivilisationsgeschichtlichen Katastrophe der Shoah, des vom deutschen NS-Faschismus initiierten und technisch-bürokratisch durchgeführten Vernichtungsprogramms zu der Charakterisierung zuspitzt, Philosophie sei eine „Überlebenswissenschaft"[2]. Dagegen drängt sich in Zeiten stabilisierter gesellschaftlicher Verhältnisse – wie etwa zu Beginn der 1960er Jahren – eher die Frage „Wozu noch Philosophie"[3] auf.

---

1   Vgl. König, Josef 1978: Das spezifische Können der Philosophie als εὖ λέγειν . In: Ders.: Vorträge und Aufsätze. Hrsg. von Günther Patzig. Alber, Freiburg/München, S. 15-26.

2   Vgl. Semprún, Jorge 2007: Philosophie als Überlebenswissenschaft. Rede zur Verleihung der Ehrendoktorwürde der Philosophischen Fakultät Potsdam am 25. Mai 2007. Universitätsverlag, Potsdam.

3   Vgl. Adorno, Theodor W. 2003: Wozu noch Philosophie. In: Ders.: Kulturkritik und Gesellschaft II. Gesammelte Schriften Bd. 10.2. Suhrkamp, Frankfurt/M., S. 459-473.

Theodor W. Adorno reagiert mit ihr auf eine Situation, in der Philosophie ihre theoretische und kritische Funktion zu verlieren droht, als sich gesellschaftlich eine bestimmte ökonomische Rationalität und im akademischen Betrieb in der Regel naturwissenschaftliche sowie technisch rationalisierte Standards durchsetzen und konsolidieren. Als akademische Disziplin muss Philosophie innerhalb der Spezialisierung und Differenzierung von Wissensgebieten nach wie vor ihren Platz als kritische Instanz behaupten; sie „hat in der allgemeinen Situation von Verfachlichung selbst ebenfalls als Spezialfach sich etabliert, dem des von allen Sachgehalten Gereinigten."[4] Adorno sieht eine dem herrschenden Nützlichkeitsdiktat unterworfene Philosophie zum herrschaftsaffirmativen Ornament geraten – gerade dann, wenn sie sich als „unpolitisch" geriert. Wenn Philosophie im akademischen Betrieb dagegen die „Freiheit des Geistes" nicht verleugnet, einen Geist, „der dem Diktat des Fachwissens nicht pariert"[5] und genau damit eine kritische Reflexionswissenschaft ist, dann findet sie sich regelmäßig mit dem Anspruch konfrontiert, einem hegemonialen Diskurs akademischer Philosophie Rechtfertigung zu schulden.

Diese Diagnose verweist auf die grundlegende Selbstverständlichkeit, die vernünftige Reflexionsform unserer Praxis als irreduzibel *gesellschaftlich*, als *sprachlich* vermittelt und als *politisch* geformt zu begreifen. Von zentraler Bedeutung für die Kritikfähigkeit der Philosophie ist die Reflexion der Sprache als Medium und politisches „Kampffeld". In Phasen der scheinbaren Alternativlosigkeit einer ökonomisch-technisch rationalisierten Welt gewinnen zumeist philosophische Projekte die Oberhand, welche die philosophischen Sprachmittel formalistisch – analog zu technischen oder zu mathematischen Verfahren – zu konzipieren, und das heißt: von vermeintlich widersprüchlichen Bedeutungsüberschüssen zu reinigen und als ein „neutrales", „unpolitisches" Kommunikationsinstrument zu modellieren versuchen. Nicht zuletzt Adorno hält fest, dass dabei der Sprache überhaupt ein „Unheil" widerfährt, und zwar „nicht bloß in ihren einzelnen Worten und ihrem syntaktischen Gefüge. Viele Wörter backen im Sog der Kommunikation, vor allem Sinn und wider ihn, in Klumpen sich zusammen"[6] – und es sind diese „Verklumpungen", in denen wir uns beständig und schmerzlich verstricken, und die in der akademischen Reflexion zu oft systematisch unbemerkt

---

4   Ibid., S. 460.
5   Ibid.
6   Adorno, Theodor W. 2003: Eingriffe (Vorwort). In: Ders.: Kulturkritik und Gesellschaft II. Gesammelte Schriften Bd. 10.2. Suhrkamp, Frankfurt/M., S. 457-458, hier: S. 457.

bleiben. Freilich sind – glücklicherweise und zum Leidwesen der Kybernetiker und der Informationstheoretiker – Worte, Sätze und sprachliche Gefüge weder „Maschinen" noch sind sie bloß „informativ". Sprache ist kein neutrales Instrument, mit dem und an dem sich in technisch-schematischer Manier „basteln" ließe. Vielmehr ist Sprache lebendiges Medium, das heißt: Sprache ist stets *in sich* mit den gesellschaftlichen Kräften, Bewegungen und Lebensformen vermittelt und vermittelt durch sich diese *mit sich*. Praktisches Sprechen entfesselt „Kräfte, die alle Berechnungen durchkreuzen"[7] und Schematisierungen durchbrechen können, und mit denen reflexiv und vernünftig umzugehen ist. So ist es wesentlich auch in philosophischer Rede. Das Philosophieren lebt, so Josef König, „notwendig und wesentlich in der Spannung eines Gut-Sprechen-Könnens, das Besitz und Nichtbesitz zugleich und daher in sich selber Aufgabe, Bewegung, Können und Können-Wollen ist."[8] Die *Spezifik* philosophischer Rede im Unterschied zu anderen Modi der Rede lässt sich dann darin sehen, dass der sprachliche Ausdruck eines (nur durch diese Artikulation „philosophischen") Gedankens *„selber und unmittelbar* wieder ein sachliches Problem in Sicht bringt, das in keine Einzelwissenschaft und auch nicht in eine besondere Disziplin der Philosophie selber verweisen kann, sondern das unmittelbar zum Sachproblem gehört, bei dessen Ausdruck es entspringt."[9] Im philosophischen Sprechen *kann* mithin – folgt man Königs Reflexion des spezifischen Redenkönnens der Philosophie – Sprache nicht als bloßes Instrument verstanden und verwendet werden; andernfalls würde man genau den spezifischen, immanent problematisierenden Modus solcher Rede verfehlen. Noch jenseits inhaltlicher Gesellschaftskritik ist philosophierende Rede formal eine Irritation für Tendenzen, die Sprechpraxis und Sprachverständnis instrumentell korrumpieren.

Gerade angesichts der Krise der gegenwärtigen politisch-ökonomischen Gesellschaftsformation lohnt es sich daher, sich auf dieses spezifische Können der Philosophie zurückzubesinnen. Das bedeutet nichts anderes, als entschieden darauf zu bestehen, dass Philosophie als *kritische* Theorie formbestimmt ist. Denn die kritische Auf- und Durcharbeitung der philosophischen, wissenschaftlichen und politischen Traditionsbestände ist nie Selbstzweck: An ihr machen wir im Medium des Philosophierens stets die doppelte Erfahrung, dass Beschreibungs- und Lösungsvorschläge einerseits unmittelbar plausibel, relevant und naheliegend

---

7 Situationistische Internationale 1995: All The King's Men. In: Der Beginn einer Epoche. Texte der Situationisten. Edition Nautilus, Hamburg, S. 161-169, hier: S. 161.

8 König, Josef 1978: Das spezifische Können der Philosophie, S. 23.

9 Ibid., S. 20.

scheinen (sie „drängen sich auf") – und dass sie zugleich in Widersprüche sowie zu theoretischen Folgeproblemen führen können müssen. Dies ist aus methodischen wie systematischen Gründen deshalb unvermeidlich, weil die Widersprüche aus der Form unseres menschlichen Zusammenlebens resultieren. Diese Form begrifflich (differenzierend, unterscheidend – *kritisch*) zu rekonstruieren, zu reflektieren und darzustellen, und zwar so, dass diese Widersprüche nicht nivelliert, wegdekretiert, verschleiert, verdrängt oder ausgeblendet werden, sondern als Bewegungsmomente der geistigen und gesellschaftlichen Entwicklung begriffen werden, ist das Wesensmerkmal einer recht verstandenen kritischen Theorie und begründet ihren normativen Anspruch. Die ruhelose und sympathisierend-parteiliche Beschäftigung mit den Formen menschlicher Selbstverständigung beinhaltet die Einsicht in die Unangemessenheit hegemonialer Beschreibungen, und sie erweist deren Hegemonie ohne weitere ideologische Zutat als ein politisches Problem. Freilich muss Philosophie ihre Kritikfähigkeit nicht bloß bewahren, sondern entwickeln. Philosophie ist gesellschaftspolitisch darauf angewiesen, sich praktisch des wechselseitigen Verhältnisses zwischen kritischer Theorie und sozialen, politischen Bewegungen zu versichern. Michael Weingarten hat darauf hingewiesen, dass es dabei nicht egoistisch darum geht, unter Nutzung der in manifesten Krisen konjunkturell verfügbaren Bewegungspotentiale die eigene akademische Marginalisierung aufzuheben. Es geht vielmehr um die Realisierung des wesentlichen Weltbezugs kritischen Denkens. Philosophie als kritische Theorie der Gesellschaft ist auf Bewegungen angewiesen, die ihr entgegenkommen, genauso wie umgekehrt „auch die sozialen Bewegungen [...] auf eine ihnen entgegenkommende *bestimmte* Theorieform [angewiesen sind], die Kritische Theorie [...] – wenn sie sich selbst zu emanzipatorischen Bewegungen entwickeln wollen."[10]

Praxisphilosophie und Tätigkeitstheorie wollen dieser Herausforderung gerecht werden und einen eigenen Horizont der Kritik hegemonialer Strömungen in der Wissenschaftstheorie, den Gesellschaftswissenschaften, der politischen Philosophie, der Sprachphilosophie und der Ästhetik, mit Blick auf den emanzipatorischen Gehalt dieser wissenschaftlichen und philosophischen Traditionsbestände eröffnen. Es ist klar, dass das nicht ohne die kritische Neuaneignung emanzipatorischer Theorieströmungen unter Einbeziehung einer solidarischen Reflexion der Selbstbeschreibungen politisch-praktischer Bewegungen geht.

---

10 Weingarten, Michael 2012: Notizen zum Begriff der Kritik bei Marx. In: Völk, Malte; Römer, Oliver; Schreull, Sebastian u.a. (Hrsg.): „...wenn die Stunde es zuläßt.". Zur Traditionalität und Aktualität kritischer Theorie. Westf. Dampfboot, Münster, S. 306-314, hier: S. 308.

Anlässe und Arbeitsfragen einer so verstandenen kritischen Theorie liegen also buchstäblich „auf der Straße": Die Kritik an anthropologischen („humanistischen") und geschichtsphilosophischen Reflexionen der Arbeiterbewegung und ihrer organisations- und bewegungspolitischen Folgen ist unverändert dringlich. Sie verweist unmittelbar auf die Rekonstruktion des Marx'schen Projekts als Wissenschaftstheorie der gesellschaftlichen Reproduktion, deren „theoretische[r] Methode [...] das Subject, die Gesellschaft, als Voraussetzung stets der Vorstellung vorschweben [muß]."[11] Die Realisierung dieser Arbeitsanweisung kann nur gelingen als Reflexion der *wirklichen Praxis*[12], eine Reflexion, in der sich die Kritik an methodisch-individualistischen Ansätzen der Handlungstheorie und der Philosophie des Geistes mit der Kritik an gemeinschaftstheoretischen oder kollektivistischen Modellen der politischen Philosophie, der Rechtsphilosophie sowie der Ethik verknüpft und in den Horizont eines vernünftigen Verständnisses der gesellschaftlichen Reproduktion und ihrer Naturverhältnisse stellt.

Die Beiträge dieses Bandes sind in diesem Grenzgebiet zwischen Praxisphilosophie, Gesellschaftstheorie und politischer Analytik verortet. Sie gruppieren sich in drei Abschnitten: Der erste Teil „Lebensweise, Sprache, Wissenschaft: Koordinaten einer dialektischen Philosophie der Praxis" versammelt Beiträge, in denen eine Philosophie des Tätigseins im Licht sozialphilosophischer, sprach- und ausdrucksreflexiver sowie wissenschaftsphilosophischer Akzentuierungen entfaltet und auf die Wirklichkeit menschlicher Praxis zurückbezogen wird. Praxis überhaupt ist wesentlich und grundbegrifflich gesellschaftlich: Individualistische Modelle des Handelns und der nachgeordneten Kooperation vereinzelter Einzelner verfehlen nicht nur aus systematischen Gründen ein angemessenes Verständnis der Entwicklung und Transformation menschlicher Praxisformen. Sie nehmen darüber hinaus begrifflich immer schon die Einsicht in den methodologischen und ontologischen Vorrang des gemeinsamen Tuns Vieler in Anspruch. Gesellschaftlichkeit hat deshalb ihrerseits als politische Gestalt eine normativ fordernde und verpflichtende Kraft: Das entfalten die Beiträge des zweiten Teils, „Die politische Bewegungsform der Praxis", mit besonderem Akzent auf die grundbegriffliche Auseinandersetzung mit Modellen demokratischer Selbstregierung. Demokratietheorie ist nicht verständlich, wenn sie nicht als normativ gehaltvolle Auseinandersetzung verstanden wird – als ein Aspekt

---

11 Marx, Karl 2006: Ökonomische Manuskripte 1857/58. In: Marx, Karl; Engels, Friedrich: Gesamtausgabe (MEGA²). Zweite Abteilung, Bd. 1. Akademie, Berlin, S. 37.

12 Vgl. Engels, Friedrich; Marx, Karl 1990: Deutsche Ideologie. In: Marx-Engels-Werke (MEW), Bd. 3. Dietz, Berlin, S. 39.

derjenigen demokratischen Praxis, die sie reflektiert. Gerade deshalb muss sich Demokratietheorie ihres prekären Status' zwischen akademischer Reflexion und politischer Intervention bewusstwerden. Das gilt indes für kritische Philosophie überhaupt; deshalb thematisieren die Beispiele des dritten Teils „Unterscheidende Eingriffe: Medien kritischer Reflexion" explizit die Reflexion ermöglichenden, tragenden und formenden Problemlage – die *Medien* – kritischer Theorie.

◆◆◆

Dieser Band ist eine Festgabe für Michael Weingarten aus Anlass seines 60. Geburtstags. Die Beiträge seiner Kolleginnen und Kollegen, Schülerinnen und Schüler setzen sich – implizit und explizit – mit den systematischen Fragen und den praktischen Konsequenzen auseinander, die Michael Weingartens gegen die Verlockungen akademischer (Selbst-)Disziplinierung und institutioneller Zwangs-diktate so bewundernswert immunes Denken seit Jahrzehnten aufwirft, und deren Niederschlag wenigstens ansatzweise das beigefügte Verzeichnis seiner Schriften bezeugt. Weingartens Überlegungen situieren sich allemal im Spannungsfeld der drei Aspekte, die auch die Struktur dieses Bandes bestimmen – der „Weingarten der Philosophie", in dem Michael Weingarten als Philosoph, Wissenschaftler und akademischer Lehrer wirksam ist. Zu ihm möchten diese Aufsätze und Essays einen Beitrag leisten, nicht in einem Verhältnis Badiou'scher, inhaltlich-thematisch-thesenhafter „Treue" zum Lehrenden-Lernenden-Kollegen Michael Weingarten, sondern in Anerkennung der Verschiedenheit möglicher Zugänge zu der Michael Weingarten vor allem anderen eigenen Art und Weise, die philosophische Tätig-keit *zu praktizieren*: Als Denken in und an gemeinsamen Projekten; Teamwork als „wirkliche Bewegung", die solidarisch aber nicht unkritisch perennierende Emanzipation bezweckt. Michael Weingarten formuliert das so:

> Wenn die Kritische Theorie *als Theorie* nicht nur einfach unter vielen anderen Ob-jekten auch soziale Bewegungen untersucht, sondern aus ihrem eigenem emanzi-patorischen Interesse heraus Bewegungen auf deren emanzipatorisches Potential untersucht und sich bemüht, mit und in solchen Bewegungen an der Artikulation dieses emanzipatorischen Interesses zu arbeiten, dann ist und kann Kritische Theo-rie, wiederum als Theorie, *nicht nur an der Wahrheit* ihrer Aussagen orientiert sein, *sondern sie ist zugleich parteilich und muss dies sein*, weil sie selbst an Emanzipation interessiert, sich für emanzipatorische Prozesse und Bewegungen engagiert. Das heißt Kritische Theorie *als Theorie* muss wahr sein *und* Kritische Theorie *als Kritik* muss parteilich sein.[13]

---

13 Weingarten, Michael 2012: Notizen zum Begriff der Kritik bei Marx, S. 309.

Die Herausgeber des Bandes danken den Beiträgerinnen und Beiträgern für ihr Mitwirken. Die Drucklegung wurde ermöglicht durch einen Kostenzuschuss der Rosa-Luxemburg-Stiftung Baden-Württemberg und Zuwendungen großzügiger Spenderinnen und Spender. Ihnen danken wir ebenso wie dem Team des Verlags „Westfälisches Dampfboot", namentlich dem Verleger Günter Thien und Susanne Paul-Menn, die dem Band durch Aufnahme ins Verlagsprogramm ein Forum schaffen und durch überaus freundliche und geduldige Betreuung die Buchwerdung der Manuskripte möglich machten.

Die Arbeit an diesem Band begleitete das Sterben von Wolfgang Stricker. Die Danksagungen wären unvollständig ohne den Dank, den Ruwen Stricker seinem Vater für Alles entbieten möchte, was er mit ihm erleben durfte: „A working class hero is something to be."

I
Lebensweise, Sprache, Wissenschaft:
Koordinaten einer dialektischen Philosophie der Praxis

Volker Schürmann

Bürgerschaftlichkeit statt Intersubjektivität

Joachim Fischer hat auf die Notwendigkeit einer Unterscheidung hingewiesen, die im wissenschaftlichen Alltag leicht verloren geht. Man möge Sozialtheorien und Gesellschaftstheorie voneinander unterscheiden, wobei eine Sozialtheorie auf die Frage antwortet, wie Sozialität funktioniert, während eine Gesellschaftstheorie auf die Frage antwortet, in welcher Gesellschaft wir leben.[1] Diese Unterscheidung scheint mir in der Tat nicht nur „hilfreich", sondern unhintergehbar zu sein.

1. Gesellschaftliche Formatiertheit des Sozialen

Die Aufforderung, das Soziale kategorial von dem Gesellschaftlichen zu unterscheiden (nicht: zu trennen), ist die These, dass sich die Frage nach der Bestimmung der je konkreten Gesellschaftsformation nicht auf die Frage reduzieren lässt, wie eine Gesellschaft dieser Formation entstanden ist, wie sie funktioniert und wie sie sich entwickeln wird. Um Fragen danach zu beantworten, wie Sozialitäten entstehen, bestehen und sich entwickeln, muss schon eine Antwort auf die Frage mitgegeben worden sein, was denn dort wie funktioniert. Die kategoriale Unterscheidung des Sozialen vom Gesellschaftlichen ist also eine Variation der Unterscheidung von Geltung und Genese.

Diese Unterscheidung auch in Bezug auf Theorien des Sozialen zu praktizieren, erfolgt damit in erster Linie aufgrund einer allgemeinen, über Theorien des Sozialen hinausgehenden, wissenstheoretischen Position: Wir leben im Zeitalter nach der Kantischen Kritischen Philosophie, und insofern ist jeder Positivismus anachronistisch. Heute haben wir an jeder alltäglichen und an jeder wissenschaftlichen Empirie den empirischen Gehalt im engeren Sinne von den darauf unreduzierbaren Bedingungen von seiner Möglichkeit zu unterscheiden. Diese Bedingungen der Möglichkeit bestimmter Erfahrungen sind keine „Hypothesen"; sie gleichen nicht dem Mohr, der nach getaner Erfahrungsarbeit seine

---

1 Siehe http://www.fischer-joachim.org/Projekt_B%FCrgerliche.html. Letzter Zugriff 18.10.2013.

Schuldigkeit getan hat und sich im Erfahrungsgehalt aufgelöst hat. Kategoriale Bestimmungen können, bezogen auf einen bestimmten empirischen Gehalt, nicht nicht sein – sie bilden den blinden Fleck dieses Gehaltes, oder: sie liegen diesem Gehalt bereits im Rücken, oder: Jeder empirische Gehalt ist, insofern er ein bestimmter (dieser-und-nicht-jener) ist, kategorial formatiert. Alle drei Metaphern sagen dasselbe: Das Format kommt nicht logisch hinzu, so dass man zur Not über den empirischen Gehalt auch absolut, los-gelöst vom kategorialen Format reden könnte. Vielmehr sieht das menschliche Auge gar nicht(s), wenn es nicht an einer Stelle nicht sieht; und genauso: Ein empirischer Gehalt ist nicht einmal bestimmbar, wenn er nicht kategorial formatiert ist. Nur Abbild-Realismen und andere Reduktionismen sehen das anders.[2]

Kategorial formatiert zu sein, heißt also, dass jeglicher empirische Gehalt dieser bestimmte Gehalt nur ist, weil er *als etwas* gilt. Die praktische Relevanz dieser wissenstheoretischen Grundannahme liegt darin, dass ein solches „gelten als" letztlich kein rein theoretisches Konzept ist, sondern in einem „traktieren als" gründet. Um es an einem Beispiel plakativ zu machen: Ob jemand als Person gilt oder nicht, wird letztlich nicht durch eine Theorie der Personalität oder eine Philosophie entschieden oder beglaubigt, sondern ist eine Frage, wie dieser Jemand dem Rechtsanspruch nach behandelt wird. Das ist auch und gerade dann noch zutreffend, wenn zugleich gilt, dass ein solches „traktieren als" gar nicht bestimmbar wäre, wäre es nicht gemessen an einem Geltungsanspruch. Aber das macht gleichwohl aus einem „traktieren" kein „gelten".

Über jene allgemeine wissenstheoretische Position hinaus ist das Theorem der gesellschaftlichen Formatiertheit des Sozialen die notwendige Voraussetzung dafür, die Geschichtlichkeit einer Gesellschaft im strikten Sinne denken zu können. Wer beispielsweise nicht zwischen dem sozialtheoretischen und dem kategorialen Gehalt von „Wert" (oder von „Klasse" oder von „Diktatur des Proletariats") zu unterscheiden bereit ist, der wird sich eben ausschließlich dafür interessieren, wie „Wert" in verschiedenen Gesellschaften verschieden funktioniert. So jemand unterstellt damit, dass „Wert" ahistorisch immer dieselbe Bedeutung hat, und/ aber historisch und kulturell je anders realisiert ist („funktioniert"). Eine tatsächliche Geschichtlichkeit von Gesellschaften würde demgegenüber der Vermutung nachgehen, dass sich der kategoriale Gehalt von „Wert" selbst wandelt – dass

---

2   Das style-sheet des Verlages verlangte von den Autoren, ihren Text „ohne Format-vorlage" zu schreiben. Diese Forderung ist (wenn man unter „Formatvorlage" das Vorliegen auch nur *irgendeiner* Vor-Formatierung versteht) unerfüllbar – jedenfalls dann, wenn man seinen Text in elektronischer Fassung abgeben soll.

Aristoteles in einem anderen Sinne über „Wert" handelt als Ricardo. Kurz: Wer der Vermutung des „praktisch wahr"-Werdens der Kategorien[3] eine Chance geben will – also der Vermutung, dass sich soziale Wesen historisch und kulturell qualitativ anders traktieren –, der muss zwischen den gesellschaftstheoretischen Kategorien und den sozialtheoretischen Begriffen unterschieden haben.

Die Anforderung an eine Gesellschaftstheorie lautet dann, ihre Kategorien so abstrakt wie irgend möglich zu formulieren, ohne formalistisch zu sein. Gesellschaftstheoretische Kategorien sind Formate respektive Formbestimmtheiten sozialtheoretischer Begriffe und gehören damit nicht zum materialen sozialtheoretischen Gehalt, sondern geben diesem materialen Gehalt eben dessen Form. Nur formalistische Konzeptionen schließen daraus auf die Leere respektive Neutralität der Form. Schon deshalb, weil Formate an sich selbst bestimmte Formate bestimmter Gehalte sind, und erst recht dann, wenn man die Geschichtlichkeit der Formen denken können will, ist der Formalismus als Konsequenz aus der notwendigen Formalität der kategorialen Formate verbaut. Auszugehen ist stattdessen von einer spezifischen Materialität der Form – und zwar unter anderem und wohl wesentlich deshalb, weil diese Form unhintergehbar ein normatives Moment hat, da man nur innerhalb der Gesellschaftlichkeit, also positioniert, über Gesellschaft handeln kann. Gesellschaftstheoretische Formate sind daher von vornherein, und nicht erst logisch sekundär, politisch bestimmt und umkämpft. Dies ist der rationale Kern der legendären Rede Althussers vom „Klassenkampf in der Theorie". Weil es in der Dimension der gesellschaftstheoretischen kategorialen Formate keine Neutralität gibt, hat die in dieser Dimension nicht nicht sein-könnende Positioniertheit auch schlicht aus logischen Gründen nichts mit „Parteinahme" zu tun. Parteinahmen – also logisch sekundäre Stellungnahmen zu, im Unterschied zu Positioniertheiten – sind in der Tat sowohl wissenstheoretisch problematisch, wenn nicht gar unhaltbar, als auch politisch unklug. Parteinahmen versperren, im Unterschied zu Parteilichkeit, den Blick auf die „kalt fortschreitende Notwendigkeit der Sache"[4], und müssen daher abgekühlt werden, z.B. durch Luhmann'sche Gegenlektüren.

Um es also zu wiederholen: Gesellschaftstheoretische kategoriale Gehalte wollen so abstrakt wie irgend möglich bestimmt werden, ohne damit das Bild einer formalistischen Konzeption zu suggerieren. Wer hier nicht formal genug

---

3   Marx, Karl 1969: Einleitung [zur Kritik der politischen Ökonomie (1857)]. In: Marx-Engels-Werke (MEW) Bd. 13. Dietz, Berlin, S. 635.

4   Hegel, Georg Wilhelm Friedrich 1986: Phänomenologie des Geistes [1807]. In: Ders.: Werke Bd. 3. Suhrkamp, Frankfurt/M., S. 16.

ist – also nicht die Materialität der Form denkt, sondern eine Materialisierung der Form will –, der landet in einem ideologischen Ismus. Beispielsweise identifiziert Joachim Fischer die gegenwärtige Gesellschaft als Bürgerliche Gesellschaft.[5] Doch dies wird der Moderne in wesentlicher Hinsicht nicht gerecht, denn in der Moderne gibt es auch andere Gesellschaftsformationen – etwa reale Sozialismen, Faschismen, den Nationalsozialismus oder moderne Refeudalisierungen („Oligarchien") wie Berlusconis Italien oder Putins Russland. Das weiß selbstverständlich auch Fischer – und genau deshalb bestimmt er die gegenwärtige Gesellschaft als Bürgerliche. Dann nämlich folgt, dass alle anderen genannten Gesellschaftsformationen Verfallserscheinungen der Bürgerlichen Gesellschaft sind, nicht aber radikale Gegenkonzeptionen. Fischer ist also ideologisch interessiert, wenn er den Nationalsozialismus verharmlost und die Oktoberrevolution auf ihre katastrophischen Folgen reduziert. Eine Gesellschaftstheorie der Moderne muss abstrakter ansetzen.

2. Moderne Medialität statt vormoderne Holismen

Wenn man das Theorem von der gesellschaftlichen Formatiertheit des Sozialen nur abstrakt genug ansetzt, dann ist es eine Variation der Rousseau'schen Unterscheidung von *volonté de tous* und *volonté générale*. Oder hier vielleicht besser gesagt: Wenn man diese Unterscheidung Rousseaus nur abstrakt genug ansetzt, dann sieht man den Zusammenhang. Diese Unterscheidung bricht mit dem Sozialatomismus aller vormaligen Gesellschaftsvertragstheorien: Die *volonté générale* ist immer schon kategorial/kriterial im Gebrauch, sobald man einen Einzelwillen als Einzelwillen individuiert.

Um etwas holzschnittartig an die Geschichte zu erinnern: Bekanntlich befreite Hobbes die Gesellschaftstheorien von deren antiken und christlich-feudalen Lasten, die Individuen an ein Gängelband vorgegebener und vermeintlich unwandelbarer gesellschaftlicher Ordnungen zu nehmen. Er zahlte dafür den historisch nötigen Preis des Sozialatomismus: Verhältnisse und damit Ordnungen zwischen den Individuen liegen nicht vorgegeben fest, sondern werden durch das Handeln der Individuen selbst erst gemacht. Das ist zunächst, als Gegenbewegung, nur denkbar, wenn Individuen atomistisch gedacht werden und alle Allgemeinbegriffe nominalistisch konzipiert werden, also als nachträgliche Ver-Allgemeinerungen, als Induktionen über die vielen für sich bestehenden Atoma.

---

5 Fischer, Joachim 2012: Wie sich das Bürgertum in Form hält. Zu Klampen, Springe.

So sehr dies ein Befreiungsschlag war, so sehr reproduziert es in der Folge Herrschaftshierarchien. Die sozialatomistisch unterlegte Freiheit der Individuen ist eine Willkür-Freiheit und muss daher sekundär eingeschränkt werden.[6] Im vermeintlich eigenen Interesse geben die Individuen, so das Hobbes'sche Bild, bei Eintritt in die Gesellschaft wesentliche Momente ihrer Freiheit an der Garderobe ab, um diese ihrem Fürsten, verschämt Leviathan genannt, zu überantworten. Rousseau wird dann den Finger in diese Wunde legen und darauf aufmerksam machen, dass solcherart Ver-Allgemeinerung über alle Einzelwillen logisch nicht funktioniert, denn dazu müsste man u.a. schon wissen, wessen Willen dabei überhaupt zählt und wie das Verfahren der Delegation legitimiert ist. Rousseau stellt die für den Sozialatomismus der alten Vertragstheorien zersetzende Frage, wie denn ein Volk ein Volk geworden ist, um dann nur noch von Individualinteressen reden zu können:

> Wenn verstreut lebende Menschen nach und nach von einem einzigen unterworfen werden, so spielt ihre Zahl keine Rolle, und ich sehe da nur einen Herrn und Sklaven, und kein Volk und sein Oberhaupt. Wenn man so will, eine Horde, aber keine Gemeinschaft; kein Gemeinwohl und keinen Staatskörper. Hätte dieser Mann auch die halbe Welt unterworfen, er bleibt ein einzelner, und sein Interesse, das von dem der anderen getrennt ist, bleibt Privatinteresse. [...]
> Ein Volk kann sich einem Herrscher hingeben, sagt Grotius. Nach ihm ist also ein Volk bereits ein Volk, ehe es sich einem Fürsten hingibt. Diese Hingabe ist ein Rechtsakt; er setzt eine Volksabstimmung voraus. Ehe man also den Akt untersucht, mit dem ein Volk einen König wählt, müßte man erst den Akt untersuchen, durch den ein Volk ein Volk wird. [...]. Woher haben hundert, die einen Herrscher wollen, das Recht, für zehn zu wählen, die keinen wollen? Das Gesetz der Stimmenmehrheit ist selber eine Übereinkunft und setzt wenigstens eine einmalige Einstimmigkeit voraus.[7]

Bei diesem Einwand Rousseaus kommt alles auf die logische Form an. Gegen einen Sozialatomismus macht Rousseau die Antinomie einer republikanischen Struktur geltend: Wir herrschen über uns. In dieser Struktur gibt es keinen festen, vorausgesetzten Grund, von dem aus Anderes schließend abgeleitet werden könnte. Hier gibt es nichts Festes, das nicht auf Übereinkunft beruht (also auch

---

6 Im Unterschied zu einer „kommunikativen Freiheit"; vgl. zu diesem Unterschied Kobusch, Theo 2011: Die Kultur des Humanen. Zur Idee der Freiheit. In: Holderegger, Adrian; Weichlein, Siegfried; Zurbuchen, Simone (Hrsg.): Humanismus. Sein kritisches Potential für Gegenwart und Zukunft. Schwabe, Basel, S. 357-386 (gekürzt in Information Philosophie, Jg. 38, H. 5, S. 7-13).

7 Rousseau, Jean-Jacques 1977: Vom Gesellschaftsvertrag oder Prinzipien des Staatsrechtes. In: Politische Schriften. Schöningh, Paderborn u.a., S. 71-72.

geworden ist und anders werden kann), was Rousseau auch eindeutig und nachdrücklich bestätigt: Auch und gerade das „grundlegende Recht" – das Recht der
Rechte oder das Recht der Gesetze – ist zwar, sonst wäre es nicht grundlegend,
ein kategorisch geltendes, gleichwohl erlangt es diese kategorische Geltung allein aus Übereinkunft: „Die Gesellschaftsordnung ist ein heiliges Recht, das die
Grundlage für alle anderen Rechte ist. Diese Ordnung entspricht aber nicht der
Natur. Sie ist durch Vereinbarungen begründet. Man muß nur wissen, welches
diese Vereinbarungen sind."[8]

Wer diese Logik nicht sieht, beachtet und ernst nimmt, der behandelt Rousseau entweder als toten Hund oder landet im kulturkritischen Rousseauismus.
Wer die logische Form nicht sieht, der nimmt die Voraussetzung der einmali-
gen Einstimmigkeit tatsächlich als Voraus-Setzung und beutet zudem beinahe
zwangsläufig diese Voraus-Setzung auch noch auf vermeintliche *Ein*stimmigkeit
aus. Logisch geht das an Rousseaus Einwand vorbei, denn das Argument ist ja
gerade, dass *jede* Einstimmigkeit bereits unterstellen muss, dass man sich einig war
im Hinblick auf das Verfahren der Ermittlung dieser Einstimmigkeit. Gedacht
als Voraus-Setzung – und nicht als fungierendes Kriterium – läuft der Einwand
auf einen unendlichen Regress hinaus, was in keiner Weise attraktiver ist als ein
Begründungsabbruch durch feudale Macht. Betont man dann auch noch die
*Ein*stimmigkeit in Bezug auf eine solche vermeintliche Voraus-Setzung, dann
landet man beim Aufruf, bestimmte Werte gemeinsam anzubeten, damit der
Haufen von Individuen zusammenhalten und eine nette Gemeinschaft bilden
möge. Das, was zum Teil Rousseau selber und später dann Bellah unter „Zivilreli-
gion" verstanden hat, und auch das noch, was einen Kommunitarismus ausmacht,
lebt von einer solchen Verbeugung vor dem, was die Hobbes'sche Errungenschaft
völlig zu Recht zersetzt hatte: Eine Verbeugung vor der angebeteten Vor-Ordnung
eines Gesellschafts-Transzendenten vor jedem individuellen Tun. Angesichts
solcher Rousseauismen kann man nur Liberaler bleiben wollen: Lieber einen
Fürst, der uns wenigstens nicht ins Privatleben hineinredet, als der offene oder
klammheimliche, Toleranz heuchelnde Tugendterrorismus paternalistischer
Gesinnungsgemeinschaften.

Rousseaus Unterscheidung von *volonté de tous* und *volonté générale* muss Anderes im Blick gehabt haben. Die Anklage, dass der Mensch überall in Ketten liegt,
verträgt sich nicht mit einem Rückfall hinter Hobbes. Rousseaus Unterscheidung
ist ein Plädoyer gegen den Sozialatomismus, aber kein Freibrief für die Rückkehr
zum Holismus – Holismus hier verstanden als Vor-Ordnung des Ganzen vor den

---

8   Ibid., S. 62.

Teilen. Verlangt ist ein Bruch mit jeder Teil-Ganzes-Logik, also ein Umstellen z.B. auf Hegels Rede von Momenten oder auf Luhmanns Unterscheidung von System und Umwelt. Oder anders: Die Marx'sche Umstellung vom Sozialatomismus auf das Konzept von Gesellschaft als Ensemble gesellschaftlicher *Verhältnisse* bleibt so noch unterbestimmt. Diese Rede kann auch in einen Strukturalismus münden, und damit in der Vor-Ordnung der Verhältnisse vor dem Tun der Individuen.

Will man der republikanischen Struktur, die Rousseau in der Logik seines Einwands gegen den Sozialatomismus indiziert hat, gerecht werden, dann muss man (minimal) gesellschaftliche Verhältnisse als triadische konzipieren. Moderne gesellschaftliche Verhältnisse zwischen zwei (oder vielen) personalen Akteuren leben in einem Dritten – in einem Lebenselement, Medium, Feld.

Als programmatisches Ergebnis erhält man dann: Moderne Gesellschaften sind Gesellschaften von Citoyens – also ein Ensemble von Verhältnissen zwischen Personen, die im Medium der Bürgerschaftlichkeit leben, das heißt: im Medium ihres sich wechselseitigen Anerkennens als Personen gleicher Rechte. – Wohlgemerkt: Auch diese Formel hat ihre Tücken, namentlich im Begriff des Anerkennens. Die heutzutage mit und seit Honneth dominant gewordene Rede von Anerkennung ist mitnichten ein triadisches Konzept, sondern bleibt erklärtermaßen ein Intersubjektivitätskonzept. Zwei (oder viele) soziale Akteure mögen sich wechselseitig Achtung und Respekt zollen, denn das sei für alle Beteiligten gesünder und moralisch anständiger. Hegel machte vor solcher Aufforderung zur Sozialpflege geltend, dass soziale Akteure das, was sie sind, nämlich soziale Akteure, nur in Anerkennung sind. Man könne von Wesen gar nicht als *sozialen* Akteuren reden, stünden sie nicht im Verhältnis sich wechselseitigen Anerkennens. Dass es für solche Akteure dann auch noch nett ist, wenn sie sich Respekt zollen, ist unbestritten – aber Hegel wollte wissen, was erfüllt sein muss, um sich – zum Beispiel – Respekt zu zollen. Normalerweise schätze ich mein Haustier sehr, aber ich zolle ihm keinen Respekt; oder wenn ich denn so reden will, dann zolle ich ihm in einem gänzlich anderen Sinne Respekt als meinen Mit-Bürgern, mit denen zusammen ich im kategorialen Raum wechselseitigen sich-Anerkennens als Person gleicher Rechte lebe.

Im Medium der Bürgerschaftlichkeit zu leben, ist die gesellschaftstheoretische Absage an alle Inter-Subjektivitätstheorien. „Mit anderen Worten: Das *Inter* der *Intersubjektivität* lässt sich nicht in der *Subjektivität* auffinden."[9] Deshalb

---

9 Nassehi, Armin 2003: Die Differenz der Kommunikation und die Kommunikation der Differenz. Über die kommunikationstheoretischen Grundlagen von Luhmanns Gesellschaftstheorie. In: Schimank, Uwe; Giegel, Hans-Joachim (Hrsg.): Beobach-

benötigt es in der Moderne bei allem Ich und Du, bei allem Ego und Alter, aber auch noch bei allem Gemeinschafts-Wir und bei dem oder der Dritten, der/die als Parasit eine Zweierbeziehung anzapft und damit erst zu einer sozialen Beziehung macht (Simmel, Serres, Röttgers) – also bei allen Ensembln von Verhältnissen zwischen individuierten Akteuren –, immer schon *das* Dritte, also ein mit solchen Ensembln mitgegebenes Feld oder Medium eines Gesellschafts-Wir, traditionell „Geist" (spirit) genannt.[10]

Es macht wenig Sinn, nach dem Copyright auf diese Einsicht zu fahnden – Hegel dürfte der naheliegende Kandidat sein –, aber immerhin gibt es Unterschiede von Klarheit. Und mir scheint, dass Plessner hier sehr klar ist:

> Nur soweit wir Personen sind, stehen wir in der Welt eines von uns unabhängigen und zugleich unseren Einwirkungen zugänglichen Seins. Infolgedessen hat es seine Richtigkeit, daß der Geist die Voraussetzung für Natur und Seele bildet. Man muß den Satz in seinen Grenzen verstehen. Geist ist nicht als Subjektivität oder Bewußtsein oder Intellekt, sondern als Wirsphäre die Voraussetzung der Konstitution einer Wirklichkeit, die wiederum nur dann Wirklichkeit darstellt und ausmacht, wenn sie auch unabhängig von den Prinzipien ihrer Konstitution in einem Bewußtseinsaspekt für sich konstituiert bleibt. Gerade mit dieser Abgekehrtheit vom Bewußtsein erfüllt sie das Gesetz der exzentrischen Sphäre.[11]

Oder auch:

> Die Mitwelt *umgibt* nicht die Person [...]. Die Mitwelt *erfüllt* auch nicht die Person [...]. Die Mitwelt *trägt* die Person, indem sie zugleich von ihr getragen und gebildet wird. Zwischen mir und mir, mir und dir, mir und ihm liegt die Sphäre des *Geistes*. [...] Wir, nicht eine beliebige Gruppe, die zu sich wir sagt, sondern die damit bezeichnete Sphäre als solche ist das, was allein in Strenge Geist heißen darf. [...] Real ist die Mitwelt, auch für nur eine Person, weil sie die mit der exzentrischen Positionsform gewährleistete Sphäre darstellt, die jeder Aussonderung in der ersten, zweiten, dritten Person Singularis und Pluralis zugrunde liegt. Darum kann die Sphäre sowohl von den Ausschnitten aus ihr als auch von ihrem spezifischen Lebensgrund geschieden werden. So ist sie das reine Wir oder Geist. Und so ist der Mensch Geist, hat er Geist. Er hat ihn in derselben Weise, wie er einen Körper und eine Seele hat. Diese hat er,

---

ter der Moderne. Beiträge zu Niklas Luhmanns 'Die Gesellschaft der Gesellschaft'. Suhrkamp, Frankfurt/M., S. 21-40, hier: S. 24.

10 Vgl. Schürmann, Volker 2010: Der/die oder das Dritte? In: Bedorf, Thomas u.a. (Hrsg.): Theorien des Dritten. Innovationen in Soziologie und Sozialphilosophie. Fink, München, S. 73-89.

11 Plessner, Helmuth 1975: Die Stufen des Organischen und der Mensch. Einleitung in die philosophische Anthropologie [1928]. 3. Aufl., de Gruyter, Berlin/New York, S. 304.

weil er sie ist und lebt. Geist aber ist die Sphäre, kraft der wir als Personen leben, in der wir stehen, gerade weil unsere Positionsform sie enthält.[12]

3. Citoyens, Bourgeois und doppelt freie Arbeiter

Die bürgerlichen Revolutionen, die die Moderne einläuten, waren bloß politische Revolutionen. Das Medium der Bürgerschaftlichkeit stiftet ein Versprechen – Schutz der Würde, d.i. Schutz der unaustauschbaren Einmaligkeit der Person durch das Menschenrecht –; ein Versprechen, von dem klar ist, dass es nicht die Kraft seiner eigenen Durchsetzung hat. Die Gründung der UNO und die *Allgemeine Erklärung der Menschenrechte* von 1948 reagieren genau darauf: Konfrontiert mit der Erfahrung der „Akte der Barbarei" (so die Präambel), wird das Menschenrecht in seiner Geltung sowohl bekräftigt als auch seinerseits unter Rechtsschutz der *Vereinten Nationen* gestellt. Bürgerschaftlichkeit ist nunmehr umgestellt von Staatsbürgerschaftlichkeit auf Weltbürgerschaftlichkeit. So weit, so gut.

Aber reicht das? Von Anfang an sind die bürgerlichen Revolutionen mit dem Verdacht konfrontiert, jenes gestiftete Versprechen aus strukturellen Gründen nicht einhalten zu können. Dort, wo der politische Liberalismus nur Probleme der mangelnden Umsetzung sieht, sehen der Anarchismus und der Kommunismus grundsätzliche Schranken. Die Umstellung auf Bürgerschaftlichkeit habe nicht nur Herrschaft nicht beseitigt – staatliche Herrschaft sagen die einen, Klassen-herrschaft sagen die anderen –, sondern zudem diese Herrschaftsverhältnisse noch unsichtbarer gemacht, weil diese nun durch ein universalharmonisches Versprechen verkleistert sind. – „Der Mensch wurde daher nicht von der Religion befreit, er erhielt die Religionsfreiheit. Er wurde nicht vom Eigentum befreit. Er erhielt die Freiheit des Eigentums. Er wurde nicht von dem Egoismus des Gewerbes befreit, er erhielt die Gewerbefreiheit."[13] – „Politische Freiheit sagt dies, dass die Polis, der Staat, frei ist, Religionsfreiheit dies, dass die Religion frei ist, wie Gewissensfreiheit dies bedeutet, dass das Gewissen frei ist; also nicht, dass Ich vom Staate, von der Religion, vom Gewissen frei, oder dass ich sie los bin."[14]

---

12 Plessner, Helmuth 1982: Der Mensch als Lebewesen. Abschn. 1: Exzentrische Positionalität. In: Ders.: Mit anderen Augen. Aspekte einer philosophischen Anthropologie. Reclam, Stuttgart, S. 14-15.

13 Marx, Karl 1970: Zur Judenfrage [1844]. In: Marx-Engels-Werke (MEW) Band 1. Dietz, Berlin, S. 369.

14 Stirner, Max 2009: Der Einzige und sein Eigentum [1844]. Alber, Freiburg/München, S.115.

Es reicht also wohl nicht. Es gibt plausible Gründe, davon auszugehen, dass die moderne Gesellschaft der Citoyens dort, wo sie bürgerliche Gesellschaft bleibt, eine Gesellschaft von Citoyens unter der Herrschaft der Bourgeois ist. Bürgerschaftlichkeit, also Personalität gleicher Rechte, ist als solche zunächst eine allgemeine Charakter-Maske, in der jedoch je Positionierte stecken (und in ihrer jeweiligen Positioniertheit zunächst verborgen sind). Um es am Beispiel der empfindlichsten Stelle zu sagen: Dort, wo es um die Reproduktion des individuellen und gesellschaftlichen Lebensprozesses geht, nämlich in der Produktion der Lebens-Mittel, gilt selbstverständlich auch die Maske der Personalität gleicher Rechte, zugleich steht dort aber unter kapitalistischen Bedingungen Recht wider Recht:

> Der Umstand, daß die tägliche Erhaltung der Arbeitskraft nur einen halben Arbeitstag kostet, obgleich die Arbeitskraft einen ganzen Tag wirken, arbeiten kann, daß daher der Werth, den ihr Gebrauch während eines Tages schafft, doppelt so groß ist als ihr eigner Tauschwerth, ist ein besondres Glück für den Käufer, aber durchaus kein Unrecht gegen den Verkäufer. Unser Kapitalist hat den Casus, der ihn lachen macht, vorgesehn.[15]

Und Marx erläutert weiter:

> Es findet hier also eine Antinomie statt, Recht wider Recht, beide gleichmäßig durch das Gesetz des Waarenaustauschs besiegelt. Zwischen gleichen Rechten entscheidet die Gewalt. Und so stellt sich in der Geschichte der kapitalistischen Produktion die Normirung des Arbeitstags als Kampf um die Schranken des Arbeitstags dar – ein Kampf zwischen dem Gesammtkapitalisten, d.h. der Klasse der Kapitalisten, und dem Gesammtarbeiter, oder der Arbeiterklasse.[16]

Die einen, die in den Produktionsprozess von Lebens-Mitteln eintreten, sind eben doppelt frei. Ihnen steht frei, ihre Arbeitskraft zu verkaufen – sie treten in den Produktionsprozess nicht länger als Sklaven oder Leibeigene ein, sondern als Personen gleicher Rechte. Aber sie sind auch frei von Produktionsmitteln und deshalb Abhängige, nämlich abhängig davon, ihre Arbeitskraft verkaufen zu müssen. Sie können sich also demjenigen Verhältnis nicht entziehen, in dem dann Recht wider Recht steht, worin dann freilich Glück und Unglück ungleich verteilt sind. Sie haben dort nichts zu lachen, denn sie müssen länger arbeiten als zur Erhaltung ihrer Arbeitskraft nötig wäre. Bei all dem geht es aber, und das ist

---

15 Marx, Karl 1987: Das Kapital. Kritik der Politischen Ökonomie. Erster Band, 2. Aufl. [1872]. In: Marx, Karl; Engels, Friedrich: Gesamtausgabe (MEGA²), Bd. II/6. Dietz, Berlin, S. 207 [MEW 23, 208].

16 Ibid., S. 241 [MEW 23, 249].

die Pointe der Marx'schen Analyse von Ausbeutung, durchaus mit rechten Dingen zu: Ausbeutung ist kein Unrecht gegen den Ausgebeuteten. So weit, so bekannt. Wenn also eine bloß politische Revolution nicht reicht, um Herrschaft zu beseitigen (und sogar die neuen Herrschaftsverhältnisse verschleiert), was folgt daraus im Hinblick auf eine politische Einschätzung einer „bloß" politischen Revolution? Wirkgeschichtlich folgt aus jener frühen Marx-Kritik an den bürgerlichen Revolutionen ein menschliches und politisches Desaster. Nur gesungen hat man davon, dass die Internationale das Menschenrecht erkämpfe; von der praktischen Umsetzung in realsozialistischen Staaten will man gar nicht erst reden. Schon theoretisch waren es dort „bloß" Menschenrechte – kein Rechtsinstitut des Schutzes der Individuen, sondern bürgerliche Erfindung zur Verkleisterung von Basis-Herrschaft. Bis zur Verstaatlichung der Produktionsmittel helfen keine Menschenrechte, danach sind sie überflüssig – so das Credo. Es sind die Ausnahmen, die in der marxistischen Arbeiterbewegung hier ausscheren, Abendroth etwa. Man mag noch philologisch streiten, ob man es Marx oder dem theoretischen Marxismus anlasten soll: So oder so hat die Rede von der „bloß" politischen Revolution die zivilisatorische Errungenschaft des Rechtsstaates „verlacht".[17] Dabei ist es doch so einfach: Antinomien, Antagonismen und Klassenkämpfe gibt es dann und nur dann, wenn man wenigstens in der Theorie *beide* Seiten zugleich festhält – und ohne Bürgerschaftlichkeit gibt es keine *doppelt* freien Arbeiter, und also auch keine kapitalistische Ausbeutung, sondern nur Sklaven und Leibeigene.

4. Befreiungs-Masken statt Maskenbefreiung

Masken erfüllen ein Doppeltes: Sie schützen (und machen dadurch sichtbar, was sich sonst nicht zeigen würde), und zugleich verbergen sie. Die Maske der Bürgerschaftlichkeit verspricht eine Schutzfunktion und verbirgt doch, dass auch in Verhältnissen gleichen Rechts, oder gar: deshalb, Recht wider Recht stehen kann. Das Versprechen der Schutzfunktion ist ein emanzipatorischer Impuls; dass dabei oder gar dadurch etwas unsichtbar gemacht wird, ist ein anti-emanzipatorischer Zug, ein Herrschaftsverhältnis weniger angreifbar zu machen. Man kann das eine nicht ohne das andere haben. Wer meint, Masken einfach entreißen zu können, der entblößt, zerstört die Schutzfunktion, und entdeckt gleichwohl kein Eigentliches hinter einem vermeintlichen Verblendungszusammenhang; wer

---

17 Somek, Alexander 2011: Rechtsverhältnis und aufrechter Gang. Rechtsethik im zweiten Versuch. In: Deutsche Zeitschrift für Philosophie, Jg. 59, H. 3, S. 453.

umgekehrt nur auf die Masken sieht und zwischen ihnen gar nichts entdecken will, der lässt sich von einer Maskerade blenden.

Man kann das eine nicht ohne das andere haben – was soll es dann noch heißen, den anti-emanzipatorischen Zug der Bürgerschaftlichkeit zu kritisieren? Wenn man beides nur zugleich haben kann, wie soll man das eine kritisieren, ohne das andere außer Kraft zu setzen? – Man müsse den Verhältnissen deren eigene Melodie vorspielen, um sie dadurch zum Tanzen zu bringen, so die Marx'sche Empfehlung,[18] die auf Resonanz statt auf das Hohepriestertum des privilegierten Zugangs setzt.

Wenn man dieser Empfehlung folgt, dann heißt das wohl nicht mehr, aber auch nicht weniger, als das in der Moderne gestiftete Versprechen der Bürgerschaftlichkeit beim Wort zu nehmen – wir machen dann, sozusagen, gegen uns geltend, was wir als Maßstab unseres gesellschaftlichen Miteinanders deklariert hatten. So muss es Bloch wohl gemeint haben: Konkrete Utopie setzt dann tatsächlich auf Konkretheit, also auf gegenwärtiges Hier und Jetzt statt auf zukünftiges (N)irgendwo, und auch ohne Rückkehr in die Heimat. „Wer es aber mit dem Geist hält, kehrt nicht zurück."[19]

Unterlaufen ist dann, wie gesagt, die Hohepriester-Funktion in der Gesellschaftskritik. Diese Funktionsrolle wird besetzt gehalten von all jenen, die „die Auflösung aller Rätsel in ihrem Pulte liegen [haben], und die dumme exoterische Welt hatte nur das Maul aufzusperren, damit ihr die gebratenen Tauben der absoluten Wissenschaft in den Mund flogen"[20]. Die „Konstruktion der Zukunft" ist, ohne Hohepriester-Funktion, „nicht unsere Sache". Was wann wie resoniert, kann sich nur zeigen, aber nicht herbeikonstruiert werden.

Wenn man aber das Versprechen der Moderne beim Wort nimmt, dann kann es sehr wohl sein, dass sich dort noch Schutzräume verbergen, wo andere nur mehr Verblendungszusammenhänge sehen. Ein besonders schönes Beispiel dafür ist die politische Einschätzung des II. Vatikanischen Konzils. Schon damals und bis heute gilt dieses Konzil in und für die Geschichte der Katholischen Kirche als Fortschritt, weil dort sozusagen alte Zöpfe abgeschnitten worden seien. Der Weihrauch sei aus den Kathedralen vertrieben worden, das argumentative Wort habe Einzug gehalten, letztlich sogar den Laien verständlich. Alfred Lorenzer ist entschieden anderer Meinung. Das Konzil habe die Zerstörung der Sinnlichkeit

---

18 Marx, Karl 1970: Zur Kritik der Hegelschen Rechtsphilosophie. Einleitung. In: Marx-Engels- Werke (MEW) Bd. 1. Dietz, Berlin, S. 381.

19 Plessner, Helmuth 1975: Stufen, S. 342.

20 Marx, Karl 1970: Briefe aus den „Deutsch-Französischen Jahrbüchern. M. a. R.. September 1843. In: Marx-Engels-Werke (MEW) Bd. 1. Dietz, Berlin, S. 344.

installiert; es sei ein Konzil der Buchhalter, das ein liturgisches Ritual durch ver-
balsprachliche Mitteilung von Information ersetzt habe. „Es wird der Charakter
der Darstellung von Grunderfahrungen menschlicher Lebensentwürfe ersetzt
durch Welterklärungen und Einübung in ideologische Handlungsanweisungen.
[...] Offene *Indoktrinierung, Pädagogisierung* und *Intellektualisierung* schließen
hier eine Allianz."[21] Als der Weihrauch noch herrschte, konnte der Gläubige auch
mal an der Predigt vorbeiträumen, was bei installierter Herrschaft der Worte
nicht mehr passieren soll. Das macht den Weihrauch noch zu keiner Institution
der Befreiung und das Vorbeiträumen noch nicht zu einem renitenten Akt in
der Bewegung der Wir-Emanzipation. Aber doch zu einem Freiraum, immerhin.
Die Unterscheidung von sozialtheoretischen Begriffen und gesellschaftstheoretischen Kategorien ist daher letztlich die Unterscheidung in die beiden Fragen, wie
Soziales funktioniert einerseits und in welchem Geist es funktioniert andererseits,
also nach welchem gemeinsam geteilten Maßstab Funktionierendes als funkti-
onal/dysfunktional und damit zuguterletzt: als gut Funktionierendes beurteilt
wird. Wie schon Aristoteles wusste, ist es eine Herrschaftsstrategie, den Maßstab
des guten Funktionierens ins Unsichtbare zu stellen, um sich ausschließlich mit
dem Funktionieren, also mit den Rädchen im Getriebe zu beschäftigen. „Auch
gehört es zum Tyrannenregiment, daß [...] das Volk über der Sorge für den täglichen Bedarf zu Zettelungen [Verschwörungen] keine Muße behält."[22] Klügere
Varianten, wie etwa Joachim Fischer, machen den Maßstab offensiv sichtbar,
wetten dann aber auf dessen Alternativlosigkeit.

5. Ausblick: Wir Citoyens

Engels hat bei Feuerbach nur noch Liebesgedusel gesehen:

> Aber die Liebe! – Ja, die Liebe ist immer und überall der Zaubergott, der bei Feu-
> erbach über alle Schwierigkeiten des praktischen Lebens hinweghelfen soll – und
> das in einer Gesellschaft, die in Klassen mit diametral entgegengesetzten Interessen
> gespalten ist. Damit ist der letzte Rest ihres revolutionären Charakters aus der Phi-
> losophie verschwunden, und es bleibt nur die alte Leier: Liebet euch untereinander,
> fallt euch in die Arme ohne Unterschied des Geschlechts und des Standes – allge-
> meiner Versöhnungsdusel![23]

21 Lorenzer, Alfred 1984: Das Konzil der Buchhalter. Die Zerstörung der Sinnlichkeit.
   Eine Religionskritik. Fischer, Frankfurt/M., S. 184-85.
22 Aristoteles 1981: Politik. Übers. v. E. Rolfes. Meiner, Hamburg, S. 1313b.
23 Engels, Friedrich 1962: Ludwig Feuerbach und der Ausgang der klassischen deutschen
   Philosophie [1886]. In: Marx-Engels-Werke (MEW) Bd. 21, Dietz, Berlin, S. 289.

Man kann bei Feuerbach darin auch anderes sehen. Der Sache nach muss zwischen einem Gemeinschafts-Wir und einem Gesellschafts-Wir unterschieden werden – jene von Plessner benannte Differenz zwischen sozialen Gemeinschaften, deren Mitglieder „Wir" zu sich sagen, und der Sphäre des Geistes rein als Sphäre des Gesellschaftlichen, also als notwendig mitgegebener kategorialer Raum, innerhalb dessen die Unterscheidungen von Ich, Du, Er/Sie/Es, Wir, Uns, Sie überhaupt je historisch getroffen werden (können). Die Rede von „Wir Citoyens" muss daher notwendigerweise nivellierend sein, erst recht, wenn sie als „Wir Bürger" daher kommt. Zunächst in dem banalen Sinne, dass man dem bloßen Wortlaut, und oft dem Kontext, nicht ansieht, ob „Wir Bürger" ein Gemeinschafts-Wir oder ein Gesellschafts-Wir ist; sodann aber auch in dem Sinne, dass man gar nicht sagen kann, was ein *Gesellschafts*-Wir ist, ohne dies – aus Gründen der Sache und nicht nur der Didaktik – von einem Gemeinschafts-Wir abgegrenzt zu haben. Liest man dann noch die Rede von „Wir Bürger" im Wissen darum, dass diese Rede als Gemeinschafts-Wir übergriffig und/oder exkludierend im Sinne „asymmetrischer Gegenbegriffe" (wir vs. sie, die anderen) ist,[24] dann ist naheliegend und verständlich, in der Rede von „Wir Citoyens" *nur* Versöhnungsdusel zu lesen. – So berechtigt all diese Vorbehalte auch sind, so ändert das nichts an der Logik, nämlich daran, dass jede Wir-Gemeinschafts-Rede, und auch jede Weigerung, von „Wir alle" reden zu wollen, schon ein Gesellschafts-Wir mitgenannt hat, denn Kandidaten für ich, Du und Wir sind immer schon in historisch je bestimmten kategorialen Räumen beheimatet – nie kommt „alles und nichts" dafür in Frage, eine/r von uns zu sein, sondern immer nur kommen Wir überhaupt in Frage.

Weil die Wir-Redeform also notwendig-möglich nivellierend ist, ist es sozusagen kein Wunder, dass individuelle Texte, gar individuelle Autoren, diese Differenz auch in einem alltäglichen, nicht logischen Sinne nivellieren – erst recht in junghegelschen Zeiten, in denen Hegels Rede von „Geist" unter Generalverdacht steht. Auch Feuerbach ist davor nicht gefeit – seine Wortlaute sind auf Gemeinschaft gestimmt, aber das, was er der Sache nach sagt, auf Gesellschaft. Zum Beispiel:

> Wir fühlen nicht nur Steine und Hölzer, nicht nur Fleisch und Knochen, wir fühlen auch Gefühle, indem wir die Hände oder Lippen eines fühlenden Wesens drücken; [...] wir sehen nicht nur Spiegelflächen und Farbengespenster, wir blicken auch in den Blick des Menschen. [...] Alle unsere Ideen entspringen darum auch aus den

---

24 Koselleck, Reinhart 1979: Zur historisch-politischen Semantik asymmetrischer Gegenbegriffe [1975]. In: Ders.: Vergangene Zukunft. Zur Semantik geschichtlicher Zeiten. Suhrkamp, Frankfurt/M., S. 211-259.

> Sinnen; darin hat der Empirismus vollkommen recht; nur vergißt er, daß das wichtigste, wesentlichste Sinnenobjekt des Menschen der *Mensch selbst* ist, daß nur im Blicke des Menschen in den Menschen das Licht des Bewußtseins und Verstandes sich entzündet. [...] Nur durch Mitteilung, nur aus der Konversation des Menschen mit dem Menschen entspringen die Ideen. Nicht allein, nur selbander kommt man zu Begriffen, zur Vernunft überhaupt. [...] Die Gemeinschaft des Menschen mit dem Menschen ist das erste Prinzip und Kriterium der Wahrheit und Allgemeinheit. [...] Was ich allein sehe, daran zweifle ich; was der andere auch sieht, das erst ist gewiß.[25]

Sicher: Man kann das so lesen, wie es da auch steht: Dass „zwei Menschen zur Erzeugung des Menschen [gehören]", auch des geistigen. Aber man sieht doch, dass Feuerbach nicht über Anfangsgründe von Vernunft und Wahrheit redet, sondern vom ersten Prinzip und Kriterium, oder etwa nicht!? Das Licht des Bewusstseins „entzündet" sich im Blick des Menschen in den Blick des Menschen; in der Konversation „entspringen" die Ideen – da ist eben betont von „entstehen" oder von „bewirkt werden" oder Ähnlichem nicht die Rede.

Was das Beispiel Feuerbach samt der Kritik von Engels zeigt: Die Güte der Unterscheidung von Sozialtheorien und Gesellschaftstheorie steht und fällt damit, eine nicht-paternalistische und nicht-imperialistische Form der Rede und des Gestus eines Gesellschafts-Wir – „Wir Personen" – zu finden. Das ist, folgt man hier der *Deutschen Ideologie*, sehr nah an dem Problem einer *wissenschaftlichen* Ideologie: Wie kann das sein, und wie soll man verstehen, dass „wir Proletarier" – in Zeiten einer Klassengesellschaft ein asymmetrischer Gegenbegriff – stellvertretend stehen kann für alle Menschen? Dies jedenfalls ist der Anspruch, denn Proletarier wollen nicht einfach nur eine *bestimmte* Klassenherrschaft beseitigen und durch eine andere ersetzen, sondern sie wollen Klassenherrschaft überhaupt beseitigen. Ihr besonderes Interesse decke sich mit dem Interesse der Menschheit – so reden Kommunisten. Sie können daher nicht nicht ideologisch reden, denn auch sie sind, wie

> jede neue Klasse nämlich, die sich an die Stelle einer vor ihr herrschenden setzt, [...] genötigt, schon um ihren Zweck durchzuführen, ihr Interesse als das gemeinschaftliche Interesse aller Mitglieder der Gesellschaft darzustellen, d.h. ideell ausgedrückt: ihren Gedanken die Form der Allgemeinheit zu geben, sie als die einzig vernünftigen, allgemein gültigen darzustellen.[26]

---

25 Feuerbach, Ludwig 1982: Grundsätze der Philosophie der Zukunft [1843]. In: Ders.: Gesammelte Werke Bd. 9. 2. Aufl., Akademie, Berlin, § 42, S. 323-24.

26 Marx, Karl; Engels, Friedrich 1962: Die deutsche Ideologie [1845/46]. In: Marx-Engels-Werke (MEW) Bd. 3, Dietz, Berlin, S. 47.

Wissenschaftlich ist diese Ideologie dann und nur dann, wenn jenes proletarische Klassen-Wir tatsächlich nicht darin aufgeht, ein besonderes Gemeinschafts-Wir zu sein, sondern auf nicht-paternalistische und nicht-imperialistische Weise für uns alle spricht.

P.S.: Will man Michael Weingarten bei solcher Suche nach einer angemessenen kommunistisch-philosophischen Redeform gerecht werden, muss man sich auch nach literarischen Formen umsehen, in denen nicht-paternalistische Appelle an uns alle ihren Vorschein finden. Dazu zwei Vorschläge: Die *Tagebücher* von Max Frisch haben das Protokoll zur Kunstform erhoben. Als Protokoll sagen die Einträge nur, was man so vorfindet, und lassen uns mit jeder ausgesagten frohen Botschaft in Ruhe. Aber sie tun das in der Weise, dass sie geradezu nach Resonanz schreien, sei es nach Empörung, sei es nach vorbehaltloser Zustimmung angesichts des Protokollierten. Diese Tagebücher bringen uns nichts bei, sondern machen sehend. – Geistesverwandt damit ist die Literatur von Christoph Hein. Hein sieht sich als „Chronist". Auch bei ihm gibt es in den Zeilen keine Botschaften, frohe schon gar nicht. Im *Tangospieler* oder im *Fremden Freund/Drachenblut* erfährt man ausschließlich, was so geschieht und vor sich geht. Alles extrem unspektakulär, und an keiner einen möglichen Weggabelung des Geschehens verspürt man als Leser auch nur Anflüge von Empörung, was denn das wohl für ein Elend sei, in das sich die Figuren verstricken. Es sind Chroniken kalt fortschreitender Notwendigkeit, und kein einziger einzelner Schritt ist als solcher ein böser Schritt oder gar ein Schritt ins Böse. Aber man kann diese Bücher nicht zuklappen, ohne noch ihren Gesamt-Schrei zu hören: So soll die menschliche Welt nicht sein! Es reicht nicht, im Kleinen nicht böse zu sein!

Andreas Luckner

Mortalität, Natalität, Pluralität – die fundamentalontologische Erschließung des Politischen bei Hannah Arendt

Es ist bekannt, dass Hannah Arendt sich nicht zur Philosophenzunft hat zählen lassen wollen; statt von einer politischen Philosophin sprach sie von sich lieber als einer politischen Theoretikerin oder Denkerin. Dies liegt nun nicht etwa daran, wie manche immer noch meinen, dass sie nicht besonders viel Philosophierelevantes geschrieben oder geäußert hätte, oder sie solches von sich selber dachte – im Gegenteil! Es ist auch nicht Bescheidenheit, weshalb Arendt sich nicht Philosophin nennen lassen wollte; sie nahm vielmehr einen gewissen abschätzigen Blick auf die Jahrtausende alte Tradition der Politischen Philosophie ein, eine Tradition, die aus ihrer Sicht das zentrale Merkmal des Politischen – das Erscheinen von Personen in einem von ihnen selbst mit konstituierten öffentlichen Raum – begrifflich noch nie adäquat erfasst hatte, ja aufgrund ihrer metaphysischen und anthropologischen Prämissen gar nicht erfassen konnte.

Diesen Blick auf die Geschichte der abendländischen Philosophie als einer durch eine neues, radikales Denken zu überwindende Denkform teilte sie Mitte der zwanziger Jahre mit Martin Heidegger, ihrem zeitweiligen Lehrer und siebzehn Jahre älteren Geliebten in Marburg. Wie auch die anderen damaligen und bis heute berühmten Schüler neben Hannah Arendt, etwa Hans Jonas, Hans-Georg Gadamer, Karl Löwith, Herbert Marcuse, Günter Stern alias Anders berichtet haben und wie es mittlerweile auch in den in den letzten Jahrzehnten veröffentlichten Marburger Vorlesungsnachschriften gut nachzuvollziehen ist – bei Heidegger schien man lernen zu können, wie ein solches radikal neues Denken in Anschlag gebracht werden konnte. Unter dem Titel „Fundamentalontologie" sollte ja nicht weniger als eine Revision, ja Destruktion der Grundlagen abendländischen Denkens durchgeführt werden, dem Denken eine neue Basis gegeben werden.

Ich möchte nun behaupten: Hannah Arendt hat diesen radikalen Denkimpuls der Fundamentalontologie aufgenommen und fruchtbar weitergeführt. Um dies zeigen zu können, ist es notwendig, in einem ersten Schritt zu klären, was überhaupt „Fundamentalontologie" ist; in einem zweiten, größeren Schritt soll dann die Variante fundamentalontologischen Denkens bei Hannah Arendt vorgestellt werden, immer in Hinblick auf den Unterschied zu Heideggers reduktivem Verständnis menschlicher Endlichkeit qua Mortalität. Dabei soll ersichtlich werden, dass das Konzept der Natalität, welches Hannah Arendt ins fundamentalontologische Spiel brachte, nicht nur eine alternative Form des Endlichkeitsdenkens andeutet, sondern eine umfassendere (und daher adäquatere) Analyse menschlicher Existenz erlaubt. Im Vordergrund steht hierbei die Erschließung der Sphäre des Politischen vermittels des aus der Natalität ableitbaren Konzepts konstitutiver Pluralität menschlicher Existenz.

1. Was heißt „Fundamentalontologie"?

Der Titel „Fundamentalontologie" ist hochgradig irreführend. Dieser Ausdruck kann ja so verstanden werden – und er wurde und wird bis heute zumeist so verstanden –, dass es sich dabei um eine besonders tiefliegende, eben fundamentale Ontologie handeln würde. Dies ist aber so ziemlich das Gegenteil dessen, was mit diesem Ausdruck gemeint ist, denn es geht der Fundamentalontologie gerade um den Aufweis der Bedingungen, unter denen Ontologien (allgemeine und regionale) überhaupt entworfen werden können. Diese Bedingungen aber können selber nicht mehr in eine Ontologie gehören. „Fundamentalontologie" ist, anders als der Ausdruck (eben leider) suggeriert, kein *Begründungs-*, sondern eher ein *Abbruchunternehmen*, eines, das gerade die Kontingenz unserer für selbstverständlich gehaltenen ontologischen Denkschemata erweist, und das heißt: ihren andersmöglichen Charakter herausstellt. Das tut sie, indem sie diese Fundamente freilegt, indem sie das, was auf diesen Fundamenten steht, „destruiert". Diese denkweisengründenden Fundamente liegen aber nirgendwo anders als in den Bestimmungen der menschlichen Daseinsweise selbst, der Existenz. Was demnach überhaupt „Sein" heißt – unbefragte Voraussetzung einer jeden Ontologie als Wissenschaft, von dem, was überhaupt (alles so) ist – kann, wenn überhaupt, nur in einer „Genealogie der verschiedenen möglichen Weisen von Sein"[1] geklärt werden, einer Herkunftslehre unserer Seinsverständnisse also, oder, wenn man so will, einer Metaontologie[2]. Methodisch kann eine solche Forschung

---

1 Heidegger, Martin 1979: Sein und Zeit. 15. Auflage, Niemeyer, Tübingen, S. 11.

2 Heidegger spricht interessanterweise auch von einer „Metontologie". Darunter ist nicht eine Meta-Ontologie in dem hier genannten Sinne der Fundamentalontologie zu verstehen, sondern eine Form, die die Ontologie selber annimmt, wenn sie fundamentalontologisch destruiert wird. Die Ontologie schlägt notwendig in eine solche Wissenschaft um, wenn ihre Gründe durch die Fundamantalontologie als in den Bestimmungen der menschlichen Existenzform liegend erwiesen werden (vgl. zur

freilich nur *phänomenologisch* verfahren, d.h. so, dass eben keine ontologischen Modelle oder Theorien vorab investiert werden. Seiendes kann in seinem Sein nur so beschrieben werden, wie es sich selber im Feld der Welt gibt. Wenn man hier zur Veranschaulichung einmal das berühmte Bild Descartes' vom Baum der Wissenschaften nimmt[3], bei dem die Früchte die Ethik, die Medizin und die Mechanik darstellen, der Stamm die Naturlehre, die Wurzeln aber die Metaphysik und mit ihr die Ontologie, dann geht es der Fundamentalontologie um den *Boden*, aus dem diese Wurzeln Wasser und Nahrung ziehen; ohne diesen könnte der Baum der Wissenschaften gar nicht stehen. Die Analysen von Bodenproben aber, um das Bild auszureizen, können gar nicht in den Bereich einer noch so fundamentalen Ontologie gehören, sondern stammen aus unserer jeweiligen Lebenswelt, dem „Universum vorgegebener Selbstverständlichkeiten"[4], wie sie Husserl treffend charakterisiert hat.

Die metaphysisch-ontologische, von Aristoteles geprägte Fragestellung „Was ist das Seiende, insofern es ist?" setzt also schon ein Verständnis von „Sein" voraus, das in den Ontologien selber nicht zur Sprache kommen kann. Was aber „Sein" überhaupt heißt – das ist die berüchtigte „Seinsfrage" –, können wir nur klären,

---

Metontologie Heidegger, Martin 1978: Metaphysische Anfangsgründe der Logik im Ausgang von Leibniz. In: Ders.: Gesamtausgabe Bd. 26. Klostermann, Frankfurt/M., S. 196-202). Zur Erläuterung: Der Hauptpunkt, um den es hierbei geht, nämlich das „Urphänomen der menschlichen Existenz" (ibid, S. 199) ist dabei, dass der Mensch zu sich und dem Seienden als solchem in ein Verhältnis tritt bzw. treten kann, m. a. W., dass er das Sein des Seienden (und damit die ontologische Differenz) versteht: „Es gibt Sein nur, wenn Dasein Sein versteht. Mit anderen Worten: die Möglichkeit, dass es Sein im Verstehen gibt, hat zur Voraussetzung die faktische Existenz des Daseins [dies ist dann der Gegenstand der Fundamentalontologie, A. L.] und diese wiederum das faktische Vorhandensein der Natur [dies ist dann der Gegenstand der Metontologie, A.L.]" (ibid.). Es erfolgt also durch die fundamentalontologische Analyse notwendig ein „Umschlag" (metabolê) des (einfachen) ontologischen Denkens in seine eigenen Voraussetzungen (deswegen Met-ontologie, also eine „umgeschlagene" Ontologie).

3   Vgl. das Vorwort der *Principia Philosophiae* des Descartes, ein Brief an den Verleger Picot. Heidegger bezieht sich explizit auf dieses Vorwort in seiner Einleitung zur fünften Auflage von *Was ist Metaphysik?* von 1949. Vgl. Heidegger, Martin 1969: Was ist Metaphysik? Klostermann, Frankfurt/M., S. 7.

4   Vgl. Husserl, Edmund 1976: Die Krisis der europäischen Wissenschaften und die transzendentale Phänomenologie (= Husserliana Bd. VI). Martinus Nijhoff, Den Haag, S. 183. Durch diesen Lebensweltbezug ähnelt die Fundamentalontologie daher auch sehr stark pragmatistischen Untersuchungen im Sinne Deweys, und es waren ja nicht zuletzt die amerikanischen Neopragmatisten wie Richard Rorty oder Robert Brandom, die diese Nähe des Heideggers von *Sein und Zeit* zum Pragmatismus gesehen haben.

wenn wir zunächst einmal *diejenige* Weise des Seins, mit der wir einzig bekannt sind, nämlich unsere eigene Seinsweise, die Heidegger bekanntlich „Existenz" nennt, analysieren. Und genau das ist es ja, was Heidegger im ersten Teil von *Sein und Zeit* durchführt: eine die Seinsfrage und ihre Beantwortung vorbereitende Analyse dessen, wie wir sind (bzw. wie „das Dasein existiert").

Was hat dies aber mit Hannah Arendt, und vor allem: Was hat das mit politischer Philosophie zu tun? Einerseits doch offenbar sehr wenig, wenn man sich *Sein und Zeit* genauer anschaut, in der es so etwas wie eine politische Philosophie einfach nicht gibt.[5] Andererseits aber könnte man sagen, und das ist meine These, die ich auf den nächsten Seiten plausibel machen möchte: Hannah Arendt korrigiert, erweitert und rettet damit das fundamentalontologische Projekt vermittels einer adäquateren Analyse von Endlichkeitsformen wie der Natalität und damit auch der Pluralität, die es ihr erlaubt, den Bereich des Politischen zu erschließen. Die Fundamentalontologie Heideggers scheitert nämlich, wie ich an anderer Stelle zu zeigen versucht habe, gerade an einer zu eng gefassten Konzeption von Endlichkeit als bloßer Mortalität.[6]

Dass Hannah Arendt dem zu engen Endlichkeitsbegriff der Mortalität ihr Natalitäts- und Pluralitätskonzept entgegenhielt, welches den Raum der Öffentlichkeit und des Politischen als Dimension menschlichen Daseins überhaupt erst adäquat zu charakterisieren erlaubt, ist für sich genommen keine besonders originelle These; so heißt es schon bei Michael Weingarten: „Gebürtlichkeit und Neu-anfangen-können wurden von ihr [Hannah Arendt, A. L.] konzipiert als Gegenentwurf zu Heideggers Geworfenheit ins Man, in die nicht überschreitbare Eingebundenheit in vorfindliche Traditionszusammenhänge"[7]. Der Umstand aber, dass dieser Gegenentwurf nicht einfach durch eine kontingente andere anthropologische Grundannahme motiviert wird, sondern sich begrifflich-syste-

---

5   Bestenfalls könnte man aus den spärlichen Passagen über das Mitsein und die Fürsorge als Grundbestimmungen des menschlichen Existierens eine (spärliche) Grundlage für eine *Sozialphilosophie* gewinnen, die dann aber unter *politikphilosophischen* Gesichtspunkten notwendiger Weise, wie wir noch sehen werden, in eine existenzialistisch-kollektivistische, ja, wie die letzten Kapitel des Torsos *Sein und Zeit* zeigen, in eine völkische Richtung abdriftet.

6   Vgl. Luckner, Andreas 2001: Martin Heidegger: „Sein und Zeit". Ein einführender Kommentar. Schöningh, Paderborn, v.a. S. 99-110; Luckner, Andreas 2008: Heidegger und das Denken der Technik. Transcript, Bielefeld, S. 82-92.

7   Weingarten, Michael 2000: Arbeit als Natur? Die Fragwürdigkeit der Unterscheidung von Arbeiten, Herstellen und Handeln. In: Ders. (Hg.): Warum Hannah Arendt? Aufklärungsversuche linker Missverständnisse. Pahl-Rugenstein, Bonn, S. 59-83, S. 77.

matisch auf einer *fundamentalontologischen* (also gerade nicht *anthropologischen*) Ebene vollzieht, ist bislang nicht so deutlich gesehen worden.[8] Dies scheint mir die philosophische – und nicht nur politiktheoretische – Relevanz der Arendt'schen Analyse menschlichen Daseins bedeutend zu erhöhen. Eine Fundamentalontologie – wenn man irgend noch einen Sinn mit diesem unzeitgemäßen Projekt verbinden kann – könnte, wie ich zeigen möchte, durch die Arendt'sche Korrektur und Erweiterung um die Dimension des Politischen gerettet werden.

Um einmal nur plausibel zu machen, dass es nicht komplett abwegig ist, von einer Fundamentalontologie bei Hannah Arendt zu sprechen, möchte ich mich zunächst auf zwei Stellen aus Arendts Schriften beziehen. Das erste Arendt-Zitat stammt aus einem Begleitschreiben für eine Buchsendung an Heidegger vom 18.10.1960. Bei dem Buch handelte es sich um die deutsche Übersetzung von *The Human Condition* (dt. *Vita activa*). Sie schreibt dort:„Du wirst sehen, dass das Buch [*Vita Activa*] keine Widmung trägt. Wäre es zwischen uns je mit rechten Dingen zugegangen [...], so hätte ich Dich gefragt, ob ich es Dir widmen darf; es ist unmittelbar aus den ersten Freiburger[9] Tagen entstanden und schuldet Dir in jeder Hinsicht so ziemlich alles."[10]

---

8 Auf verschiedene Weise ist dies in der Literatur zu Arendt angedeutet worden, so z.B. bei Oliver Marchart (vgl. Marchart, Oliver 2005: Neu beginnen. Hannah Arendt, die Revolution und die Globalisierung. Wien, Turia & Kant), auch bei Seyla Benhabib, obwohl gerade sie die Fundamentalontologie als Ontologie (und damit Arendt grundsätzlich) missversteht (vgl. hierzu Benhabib, Seyla 2006: Hannah Arendt. Die melancholische Denkerin der Moderne. Erw. Ausgabe, Suhrkamp, Frankfurt/M., S. 169-198). Hannah Arendt selbst positioniert sich nirgends in Bezug auf die Fundamentalontologie; sowohl in *Vita activa* als auch in anderen Schriften bezieht sie sich ja kaum direkt auf Heidegger.

9 Benhabib, Seyla 2006: Hannah Arendt, S. 191 zitiert diese Stelle (wohl nach Ettinger, Elzbietta 1995: Hannah Arendt – Martin Heidegger. Eine Geschichte. Piper, München/Zürich, S. 121) falsch, indem sie statt „Freiburger", wie im Text des Briefes, „Marburger Tage" schreibt. Die Frage ist hier allerdings tatsächlich, ob Hannah Arendt sich hier nicht verschrieben hat und tatsächlich die Marburger Tage im Jahre 1925 gemeint haben muss. Denn was sollten denn die „ersten Freiburger Tage" gewesen sein? Außer bei ihrem Wiedersehen im Februar 1950 und späteren Treffen in Freiburg gab es wohl keine gemeinsamen Tage in Freiburg (allerdings hatte Arendt 1926, wohl auch um Abstand von Heidegger zu gewinnen, für ein Semester in Freiburg bei Husserl studiert; in dieser Zeit aber ist Heidegger nicht in Freiburg gewesen, sondern wohnte mit seiner Familie in Marburg). Die Nachkriegstreffen ab 1949 können ebenfalls nicht gemeint sein, denn Hannah Arendt hat die Grundgedanken ihres Hauptwerkes ja lange vor dem Krieg und damit sehr viel früher gefasst.

10 Arendt, Hannah; Heidegger, Martin 1999: Briefe 1925 – 1975 und andere Zeugnisse. Aus dem Nachlass hg. von Ursula Ludz. 2. durchgesehene Auflage, Klostermann,

Das zweite Zitat ist eine (auf deutsch verfasste) Anmerkung in der ersten Textfassung ihrer New Yorker Vorlesung *Concern with Politics in Recent European Philosophical Thought* von 1954, wo sie schreibt:„Es ist so gut wie unmöglich, von den Gedanken Heideggers, die politisch von Bedeutung sein könnten, eine klare Vorstellung zu vermitteln, ohne seiner Analyse von 'Welt' eine ausgefeilte Darstellung zu geben."[11]

Nach dem zweiten Zitat ist zu vermuten, dass für Arendt selbst der Heidegger'sche Begriff der Welt selbst grundlegend wichtig war für ihre philosophisch-begriffliche Erschließung des Politischen: Der Mensch – oder, wie Heidegger sehr bewusst schrieb, um jedwede Verdinglichungstendenz qua Anthropologisierung von vorneherein abzuwehren: das „Dasein" – ist als In-der-Welt-*sein* nicht etwas irgendwie Vorhandenes, also in der Welt *Seiendes*. „Welt" ist vielmehr etwas, was begrifflich jede Subjekt-Objekt-Konstruktion unterläuft: Es ist nicht etwa so, nach dem cartesischen Modell, dass wir erst einmal für uns existieren und *dann* uns *auch noch* auf die Welt (am Ende auf die Welt „dort draußen") beziehen. Weltlichkeit, In-der-Welt-sein ist vielmehr konstitutives Moment des Daseins bzw. des Existierens – und es war vor allem das „Überspringen des Weltphänomens", welches Heidegger und mit ihm seine Schüler sämtlicher Philosophie seit Parmenides ankreideten. Insofern der Mensch also nicht etwas in der Welt Vorhandenes ist, sondern umgekehrt die Welt ein Moment menschlichen Daseins darstellt, Dasein also – und nur Dasein! – weltlich existiert, können dem Menschen auch keine im anthropologischen Sinne wesentlichen Eigenschaften zugeschrieben werden. Die Anthropologie, die solche essentiellen Eigenschaften ihres Forschungsgegenstandes sucht, hat dessen Seinsweise, die Existenz und damit die Weltlichkeit des Existierens schon übergangen. Die Existenz aber, als Weise also, wie wir sind, geht jeder Essenz, jeder wesentlichen Eigenschaft einer Substanz namens „Mensch" voraus.

Hinzu kommt: Existieren heißt nach Heidegger, ein Verhältnis zu seinem Sein (also der Existenz) haben. Diese selbstbezogene Grundstruktur des Daseins nennt Heidegger „Sorge". Wir sorgen uns um uns, d.h. um unser Dasein. Wir haben damit einen Bezug zu uns selber, schon vor jeder kognitiv-sprachlichen Thematisierung.[12] Erst aufgrund der Sorgestruktur des Daseins sind die Dinge

---

Frankfurt/M., S. 149. Heidegger blieb in Bezug auf das Buch völlig kühl und hat es ihr gegenüber wohl auch nie nie erwähnt.

11 Zitiert nach Benhabib, Seyla 2006: Hannah Arendt, S. 97.

12 Dass dies nicht notwendig heißt, dass dies auch ein *vorbegriffliches* Verhältnis sei, kann ich hier nur einwerfen. Mit anderen Worten: Es gibt vorsprachliche Begriffe,

und Personen, mit denen wir in Verbindung stehen, überhaupt in einem Zusammenhang der Bewandtnis, d.h. erst so bilden sie eine bzw. die Welt, in der
wir leben.[13]

Das menschliche Dasein existiert als In-der-Welt-sein notwendiger Weise
endlich, das heißt: auf sich als ein Ganzes bezogen. Endlichkeit ist also der Grund
dafür, dass das Dasein überhaupt *weltlich* existiert, in einer Welt sich befindet.
Nur ein endliches, d.h. auf sich als ein Ganzes bezogenes Existierendes aber kann
überhaupt das Gesamt seines Erfahrungsbereiches als Welt thematisieren, kann
sich verständig auf Dinge in der Welt und die Welt selber beziehen und diese
Bezüge artikulieren und kommunizieren. Erst ein Seiendes also, das nicht nur
kommt und geht wie fast alles in der Welt, sondern zu diesem Kommen und
Gehen selbst ein Verhältnis hat, ist streng genommen ein endliches Wesen – ab-
weichend vom Endlichkeit verabsolutierenden und alltäglichen Sprachgebrauch,
nach dem eigentlich alles schon endlich ist, was nur bestimmbare Grenzen hat.

2. Modi der Endlichkeit

2.1. Mortalität

Soweit, so gut. Was einem bei dem Versuch, „Endlichkeit" genauer zu bestimmen,
nun sicherlich zuerst einfällt, ist die Sterblichkeit, die *Mortalität*. Sowohl Heidegger in *Sein und Zeit* als auch Arendt in *Vita activa* behandeln sie ja auch an
jeweils systematisch herausragender Stelle. Arendt diskutiert sie vor allem unter
dem Titel „Arbeiten" als der ersten der menschlichen Tätigkeit neben Herstellen
und Handeln.[14] Arbeiten ist gemäß Arendt ständige Auseinandersetzung mit der

---

   aber es gibt keine vorbegrifflichen Verhältnisse, so wenig wie es kreisrunde Vierecke
   gibt.

13 Die Vorstellung, wir hätten es in unserer Welt primär mit beobachtbaren Gegenständen zu tun, mit denen wir *dann* praktisch irgendwie in Beziehungen treten, ist
   dagegen die Grundkonstruktion modernen wissenschaftlichen Bewusstseins, welches
   aber den Phänomenen des In-der-Welt-seins nicht gerecht wird. Denn dort haben wir
   es primär mit Bewandtniszusammenhängen zu tun, die nur, wenn sie gestört sind, so
   etwas wie Gegenständlichkeit bzw. Dinghaftigkeit zulassen. Vgl. hierzu Heidegger,
   Martin 1979: Sein und Zeit, S. 63-113, sowie genauer dazu Luckner, Andreas 2008:
   Heidegger und das Denken der Technik, S. 43-58.

14 Arbeiten, Herstellen und Handeln sind ein Reflex der aristotelischen Tätigkeits-
   lehre bei Arendt. Was Arendt allerdings problematischer Weise so anordnet wie
   verschiedene Klassen von Tätigkeiten – so, dass eine bestimmte Tätigkeit *entweder*
   Arbeiten *oder* Herstellen *oder* Handeln ist – sollte vielleicht, analog der heute sich

Sterblichkeit, ja Arbeit ist bei ihr geradezu Ausdruck von Sterblichkeit, insofern in der Mühe der Arbeit die Sicherung der eigenen physischen Existenz im Vordergrund steht. Es ist dabei aber immer noch eine *menschliche* Tätigkeitsform; Tiere, obwohl sie natürlich auch ihre physische Existenz sichern, arbeiten in diesem Sinne nicht, weil sie auch nicht sterblich sind in dem Sinne, der hier interessiert: Sie nehmen im allgemeinen kein Verhältnis zu ihrem Tod (und damit zu sich als ganzem) ein. Arendt schreibt zur Sterblichkeit: „Mortalität liegt in dem Faktum beschlossen, dass dem Menschen *ein individuelles Leben* mit einer erkennbaren Lebensgeschichte aus dem biologischen Lebensprozess *heraus- und zuwächst.*"[15] Das bedeutet: Unsere Mortalität liegt, im Unterschied zu derjenigen anderer Lebewesen, nicht einfach darin, dass wir sterben, sondern dass wir zu diesem Sterbenmüssen in ein Verhältnis treten derart, dass wir unser jeweiliges Leben in seiner Eigenart verstehen und im Sinne einer „erkennbaren Lebensgeschichte" auf seine ureigensten Möglichkeiten hin entwerfen. Die je individuelle Lebensgeschichte durchschneidet den allgemeinen biologischen Kreislauf der Natur, weil die Geschichte welthaft-menschlich ist, linear, „unnatürlich", bzw. „künstlich", weil sie einen Anfang und ein Ende hat, auf das sich ein jedes individuelle Leben selbst bezieht. Ein Tier, so wie es ja nicht arbeitet, ist auch genau in diesem Sinne *nicht* sterblich, hat keine Mortalität, existiert nicht auf ein Ende hin bezogen, sondern verendet lediglich.[16]

---

durchsetzenden Interpretation der aristotelischen Bestimmungen von *praxis* und *poiesis* als intensionalen, also aspektuellen Unterscheidungen an Tätigkeiten (oder Modi von Tätigkeiten) verstanden werden: Eine bestimmte Tätigkeit kann unter dem Aspekt der Arbeit hinsichtlich ihrer lebenserhaltenden Funktionen thematisiert werden oder unter dem Herstellungsaspekt, also hinsichtlich dessen, was für ein Werk in der Welt geschaffen wird und schließlich unter dem „politischen" Aspekt, d.h. im Blick auf den öffentlichen Raum, der durch diese Tätigkeit entsteht (diesen Gedanken einer nicht-extensionalen, lediglich aspektuellen Unterscheidung nicht nur der aristotelischen, sondern auch der arendtschen Tätigkeitsfomen hat Alexandra Popp in ihrer Dissertation ausgeführt, vgl. Popp, Alexandra 2007: Arbeiten und Handeln. Eine Weiterführung von Hannah Arendt. Tectum, Marburg. Vgl. zur Kritik der Arendt'schen Unterscheidungen auch Weingarten, Michael 2000: Arbeit als Natur?, v. a. S. 66-69).

15 Arendt, Hannah 1967: Vita activa oder Vom tätigen Leben. Piper, München/Zürich, S. 24.

16 Dies gilt selbst dann, wenn das Tier, etwa als Haustier oder Reittier, von den Menschen einen Namen zugesprochen bekommt und im Prinzip auch von einem Tier die Geschichte seines Lebens erzählt werden kann; schließlich kann es sich nicht selbst mit dieser und jener Geschichte *als Person* verstehen.

Schauen wir uns einmal genauer die Einführung der Endlichkeit qua Mortalität bei Heidegger an: Dieses Verhältnis-zu-sich kündigt sich, so, wie wir existieren, nicht so sehr in einem Wissen, als vielmehr in einer *Befindlichkeit* an, nämlich der *Angst*.[17] In der Angst, so Heidegger, geht es dem menschlichen Dasein um sich als ganzes (und damit, weil die Welt ein Moment des Daseins ist, auch um das Ganze des In-der-Welt-seins). Dies ist ein Unterschied zur *Furcht*, die immer eine Furcht vor etwas Bestimmtem, In-der-Welt-*Seiendem* ist (diese Unterscheidung von Angst und Furcht übernimmt Heidegger freilich von Kierkegaard). Angst wird von Heidegger als diejenige Befindlichkeit eingeführt, an der *paradigmatisch* ausgewiesen werden kann, dass das Dasein zu sich selbst als einem ganzen Wirklichen ein Verhältnis unterhält, m. a. W., *dass* es ihm um sein Sein als ganzes geht. Da sich dieses Selbstverhältnis in der Angst ganz besonders schön zeigt, ist sie eine „ausgezeichnete Erschlossenheit" des Daseins als in In-der-Welt-Sein.

Nun findet aber bei Heidegger schon im Verlauf der veröffentlichten Teile von *Sein und Zeit* eine unzulässige Reduktion statt – Thomas Rentsch nannte das einmal treffend die „thanatologische Engführung"[18], allerdings ohne zu zeigen, wie und wo diese sich genau vollzieht. Es ist letztlich die *Interpretation* der Angst, die wir in den §§ 46-53 von *Sein und Zeit* vor uns haben, in der unter der Hand diese Engführung in zwei Schritten stattfindet. Während im § 40, im Rahmen der existenzialen Analyse, die Angst als *eine* Befindlichkeit eingeführt wird, in der wir uns als endliche, ganze Wesen zugänglich sind, wird hier nun, im ersten Kapitel des zweiten Teils von *Sein und Zeit*, bei der Interpretation der Befunde der existenzialen Analyse die Angst sozusagen unter der Hand zur *einzigen* Selbsterschließungsmöglichkeit des existierenden Daseins – es werden einfach keine Alternativen diskutiert. Dass wir uns *nur* in der Angst als Ganze gegeben sind, ist eine These, die durchaus Begründung verlangt, welche von Heidegger aber nicht geliefert wird.

Aber selbst wenn man eine solche Begründung nachliefern *könnte* (inklusive dann wohl einer sehr differenzierten Theorie von Ängsten) gäbe es immer noch den zweiten, wahrscheinlich fatalen Schritt der Reduktion, dass nämlich

---

17 Vgl. Heidegger, Martin 1979: Sein und Zeit, § 40, S. 184-191.

18 Rentsch, Thomas 2003: Heidegger und Wittgenstein. Existential- und Sprachanalysen zu den Grundlagen philosophischer Anthropologie. Neuauflage, Klett-Cotta, Stuttgart, S. 400. In der Literatur wurde die Reduktion der daseinskonstitutiven Endlichkeit (qua „Sorge") auf Mortalität, auf das pure Sein zum Tode oft gesehen und kritisiert. Die Todesfixiertheit der Heidegger'schen Existenzialanalyse wird unter anderem auch von Emmanuel Levinas, Herbert Marcuse, Karl Löwith, Karl Jaspers, Hans Ebeling und vielen anderen kritisiert.

die Angst als alleiniges Sein-zum-Ende bei Heidegger mit dem *Sein-zum-Tode* identifiziert wird. Und dies geschieht ebenfalls ohne Begründung.

Es besteht kein Zweifel daran, dass das Sein zum Tode, die Mortalität also, eine wichtige Ausprägung der Endlichkeit des Daseins ist, die sogar paradigmatischen Charakter haben mag. Es bleiben aber mindestens drei Fragen bei Heidegger unbeantwortet: Erstens, wieso sollte die Angst die *einzige* Möglichkeit sein, als ein endliches Wesen zu existieren; zweitens, selbst wenn sie die einzige Möglichkeit wäre, wieso sollte die Angst generell als *Sein-zum-Tode* identifiziert werden? Gibt es nicht viele andere Formen der Angst, wie z.b. auch die spezifische (positive) Angst vor dem Neuen, noch nie da Gewesenen? Diese Art „existenziellen Lampenfiebers" kann einen beschleichen, wenn man z.b. Vater wird, ein Rendezvous in Aussicht hat oder einen für die Karriere wichtigen Vortrag halten muss, wo auch schon mal „das Ganze des Daseins" gefragt sein kann. Und drittens: Wenn die Angst als Sein-zum-Tode nicht die einzige Form der Ermöglichung des Ganz-Sein-Könnens ist, warum sollte die Mortalität die fundamentale sein? Sie ist es tatsächlich nicht, wie man von Hannah Arendt an ihrer Konzeption der Natalität lernen kann.

2.2. Natalität

Hannah Arendt hat, um die Grundstruktur des menschlichen Daseins begrifflich adäquat fassen zu können, den Begriff der *Natalität*, des Seins-zum-Anfang bzw. der Geburtlichkeit eingeführt. Dieser Modus der Endlichkeit ist zentral in ihrem Denken; er ist fundamentalontologisch primär auch und gerade in Bezug auf die Sterblichkeit. Im Sein zum Anfang beziehen wir uns im wahrsten Sinne des Wortes ursprünglich auf unsere Existenz. Ganz einfach gesagt: Wer sterblich ist, sowohl im alltäglichen wie im existenzialen Sinne, muss schon geboren sein. Mit der Frage: „Wer bin ich, dass ich existiere?" – Ausdruck der Natalität bzw. Anfänglichkeit – wird vor jede bloße Faktizität des Daseins und „Geworfenheit" in die Welt zurückgefragt. Aus dieser fundamentaleren fundamentalontologischen Perspektive muss man gegen Heidegger sagen: Nur Tiere werden geworfen, wie ja auch der alltägliche Sprachgebrauch weiß. Menschen dagegen werden geboren, und das heißt, seit Augustinus, mit dem Menschen – und mit jedem Menschen – ist ein Anfang gesetzt. Auch die Existenz nicht-menschlicher Lebewesen beginnt freilich irgendwann, aber auch hier besteht der Unterschied gerade darin, dass ein Mensch in einem Bezug zu seinem Geborensein zu stehen befähigt ist. Er existiert dann anfänglich, auf seinen Anfang bezogen, und damit ist er Anfang *als* Anfang.

Der Gedanke, dass der Mensch ein Anfang in diesem eminenten Sinne ist, findet sich ursprünglich bei Augustinus, über dessen Liebesbegriff Arendt 1929 ja unter der Betreuung von Karl Jaspers in Heidelberg ihre Dissertation schrieb.[19] Den für das Natalitätskonzept zentralen Abschnitt vom Ende des 21. Kapitels des 12. Buches von *De Civitate Dei* zitiert sie in *Vita activa* im Kapitel über das Handeln:

> [Initium] ergo ut esset, creatus est homo, ante quem nullus fuit – 'damit ein Anfang sei, wurde der Mensch geschaffen, vor dem es niemand gab [...] Dieser Anfang, der der Mensch ist, insofern er Jemand ist, fällt keineswegs mit der Erschaffung der Welt zusammen; das, was vor dem Menschen war, ist nicht Nichts, sondern Niemand; seine Erschaffung ist nicht der Beginn von etwas, das, ist es erst einmal erschaffen, in seinem Wesen da ist, sich entwickelt, andauert und auch vergeht, sondern das

---

19 Die Dissertation, die Heidegger nur an einer Stelle kurz erwähnt, entsteht schon in einer persönlichen und philosophischen Absetzbewegung von Heidegger. Arendt war schon 1926 von Marburg aus für ein Semester nach Freiburg zu Husserl gegangen – später, in einem Brief an Heidegger vom 9. Februar 1950 wird sie erklären, dass Heidegger bzw. die schwieriger bis aussichtslos werdende (Liebes-)Beziehung zu ihm der alleinige Grund dafür gewesen ist, vgl. Arendt, Hannah; Heidegger, Martin 1999: Briefe, S. 76 – und kam 1927, unter anderem durch Vermittlung Heideggers zu Jaspers nach Heidelberg. Der Sache nach deutet sich das Konzept der Natalität schon in der Dissertation an, auch wenn es nicht explizit ausgeführt wird; vgl. hierzu Arendt, Hannah 2006: Der Liebesbegriff bei Augustin. Versuch einer philosophischen Interpretation. Olms, Hildesheim, v. a. S. 53-72, auf denen es unter anderem um den Zusammenhang von Kreatürlichkeit des Menschen und der Nächstenliebe geht. Mit Lütkehaus, Ludger 2006: Natalität. Philosophie der Geburt. Die Graue Edition, Zug, S. 30 muss man sich wundern, dass sie die betreffende Stelle vom Menschen als *initium* nicht schon hier bringt, obwohl in der Dissertation ansonsten reichlich aus dem 12. Kapitel des augustinischen *Gottestaates* zitiert wird. Selbst in den Revisionen der Übersetzung ihrer Dissertation für eine englische Neuausgabe, an der Arendt von Anfang bis etwa Mitte der 60er Jahre arbeitet, wird der Initialsatz nicht von ihr ergänzt, wohl aber der die Thematik bündelnde Ausdruck „natality" eingefügt, durchaus in Absetzung von der heideggerschen Mortalität: „The decisive fact determining man as a conscious, remembering being is birth or 'natality', the fact that we have entered the world through birth" (Arendt, Hannah 1996: Love and Saint Augustine. Posthum hg. von Joanna Scott und Judith Stark. CUP, Chicago, S. 51). Wenig später heißt es: „It is memory [implicite Sein-zum-Anfang/zur Geburt, A. L.] and not expectation (for instance the expectation of death as in Heidegger's approach) [...] that gives unity and wholeness to human existence" (ibid., S. 56). Vgl. hierzu auch den instruktiven und materialreichen Aufsatz der Herausgeberinnen – „Rediscovering Hannah Arendt" – im selben Band.

Anfangen eines Wesens, das selbst im Besitz der Fähigkeit ist, anzufangen: Es ist der Anfang des Anfangs oder das Anfangen selbst.[20]

Analog der Mortalität, die nicht nur in dem Umstand, dass die Leute sterben, aufgeht, sondern das *Verhältnis* zum Tod benennt, muss man sich also auch hier klarmachen, dass es sich bei der Natalität nicht um das bloße Faktum des Geboren-worden-seins handelt – welches die real existierenden Menschen ja mit allen höheren Lebewesen teilen, selbst mit den Küken oder Kaulquappen, die aus den Eiern schlüpfen – sondern darin, dass sie zu diesem Anfang ihrer selbst als Geborensein ein Verhältnis einnehmen.

Näherhin drückt sich dieses Sein zum Anfang so aus, dass die Menschen, indem sie handeln und sprechen, Anfänge, d.h. Initiativen setzen können in der Welt: „Sprechend und handelnd schalten wir uns in die Welt der Menschen ein, die existierte, bevor wir in sie geboren wurden, und diese Einschaltung ist wie eine zweite Geburt, in der wir die nackte Tatache des Geborenseins bestätigen, gleichsam die Verantwortung dafür auf uns nehmen."[21] Handeln und Sprechen heißt im Grunde, eine Initiative zu ergreifen und damit etwas Neues in die Welt zu setzen – weswegen hier das Thema „Freiheit" im Sinne der Spontaneität auf-kommen muss.[22] Anders als etwa bei Herstellungsakten, deren A und O der *Zweck* als für herbeiführbar erachteter, gewünschter Sachverhalt ist, anders auch beim zyklisch-endlosen Arbeiten (so wie es Arendt konzipiert), das vor allem der Selbstreproduktion dient, ist beim Handeln nicht von vorneherein auszumachen, wohin diese spontan initiierten Kausalreihen laufen werden. Ein Mensch tritt handelnd und sprechend lediglich als Initiator eines Geschehens auf, das er selbst nicht in der Hand hat.

Da „Handeln die politische Tätigkeit par excellence ist, könnte es wohl sein, dass Natalität für politisches Denken ein so entscheidendes, Kategorien-bildendes Faktum darstellt, wie Sterblichkeit seit eh und je und im Abendland zumindest

---

20 Arendt, Hannah 1967: Vita activa, S. 166.

21 Ibid.; hier also, in der Natalität, ist daher auch die Möglichkeit der Authentifikation von Lebensformen und damit der Eigentlichkeit des Daseins anzusiedeln, nicht im angstbereiten, entschlossenen Vorlaufen in den Tod wie bei Heidegger.

22 Obwohl sich Hannah Arendt in vielen Hinsichten sehr stark auf Kant bezieht, ist es doch auffällig, dass zumeist der Kant der *Kritik der reinen Vernunft* im Vordergrund steht, bei dem Freiheit nur in einem schwachen Sinne als Sponaneität und d.h. als die Fähigkeit, etwas von selbst anfangen zu können, charakterisiert wird (vgl. Kant, Immanuel 1968: Kritik der reinen Vernunft. In: Ders.: Theorie-Werkausgabe Bd. IV. Suhrkamp, Frankfurt/M., KrV B 474). Für den starken Begriff von Freiheit als Autonomie dagegen scheint sich Arendt kaum zu interessieren.

seit Plato der Tatbestand war, an dem metaphysisch-philosophisches Denken sich entzündete."[23]

Von Grund auf neu beginnen können – natal sein – heißt, Grund werden können für das, was durch einen in der Welt geschieht und bedeutet demnach so etwas wie Verantwortlichkeit. Dies, und nicht die Bezogenheit auf den Tod, ist die ursprüngliche Seinsverfassung des Menschen. Das Neue aber ist das gerade Unvordenkliche, das, wovon nicht abzusehen war, dass es eintritt.

Im Endlichkeitsverhältnis der Natalität geht einem Menschen auf, dass er, obwohl selber in seinem Handeln und Denken gründend tätig ist, sein Dasein nicht selbst gegründet hat und auch nicht gründen kann – gegen die tendenziell dezisionistische Annahme einer das eigentliche Dasein allererst konstituierenden „Selbstwahl", die bei Heidegger durch das entschlossene Vorlaufen in den Tod möglich wird. Den Tod aber – ein Umstand, den Heidegger merkwürdiger Weise nirgends thematisiert, obwohl er entscheidend sein dürfte – *können* wir uns selber geben, nicht aber die Geburt. Das Sein zum Anfang ist daher notwendiger Weise ein Verhältnis zum Unverfügbaren. Damit ist, nebenbei, nicht nur die Sphäre der Politik, sondern auch die Sphäre der Religion berührt – ebenfalls eine Dimension menschlichen Daseins, die Heidegger in seiner Existenzialanalyse nicht berühren kann, weil er die Mortalität des menschlichen Daseins verabsolutiert.

Dabei ist interessant: Trotz aller Mortalitätsfixierung Heideggers findet sich der Gedanke eines Seins-zum-Anfang doch auch schon in *Sein und Zeit*, bezeichnender Weise zu Anfang des Geschichtlichkeitskapitels (also dem 5. Kapitel des zweiten Teils von *Sein und Zeit*). Dort kann man lesen (und vielleicht ist dies sogar ein Reflex aus den Gesprächen mit Hannah Arendt, der Muse von *Sein und Zeit*): „Ist denn in der Tat das Ganze des Daseins hinsichtlich seines eigentlichen Ganz*seins* in die Vorhabe der existenzialen Analyse gebracht?"[24] Diese Rückfrage erstaunt einigermaßen, macht Heidegger an dieser Stelle doch darauf aufmerksam, dass der Tod eventuell nur *ein* Ende des Daseins ist, während er vorher, wie im vorangegangenen Abschnitt gezeigt, als das alleinige Ende gilt. *Nun* sagt er, die *Geburt* sei das „andere Ende", nämlich der Anfang des Daseins; und erst „das Seiende ‚zwischen' Geburt und Tod stellt das gesuchte Ganze dar."[25] Aber man muss sich fragen, warum er dies erst an dieser Stelle und nicht schon an der Stelle diskutiert, an der er die Endlichkeit des Daseins mit der Mortalität identifizierte. Bei Heidegger wird dieses Sein-zum-Anfang auch nicht weiter als

---

23 Arendt, Hannah 1967: Vita activa, S. 15-16.
24 Heidegger, Martin 1979: Sein und Zeit, S. 372.
25 Ibid., S. 373.

Form der Endlichkeit diskutiert, sondern lediglich als Herkunft, als Bezogensein auf anderes Dasein, das sich uns jeweilig überliefert und dessen Erbe wir zu übernehmen haben. Darin, in der Aneignung bzw. Authentifizierung eines Erbes besteht die eigentliche Geschichtlichkeit des Daseins bei Heidegger; die tendenziell völkische Ausrichtung dieses Denkens ist unverkennbar. Sein-zum-Anfang aber, und das ist der Punkt, den Arendt gegen Heidegger macht, hat eine ganz andere Dimension als das bloße Herkommen. Wer zu seiner Geburt ein Verhältnis einnimmt, bezieht sich nicht nur auf sein Herkommen und andere sterbende und gestorbene Menschen, deren Erbe er antritt; das Sein-zum-Anfang à la Heidegger ist damit lediglich eine inverse Mortalität. Entscheidend ist vielmehr, dass jemand, insofern er geboren wurde, ein Neuling in der Welt ist, dass mit ihm bzw. ihr etwas Neues in die Welt gekommen ist. Er ist eben „initium", und schon damit eignet ihm „Initialität"[26]. Denn dem Umstand, dass er als Neuling in einer nicht von ihm geschaffenen Welt hineinwächst, kann ein Mensch nur dadurch entsprechen, dass er diese seine Neuheit authentifiziert und *als* Neuer und Neuerer in die Welt tritt, wie es Arendt mit der Metapher von der „zweiten Geburt" treffend ausdrückt.

Erst im Verhältnis der Natalität, des Seins-zum-Anfang, kommt doch auch überhaupt die eigentlich „existenziellen" Frage auf: „Wer bin ich, dass ich existiere?" „Warum gibt es mich überhaupt?" – „Weil mit Dir etwas Neues in die Welt kommt!" ist nun aber gerade keine Antwort, mit der ein Grund gegeben wird. Vielmehr wird damit gesagt: Es hat keinen Grund, dass Du bist. Sein (und a fortiori Existenz als Seinsweise des Daseins) *hat* keinen Grund, es bzw. sie *ist* der Grund. „Du bist Grund dadurch, dass Du handelnd und sprechend das gemeinsame Menschsein gründest." Auch die gleichfalls „existenzielle" Frage „Wozu bin ich da?" – es ist dies natürlich die berühmte Frage nach dem Sinn des Lebens – kann nur beantwortet werden, indem man anfängt zu handeln. Das heißt: „damit ein Anfang sei".

Im Nachlass von Hannah Arendt lässt sich der Gedanke finden, dass die Grundfrage des Politischen sei: „Warum sollte es überhaupt jemanden geben?"[27] Diese Frage stellt sich aus der Perspektive des Seins-zum-Tode nicht – denn dass es mich gibt, ist ja dort gerade angeblich unhintergehbare Faktizität –, sondern erst aus der Perspektive des Seins-zum-Anfang, die sich somit nicht nur als die existenzial- bzw. fundamentalontologisch primäre, sondern auch umfassendere

---

26 So treffend Lütkehaus, Ludger 2006: Natalität, S. 46.

27 Arendt, Hannah 2003: Was ist Politik? Fragmente aus dem Nachlass. Piper, München/Zürich, S. 185; vgl. hierzu auch Lütkehaus, Ludger 2006: Natalität, S. 47.

erweist. Die Antwort auf die Frage „Wer bin ich, dass ich existiere?" ist in gewisser Weise ihre Unbeantwortbarkeit im Sinne einer wahrheitsfähigen Aussage; und der Grund wiederum für die Unbeantwortbarkeit ist nicht ein Unwissen, sondern die Grundlosigkeit unserer je individuellen Existenz. Die Antwort auf die Frage „Wer bin ich, dass ich existiere?" liegt daher in nichts anderem als darin, in Kommunikation mit den Anderen handelnd und sprechend tätig zu werden. Nur so existiert ein Mensch „anfänglich".

Schauen wir noch einmal, zu Kontrast- und damit Verdeutlichungszwecken zurück auf Heideggers „Geburtlichkeit", der als bloß inverse Mortalität eine solche existenziale Erschließung des politischen Daseinsraumes verschlossen bleiben muss. Gerade an Heideggers „völkischer" Auslegung des Mitseins im Geschichtskapitel kann man dies sehen, das nach eigener Aussage Heideggers (gegenüber Löwith) auch Grundlage seines politischen Engagements gewesen ist.[28] Die faktischen Seinsmöglichkeiten, auf die hin sich das personale Leben entwirft, können für Heidegger weder „neu geschaffene" im Sinne der Natalität noch zusammen und in Auseinandersetzung mit anderen Personen erschlossene im Sinne der Pluralität sein, sondern ausschließlich aus dem „Erbe"[29] stammen. Das Erbe wiederum können nur solche Personen antreten, die sich selbst als endliche – und das heißt eben hier nur: als Todgeweihte – begreifen, die mit den anderen Sterblichen in einer Schicksalsgemeinschaft stehen. Dass man allein oder mit anderen in authentischer Weise ein Erbe ausschlagen, mit einer Tradition brechen kann, auch und gerade einhergehend mit der Möglichkeit einer Neues stiftenden Revolution, ist in der heideggerschen Interpretation der existenzialen Analyse gar nicht denkbar; nach Heideggers Geschichtlichkeitsdenken dürfte es eigentlich gar keine Revolutionen geben können. Die Vielheit der Menschen kann in diesem Denkrahmen nur entweder als verschworene Schicksalsgemeinschaft (also als sich bildende *Einheit*) oder aber als entfremdete Öffentlichkeit (also als dissoziierte Vielheit, letztlich als Masse, als „Man") beschrieben werden, nicht aber – so das Angebot der fundamentalontologischen Alternative von Arendt – als daseinskonstitutive *Pluralität*.[30]

---

28 Mehr dazu in meinem Buch Luckner, Andreas 2008: Heidegger und das Denken der Technik, S. 64-69.

29 Heidegger, Martin 1979: Sein und Zeit, S. 383.

30 Hierzu gleich mehr. Ich kann hier auf die Beziehungen, die zwischen diesen Überlegungen und dem in Spinozas Hobbes-Kritik auftretenden Begriff der multitudo, wie er in der gegenwärtigen politischen Philosophie eine gewisse Rolle spielt (etwa bei Gilles Deleuze und Antonio Negri), nicht näher eingehen. Nur sehr verkürzt: Arendt verhält sich zu Heidegger ungefähr so wie Spinoza zu Hobbes.

Es ist dieser Fehler einer unbegründeten Reduktion von Endlichkeit auf Mortalität, der Heidegger nicht nur im Philosophischen, sondern auch in der Politik in die Irre führt. Dieser Fehler stellt allerdings nicht den Aufbau der existenzialen Analyse in Frage, sondern macht deren Erweiterung und Fundierung in einem umfassenden Konzept von Endlichkeit erforderlich, das auf der Natalität gründet. Man muss als Fundamentalontologe also kein Nazi werden, wie manche in der Debatte um Heideggers Schuld meinen; wenn man in der Fundamentalontologie fälschlicher- oder doch unbegründeter Weise Endlichkeit auf Sterblichkeit reduziert, dann kann einem das freilich leichter passieren.

Natalität erweist sich als das radikalere Konzept von Endlichkeit. In gewisser Weise komplementiert sie die Mortalität, nicht im Sinne einer Anstückung, sondern als der begriffliche Boden, auf dem überhaupt Mortalität als Ganzseinkönnen im Sinne eines Seins-zum-Ende möglich ist. Existieren heißt, zu sich als Seiendem ein Verhältnis einnehmen und daher der ontologischen Differenz zwischen Sein und Seiendem gewahr werden zu können. Im Entwurf auf den eigenen Tod mögen wir dabei unsere jeweilige Existenz authentifizieren, so wie es Heidegger im Rahmen der Mortalität beschrieben hat. Aber *dass wir überhaupt sind* – diesem Umstand entsprechen wir existierend im Verhältnis der Natalität. Die Natalität umfasst und begründet damit die Mortalität.

2.3. Pluralität

Schon vom Natalitäts-Satz des Augustinus – dass der Mensch als ein Anfang geschaffen sei – sagt Arendt, dass es ein Satz seiner *politischen* Philosophie sei.[31] Weil Menschen es aufgrund ihrer Natalität vermögen, ihre Situation zu verändern, indem sie initiativkräftig handelnd und sprechend voreinander wie in einer zweiten Geburt in Erscheinung treten, werden sich die Individuen in einem solchermaßen konstituierten öffentlichen Raum auch ihrer irreduziblen Pluralität gewahr: Ein jeder ist hier unaustauschbar und zugleich angewiesen darauf, dass die eigenen Sprech- und Handlungsinitiativen von den anderen Initiatoren weitergetragen, übernommen, authentifiziert, verstärkt, modifiziert werden; *andere* also müssen ihrerseits im Sinn des Neuanfangs tätig werden, damit eigenes Handeln überhaupt stattfinden kann (und nicht sofort im Keim erstickt). Indem wir handeln (im Sinne Arendts) sind wir auf andere als je wir selbst sind bezogen. Wir müssen schon zahlenmäßig mehr sein. Und natürlich müssen wir von Jemandem geboren worden sein; der Nabel ist das unmissver-

---

31 Vgl. Arendt, Hannah 1967: Vita activa, S. 166.

ständliche Zeichen der irreduziblen Pluralität der menschlichen Existenz; und
Pluralität ist notwendige und hinreichende Bedingung des Politischen.[32]

Auch hier gilt wieder: Die handlungs- und öffentlichkeitskonstitutive Pluralität ist nicht einfach nur die Vielzahl der Menschen, Pluralität ist vielmehr die
auf der Eigeninitiative beruhende, das eigene Handeln *als eigenes* konstituieren-
de Verschiedenheit. Die Leute sind nicht einfach unterschiedlich, sondern sie
unterscheiden sich selbst aktiv von den anderen. Wie und was jemand ist, stellt
sich nicht nur ein, sondern bildet sich im Handeln und Sprechen in Interaktion
mit den anderen heraus.

Pluralität ist aber nicht nur, so wie auch die Natalität, notwendige Bedingung
des Handelns. Pluralität ist darüber hinaus auch schon *conditio per quam,* d.h.
auch schon hinreichende Bedingung dafür, dass es so etwas wie Politik gibt. Das
hat nun offenbar nichts mit Konsensen oder Konsensorientierungen zu tun,
Hannah Arendt ist eine Denkerin der Differenz.

Die Pluralität scheint nun selbst durch die Natalität bedingt zu sein: Wer
kein Verhältnis zu sich als Initiativwesen hat, sich nicht als ein Initiator, ein
Neuanfänger begreift, nicht natal existiert, kann auch nicht auf die anderen im
Sinne der Pluralität bezogen sein. Durch ihre Natalität, ihr Anfänglich-sein und
damit wegen des linearen Durchkreuzens, wegen ihres individuellen Aufbrechens
allgemeiner, „zyklisch" organisierter Strukturen der Daseinsfristung (bei Arendt:
„Arbeit") sind die Menschen jeweils *einzigartig,* d.h. nicht auf Merkmale zu redu-
zieren, aus denen in irgendeiner Weise ableitbar wäre, was „passieren" wird. Die
Individuen sind, wenn überhaupt, nur über ihre je eigene Geschichte erfassbar.
Was durch die Neuankömmlinge, die „Kinder" immer wieder und wieder in
Gang gesetzt wird, ist, dass die Welt eine gemeinsam zwischen Vielen geteilte ist.[33]

Die Menschen als Initiatoren in einem gemeinsam geteilten und konstituierten öffentlichen Raum sind in ihrem Handeln, auch jeweils für sich selbst,
„unberechenbar". Es ist im politischen Bereich immer damit zu rechnen, dass
Unberechenbares geschieht, ja, Arendt spricht hier sogar von „Wundern"[34], also
Ereignissen, die nicht natürlicher Art sind. Jede Handlungs-Initiative ist in diesem Sinne „wunderbar", weil sie sich nicht kausal reduzieren lässt.

---

32 Vgl. ibid., S. 15.

33 Während die Mortalität vereinzelt, schafft die Natalität, „indem die Geborenen in
    die Welt kommen, eine geteilte Welt" (Lütkehaus, Ludger 2006: Natalität, S. 53).

34 Vgl. Arendt, Hannah 1967: Vita activa, S. 243.

Im politisch-historischen Bereich sind es nun eben gerade die Revolutionen, die „direkt und unausweichlich mit einem Neubeginn konfrontieren"[35], mit dem *novus ordo saeculorum*, der neuen Zeitordnung. Gemeinsam erfahrene Natalität ist die öffentliche Freiheit, wie sie in Revolutionen spontan erfahrbar wird.[36] Den Gegenpol des Spektrums politischer Phänomene bilden die Zwangssysteme totalitärer Herrschaft, in denen die wie immer auch unkontrollierbaren Handlungsinitiativen im Keim erstickt werden sollen bis hin zum Lagerterror. Im Lager geht es dabei, so Arendt im Totalitarismusbuch, nicht um die physische Vernichtung der Menschen, sondern um die Liquidierung der Natalität selbst, indem die Menschen zu (im Prinzip kontrollierbaren) „Reaktionsbündeln"[37] degradiert werden.

Indem die Neulinge auf der Welt handelnd und sprechend in sie hineinwirken, bilden sie das Politische[38]. Diese beiden Grundarten des Sprechhandelns muss es geben, damit ein Mensch *überhaupt* handeln kann, und es sind zugleich politisch basale Handlungen.

Was dies im Einzelnen heißen mag, kann hier nicht in extenso ausgeführt werden; hier können lediglich vereinzelte Schlaglichter im Bereich der fundamentalontologischen Erschließung des Politischen durch Arendt gesetzt werden. Alle politischen Phänomene aber, so müsste mit Arendt gesagt werden, lassen sich letztlich zurückbeziehen auf den fundamentalen Umstand, dass Menschen zu sich selbst ein Verhältnis der Endlichkeit einnehmen, das in purer Sterblichkeit bzw. Mortalität nicht aufgeht, sondern die Natalität, das Sein zum Anfang und die Alterität qua Pluralität, als das Sein-zum-irreduzibel-Anderen mitumfassen muss, wenn die Analyse adäquat sein soll.

---

35 Arendt, Hannah 1965: Über die Revolution. Piper, München/Zürich, S. 23.

36 Marchart, Oliver 2005: Neu beginnen, S. 63.

37 Deswegen ist das Böse in seinem verwaltungstechnischen, kontrollierten Endzustand, wie etwa in der Verwaltung der Konzentrationslager, geradezu „banal". Vgl. hierzu auch Marchart, Oliver 2011: Natalität. In: Heuer, Wolfgang; Heiter, Bernd; Rosenmüller, Stefanie (Hrsg.): Arendt Handbuch. Leben – Werk – Wirkung. Metzler, Stuttgart, S. 299-300, hier: S. 300.

38 Dieses Handeln im engeren politischen Sinne ist dann eben auch nicht, wie Michael Weingarten unterstellt rein gegenwärtig, rein spontan, wenn auch die Spontaneität der Ursprung der politischen Aktion ist. Denn durch *Versprechen*, das auf zukünftiges Handeln bezogen ist, wie durch *Verzeihen*, das auf Vergangenes bezogen ist, wird die Sphäre des Politischen selbst über Generationen hinweg zeitlich dimensioniert und betrifft nicht notwendig „ausschließlich nur den synchronen Zusammenhang der miteinander lebenden Individuen" (Weingarten, Michael 2000: Arbeit als Natur?, S. 76-77); vgl. hierzu auch Arendt, Hannah 1967: Vita activa, S. 242-243.

Es hört sich merkwürdig an, wenn man sagt, dass Heidegger nicht konsequent – oder soll man sagen: nicht entschlossen? – genug war, die Endlichkeit
der Menschen wirklich radikal zu denken. Erst Hannah Arendt ist diesen Weg
konsequent zu Ende gegangen und am Ende dieses Weges hat sie den Bereich
des Politischen für das Denken, und in neuer, oftmals provozierend neuer Weise wieder erschlossen, was bei Heidegger nicht mehr hat zur Sprache kommen
können (auch und gerade in seinem Spätwerk nicht). Durch die Erweiterung des
fundamentalontologischen Projektes um die Dimensionen von Natalität und
Pluralität ist sie in der Politischen Philosophie zu einer Denkerin der Differenz
geworden, indem sie die Sphäre des Politischen vor dem Zugriff metaphysisch-
anthropologischer Modellvorstellungen vom Menschen und seinen Beziehungen
zu seinesgleichen gerettet hat.

Jan Müller

Was ist praktisch an „praktischen Sätzen"?

I.

1. In seiner kleinen Studie zum Begriff des „Sterbens"[1] nutzt Michael Weingarten Tolstois Erzählung des schwer erkrankten, von seinem Umfeld über die medizinischen Befunde im Unklaren gelassenen, zur Anerkennung seiner Situation insgesamt jedenfalls durchaus unwilligen Beamten Iwan Iljitsch, um einen begrifflichen Unterschied zwischen zwei Weisen des Wissens zu akzentuieren: „theoretisches" und „praktisches" Wissen.[2] Die eigentümliche Inkonsistenz in Iwan Iljitschs Haltung (und damit die Tragik seiner Lage) besteht bekanntlich darin, dass er wohl *weiß*, dass Menschen sterben können und tatsächlich irgendwann sterben *müssen*; er weiß auch, dass er, Iwan Iljitsch, „ein Mensch" ist. Nur fühlt er sich „im *praktischen Lebensvollzug* von diesem theoretischen Wissen [...] nicht betroffen"[3]. Er stolpert gleichsam dabei, der Forderung, die sich aus dem Fassen dieser beiden Gedanken unmittelbar ergibt, zu genügen, und sein Wissen mit *sich*, seiner Person und seinem Leben, in Verbindung zu bringen, kurz: Den Schluss zu ziehen, dass auch Iljitsch sterblich und also in demselben Sinn zu sterben gezwungen sei, wie das Erfassen der Prämissen zum Fassen des konkludierenden Gedankens zwingt.

Man könnte Iljitschs Zögern, sich von der Sterblichkeit von Menschen im Allgemeinen betroffen zu fühlen, als Ausdruck seines sonderbaren Temperaments interpretieren und meinen, er sei schlicht (gleichviel, weshalb) unfähig, einen einfachen syllogistischen Schluss zu vollziehen, sozusagen den „letzten Schritt"

---

1 Weingarten, Michael 2004: Sterben (bio-ethisch). Transcript, Bielefeld.

2 Die präzise Entwicklung dieses Unterschieds und seiner (politisch-philosophischen, epistemologischen und metaphysischen) Konsequenzen scheint mir der Basston vieler, wenn nicht aller Arbeiten Michael Weingartens seit etwa Mitte der 1990er Jahre zu sein. Mein kleiner Essay ist daher unvermeidlich zugleich ein Kommentar zu seinem philosophischen Projekt und eine räuberische Verbeugung vor ihm.

3 Weingarten, Michael 2004: Sterben, S. 11.

zu gehen, der durch die in den Prämissen ausgedrückten Gedanken nicht nur nahegelegt, sondern erzwungen wird. Das kann aber nicht stimmen; ein „Schluss" ist ja kein „Übergehen", kein „Schritt", den man unabhängig vom rechten Auffassen der in den Prämissen artikulierten Gedanken „nachträglich" und zusätzlich gehen könnte, aber nicht müsste. Das Fassen der in den Prämissen ausgedrückten Gedanken *ist* unmittelbar das Fassen des konkludierenden Gedankens; es gibt keinen zusätzlichen Akt „Fassen der Konklusion", der vom Denken der Prämissen verschieden wäre.[4] Nur, wenn man sich das Schließen als einen solchen „Akt" vorstellt, kann man meinen, dieser Akt ließe sich auch unterlassen – und dann glauben, der logisch-semantische Zusammenhang enthalte das „despotische Fordern", durch die „Härte des logischen Muß" den „Übergang" zur Konklusion zu erzwingen[5]. Man müsste sich unser menschliches Denken dann durch die Form, die es *als Denken* charakterisiert, irgendwie heteronom „gezwungen" oder „genötigt" vorstellen.[6] Vielleicht hängt Iljitsch solchen Vorstellungen an; das erklärt indes nicht Weingartens Faszination für ihn.

2. Wer im weitesten Sinn „vernünftig" denkt, zwingt nicht sein Denken in eine ihm fremde Form, sondern denkt so, wie es dem Begriff menschlichen Denkens entspricht; durch Logik oder inferentielle Folgen „gezwungen" fühlen kann sich nur „unvernünftiges" Denken, das seinem Wesen nicht angemessen entspricht (und genau deshalb als mangelhaft oder relativ unvernünftig beurteilt wird).[7] Auch Iwan Iljitsch erlebt daher als „despotische Forderung" nicht, dass

---

4   Siehe Anscombe, Gertrude Elizabeth M. 2005: Practical Inference [1974]. In: Dies.: Human Life, Action and Ethics. Essays. Hrsg. von Mary Geach u. Luke Gormally. Imprint Academic, Exeter, S. 109-148, hier: S. 132.

5   Wittgenstein, Ludwig 1984: Philosophische Untersuchungen [1945]. In: Ders.: Werkausgabe Bd. 1. Suhrkamp, Frankfurt/M., S. 417, § 437.

6   Das Pendant dieser Vorstellung ist die Idee der Autonomie, wenn man sie als „paradoxe" Form der freien Unterwerfung unter das Sittengesetz denkt. Denkt man sie (vernünftigerweise) nicht so, dann verliert sie viel von ihrem liberalen Dekorum und ihrer Blendkraft; vgl. dazu Rödl, Sebastian 2011: Selbstgesetzgebung. In: Khurana, Thomas (Hg.): Paradoxien der Autonomie. Freiheit und Gesetz I. August, Berlin, S. 91-112, bes. S. 111-112.

7   Dass ich hier „vernünftiges" und „verständiges" Denken nicht unterscheide, schadet (an dieser Stelle!) nicht. Man kann „verständig" ein Denken nennen, das etwa formallogische Regeln und Schemata richtig *anzuwenden* versteht, „vernünftig" ein Denken, das zudem auch über die (selbst nicht mehr durch Verweis auf Regeln oder Schemata feststellbare) Angemessenheit der fraglichen Regeln an den konkreten Anwendungsbereich beurteilen kann. Man kann sich also von formallogischen

ein unmittelbarer inferentieller Zusammenhang zwischen den Prämissen und der Konklusion besteht, sondern dass es in der zweiten Prämisse („Iljitsch ist ein Mensch") und im konkludierenden Satz *um ihn selbst* gehen soll. Genau dies sei, sagt Weingarten, nicht selbstverständlich. Iljitschs Stolpern über den „Caius-Syllogismus" ermöglicht eine Unterscheidung von zwei Weisen, über Sätze überhaupt nachzudenken – nämlich über sie (mit Josef Königs in den 1950er Jahren in verschiedenen Anläufen andiskutiertem[8], aber nicht abschließend entwickeltem Vokabular[9]) als *theoretische* oder als *praktische* Sätze nachzudenken. Weingarten erläutert das so: *Theoretisch*, desinteressiert betrachtend, lasse sich eine Inferenz wie die auf die Sterblichkeit eines Individuums, das der Klasse der Menschen angehört, auch verstehen, wenn unklar ist, ob es überhaupt solche Individuen gibt oder ob das fragliche Individuum in diese Klasse fällt. *Darüber* stolpere Iljitsch: Er verstehe, dass, wenn etwas so heißt wie er, es unter die Menschen fällt und sterblich ist; *ob er* aber ein Element dieser Klasse „Mensch" *ist*, oder nur so *heißt*, ergebe sich nicht aus dem Schluss, sondern sei ihm vorausgesetzt[10]. „Iwan Iljitsch

---

Schematismen durchaus „gezwungen" fühlen, wenn sie in Kontexten in Anschlag gebracht werden, wo sie nichts zu suchen haben; das wäre aber eben ein *unvernünftiger* Umgang mit logischen Modellen, der nichts mit der Vorstellung des „Durch-Logik-Gezwungen-Seins" zu tun hat, der hier in Rede steht, und man sollte sehr daran zweifeln, ob es eigentlich richtig ist, solche ungrammatischen oder unvernünftigen Formalismen auch nur „verständig" zu nennen. Ich ziehe beide Perspektiven hier zusammen, um nicht der Vorstellung Vorschub zu leisten, es gebe eine Weise des *vernünftigen* Denkens, die *nicht verständig* sei.

8　Siehe König, Josef 1978: Über einen neuen ontologischen Beweis des Satzes von der Notwendigkeit alles Geschehens [1948]. In: Ders.: Vorträge und Aufsätze. Hg. von Günther Patzig. Alber, Freiburg u. München, S. 62-121; ders. 1978: Bemerkungen über den Begriff der Ursache [1949]. In: Ibid., S. 122-255; ders. 2005: Der logische Unterschied theoretischer und praktischer Sätze und seine philosophische Bedeutung [1948]. In: Weingarten, Michael (Hg.): Eine „andere" Hermeneutik. Georg Misch zum 70. Geburtstag – Festschrift aus dem Jahr 1948. Transcript, Bielefeld, S. 119-197; ders. 1994: Der logische Unterschied theoretischer und praktischer Sätze und seine philosophische Bedeutung [1953/54 u. 1958]. Hg. von Friedrich Kümmel. Alber, Freiburg u. München.

9　Vgl. die vorzügliche Darstellung bei Schürmann, Volker 1999: Zur Struktur hermeneutischen Sprechens. Eine Bestimmung im Anschluß an Josef König. Alber, Freiburg/München, S. 345-350, hier: S. 348-349.

10　Bei Weingarten erinnert das an die Existenzpräsupposition gelingender Referenz (siehe Weingarten, Michael 2004: Sterben, S. 16). Gemeint ist aber, dass die Grammatik solcher Sätze nur verständlich sei, wenn man sie als Artikulation eines faktiven Gehalts versteht. Ob – wie Josef König in analogem Zusammenhang schreibt – „gewisse

ist sterblich" gilt, wenn das, was so heißt, in die Klasse der Menschen fällt. *Ob*
es so ist, zeige sich daran, ob Iwan Iljitsch *sich selbst* in diesen Zusammenhang
stellen und sagen kann: „Ich, Iwan Iljitsch, bin sterblich". Dieser Satz aber, so
Weingarten, sei nun *ohne den Bezug auf eine menschliche Verständigungspraxis*,
und also *theoretisch* nicht verständlich und entscheidbar.[11] Deshalb müsse man
diesen Satz und Sätze überhaupt nicht nur („theoretisch") unter dem Gesichtspunkt reflektieren, wie sie in inferentiellen Gefügen funktionieren, sondern
(„praktisch") als wirkliche Lebensäußerungen wirklicher Menschen.

Mir scheint diese unvermeidliche Folgerung allerdings noch so unbestimmt,
dass sie absurde und augenscheinlich falsche Konsequenzen wenigstens nicht
ausschließt. Ich will das in drei Schritten diskutieren. Zunächst will ich die
Unterscheidung von „theoretischen" und „praktischen" Sätzen auf eine bedeutungstheoretische Frage zurückbeziehen (II.): Ihr geht es nicht um praktische
Konstitution oder praktischen Gebrauch, sondern um die praktische *Natur*
begrifflichen Gehalts im Allgemeinen. Diese These will ich in drei Hinsichten
gegen hartnäckige sprechakttheoretische Interpretationen verteidigen: Bezüglich
der praktisch begründenden Funktion begrifflicher Gehalte, bezüglich ihrer
wesentlichen Adressiertheit, und schließlich hinsichtlich des Handelns als Form
von Gehalt – von Sinn und Bedeutung von Sätzen überhaupt (III.). Erst so wird
– jenseits skeptizistischer Epistemologien und empiristischer, konstitutionstheoretischer Sprechhandlungstheorien – verständlich, was es heißt, dass „Welt"
ontologisch auf menschliche Praxis bezogen ist, und dass die menschliche Rede
in ihrer *Satzgestalt* die Form von Seiendem und Praxis zugleich gibt. Ich kann
nicht übersehen, was das für Weingartens Überlegungen bedeuten müsste; mir
scheint aber, dass sein Projekt selbst diese Deutung erzwingt.

II.

3. Was heißt es, Sätze *als theoretische* oder *als praktische* anzusehen? Man kann
einen Satz wie denjenigen, der Iljitschs Einsicht artikuliert – „Ich, Iwan Iljitsch,
bin sterblich" –, als eine Instantiierung der allgemeinen prädikativen Satzform
(„*X* ist *P* und *X* ist *U*", oder prädikatenlogisch: „$F_{(x)}$ und $E_{(x)}$") betrachten, oder
darauf sehen, dass in ihm „in Form eines Satzes ein bestimmtes Tun ausgedrückt

---

Fakten Fakten sind", ist eine andere (nämlich faktische!) Frage, zu deren Behandlung
die Betrachtung der Sätze nichts beiträgt (siehe König, Josef 1978: Bemerkungen,
S. 236-237).

11 Weingarten, Michael 2004: Sterben, S. 37-39.

wird"[12] – ihn also einerseits hinsichtlich des propositionalen Gehalts, andererseits hinsichtlich seines „Handlungssinnes" betrachten[13]. Das Attribut „praktisch" bezeichnet dann nicht einen bestimmten Gegenstandsbereich (etwa: „Handlungen") oder eine bestimmte motivational wirksame Einstellung zu Gehalten[14], sondern die Konstitution (die wesentliche Verfasstheit, *nicht* die Hervorbringung oder Genese!) von Bedeutung und begrifflichem Gehalt. Sätze praktisch begreifen heißt, sie als „Handlungen 'in der Form von Sätzen' [begreifen ...], deren *Substanz* und nicht bloß deren Akzidenz das Beiwort 'praktisch' ausspricht. Sie haben praktische *Natur* und nicht bloß praktische *Bedeutung*"[15]. Insofern sie aber als sinnvolle Sätze notwendig *auch* Bedeutung haben, folgt, dass diese Bedeutung im Sprachgebrauch konstituiert ist – das heißt: dass sie *im Sprechen wirklich ist.*[16]

Entspricht die Unterscheidung von theoretischen und praktischen Sätzen also einfach derjenigen von „Performativa" und „Konstativa"? – John L. Austin hatte diese Unterscheidung schließlich aufgegeben; insofern auch das *Behaupten* und *Deklarieren* – und um wie viel mehr das Mitteilen! – ersichtlich *Handlungen* sind, hat die Unterscheidung keine Funktion[17], und man müsste argwöhnen, dass das für die Differenz von theoretischen und praktischen Sätzen ebenso gilt. Daran, dass das *nicht* gilt, zeigt sich die radikale Verschiedenheit der hier diskutierten

---

12 Ibid., S. 18.

13 Das ist die Formulierung Königs in: König, Josef 2005: Der logische Unterschied, S. 125.

14 So kann man die Rede von „praktischen Sätzen" natürlich auch verwenden, und Ernst Tugendhat tut das; vgl. ders. 1979: Selbstbewußtsein und Selbstbestimmung. Sprachanalytische Interpretationen. Suhrkamp, Frankfurt/M., S. 181-183. – Eine solche, dem humeanischen Modell verpflichtete Sichtweise könnte Iwan Iljitsch allerdings allenfalls nachzuweisen versuchen, dass ihm die rationale Motivation zur Anerkennung einer formalen Implikation fehle. Zur hier diskutierten Problemlage trüge das nichts bei.

15 König, Josef 2005: Der logische Unterschied, S. 123.

16 Dasselbe Programm verfolgt Ludwig Wittgenstein; vgl. ders. 1984: Philosophische Untersuchungen, S. 262, § 43, und S. 416, § 432: „Jedes Zeichen scheint *allein* tot. *Was* gibt ihm Leben? – Im Gebrauch *lebt* es."

17 Siehe Austin, John L. 1962: How to do things with words [1955]. Clarendon, Oxford, S. 132-33 und S. 138. – Eine gründliche Aufarbeitung der sich daran anschließenden Diskussion leistet Lauer, David 2000: Rekonstruktionen eines aufgegebenen Begriffs. Zur Diskussion im Performative und Performativität in der analytischen Sprachphilosophie nach Austin. SFB 447 Preprint, Berlin; http://www.geisteswissenschaften.fu-berlin.de/we01/institut/mitarbeiter/wimi/dlauer/docs/DavidLauer_Performativa_MS_2000.pdf?1361061177 [Zugriff: 15.06.2013].

Unterscheidung vom sprechakttheoretischen Programm: die Unterscheidung theoretischer und praktischer Sätze differenziert keine Sprechhandlungstypen, sondern Perspektiven auf Sätze. Ihr *mangelt* nicht an sortaler Spezifik, weil sie sie nicht anstrebt. Realisierte man sortale Trennschärfe, indem man etwa zwischen dem propositionalen Gehalt von *Sätzen* und der illokutionären Rolle von *Sprechakten* (gegebenenfalls auch noch ihrem perlokutionären Effekt) unterscheidet, dann begriffe man gerade nicht *den Satz* und seinen Gehalt als praktisch, sondern man verstünde einerseits den *Satz* (die satzförmige Repräsentationen des propositional ausdrückbaren Gehalts von Gedanken), und andererseits *Handlungen*, deren Material beiläufig Sätze sind. Man kann, und gewiss mit einigem Gewinn, so unterscheiden; nur geht es dann ausdrücklich *nicht* darum, dass „Handlung die Grundbestimmung" überhaupt eines so betrachteten Satzes ist[18], sondern darum, dass man ihn *als Satz* mit Sinn und Bedeutung versteht, der dann *auch noch* z.B. als Mittel von Illokutionen auftauchen kann.

Der bedeutungstheoretische *clou* der Rede von „praktischen Sätzen" ist, Sinn und Gehalt von Sätzen *prinzipiell* durch deren Handlungscharakter zu erläutern – anstatt Sinn und Gehalt zunächst absehend davon, dass *Sprechen* Handeln, *Sprachen* und *Sätze* mithin Sediment und Spuren des Handelns sind, gleichsam „rein" zu konzipieren, um *dann* ihr Funktionieren in sprachlicher Praxis als erläuterungsbedürftiges Rätsel zu behandeln. *Theoretisch* betrachtet man Sätze, als bedeuteten *sie selbst*[19]; und das heisst ja nichts anderes, als den Satz als (irgendwie vorliegende) Repräsentation mit einem Wahrheitsanspruch verstehen, bei dem *gleichgültig* ist, von wem und ob überhaupt er jemals vertreten wurde: „Theoretische Sätze rein als solche haben kein Ziel und kein Weswegen [...], womit sich wiederum verträgt, daß ihr Besitz Ziel eines Bemühens und ihre Kundgabe motiviert ist"[20]. Man versteht Sinn und Bedeutung eines Satzes, wenn und indem man weiß, wodurch er wahrgemacht würde[21]; und es ist entscheidend, dass diese Charakterisierung nicht *falsch*, sondern perspektivisch ist. Theoretisch wissen, was einen Satz wahrmachen würde (und ihn also verstehen), heißt nicht: wissen, *ob* er wahr ist.

---

18 König, Josef 2005: Der logische Unterschied, S. 140.
19 Vgl. König, Josef 1994: Der logische Unterschied, S. 514.
20 Ibid., S. 122.
21 Vgl. ibid., S. 454 und S. 480, und Ludwig Wittgenstein 1984: Über Gewißheit. In: Ders.: Werkausgabe Bd. 8. Suhrkamp, Frankfurt/M., S. 119, § 3.

III.

4. Spricht diese Feststellung nicht eher *für* eine sprechakttheoretische Deutung? Es klingt so, als könnte mit der Wahrheit eines „praktischen Satzes" entweder die Wahrheit seines propositionalen Gehalts, oder die Wahrheit einer *Beschreibung* der ganzen Sprechhandlung erfragt sein – sodass einmal illokutionäre Rolle und propositionale Einstellung *nicht* als Bestandteil der in Rede stehenden Proposition behandelt werden, und einmal als Bestandteil auftauchen. Im ersten Fall dürfte man sich auf die Merkformulierung berufen, derzufolge ein Satz dann wahr ist, wenn es sich so verhält, wie der Satz sagt, und die Frage, *ob* der propositionale Bestandteil fraglicher Sätze ein Gehalt (also: „wahr") ist, durch einen Vergleich von Repräsentation und Sachverhalt zu entscheiden suchen. Das freilich ist, obschon alltagsempiristisch unproblematisch, begrifflich rätselhaft: „Tatsachen" machen nicht Sätze wahr – wahre Sätze repräsentieren Sachverhalte *als Tatsachen*. Der Ausdruck „Tatsache" nennt nichts anderes als den Begriff eines bestehenden Sachverhalts. Wenn aber der Begriff „wahrer Sätze" den der „Tatsache" erläutert, dann kann Tatsache nicht als Kriterium wahrer Sätze dienen. Es ist trivial, zu sagen, ein Satz dürfe als wahr gelten, wenn der behauptete Sachverhalt wirklich besteht; das ist die ehrwürdige Idee von „Wahrheit" als *adaequatio rei intellectus*. Daraus ergibt sich nur kein *Verfahren*, fragliche Sätze zu *überprüfen*. Man müsste sich dazu auf Sachverhalte als etwas Sprachunabhängiges oder -externes beziehen können. „Sachverhalt" aber ist der begrifflich strukturierte, propositionale Gehalt (von Sätzen).[22] Anders formuliert: „Fakten" – ein von jeder denkerischen Vermittlung unabhängig vorgestelltes, selbstständiges So-Sein – machen Sätze nicht wahr; nur „Fakten" *als Gründe* können das.

Als Gründe fungieren sie aber für uns Menschen, und das bedeutet: In Form von Sätzen, die man als Antwort auf Warum-Fragen („Warum verändert sich dieses dort in dieser Weise?", „Warum tut sie das?") verstehen kann, deren Gehalt in erklärenden *Schlüssen* im Verhältnis zu anderen satzförmig artikulierten Gehalten steht. Man kann das am begrifflichen Verhältnis von „Ursache" und „Wirkung" sehen: Unter Empiristen mag man meinen, dass Ursachen und

---

22 Man steht – um einen „modischen" Anknüpfungspunkt zu nennen – vor der von John McDowell (ders. 1996: Mind and World [1994]. With a New Introduction. Harvard UP, Cambridge, MA, Kap. 1) treffend benannten Alternative, sich entweder für einen grobschlächtigen empiristischen „myth of the given" zu verwenden, oder aber in einem kohärenztheoretisch-holistisch begründeten „spinning in the void" (ibid., S. 11) die Idee eines *wesentlichen* Welt- und Seinsbezugs von Rede und Denken insgesamt preiszugeben.

Wirkungen einfach in der Welt vorfindlich sind. Wäre das so, dann ließen sie sich aber (prinzipiell) in keinen logischen Zusammenhang bringen; man würde die Angabe einer Ursache als Antwort auf die Frage „Warum geschieht das?" grundsätzlich nicht verstehen können. Man versteht solche Antworten aber und räumt mit ihnen die Irritation aus, die uns in unseren Lebensvollzügen manchmal überfällt und zu „Warum ...?"-Fragen nötigt. So funktioniert das Angeben von „Ursachen": „Antwort zu sein ist gleichsam die Substanz der Ursache, deren Begriff nicht *in* einer Antwort, sondern *als* Antwort entspringt"[23]. Das ist freilich ausgesprochen dunkel. – Wenn gilt, dass eine „Ursache selbst" als ein irgendwie „an sich bestimmtes Ereignis" (und man gestehe nur momentan zu, es sei möglich, sich das vorzustellen[24]) logisch nicht mit einem anderen Ereignis verbunden ist, sondern allenfalls *als verbunden gedacht* werden kann, indem das Ereignis *als Ursache* (also „mit einem bestimmten Gehalt") repräsentiert wird, dann bestehen drei Möglichkeiten: Man könnte (a) bestreiten, dass die Angabe faktischer Ursache-Wirkungs-Beziehungen überhaupt etwas *erklärt*, weil sie bloßes Produkt menschlichen Denkens seien, die wir Menschen einer – an sich selbst dunkel-unerschöpflichen – „Natur" aus welchen Gründen auch immer beilegten. Das wäre die „Lösung", die den neuzeitlichen Humeanismus (obschon wohl nicht Hume selbst) in Skeptizismen verstrickt. Man könnte (b) dem Humeanismus auch so folgen, dass man den Inhalt, der einem faktischen Ereignis durch seine Repräsentation *als Ursache* beigelegt wird, für *notwendig* erklärt. Es ist wahr (sagte man dann), dass Ereignisse *an sich* nicht als Ursachen und Wirkungen bestimmt sind; *für uns Menschen* und unser Erkenntnisvermögen sei indes charakteristisch, dass wir sie eben nur *als* Ursachen und Wirkungen, *durch* ihren bloß beigelegten Inhalt auffassen können. Auch in dieser (epistemologisch-kantianisch figurierten) Ausdeutung können die skeptizistischen Konsequenzen allerdings rasch zurückkehren – etwa in der relativistischen Vermutung, wir Menschen „machten", „konstituierten" oder „konstruierten" irgendwie, indem wir Ereignissen Inhalte beilegen, „Kausalität".[25] Man kann schließlich (c) aber auch die These ernstnehmen, dass „Antwort zu sein" die *Substanz* von „Ursache"

---

23 König, Josef 1978: Bemerkungen, S. 232.

24 König nutzt ibid., S. 222-226 u. passim die Unterscheidung von „Real-" und „Erkennt-nisgrund", um diesen Gedanken versuchsweise durchzuführen; diese Konzession an das Vortragspublikum verlangt ihm indes erhebliche Erläuterungsumwege ab, weil mit dieser Unterscheidung das Problem, um das es ihm geht, sprachlich eher zementiert wird.

25 Vgl. ibid., S. 254.

ist. Man würde dann behaupten, dass *zum Begriff der Ursache gehört,* dass etwas eine Ursache wesentlich in menschlicher Praxis ist. Damit wäre weder behauptet, dass wir Menschen Ursachen irgendwie „machen", noch wäre ein Kriterium für die Entscheidung benannt, ob Bestimmtes „Ursache" irgendeiner bestimmten Wirkung sei (ersichtlich eine Frage, zu der philosophisches Nachdenken wenig beiträgt). Etwas ist „Ursache" *wesentlich* im Kontext menschlichen Gründegebens und Antwortens. König formuliert das so, dass natürliche Veränderungen und Geschehnisse zwar nicht von menschlichem Zutun abhängen; der Umstand, dass sie Wirkverhältnisse sind, *dass sie diesen Gehalt haben,* ist aber nur verständlich, wenn man sie ihrem Begriff nach auf menschliche Praxis bezieht. Das Angeben einer Ursache, oder das Sagen, warum man etwas tut, bringt jeweils eine „Warum"-Frage zum Verschwinden und führt vor, wie man Sätze überhaupt *praktisch* versteht: Nicht als Verweise auf „Fakten", sondern als Artikulation derjenigen Zusammenhänge unserer Praxis, die – *relativ* zu dem, was situativ fraglich oder problematisch ist – als eine unhintergehbare Grundlage, ein „brute fact" fungiert[26]. Dass Iljitsch als Antwort auf seine Frage „Warum muss ich sterben?" die Antwort, Menschen seien sterblich, nicht akzeptiert, zeigt nur, dass er Antworten und Beweise verlangt, wo keine zu haben sind. Er möchte wissen, *warum* der Grund, den er sich geben kann, *wahr sein sollte* – und zeigt damit nur, dass er ihn nicht *als Grund* auffasst, sondern (theoretisch) als *möglichen* Grund. „Wenn das Wahre das Begründete ist", so Wittgenstein, „dann ist der Grund nicht *wahr,* noch falsch"[27]. Das Geben des Grundes beendet situativ die Suche nach Wahr- oder Falschheit; der grundgebende Satz steht in seiner Wirklichkeit *als Grund* jenseits der Wahrheitsfrage.[28]

5. Die These spitzt sich also zu: Begriffliche Gehalte sind – praktisch bedacht – ihrer „Natur nach ein Angegebenes"; sie sind Gehalte von Sätzen, die, weil „es zum Begriff eines Satzes gehört, daß er einen bestimmten Sinn hat, *nur als*

---

26 Anscombe erläutert das so: Ein „fact" ist praktisch das, was, „normalerweise" und vorausgesetzt, es kommt nichts dazwischen, formal *als Begründung* einer etwaigen Antwort auf Warum-Fragen angegeben werden kann. Vgl. Anscombe, Gertrude Elizabeth M. 1981: On brute facts [1958]. In: Dies.: Collected Philosophical Papers Bd. 3: Ethics, Religion and Politics. Blackwell, Oxford, S. 22-25, hier: S. 24, und Wittgenstein, Ludwig 1984: Über Gewißheit, S. 145, § 124.

27 Wittgenstein, Ludwig 1984: Über Gewißheit, S. 161, § 205.

28 Freilich kann er hinsichtlich seines Inhaltes jederzeit zur Disposition gestellt werden – nur *begründet* er dann unmittelbar nichts mehr, und *ist* also nur mehr ein behauptender Satz, nicht: ein „Grund".

kundgegebene Sätze allererst *Sätze* sind"[29]. Das beinhaltet, dass „praktische Sätze überhaupt nur dann etwas bedeuten, wenn *jemand*, indem er zu jemandem in der Absicht echten Mitteilens 'p' sagt, *p bedeutet*"[30]. Der „Satz-Sinn", die Proposition *selbst*, ist wesentlich praktisch, und das heißt: *ihrem Begriff nach* auf die Wirklichkeit des Sprechens-zu-Jemandem bezogen. Es geht hier also um eine These zum Begriff der Proposition *überhaupt*; und diese These besagt: Unabhängig davon, dass man sich „Bedeutung" auch unpersönlich vorstellen kann, beinhaltet ihr Begriff denjenigen eines von dem fraglichen Gehalt überzeugten Subjekts. „[I]n dem *Gedanken* oder in dem Begriff eines wahren praktischen Satzes [ist] *logisch* enthalten [...] der Begriff eines Wesens, das meint, es sei so"[31]. Warum? – Weil die Idee der Wahrheit eines Satzes die Idee ist, dass in ihm und durch ihn ein Grund gegeben wird, etwas zu tun oder zu lassen. Man darf sich nicht durch scheinbare Gegenbeispiele irritieren lassen. Es kann sein, dass *A B* einen Grund *G* gibt, etwas zu tun oder zu glauben, obwohl *A* selbst nicht an *G* glaubt; oder dass *A meint, einen bestimmten Grund G* zu geben, aber irrtümlich den Grund *G** gibt, worauf *B* entweder mit (missverstandener) Anerkennung von *G*-als-G* reagiert, oder, oder... Die Formulierung solcher Situationen nimmt immer eben die Grammatik von „begründen" in Anspruch, die sie aushebeln will: „begründen" beinhaltet, dass der, der den Grund gibt, auch meint, dass es sich so verhält, wie er sagt. Nur relativ dazu kann man sich überhaupt vorstellen, dass *ein Satz* (theoretisch angeschaut) *selbst* eine Proposition habe. Wenn König sagt, dass es zum Begriff des Sinns (des Gehalts) eines Satzes gehört, „daß es mindestens ein Wesen gibt, das meint, es sei so", dann formuliert er also keine (zeitliche oder logische) *Bedingung*[32], sondern macht eine (zeitenthobene) grammatische Bemerkung: Wer über Bedeutung redet, redet über menschliches Miteinandertätigsein – auch wenn beiläufig kein Mensch da ist, oder gar nach dem Ende der Menschheit nur mehr Zeugnisse *als Spuren* solchen Tätiggewesenseins bestehen.

Ist man mit der These, dass der Gehalt und Sinn von Sätzen nicht ohne Bezug auf menschliche Praxis zu verstehen ist, nicht doch auf ein sprechakttheoretisches Modell verpflichtet? Und was wäre schließlich so falsch daran? Einen Satz als *praktischen* begreifen heißt – so König –, ihn als Mitteilen in Gestalt eines Satzes begreifen, also so, daß jemand jemandem etwas mitteilt in der Absicht, dies zu tun. Nur so angeschaut könne verständlich werden, wie Sätze Gründe sein können.

---

29 König, Josef 2005: Der logische Unterschied, S. 122.
30 König, Josef 1994: Der logische Unterschied, S. 515.
31 Ibid., S. 514.
32 Das wäre dann tatsächlich eine „idealistische Auffassung; vgl. ibid.

Alle drei Elemente dieser Charakterisierung provozieren die sprechakttheoretische Deutung: das Begründen, die wesentliche Adressiertheit des Satzes, und die Bedeutung der Absicht. – Die beiden ersten Momente hängen ersichtlich eng zusammen. Wenn man darüber nachdenkt, wie ein „objektiver" – d.h. ein als selbstständig, von beiläufiger Anerkennung oder bloßem Fürwahrhalten logisch unabhängig vorgestellter – Geltungsanspruch von Gründen, etwas zu tun oder zu glauben, sich erläutern ließe, dann stößt man darauf, dass dieser Geltungsanspruch erst als *wirksam* (als Motivation, etwas zu tun oder zu glauben) verständlich wird, wenn man den Grund als einen versteht, der wesentlich *jemandes Grund* ist. Bernard Williams formuliert das als Differenz zwischen einer „internen" (praktischen) und einer „externen" (theoretischen) Auffassung von „Grund"[33]. Und obwohl er viel Arbeit darauf verwendet, einerseits seine Überlegungen vom *belief-desire*-Modell praktischer Rationalität (also der Auffassung, dass auch Gründe eine kausal-effiziente Komponente haben) abzugrenzen[34], und andererseits zu erläutern, wie Personen solche Gründe „erwerben" können, zeigt er eigentlich, dass die Grammatik von „Grund" dem *internen* Verständnis folgt. Ein Grund ist *jemandes* Grund; das gehört zu seiner Natur, zu seinem Wesen. „Gründe" sind (im König'schen Sinn) *praktisch*: Es ergibt nur Sinn, von „Gründen" zu sprechen, wenn diese *zugleich* als objektiv und „intern", d.h. als wesentlich *gehabte* Gründe verstanden werden.[35] Dass Gründe *gegeben* oder *mitgeteilt* werden, kann dann aber nicht als Erfüllungsbedingung für das Grundsein

---

33　Williams, Bernard 1982: Internal and external reasons. In: Ders.: Moral Luck. Philosophical Papers 1973-1980. Cambridge UP, Cambridge, S. 101-113, hier: S. 103-104.

34　Ibid., S. 104; er charakterisiert seine Überlegungen daher als ein „sub-Humean model".

35　Es ist klar, dass diese Deutung Williams – gemessen an üblichen Interpretationen – ziemlich strapaziert. Williams sollte ihr aber zustimmen – und würde ihr auch zustimmen können, wenn er nicht das Problem „moralischer Trittbrettfahrer" behandeln wollte. Damit kommt er dem empiristischen Bild eines Menschen zu sehr entgegen, der behauptet, die „Gründe" für gutes Handeln zu verstehen, dann aber (aus „Egoismus") nicht nach ihnen handelt. Williams bemerkt (ibid., S. 112), that the „trouble with the egoistic person is not characteristically irrationality". Das stimmt: Das Problem ist nicht, dass der Egoist *nicht* rational ist, sondern dass er es *auf schlechte Weise* ist. Er bemerkt nicht, dass er *praktisch* (wirklich) gerade *nicht* versteht, welche Gründe für gutes Handeln sprechen, obwohl er es könnte – und deshalb ist er, als denkerisch lasterhafter Mensch, moralisch kritikbedürftig (so überzeugend Foot, Philippa 2001: Natural Goodness. Clarendon, Oxford, S. 22-23).

eines Satzes verstanden werden; es gehört zu ihrem Begriff.[36] Und weil „Grund"
formal wesentlich *jemandes* Grund ist, ist er formal wesentlich *adressiert*; nur so
wird verständlich, dass Gründe Sätze sind, die *unmittelbar* – ohne einen weiteren
(kausalen, oder denkpsychologischen) Zwischenschritt – Anlass geben, etwas
zu tun oder zu glauben. Einen Grund haben bedeutet, dass einem ein Grund
gegeben ist (denn man kann sich einen Grund nur uneigentlich „selbst geben").
Verstehen, dass Sätze *begründen* können, heißt wissen, dass sie wesentlich an
jemanden gerichtet oder adressiert sind. Das Mitteilen eines Grundes kommt
zu seinem Gehalt so nicht (als „Sprechakt"- Komponente) hinzu, sondern es
charakterisiert seinen Gehalt, dass Gründe wesentlich adressiert und intern sind
(und unterscheidet nicht einen besonderen „praktischen" Gehalt von anderen,
„theoretischen" Gehalten[37]). Faktische Reden *können* nur treffen, ihr Gehalt
kann nur jemandes Grund sein, etwas zu tun oder zu glauben, *weil* sie wesentlich
adressiert sind[38]: „Wenn jemand in der Haltung echten Mitteilen-Wollens zu
jemandem sagt [*'X* ist *P*',] so bedeutet er *etwas*; und ich sagte *nicht*, so bedeutet er
jemandem etwas. Es ist an diesem Punkt sehr wichtig, wohl auseinanderzuhalten
die Rede davon, daß *jemand jemandem etwas bedeutet*, und die, daß jemand,
indem er zu jemandem etwas sagt, *etwas bedeutet*"[39].

6. Es gehört – praktisch reflektiert – zum Begriff von Satzbedeutung, dass sie
formal adressiert ist. Man könnte das auch so formulieren, dass begriffliche Gehalte sich an Menschen richten *können müssen*, wenn das nicht die Vorstellung

---

36 Ein Gehalt, ein Satz *wird* also nicht ein Grund dadurch, dass jemand ihn als Grund
     anerkennt – sondern umgekehrt: Jemand kann ihn anerkennen und „erwerben", weil
     er je schon ein Grund gewesen ist; weil er *formal jemandes* Grund ist, kann er nun
     (beiläufig) faktisch *Grund des X* sein.

37 Das legt die Deutung von Mathias Gutmann nahe: Er versteht praktische Gehalte
     als von theoretischen verschieden, und liest das Mitteilung-Sein als Merkmal prak-
     tischer Gehalte. Deshalb erscheint bei ihm das Adressiertsein des Mitteilens (also
     der Umstand, dass „jemand *jemandem* etwas mitteilt"), auch als eine notwendige
     Bedingung praktischer Gehalte – nicht als eine Wesensbestimmung von als praktisch
     reflektiertem Gehalt *überhaupt* (vgl. Gutmann, Mathias 2008: Tote Körper und tote
     Leiber. Der Umgang mit lebenswissenschaftlichen Sprachstücken. In: Deutsche
     Zeitschrift für Philosophie. Bd. 56, S. 73-96, hier: S. 90-91; ders. 2004: Erfahren
     von Erfahrungen. Dialektische Studien zur Grundlegung einer philosophischen
     Anthropologie. Transcript, Bielefeld, S. 638-639).

38 *Ob* faktische Reden tatsächlich adressiert sind, und mehr noch, ob die Adresse trifft
     und die Mitteilung *gelingt*, ist dabei beiläufig.

39 König, Josef 1994: Der logische Unterschied, S. 466.

provozierte, es gebe zunächst und von aller konkreten Adressierung logisch unabhängig so etwas wie „Bedeutung" (den Gehalt von Sätzen), der „zusätzlich" dazu, an sich schon „Gehalt" zu sein, an Personen gerichtet werden könne. Umgekehrt wäre es richtig: Gehalte sind *ihrer Form (ihrem Wesen) nach schon gerichtet.* Das definiert ihre „Bedeutung": Sie haben Bedeutung, Gehalt, *indem* sie sich *formal* an jemanden richten – nicht *dadurch, dass* sie das tun. Deshalb ist es Unsinn zu meinen, „Bedeutung" werde dadurch, dass Subjekte sich aneinander richten, durch Sprechhandeln irgendwie „performativ hergestellt". Es ist trivial wahr, dass, wer spricht, auch handelt; das erhellt aber das Wesen von Bedeutung und Gehalt nicht, deren Kenntnis solche Vorstellungen vielmehr implizit voraussetzen. Dass aber das Wesen von Bedeutung und Gehalt durch die „Haltung echten Mitteilen-Wollens"[40], die „Absicht" erläutert wird, kann schließlich – so scheint es – tatsächlich nur noch sprechakttheoretisch verstanden werden: Königs These scheint zu sein, dass erstens auch Assertionen („Kundgaben", Mitteilungen) als *performative Akte* zu verstehen seien, deren Wahrheit also durch ihre Ausführung mitbestimmt wird; und dass zweitens die *Absicht* zur Kundgabe irgendwie den Sprechakt des Kundgebens wahr macht. Anders scheint man nicht verstehen zu können, warum es an der Absicht liegen soll, dass jemand tatsächlich „etwas bedeutet", und nicht nur *glaubt*, er bedeute etwas. Genau so erklärt denn auch John Searle die Funktionsweise performativer Sprechakte: „A Statement is a [...] commitment to the truth of the expressed propositional content"; performative „statements" sind darüber hinaus „self-referential". Ein performatives Statement müsste also Kraft seiner eigenen Ausführung wahr sein[41]; um aber „sich selbst zu verifizieren [...], muß eine Äußerung nichts weniger als garantieren, daß der Sprecher die Intention hat, die Handlung zu vollziehen, die der Sprechakt beschreibt"[42]. Nur dann sei die Äußerung performativ, weil sie den Adressaten nicht nur dazu berechtigt, den Sprecher auf eine bestimmte Intention zu verpflichten, sondern ihm das Vorliegen dieser Intention garantiert; nur dann kann der Adressat nicht sagen: „Ich höre, dass Du *X* tust – aber ist es auch wahr?"[43] Ein so beherzter Intentionalismus ist auf einiges Entgegenkommen angewiesen – wie wollte man etwa das Vorliegen

---

40 Ibid.

41 Searle, John R. 1989: How Performatives Work. In: Linguistics and Philosophy. Bd. 12, S. 535-558, hier: S. 544.

42 Lauer, David 2000: Rekonstruktionen, S. 26.

43 Searle, John R. 1989: How Performatives Work, S. 553: „[I]ntending that the utterance *make it the case* that it is [a communication] is sufficient to guarantee the intention to issue [a communication]". Searles eigenes Beispiel ist das Geben eines Befehls.

einer Intention *faktisch* „garantieren"?[44] Spätestens die Ausdehnung des Modells auf Mitteilungen und Kundgaben aber hat schlicht absurde Konsequenzen. Es mag angehen, zu meinen, ein Sprechakt werde dadurch zum Versprechen, dass der Sprecher jemandem etwas zu versprechen beabsichtigt. Eine Mitteilung aber wird ersichtlich *nicht* dadurch zu einer Mitteilung *von etwas*, dass der Sprecher sie so beabsichtigt. Schon wenn man ihr Adressiertsein als nur formal beiseite lässt, ist es ganz und gar unverständlich, wie die Wahrheit der Mitteilung durch die Absicht des Mitteilens gestiftet sein könnte. Genau *das* scheint König aber zu behaupten; und man müsste dagegen mit Searle einwenden, dass die *Absicht* allenfalls wahrmachen kann, ob der fragliche Satz *in der illokutionären Rolle des Mitteilens* auftritt. Ob der aus dem Äußerungskontext abstraktiv präparierbare propositionale Gehalt der Mitteilung wahr ist, bemisst sich aber an einer außersprachlichen Wirklichkeit.

Diese sprechakttheoretische Nacherzählung der bedeutungstheoretischen These ist nicht einfach absurd; sie verfehlt vor allem das, worum es in der These ging: Dass nämlich Sinn und Gehalt von Sätzen *überhaupt* nur „praktisch" verstanden werden könne; dass zum *Wesen* von „Bedeutung" gehöre, „Bedeutung" nur „in der Haltung echten Mitteilen-Wollens" zu sein[45]. Die umrissenen Folgen ergeben sich daraus, dass dieses „Mitteilen-Wollen" im Sinn eines handlungstheoretischen Intentionalismus als „Absicht" verstanden und für die Identifikation und Interpretation von Ereignissen *als Handlungen* genutzt werden soll. Genau das aber kann nicht gemeint sein[46]: „[P]raktische Sätze haben *rein schon als solche ein Ziel* und sind *rein schon als solche motiviert*. Ziel und Motiv der Kundgabe [...] fallen zusammen. Man muß daher sagen, daß bei praktischen Sätzen das Motiv der Kundgabe zu ihrem Sinn gehört, so daß sie [...] nur als kundgegebene Sätze allererst Sätze sind."[47] Eine Einheit von „Ziel" und „Motiv" bezeichnet das, wodurch ein Handeln formal als *diese intentionale Handlung* individuiert ist.

---

44 Vgl. dazu Lauer, David 2000: Rekonstruktionen, S. 28.

45 König, Josef 1994: Der logische Unterschied, S. 466.

46 So argumentiert auch Schürmann, Volker 1999: Zur Struktur hermeneutischen Sprechens, S. 341. Er will (wohl begriffspolitisch) daher auf den Begriff „Handlung" nach Möglichkeit verzichten, und spricht stattdessen vom „Tätigkeitssinn", der „bestimmte Tätigkeiten intrinsisch als *bestimmte* Tätigkeitstypen auszeichnet" (also sagt, was z.B. das *X-Tun* als *X-Tun* definiert, oder den *Begriff* des *X-Tuns* erläutert). Ich sehe nicht, warum man dafür aber auf ein handlungsphilosophisches Vokabular – das ja nicht auf die Alternative von kausalistischer oder interpretationistischer Handlungs*erklärungs*theorie verpflichtet ist – verzichten muss.

47 König, Josef 2005: Der logische Unterschied, S. 122; Hervorh. JM.

Dass praktische Sätze „rein schon als solche ein Ziel" haben, meint dann, dass sie *ihrer Form nach* teleologisch gerichtet sind, und dass diese teleologische Struktur es ist, die sie *als bestimmte Sätze* individuiert. Das aber heißt: Sinn und Bedeutung von Sätzen (ihr Gehalt und ihre Wahrheit) wird durch ihre teleologische Struktur individuiert. So, wie scheinbar gleiche Folgen von Handgriffen dadurch als *bestimmte Handlungen* individuiert sind, *unter welchen Handlungsbegriff sie fallen,* so ist eine bestimmte Wortfolge, ein oberflächengrammatisch scheinbar identischer „Satz", dadurch individuiert, welcher Satz er *praktisch* ist. Es ist in dieser Perspektive geradezu fahrlässig, noch von ein und derselben Wortfolge als „ein und demselben Satz" zu reden. Die oberflächengrammatische Ununterscheidbarkeit verdankt sich eben nur dem abstrakten, „theoretischen" Zugriff, der nivelliert, dass man es nicht mit „einem Satz in verschiedenem Gebrauch", sondern mit *verschiedenen Sätzen* zu tun hat.

IV.

7. Die Rede über menschliches Handeln folgt einer anderen logischen Grammatik als die Rede über Ereignisse in der Welt.[48] Anselm Müller spitzt das so zu, dass er sagt, der Begriff „Handeln" habe philosophisch

> keine andere Funktion als: die Dimension der Bewertung zu bestimmen, die man mittels der Ausdrücke 'gut/schlecht' usw. [...] vornimmt [..., und sei] insofern 'inhaltslos': Er grenzt das, worauf er sich anwenden läßt, durch kein Kriterium ab gegen anderes, worauf sich andere Begriffe anwenden lassen. [... S]eine Funktion lieg[t] darin, das, worauf man ihn anwendet, einem bestimmten Maßstab zu unterwerfen,[49]

nämlich dem normativen Maßstab der Reflexion, der Beurteilung und des Streits, der menschliche Praxis charakterisiert. Man spricht *anders* und *über anderes,* wenn man über Handeln spricht, oder wenn man über Sachverhalte in der Welt spricht[50]. Königs These ist, dass dieser grammatische Unterschied auch bedeutungstheoretisch zentral ist: Dass Sätze Sinn und Bedeutung haben, ist kategorial

---

48 Thompson, Michael 2008: Life and Action. Elementary Structures of Practice and Practical Thought. Harvard UP, Cambridge, MA., S. 164, spricht in treffender Metaphorik von einem logisch-grammatischen „change of gear".

49 Müller, Anselm W. 2003: Handeln. In: Zeitschrift für philosophische Forschung. Bd. 57, S. 327-349, hier: S. 336-337.

50 Vgl. etwa klassisch Anscombe, Gertrude Elizabeth M. 2005: Action, Intention and 'Double Effect' [1982]. In: Dies.: Human Life, Action and Ethics. Essays. Hrsg. von Mary Geach u. Luke Gormally. Imprint Academics, Exeter, S. 207-226, hier: S. 209 und S. 214: „All human action is moral action. It is all either good or bad. (It may be

in derselben praktischen Grammatik zu reflektieren wie das Handeln. Deshalb ist es auch nur beinahe zutreffend, „praktischen Sätzen" einen „in sich doppelten Sinn", nämlich einen Satzsinn und einen Handlungssinn zuzusprechen[51]. Sätze haben *als Sätze* einen Inhalt – und dieser Inhalt *von Sätzen* ist praktisch individuiert; sie haben „praktische *Natur* und nicht bloß praktische *Bedeutung*"[52]. Ihre Bedeutung ist nicht irgendwie besonders, wenn oder weil sie „praktisch" wäre – sondern sie ist *wesentlich* praktisch. Wie das Handeln ist Bedeutung situativ, „okkasionell". Man kann erläutern, was das heißt, indem man zwei mögliche Thematisierungsweisen der an der Subjektstelle auftauchenden Ausdrücke (singuläre Termini, Eigennamen, definite Kennzeichnungen) unterscheidet. Man kann sie *theoretisch* als „'Individuen der Logik' [ansprechen], die als Argumente anstelle der Variablen x in die Satzfunktionen eingeführt werden", oder als „'natürliche [....] Individuen' im Sinne von wirklichen Menschen"[53]. In Rede steht dabei die Grammatik und Funktionsweise referierender Ausdrücke: *Theoretisch* begreift man referierende Ausdrücke, wenn man sie als singuläre Termini auffasst, die „angeben, welches von allen es ist, was durch den übrigen Satzteil klassifiziert wird"[54]. Dann aber, so Weingartens Einwand, verstehe man nicht, wie ein solcher Ausdruck die fragliche Sache *selbst* treffe, sondern allenfalls, unter welchen Begriff sie falle. Die begriffs- und formalismuskritische Note dieses Einwands ist dabei nebensächlich[55]. Eigentlich geht es darum, das Funktionieren referierender Ausdrücke *im Allgemeinen* ausgehend von der Grammatik „kontextgebundener" oder „okkasioneller"[56], d.h. *demonstrativer* Ausdrücke zu begreifen. Das bricht mit der sprachphilosophischen Tradition, die Eigennamen als besondere singuläre Terme versteht, die irgendwie „direkt" und „unmittelbar" die Identifikation genau

---

  both). [...] To say that 'human action' and 'moral action (sc. of a human being)' are equivalent is to say that all human action in concreto is either good or bad simpliciter."

51 So formuliert es Schürmann, Volker 1999: Zur Struktur hermeneutischen Sprechens, S. 341, darin dem König'schen Text folgend.

52 König, Josef 2005: Der logische Unterschied, S. 123.

53 Weingarten, Michael 2004: Sterben, S. 16.

54 So Tugendhat, Ernst 1976: Vorlesungen zur Einführung in die sprachanalytische Philosophie. Suhrkamp, Frankfurt/M., S. 391.

55 Michael Weingarten schreibt (ders. 2004: Sterben, S. 18), dass sich nach dieser Auffassung Individuelles „wie ein Typen-Exemplar (*token*) zu dem Typus verhält", und scheint dies für eine irgendwie problematische Zurichtung oder Vereinheitlichung des ineffabilen Individuums zu halten (vgl. etwa ibid., S. 49).

56 Ibid. und König, Josef 2005: Der logische Unterschied, S. 124 u. passim.

einer unter allen möglichen Sachen leisten sollen[57]. Einen singulären Satz *praktisch*
auffassen hieße demgegenüber, die Bezugnahme so zu verstehen, dass sie nicht
das *Ergebnis* deskriptiver Identifikation, sondern die *Ermöglichungsbedingung*
dafür ist, eine bestimmte Sache *als diese* zu identifizieren. *Praktisch* sagt der Satz,
was etwas ist, und ermöglicht so zu sagen, unter welche Begriffe es wesentlich
fällt. Denn sagen, *was etwas ist*, ist (scheinbar) nichts anderes, als eine Sache
in prädikativen Sätzen zu nennen: „$F_{(x)}$". Man muss nur auch diese Notation
praktisch auffassen. Man kann Etwas (richtig) *als X* identifizieren, *insofern es
(selbst) X ist*; nicht: Es „wird X" dadurch, dass es so benannt (identifiziert) wird.
Die *Bedeutung* des Satzes wird durch den *Sinn* der darin auftretenden Ausdrücke
individuiert – durch die „Art des Gegebenseins"[58] des Bezeichneten.

8. Das klingt nach einem neo-fregeanischen Argument, das in der Nachfolge von
Gareth Evans plausibel machen will, der Sinn von Sätzen sei deshalb *wesentlich*
situativ und praktisch-wirklich, weil er als Sinn *de re* verstanden werden müsse.
Sätze „über Sachverhalte der Welt" sind sinnvoll, *insofern diese Sachverhalte selbst*
unserem Sie-Artikulieren gleichsam immer schon entgegenkommen: „Welt" ist
begrifflich „formatiert"[59]. Das ist keine Neuauflage empiristischer Gegebenheits-
ideologie. Im Gegenteil wird die (lebensweltlich ja ohne weiteres verständliche)
Idee, dass uns Sachen tatsächlich selbstständig entgegentreten, daran gekoppelt,
dass sie *wesentlich* situativ (je mir und dir, je so und so) entgegentreten, und dass
diese Besonderheit aller möglichen Gehalte die Welt, nicht unseren Zugriff auf
sie charakterisiert[60].

---

57 Ich übergehe hier die weit diversifizierte Diskussion verschiedenster Modelle des
    „Eigennamens", weil ich meine, dass es in ihr bloß um eine Verfeinerung der skiz-
    zierten deskriptivistischen Grundauffassung geht, und verweise auf das „Vorwort"
    der Herausgeberin in Wolf, Ursula (Hg.) 1985: Eigennamen. Dokumentation einer
    Kontroverse. Suhrkamp, Frankfurt/M., S. 9-40.

58 Frege, Gottlob 1962: Über Sinn und Bedeutung [1892]. In: Ders.: Funktion, Begriff,
    Bedeutung. Fünf logische Studien. Hg. von Günther Patzig. Vandenhoeck & Rup-
    recht, Göttingen, S. 40-65, hier: S. 41.

59 Wohlgemerkt: Auf dieser Stufe unterscheidet sich diese Auffassung noch nicht von
    der kantianisierenden Position, die ich oben, Abs. 4 skizziert habe. Das passende Bild
    von der kategorialen „Formatiertheit" borge ich aus Volker Schürmanns Beitrag in
    diesem Band.

60 Vgl. McDowell, John 1998: De Re Senses. In: Ders.: Meaning, Knowledge, and Re-
    ality. Harvard UP, Cambridge, MA, S. 214-227, hier: S. 219: „Such *de re* modes of
    presentation would be *parts* or *aspect* of content, not *vehicles* for it; no means of mental
    representation could determine the content in question by itself, without benefit of

Man sieht leicht, wie sich von hier aus das theoretische Funktionieren von Sätzen durch zweckmäßige Einhegung und Abblendung dieser wesentlichen Situativität etablieren lässt. Wie Iwan Iljitsch können wir manchmal die Zwischenschritte dieser „Einklammerung" vergessen und uns wundern – aber nicht lang und nicht im Ernst. Peter Geach erinnert an Sherlock Holmes, der nur aus theoretischen, deskriptiven Wissensbeständen erschließt, was für ein Art Mensch der Mörder gewesen sein müsse, und fährt fort:

> Suppose the police later on arrested a man with those characteristics and found confirmatory proofs of his guilt: it would occur to nobody, I imagine, to distinguish between the abstract murderer of Sherlock Holmes's deductions and the real live murderer raging in his cell; surely nobody would wish to deny this plain statement of the case, that Holmes had abstract knowledge relating to a concrete individual.[61]

Warum eigentlich nicht? – Der Kontext von Geachs Überlegungen ist seine Zurückweisung der Auffassung, eine bestimmte (ehrerbietige) Haltung reiche in der denkenden Bezugnahme auf Gott grammatisch schon aus, um Idolatrie auszuschließen. Geach hält dagegen, dass die Idee, Gott gedanklich zu treffen, nur verständlich ist, wenn man weiß, was es hieße, ihn zu verfehlen. Einschlägig sind Geachs Überlegungen für mich nicht trotz, sondern wegen ihrer theologischen Kompliziertheit[62]: Gott liegt notorisch außerhalb des menschlichen Zugriffs; überdies ist der Ausdruck „Gott" kein Eigenname, sondern ein „descriptive term" (gleichsam eine Amtsbezeichnung)[63]. Die Bezugnahme auf „Gott" erweist sich damit als ein besonderer *Modus* der Bezugnahme, der eine Differenz zwischen „personal and impersonal uses of the verb 'to refer'"[64] sichtbar macht. Der „personale" Modus der Bezugnahme besteht nicht in der Auszeichnung einer bestimmten Gegenstandsklasse („Personen"). Er besteht darin, dass der Gegenstand der Bezugnahme *auf eine bestimmte Weise*, nämlich als *Person* gedacht wird. „Personal" nimmt man auf eine Sache nicht *sans phrase* Bezug, sondern im Licht unserer gemeinsamen Praxis der Personalität, an der man selbst *und* der

---

context, but that does not establish any good sense in which the content is not fully conceptualized."

61 Geach, Peter 1966: On Worshipping the Right God. In: Ders.: God and the Soul. Routledge, London, S. 100-116, hier: S. 113.

62 Gerade weil es ihm um „Gott" als Gegenstand des Denkens und der Rede geht, ist Geach (obschon aus fragwürdigen Gründen) philosophisch immun gegen die Verlockungen empiristischer Gegebenheitsmythen oder des radikalkonstruktivistischen Konstitutionskitsches.

63 Vgl. ibid., S. 108.

64 Ibid., S. 110.

Gegenstand der Bezugnahme wesentlich teilnehmen. Die Idee des Gelingens einer solchen Bezugnahme ist begrifflich auf diese Praxis bezogen. Gedanken an *Gott* bilden nun einen Spezialfall dieses personalen Modus der Bezugnahme; ob ein Gedanke Gott angemessen ist, hängt *an Gott*: „there surely is a line to be drawn, a line that God does draw"[65].

Geachs theologisch-grammatische Überlegung macht die Idee verständlich, dass Gedanken und ihre satzförmige Artikulation Sinn haben *von der Sache her, auf die sie sich richten*, und dass sie Bedeutung haben (wahr sind) durch das Entgegenkommen dieser Sache selbst. In Sachen „Gottes" kann man dieses „Entgegenkommen" – „religiöse Musikalität" vorausgesetzt – wörtlich verstehen. Geach würde sagen, dass man nur auf Personen „personal" Bezug nehmen könne, weil nur bei ihnen der Gedanke einer echten „Mitwirkung" am Sinn der sie thematisierenden Gedanken und Sätze verständlich sei. Alle anderen Sachen, die Gegenstand von Gedanken und Reden sein können, kommen ihrer Artikulation allenfalls *gleichsam* entgegen: Sie sind uns (kantisch gedacht) in der Anschauung gegeben[66], und in unserer Praxis legen wir ihnen Bedeutung bei.

9. Die Idee des praktischen Satzes fügt dem lediglich hinzu, dass dieses „Gegebensein" kategorial daran hängt, dass *überhaupt* Menschen einander sprechend Seiendes bedeuten. Diese Ergänzung freilich transformiert das Geach'sche Modell grundsätzlich. Der Bezug auf die Wirklichkeit unserer Praxis *ist* die Form, in der Welt am Sinn der sie thematisierenden Gedanken und Sätze mitwirkt: Bezugnehmen ist *wesentlich personal* – die scheinbar „unpersönliche" Bezugnahme ist nur ein privativer Modus der Referenz, bei der (manchmal legitimerweise, manchmal fahrlässig) von der Einbettung in menschliche Praxis abgesehen wird. Warum aber sollte Bezugnahme wesentlich personal sein? Weil es wesentlich zum Begriff von Sinn und Bedeutung gehört, dass sie in formal adressierten Handlungen in Gestalt von Sätzen *wirklich* sind. Das fasst die Relativität von Sinn *de re* grundsätzlicher; denn es geht nicht nur darum, dass bestimmte (faktive) Sinngehalte die Bedeutung (faktiver) Sätze individuieren, indem sie an der „Art ihres Gegebenseins" rein eigentlich (Gott), in mittlerer Eigentlichkeit (menschliche Personen) oder rein uneigentlich (alle sonstigen Sachen) mitwirken und darin trivialerweise

---

65 Ibid., S. 111-112.

66 Vgl. oben, Abs. 4; in instruktiver (aber scheiternder) Weise deutet sich ein solcher mit kantischer Epistemologie imprägnierter Neo-Fregeanismus an in Evans, Gareth 1984: Varieties of Reference. Hg. von John McDowell. OUP, Oxford, und wird fortentwickelt in John McDowell 1996: Mind and World.

auf die faktische menschliche Sprach- und Urteilspraxis bezogen bleiben. Es geht darum, dass die Rede vom Sein und So-Sein aller dieser Gegenstände begrifflich bezogen bleibt auf die *Wirklichkeit* menschlichen Tätigseins. Das ist eine rein formale Bestimmung:

> Der Hauptmangel alles bisherigen Materialismus (den [... sprachanalytischen Empirismus] eingerechnet) ist, daß der Gegenstand, die Wirklichkeit, [... genauer: der Umstand, dass sie in ihrer sprachlichen (begrifflichen) Vermittlung wesentlich enthalten ist,] nur unter der Form des *Objekts oder der Anschauung* gefaßt wird; nicht aber als *sinnlich menschliche Tätigkeit, Praxis*; nicht subjektiv.[67]

Die sprechakttheoretische Interpretation ist (immer) eine Variante des „bisherigen Materialismus", weil sie die Anforderung, „die Wirklichkeit [...] subjektiv" zu denken, zu erfüllen versucht, indem sie „Wirklichkeit" *vom Subjekt her* zu denken versucht – und nicht: das wirkliche Tätigsein *als Subjekt*. Genau das bedeutet es, Sätze *als praktisch* zu begreifen; und so steckt in dem Programm, das Michael Weingarten mit Josef König unter dem Titel einer „Tätigkeitstheorie" verfolgt, wesentlich auch die Aufgabe, die Reflexion sprachlicher Bedeutung und begrifflichen Gehalts kategorial „in der menschlichen Praxis und in dem Begreifen dieser Praxis"[68] zu situieren.

---

67 Marx, Karl 1978: [Thesen über Feuerbach]. In: Marx-Engels-Werke (MEW), Bd. 3. Dietz, Berlin, S. 5-7, hier: S. 5; Einfügungen JM.
68 Ibid., S. 7.

Malte Dreyer

Die narrative Konstruktion der Wirklichkeit
Zum Verhältnis evokativen und erzählenden Sprechens

1.

In einer seiner weniger bekannten Erzählungen, die vom Autor im Oktober 1968 im Deutschlandfunk unter dem sprechenden Titel „Der Hutmacher" selbst gelesen wurde, lässt Thomas Bernhard einen eigenschaftslosen Anwalt zum Zeugen einer Geschichte werden, deren existentielle Dimension sich erst von ihrem letalen Ende her erschließt. Das, was in Bezug auf andere Erzählungen mit Recht und aus guten Gründen *Handlung* genannt wird, lässt sich wie in den meisten vergleichsweise ereignislosen Erzählungen Bernhards schnell nacherzählen: Der Hutmacher – ein in seinem Beruf zu Ehren gekommener Besitzer eines exklusiven, kleinen Familienbetriebs – sucht verzweifelt und in der Hoffnung auf rechtlichen Beistand den Erzähler – besagten Anwalt – auf, und berichtet in der Hauptsache davon, dass er von der unablässig wachsenden Familie seines Sohnes mit sanfter Gewalt im Laufe der Jahre vom Erdgeschoss ihres gemeinsamen Hauses in den ersten Stock verdrängt wurde, daraufhin vom ersten in den zweiten und schließlich in den dritten Stock ziehen musste. Noch während seines langen Monologs sieht der Hutmacher ganz ohne ersichtlichen äußeren Anlass ein, dass seine Absicht, rechtliche Maßnahmen gegen seinen Sohn zu ergreifen, wohl aussichtslos, falsch, ja in gewisser Weise widersinnig ist, und bittet den Anwalt daraufhin, ihm, dem Hutmacher, eine Rechnung für seine Dienste zu schicken, denn der Anwalt habe allein durch das Zuhören sicher ein „Höchsthonorar" verdient. Diese überraschende Wende zur Einsicht in die Grund- und Wirkungslosigkeit des eigenen Erzählens, die ihre Nachvollziehbarkeit allein dem Umstand verdankt, dass der Hutmacher erst *im* Erzählen seine eigene Verzweiflung erkennt, wird durch eine kurze Passage ausgeleitet, die sich wie ein grundsätzlicher Kommentar zum Erzählen im Allgemeinen liest:

> Die ganze Geschichte erzählen ist unmöglich, absolut unmöglich. Und auch, dass, wenn man eine Geschichte erzählt, man in Wirklichkeit eine ganz andere, nur nicht die Geschichte, die man erzählt, erzählt. Man macht ein paar Andeutungen, aber

man erzählt die Geschichte nicht; aber in jedem Fall eine ganz andere Geschichte. Die Geschichte ist in Wirklichkeit das, was man nicht erzählt; indem man die eigentliche Geschichte nicht erzählt, erzählt man die Geschichte. Diese ganze Geschichte zu erzählen, wäre wohl unmöglich, gleich, ob das fürchterlich wäre oder nicht.[1]

Leserinnen und Leser der Prosa Bernhards kennen derartige Passagen: Immer wieder baut er theoretische Reflexionen in seine so urkomische wie rabenschwarze Prosa ein, die sich nur deswegen so geschmeidig in die eigentümliche Rhythmik der atemlos dahintrabenden Sätze fügen, weil sie formal wie inhaltlich an die stilbildenden Redundanzen anschließen und den Eindruck der Aussichtslosigkeit unter der Hand theoretisch verallgemeinernd auf die Nebenfiguren, das Nicht-Erzählte, und schließlich auch die Leserinnen und Leser ausweiten. In diesen Reflexionen thematisiert Bernhard aber auch die eigene Prosa, gibt uns einen Schlüssel für ihre Deutung an die Hand und bezieht zugleich eine ästhetische Position, deren Reichweite sich über die Grenzen des Bernhard'schen Werkes erstreckt. Was diese Passage nun im Gegensatz zu vergleichbaren poetischen Reflexionen – beispielsweise über die Natur oder die Übertreibung – so gewichtig macht, ist die Tatsache, dass sie keine Nebenbühne bespielt, sondern eine (Un-)Möglichkeitsbedingung des dialogischen Verhältnisses benennt, in dem der Hutmacher, der Erzähler und Bernhard als Autor erst sichtbar werden: Würde der Hutmacher seine Geschichte nicht dem Anwalt, der Anwalt nicht die Geschichte des Hutmachers und Bernhard nicht die Geschichte „Der Hutmacher" erzählt haben, würden wir weder Bernhard als Autor des Hutmachers, noch den Anwalt oder den Hutmacher kennen. Würden wir diese Geschichte nicht kennen, wüssten wir allerdings auch nicht, dass es unmöglich ist, sie zu erzählen. Das Wissen um die Unmöglichkeit dieser Geschichte setzt sie selbst voraus. Bernhard weist an dieser Stelle mit einer subtil gestalteten Paradoxie auf ein grundsätzliches Problem jeden Erzählens hin, das dem Wortlaut des Zitats zufolge im Verhältnis zwischen dem gründet, was wir zu tun beabsichtigen, wenn wir erzählen, und dem, was aus unserem Erzählen resultiert. Warum aber verbleiben Erzählungen gemessen an dem, was wir zu erzählen beabsichtigen, im vorläufigen Status bloßer Andeutung und uneigentlicher Rede? Warum können wir die eigentliche Geschichte nicht erzählen? Die im folgenden Abschnitt (2.) begründete These ist, dass der Hutmacher in erster Linie scheitert, weil Erzählungen in einer gewissen Weise nur begrenzt verlässlich sein können. Unverlässlich sind sie als sprachliche

---

1   Die Erzählung ist nur als Tondokument überliefert; die zitierte Stelle findet sich in Bernhard, Thomas 2003: Ereignisse und andere Prosa. Originalaufnahmen. 2 CDs. Der Hörverlag, München, CD 2, Track 21, Min. 03:45-04:16.

Repräsentationen von etwas Vergangenem. Tragen wir an eine Geschichte den Anspruch heran, mit ihr etwas so erzählen zu können, wie es sich zugetragen hat, müssen wir scheitern. Dagegen hat aber jedes Erzählen einen produktiven, genauer: einen wirklichkeitsbildenden Effekt, der im Mittelpunkt des letzten Abschnitts stehen wird (3.). Der positive Ertrag narrativen Sprechens ist demnach nicht im Verhältnis des Erzählten zur Welt zu suchen, sondern im Verhältnis des Erzählten zum Erzähler.

2.

Um den oben angezeigten Zweifel an der Eignung der Erzählung, etwas zu erzählen, verstehen zu können, müssen wir zunächst explizieren, wer hier spricht. Zum einen hören wir in dem oben stehenden Zitat Bernhard als Autor eines fiktiven literarischen Textes, zum anderen den Hutmacher selbst, der von einem in der erzählten Welt realen Ereignis und seinen in der Vergangenheit liegenden Handlungen berichtet. Dieser Unterscheidung entsprechen zwei Lesarten des besagten Zitats. Lesen wir es als Reflexion Bernhards über die sprachlichen Mittel und die epistemischen Effekte seiner eigenen, literarischen Geschichte, ließe sich ohne weiteres die Deutung anschließen, Bernhard reflektiere an dieser Stelle die Möglichkeiten und Grenzen literarischer Rede selbst. Offensichtlich bedeutet jede literarische Erzählung etwas anderes als das, was sie auf der Ebene der Historie zu berichten scheint. Fraglich bleibt allerdings, ob dieser unausgesprochene Gehalt literarischen Sprechens propositional erschöpfend artikuliert werden kann. Wäre eine umfängliche Übersetzung der Erzählung Bernhards in eine prinzipiell vorrangige propositionale Redeform möglich, würde dies die berechtigte Frage nach sich ziehen, warum die vormals nackten Fakten in das rhetorische Gewandt narrativer Rede gekleidet und nicht gleich in mühelos rezipierbaren Aussagesätzen vermittelt werden.[2] Dagegen scheint Bernhard dasjenige,

---

2 Diese Position entspricht in etwa derjenigen Christiane Schildknechts. Schildknecht vertritt im Anschluss an Gottfried Gabriel die These, Gegenstände literarischer Erzählungen seien vornehmlich nicht-propositional und verzichteten demnach auf „Deutlichkeit der Begriffe, Angabe von Gründen, bzw. argumentative inferentielle Satzstruktur [und] Satzwahrheit" (Schildknecht, Christiane 2007: „Ein seltsam wunderbarer Anstrich"? Nichtpropositionale Erkenntnis und ihre Darstellungsformen. In: Bowman, Brady (Hg.): Darstellung und Erkenntnis. Beiträge zur Rolle nichtpropositionaler Erkenntnisformen in der deutschen Philosophie und Literatur nach Kant. Mentis, Paderborn, S. 31-60, hier: S. 31-32). Anders als der schlicht durch Ergänzung um eine Negation entstandene Neologismus vermuten lässt, konzipiert

was er mit „Der Hutmacher" zum Ausdruck bringen möchte und als „die andere Geschichte" im Gegensatz zur „eigentlichen Geschichte" bezeichnet, nur durch den gezielten Verzicht auf „Begriffe, Gründe und/oder Satzwahrheit"[3] anzeigen zu können. Der spezifische Gegenstand, auf den er zielt, ist nur im Modus eines indirekten, uneigentlichen und in diesem Falle darüber hinaus auch fiktiven Sprechens verfügbar.

Wenn wir aber das Zitat als Teil eines Monologes lesen, in dem sich der Hutmacher an den Anwalt richtet, um eine in der erzählten Welt reale Begebenheit zu schildern, scheint das Konzept des Nicht-Propositionalen keine Erklärung mehr für den Zweifel an der Möglichkeit des Erzählens bieten zu können. Sobald wir in den oben stehenden Zeilen nicht mehr Bernhard über die Möglichkeiten und Grenzen seines literarischen Ausdrucks sprechen hören, sondern den Hutmacher selbst, betrifft der hier artikulierte Zweifel die Möglichkeit einer Erzählung, die wir in vergleichbaren Situationen zur Rechtfertigung oder Beschreibung einer Handlung, in wissenschaftlichen Aufsätzen, philosophischen Vorlesungen, am Küchentisch oder eben beim Anwalt erzählen. Denn der Hutmacher tritt offensichtlich nicht mit dem Anspruch auf, *irgendeine* Geschichte zu erzählen. Während die Geschichte Bernhards keine Gründe kennt, nichts erklärt oder bezeugt, ihre Sätze nicht wahr sind und manche Begriffe opak, *ist* die Geschichte, die der Hutmacher beim Anwalt vorträgt, der Grund für eine Klage gegen seinen eigenen Sohn, sie *ist* eine Erklärung seiner gegenwärtigen Situation und sie *ist* wahr in dem Sinne, in dem wir meinen, eine wahre Geschichte erzählen zu können.

Der durch den Hutmacher artikulierte Zweifel verlangt nach Präzisierung, weil nicht sofort ersichtlich ist, worauf er sich bezieht. Wie jedes Erzählen hat auch seines zwei Aspekte: einen pragmatischen und einen semantischen. Der Hutmacher handelt sprachlich, zugleich erzählt er *etwas*. Auf der einen Seite gibt er Kunde von einem bestimmten Geschehen, macht die Behauptung, etwas habe sich so und nicht anders zugetragen. Zugleich macht ihn seine eigene Geschichte gegenüber dem Anwalt als Person sichtbar, die durch die Beschreibungen ihrer Handlungen und Widerfahrnisse erst plastisch und in ihrem Verhalten verständlich wird. In Bezug auf den Hutmacher als Klienten des Anwalts besitzt das *Erzählen* eine konstitutive Funktion, die der *Erzählung* als abschließendem

---

Schildknecht das *Nicht*-Propositionale als eigenständige Form des Sprechens und sichert sich damit gegen den prominent von Austin vorgebrachten Einwand ab, nichtpropositionale Redeformen verhielten sich parasitär zum Normalfall propositonalen Sprechens.

3   Schildknecht, Christiane 2007: „Ein seltsam wunderbarer Anstrich"?, S. 32.

Resultat des Erzählens logisch vorausgeht. Erst im Erzählen wird er selbst, dessen Zweifel am Erzählten wir vernehmen, plastisch. Der Zweifel, den der Hutmacher artikuliert, ist daher nur insofern paradox, als er die Voraussetzungen seines eigenen Erzählt-Seins betrifft, bleibt aber denkbar, insofern er sich auf die Eignung der Erzählung bezieht, etwas so darzustellen, wie es sich begeben hat. Beginnen wir beim letzten Punkt: der Möglichkeit, mit Erzählungen wahre Aussagen über Geschehnisse in der Vergangenheit zu tätigen.

Der Zweifel an der Verlässlichkeit von Erzählungen auch in alltäglichen Kontexten lässt sich mit einer Reihe von Argumenten unterfüttern, die in der sprachlichen Form der Erzählung gründen. Die Bestimmung dieser spezifisch narrativen Form ist Gegenstand anhaltender Aushandlungsprozesse und hat auch nach der Ausdifferenzierung eines eigens mit dieser Frage befassten Bereichs disziplinenübergreifender Forschung eher zu einer Vervielfältigung möglicher Antworten geführt. Im Gegensatz zu anderen sprachwissenschaftlichen Disziplinen können Überlegungen über die Erzählung auf einen vortheoretischen Begriff zurückgreifen – wenn wir von Erzählungen sprechen, meinen wir damit in der Regel die sprachliche Repräsentation von verschiedenen, aufeinander überleitenden Ereignissen in der Zeit aus der Perspektive eines Erzählers oder einer Erzählerin. Die Ereignisse in einer Erzählung stehen in einer chronologischen Reihenfolge und leiten dergestalt ineinander über, dass sie weder kausal auseinander hervorgehen, noch zufällig und zusammenhanglos aufeinander folgen. Dabei lässt sich ein Initialereignis, mit dem die Erzählung beginnt, von einem Folgeereignis und dem abschließenden Finalereignis unterscheiden. Diese triadische Struktur bietet sowohl in der Narratologie und den mit ihr verwandten Disziplinen als auch in der Philosophie die Grundlage für weiteres Nachdenken über die Logik der Erzählung. Philosophiegeschichtlich sind die Versuche, Charakteristika des Erzählens zu bestimmen, mit Überlegungen über die epistemische Zuverlässigkeit des Erzählens innig verschränkt. Bereits Aristoteles charakterisiert in seiner Poetik das Drama als sprachliche Form mit Anfang, Mitte und Ende und ist mit dieser formalen, dreigliedrigen Definition auch für die aktuellsten in der Narratologie verwendeten Begriffe von Erzählung prägend. Neben der klassischen triadischen Struktur lassen sich bei ihm bereits Andeutungen zu den heute einschlägig unter den Bezeichnungen „Ereignishaftigkeit" und „Temporalität" verhandelten Merkmalen des Erzählens finden.[4] Die ersten, im engeren Sinne des Begriffes narratologischen Überlegungen, für die Käte Friedemann repräsentativ

---

4 Vgl. Aristoteles 2008: Poetik. Übers. von Arbogast Schmitt. Akademie, Berlin, S. 1450b, 1453b, 1456b-1457b, 1458a-1458b.

ist, stellen die Entstehung erzählwissenschaftlicher Analysekategorien – wie
der Erzählperspektive – in die Tradition der konstruktivistischen Wende nach
Kant.[5] Indem sie die erkenntnistheoretischen Voraussetzungen dieser Kategorien
selbst in den Blick nimmt, leitet sie einen Ebenenwechsel ein: Nicht mehr die
Erzählung selbst in ihrem Verhältnis zu sprachlich erworbenen Gewissheiten
steht im Mittelpunkt des Interesses, sondern das begriffliche Inventar zur Beschreibung der Erzählung, das in Umfang und Gehalt vor aller Erfahrung durch
unsere Erkenntnismöglichkeiten limitiert ist. Schließlich wird mit Paul Ricoeurs
Hermeneutik ein Konzept prominent, das unser *Selbstwissen* narrativ fundiert
und Erzählen damit in den Rang einer Möglichkeitsbedingung für Wissen und
Erkennen hebt. Bereits diese wenigen Beispiele machen deutlich, dass der Terminus „Erzählung" nicht an eine bestimmte der vielen Stellen gebunden ist, die
das Prädikat „erkennen" logisch fordert. Die Erzählung wird theorieabhängig als
Objekt, als Mittel oder als Möglichkeitsbedingung des Erkennens bezeichnet.

Die Untersuchung dieses Zusammenhangs hat vor allem in den Geschichtswissenschaften eine Renaissance erfahren, als positivistische Wissenschaftsideale
fraglich wurden und der Ruf nach einer soliden epistemischen Grundlage unseres
Wissens über die Vergangenheit zum Verhandlungsgegenstand der Philosophie
wurde.[6] Einer der Protagonisten dieser Debatte war – neben Hayden White
– Arthur C. Danto. Auch Danto stellt die Möglichkeit, die ganze Geschichte
erzählen zu können, unter massive Vorbehalte und sucht Gründe in der *Form*
des narrativen Satzes. Folgen wir Danto, ist es nahezu unausweichlich, dass wir
immer etwas anderes erzählen als das, was wir eigentlich erzählen: Zwischen dem,
was sich zugetragen hat, und seiner sprachlichen Repräsentation besteht eine
unaufhebbare Differenz. Anstatt zu repräsentieren, so Danto, *erklären* Erzählungen etwas. Der Zweifel des Hutmachers wäre demnach auf einen uneinlösbaren
Anspruch an die Funktion des Erzählens zurückzuführen.

Danto tritt in seiner „Analytischen Philosophie der Geschichte" mit dem
Anspruch auf, entscheiden zu können, ob Geschichte Kunst oder Wissenschaft
sei. Die Methode seiner Untersuchung besteht in der Analyse der Frage, ob es
möglich sei, mindestens *eine* wahre Aussage über Dinge in der Vergangenheit zu
machen. Diese leitmotivisch wiederkehrende Frage bezieht sich auf die *logische*
Möglichkeit einer derartigen wahren Aussage ungeachtet etwaiger Fortschritte

---

5   Vgl. Friedemann, Käte 1910: Die Rolle des Erzählers in der Epik. Hassel, Leipzig, S.
    25-27.

6   Für einen Überblick über diese Debatte vgl. Goertz, Hans-Jürgen 2001: Unsichere
    Geschichte. Zur Theorie historischer Referentialität. Reclam, Stuttgart.

in der Entwicklung historischer Methoden der Quellenforschung. Allerdings lassen sich seine Ergebnisse aus dem Zusammenhang der Überlegungen zur Wissenschaftstheorie der Geschichtswissenschaften lösen und in den Rahmen einer allgemeinen Untersuchung über die Möglichkeiten des Erzählens stellen. Denn der Zweifel an der Wahrhaftigkeit von Geschichtserzählungen jedweder Art gründet in dem Satztyp, den wir im Erzählen zu benutzen gezwungen sind: „es gibt eine Klasse von Beschreibungen eines beliebigen Ereignisses, in deren Rahmen das Ereignis nicht bezeugt werden kann."[7] Diese Satzklasse, die sowohl für bestimmte Formen der alltäglichen Rede als auch für historische Abhandlungen und viele Arten literarischer Texte kennzeichnend ist, nennt Danto „narrative Sätze"[8]. Sie sind prägend auch für die Rede des Hutmachers. Mehr als die stilistische Funktion dieser Sätze interessiert Danto aber ihre interne Struktur. Seine Bestimmung des narrativen Satzes erinnert an die oben bereits erwähnte mehrgliedrige Struktur der Erzählung: „Ihr [der narrativen Sätze, MD] allgemeinstes Merkmal besteht darin, dass sie sich auf mindestens zwei zeitlich voneinander getrennte Ereignisse beziehen, obwohl sie nur das frühere der beiden *beschreiben* (oder Aussagen *darüber* machen), auf die sie sich beziehen."[9] Zunächst bleibt festzuhalten, dass narrative Sätze einen explanatorischen Charakter haben. Die Erklärung, die ein narrativer Satz zu geben fähig ist, bezieht sich auf das erste der beiden Ereignisse und entsteht, indem das zeitlich nachfolgende Ereignis auf das zeitlich vorhergehende bezogen wird.[10] Diese Bestimmung lässt sich mit Blick auf zahlreiche Erfahrungen, die wir als Leser oder Erzählerinnen machen, trivialisieren: Als „ungeheuerlich" erklärt sich die nötigende Bitte, mit der der Hutmacher zum Umzug vom Erdgeschoss in den ersten Stock bewegt wird, nur dann, wenn wir wissen, dass diesem Umzug zwei weitere unfreiwillige Umzüge folgen. Ohne zu wissen, was ihm nach dem ersten Umzug widerfährt, bleiben aber auch die nachfolgenden Ereignisse bedeutungslos. Ersichtlich verändert sich die gesamte Erklärung und mit ihr auch unser Verständnis des früheren Ereignisses, wenn das erklärende Verhältnis zwischen den Ereignissen sich durch den Austausch des Folgeereignisses ändert. Die Erklärung der Ereignisse in der Vergangenheit und mithin unser Verständnis von ihnen ist demzufolge in demselben Maße veränderlich, in dem die Folgeereignisse austauschbar sind. Erst

---

7   Danto, Arthur C. 1980: Analytische Philosophie der Geschichte. Suhrkamp, Frankfurt/M., S. 245.

8   Ibid., S. 232.

9   Ibid.

10 Ibid.

am Ende der Geschichte können wir also ermessen, welche Bedeutung jedem ihrer Ereignisse zukommt. Diese Feststellung – so Danto – diskreditiert den Versuch, eine Beschreibung eines Ereignisses in der Vergangenheit zu geben, die unabhängig von zukünftig eintretenden Ereignissen gültig ist. Ferner lassen sich „falsche Beschreibungen von Ereignissen in der Vergangenheit"[11] nicht schlicht durch eine Veränderung der Beschreibung in richtige verändern, denn wir müssen

> in gewissem Sinne von der Vergangenheit als von einer Veränderlichen sprechen; derart nämlich, dass ein Ereignis in t-1 neue Eigenschaften erwirbt, und dies nicht, weil wir (oder irgendwas sonst) kausal auf jenes Ereignis einwirken, noch weil irgendwas weiterhin in t-1 geschieht, nachdem t-1 vorübergegangen ist, sondern weil das Ereignis in t-1 in ein anderes Verhältnis zu Ereignissen gerät, die erst später eintreten.[12]

Danto erläutert seine Beobachtung anhand eines klassischen Beispiels über die Antizipation von Entdeckungen:

> 'Aristarchus antizipierte im Jahre 270 v.u.Z. die Theorie, die Kopernikus 1543 u.Z. veröffentlichte'. Wenn Kopernikus die Theorie nicht publiziert oder nicht zu jenem Zeitpunkt publiziert hätte, oder wenn irgendjemand anderer als Kopernikus die Theorie zu dem angegebenen Zeitpunkt veröffentlicht hätte, dann wäre der Satz über Aristarchus falsch. Demnach ist bei entsprechender Beschreibung eines Sachverhalts etwas, das von Kopernikus getan worden ist, eine zeitlich spätere notwendige Bedingung für etwas, das von Aristarchus getan worden ist.[13]

Es gibt keinen Grund, der dafür spricht, dass das diesem Beispiel zugrunde liegende Prinzip nicht auch unser alltägliches Erzählen regieren würde. Narrative Erklärungen verlassen demnach den Status der Vorläufigkeit erst am Ende der Geschichte, ungeachtet des ontologischen Status der Entitäten, auf die ein Satz referiert. In Bezug auf die Struktur des narrativen Satzes unterscheiden sich fiktionale Narrative lediglich dadurch von nicht-fiktionalen Narrativen, dass sie über ein finales Ereignis verfügen, das eine *abschließende* Semantisierung der vorhergehenden Ereignisse potenziell erlaubt. Narrative unserer lebensweltlichen Wirklichkeit bestehen dagegen aus potenziell unabschließbaren Ereignisreihen, die eine permanente Neusemantisierung oder – mit Danto – neue Erklärungen der zurückliegenden Ereignisse erzwingen. Die Bedeutung der Entdeckung von Aristarchus ist demnach erst definit, wenn *die* Geschichte an ihr Ende gelangt. Vor dem Hintergrund dieser Feststellung lässt sich eine Überlegung zu der Funktion des Erzählers anschließen. Erklärungen narrativer Sätze sind als solche in Ab-

---

11 Ibid., S. 250.
12 Ibid.
13 Ibid., S. 252-253.

hängigkeit zu den sprachlichen Konstruktionsprozessen sprechender Subjekte zu denken, deren Erlebnisse oder Erinnerungen die Menge möglicher Finalereignisse vorgeben.[14] Diese Perspektivität bedingt zudem, dass Erzählen immer selektiv ist. Die Auswahl der in Frage kommenden Geschehnisse, ihre zeitliche Reihung zu einer Folge ineinander überleitender, motivierter Einzelhandlungen und schließlich ihre integrative Beschreibung in einem Narrativ stellt eine Syntheseleistung dar und ist nicht bereits vor dem Erzählvollzug gegeben. Eine Ereignisauswahl wird schließlich in nicht unerheblichem Maße von dem *Zweck* regiert, den ein Erzähler verfolgt, sobald er Ereignisse in besagte zeitliche und kausale[15] Ordnung einfügt, bestimmte Ereignisse vernachlässigt oder ignoriert, andere dagegen akzentuiert oder wiederholt beschreibt. So würde eine Darstellung der vom Hutmacher erlebten Geschehnisse vor Gericht andere Schwerpunkte setzen müssen. Dieses Prinzip nennt Danto „Prinzip der Signifikanzzuweisung"[16]. Es deutet zusätzlich darauf hin, dass der narrative Satz als spezifische Art des Interpretations- oder Konstruktionsprozesses anzusprechen ist, der eine evokative Dimension hat, *obwohl* er partiell auf Gegebenes referiert.

Dantos narrativer Relativismus bleibt in Gänze besehen allerdings negativ. Anstatt die besondere Leistung narrativer Sätze aufzuzeigen, weist er lediglich aus, dass narrative Sätze *nicht* geeignet sind, einen vergangenen Sachverhalt mit derselben Verlässlichkeit zu repräsentieren, wie Behauptungs- oder Aussagesätze. Möchten wir dagegen herausfinden, welchen Ertrag das Sprechen in narrativen Sätzen zeitigt, muss neben dem Verhältnis zwischen Satz und Welt auch das der Erzählerin zum Erzählten einbezogen werden. Nicht der Transfer vollzugsinva-

---

14 Erzählungen erzählen zwar immer von einer Begebenheit, aber der spezifische Gegenstand, auf den sie sich *als ganze* beziehen, wird erst durch die sprachliche Darstellung in einem Narrativ aus einer subjektiven Perspektive heraus verfügbar. In Bezug auf bildhafte Darstellungen macht Gutmann eine ähnliche Beobachtung. Bestimmte Eigenschaften von Bildern kommen nicht dem Bild als solchem zu, sondern entstehen erst im Verhältnis zwischen Bild und Betrachterin. In diesen Fällen sprechen Weingarten und Gutmann in Anlehnung an Josef König von „Dingen mittlerer Eigentlichkeit". Gutmann, Mathias 2004: Zur tätigkeitstheoretischen Deutung von Gegenständen mittlerer Eigentlichkeit. In: Blasche, Siegfried; Gutmann, Mathias; Weingarten, Michael (Hrsg.): Repræsentatio Mundi. Bilder als Ausdruck und Aufschluss menschlicher Weltverhältnisse. Historisch-systematische Perspektiven. Transcript, Bielefeld, S. 221-266, hier: S. 229.

15 Dieser Verknüpfungstyp ist nur in einem sehr weiten Sinne des Wortes „kausal" korrekt bezeichnet. Andernfalls wäre die Beschreibung eines technischen Prozesses nicht von einer Handlungsbeschreibung oder von einer Erzählung zu unterscheiden.

16 Danto, Arthur C. 1980: Analytische Philosophie der Geschichte, S. 255 ff.

rianten Wissens ist entscheidend für die Bewertung der Form narrativer Evidenz, sondern auch der Aussageakt selbst, dem bereits vor der ersten Rezeption eine Interpretationstätigkeit zugrundeliegt. Wir sollten zu diesem Zwecke nicht nur den Satz, sondern auch das Sprechen, nicht allein die Erzählung, sondern mindestens ebenso sehr das Erzählen in den Blick nehmen.

3.

Nehmen wir hierfür die aristotelische Bestimmung des Erzählens auf und widmen uns einer ihrer ambioniertesten Interpretationen. Aristoteles' Überlegungen zur dramatischen respektive narrativen Struktur stehen in einem unmittelbaren Zusammenhang mit Kommentaren zur Wahrhaftigkeit der Geschichtserzählung.[17] Neben dem folgenreichen Hinweis, dass der Unterschied zwischen einem „wahrhaftigen Erzählen" und einem „nicht wahrhaftigen" im Kern semantisch sei, enthält die Poetik einen weniger wirkmächtigen Versuch, den eigentlichen Gegenstand poetischer Darstellungsformen zu qualifizieren.[18] Ganz anders, als wir heute anzunehmen geneigt sind, zielen Erzählungen demnach nicht auf die Mimesis von Zuständen, Ereignissen oder Sachverhalten in der Welt, sondern vielmehr auf die von *Handlungen*. Als solche sind Erzählungen ein ausgezeichnetes Medium zur Darstellung der Wirklichkeit. Mit dieser Bestimmung wird der Handlung unter der Hand ein autonomer, von Ereignissen, Zuständen und Sachverhalten in der Welt unterschiedener ontologischer Status zugewiesen. Käte Hamburger stellt diese Überlegungen in einen Zusammenhang mit der Untersuchung des in der Poetik nur kursorisch gestreiften Wirklichkeitsbegriffes. Diesen bestimmt sie nicht anhand des Verhältnisses von Satz und Welt, sondern als Funktion des Aussagesubjektes und umgeht damit die skeptizistische Falle, in die Danto zu laufen droht. In der Tat billigen wir dem epischen Subjekt Äußerungsformen und Inhalte zu, die empirischen Subjekten nicht eignen. Beispielsweise ist der Erzählerin mit dem epischen Präteritum eine spezifische grammatische Form vorbehalten, die ein exklusiv narratives Verhältnis zur Zeit erkennbar werden lässt. Das epische Präteritum oder die erlebte Rede sind sprachliche Spezifika narrativen Sprechens. Auf der Suche nach solchen formalen Besonderheiten wird Erzählen in der Rekonstruktion Hamburgers als aktives sprachliches Sich-ins-

---

17 Vgl. Aristoteles 2008: Poetik, S. 1451a-1452a, 1459a, 1460a-1460b, 1461b.

18 Vgl. ibid. Danto vertritt dagegen die These, dass ein wesentliches Problem der Wahrhaftigkeit von Erzählungen auf ihre spezifische Satzstruktur und nicht auf semantische Unterschiede zurückzuführen ist.

Verhältnis-Setzen erfasst, das eigenen Regeln im Denken folgt. Daher betitelt Hamburger ihre Überlegungen zu dieser Form sprachlicher Verhältnisnahme „Logik der Dichtung". Das philosophische und nicht linguistische Projekt, das damit verfolgt wird, bildet den Hintergrund, vor dem Hamburger eine sowohl deskriptive als auch systematisch-philosophische Grammatik narrativer Sätze entfaltet. Mit dieser Grammatik ist durch einen prominent platzierten Verweis auf Wittgenstein zugleich der Anspruch benannt, durch die Untersuchung der Regeln narrativen Sprechens auf Formen eines Denkens zu schließen, mit und in dem sich Wirklichkeit auf eine bestimmte Weise erst darstellt.[19] Wie schon der doppeldeutige Genetiv im Titel von Hamburgers Buch vermuten lässt, ist

---

19 Das Verhältnis von Sprechen und Denken in Hinblick auf Erzählvollzüge ist ein weites Feld, das Ausführungen im Umfang eines weiteren Aufsatzes erfordern würde. Ricoeur argumentiert, dass wir bestimmte Gegenstände ausschließlich in Erzählungen denken können. Erzählen wird damit zu einer apriorischen Möglichkeitsbedingung für bestimmtes Wissen. (Vgl. Ricoeur, Paul 1969: Das Selbst als ein Anderer. Fink, München, Abhandlungen 5 u. 6.) Ob wir wirklich *narrativ denken*, ist daraufhin viel diskutiert worden. Brunner versucht in systematischer Herangehensweise die Merkmale und Funktionen eines solchen Denkens zu ermitteln. (Vgl. Brunner, Jerome 1991: The Narrative Construction of Reality. In: Critical Inquiry, Jg. 18, H. 1, S. 1-22.) Eine grundsätzliche Kritik an der Fragestellung übt Strawson. Strawson stellt in Frage, dass wir *narrativ denken* und behauptet seltsam verkürzt, dass er selbst episodisch und nicht narrativ *sei*. (Vgl. Strawson, Galen 2004: Against Narrativity. In: Ratio, Jg. 17, H. 4, S. 428-452.) Im Anschluss an den Vorschlag, mediales von mittelhaftem Sprechen zu unterscheiden, ließe sich eine ähnliche Terminologie zur Beschreibung narrativen *Denkens* im Anschluss an Dilthey und Gadamer einführen. Im dritten Teil von *Wahrheit und Methode,* der den verheißungsvollen Titel *Sprache als Medium der hermeneutischen Erfahrung* trägt (vgl. Gadamer, Hans Georg 1965: Wahrheit und Methode. Grundzüge einer philosophischen Hermeneutik. Mohr Siebeck, Tübingen, S. 361-383), versucht Gadamer nicht ganz ohne theoretische Folgeprobleme herauszustellen, dass Sprechen kein *bloßes Mittel* des Denkens ist, sondern dass sozusagen *in* Sprache gedacht wird. Sofern mit Gadamer diese innige Verschränkung von Denken und Sprechen plausibel gemacht werden kann, verliert der narrative Satz seinen Status als Sprachartefakt gänzlich. Er wäre nicht mehr ein Satz, der darüber hinaus auch noch ausgesagt werden könnte, sondern unmittelbar an einen Verstehensprozess gebunden und in schriftlicher Form als Beschreibung dieses Prozesses anzusehen. Sofern über das Privileg, das Gadamer damit dem gesprochenen Wort gegenüber der Schriftsprache einräumt, großzügig hinweggesehen werden kann, würde das so verstandene Konzept des narrativen Satzes auch in den Horizont einer Gesprächshermeneutik gerückt werden müssen. Der Sinn eines Satzes ereignet sich laut Gadamer nämlich durch die reziproke Bezugnahme der an einem Dialog Beteiligten. Für die vorliegenden Ausführungen gehe ich von einer solchen hermeneutischen Lesart des narrativen Satzes aus, kann die Voraussetzungen und

die angezeigte Richtung vom Sprechen über das Denken zur Wirklichkeit nicht verbindlich festgelegt. Mit dem Titel „Logik *der* Dichtung" kann einerseits ein Set an Regeln (Logik) gemeint sein, an das wir uns zu halten haben, um ein Sprach-artefakt zu erzeugen, das Erzählung genannt werden kann, andererseits aber auch ein Regelsystem, das erst durch die Erzählung realisiert wird. Diese beiden bereits im Titel ihres Werkes angelegten Lesarten repräsentieren zugleich die beiden im Verhältnis von narrativem Sprechen und Denken möglichen Richtungen: Die eine Richtung schlagen wir auf dem Weg von der Wirklichkeit zu deren sprachlicher Repräsentation ein: Wir verfügen auf diesem Wege bereits über eine Wirklichkeit, die sich wahrnehmen, erfahren und schließlich in einem letzten Schritt sprachlich und in spezifischen Fällen narrativ repräsentieren lässt. Die Regeln des Denkens übersetzen demnach die Wirklichkeit in die Erzählung. Von diesem Weg führt eine Abzweigung zur Sackgasse, in der der Hutmacher verzweifelt versucht, mit Dantos narrativem Satz über seine Vergangenheit zu sprechen, während diese sich von Umzug zu Umzug verdunkelt. Auf der Gegenspur erschließen wir uns die Wirklichkeit erst im narrativen oder dichterischen Sprechen: Der Weg führt vom gelebten und tätigen Vollzug des narrativen Sprechens über die Regeln, denen wir sprechend folgen, zu einer Wirklichkeit, die sich uns sprachlich vermittelt darstellt. Besagte Regeln sind auch hier an der Schwelle vom Sprechen zur Wirk-lichkeit situiert, doch übersetzen sie anders als im erstgenannten Fall nicht die Wirklichkeit in die Erzählung, sondern stellen erst im Erzählen eine Wirklichkeit her. Der Begriff der „Gattung", unter den Hamburger die Erzählung neben dem Drama fallen lässt, bezeichnet daran anschließend weniger die literaturgeschicht-lichen Unterteilungen, die wir anhand von Stilmerkmalen an einem Textkorpus vornehmen, sondern bestimmte sprachliche Erlebnis- oder Ausdrucksformen.[20] Die Dichtung stellt uns ein Reservoir derartiger Formen zur Schau, das Rück-schlüsse auf die sprachlich strukturierten Weltverhältnisse derjenigen zulässt, die Dichtung rezipieren oder produzieren. Diese Formen liegen aber mitnichten einfach vor: an ihnen bildet sich eine theoretische Beschreibung, die eine weit über den Fall der je beschriebenen Dichtung hinausreichende Verbindlichkeit erlangt, insofern mit der Beschreibung der Regeln – etwa des Erzählens – zu-gleich eine gegenseitige Verständigung und Reflexion der – in unserem Beispiel

---

damit verbundenen Probleme aber hier nicht ausführlicher als in dieser Fußnote darstellen.

20 Vgl. Hamburger, Käte 1994: Die Logik der Dichtung. Klett-Cotta, Stuttgart, S. 11-12.

narrativen – Logik ermöglicht wird.[21] „Erzählen" ist damit kein im engeren Sinne gattungstheoretischer Klassifikationsbegriff, sondern vielmehr eine sprachliche Praxis, durch deren theoretische Beschreibung als Dichtung beziehungsweise als Erzählung auch diejenigen Begriffe in ihrer praktischen Dimension greifbar werden, die mit dem Erzählen in einem unauflösbaren Zusammenhang stehen: Wirklichkeit und Handlung. Insofern

> soll betont werden, dass der Begriff Wirklichkeit in seinem Gegensatz bzw. in seinem Verhältnis zu dem der Dichtung, als der er hier ausschließlich behandelt wird, nicht als Gegenstand und Problem der Erkenntnistheorie und damit auch nicht unter dem Gesichtspunkt des naiven Realismus erscheint. Er meint, wie aus den folgenden Darlegungen wohl deutlich werden wird, nichts anderes als die Wirklichkeit des menschlichen Lebens (der Natur, der Geschichte, des Geistes) im Gegensatz zu dem, was wir als Inhalt der Dichtung erleben, die Seinsweise des Lebens im Unterschied zu der, die die Dichtung erschafft und repräsentiert. Und nicht ganz abwegig erscheint es zu sagen, dass gerade in der exakten Bestimmung dieses Unterschieds sich das Phänomen der Wirklichkeit jenseits aller wissenschaftstheoretischen Definitionen besonders prägnant hervorkehrt.[22]

Der Unterschied, der Erzählen gegenüber anderen, in ihrer sprachlichen Form sichtbaren Weltverhältnissen auszeichnet, besteht nun darin, dass es sich in *Handlungen* vollzieht.[23] Dieses Moment narrativen Sprechens ist an einen bestimmten Subjektbegriff gebunden. Wie oben bereits erwähnt, gehört neben der Ereignishaftigkeit und Temporalität des Erzählten auch die Perspektive und demzufolge der Erzähler zu dem Vorgang, den wir für gewöhnlich Erzählen nennen.[24] Hamburgers Poetik erweist sich an dieser Stelle erneut als radikal, weil sie analog zur Reflexion des Wirklichkeitsbegriffs auch das „epische Subjekt" nicht als ein vom logischen, grammatischen oder psychologischen Subjekt abgeleiteten Begriff zu bestimmen versucht, sondern ihm einen eigenständigen logischen Status verleiht, der in der Relation von Aussagendem und Ausgesagtem beziehungsweise Erken-

---

21 „Wir behalten nur das Phänomen der Dichtung im Auge und wollen zu zeigen versuchen, dass es im selben Grade wie die Sprache selbst, zu den an Symptomen reichen Phänomenen gehört, deren Sosein oder Seinsweise nicht von ungefähr ist und nur als solche beschrieben zu werden bräuchte, sondern sich erklärt und erhellt aus der verborgenen logischen Struktur, die ihr als Kunst der Sprache oder aus der Sprache zugrunde liegt." (Hamburger, Käte 1994: Die Logik der Dichtung, S. 13.)

22 Hamburger, Käte 1994: Die Logik der Dichtung, S. 15.

23 Danto macht eine ähnliche Bemerkung: Auffällig an narrativen Sätzen sei, dass sie häufig sogenannte Projektverben enthielten, die den prozessualen Verlauf einer Handlung bedeuten würden, z.B. „ein Buch schreiben."

24 Vgl. Hamburger, Käte 1994: Die Logik der Dichtung, S. 49.

nendem und Erkanntem gründet.[25] Während nämlich in *Wirklichkeits*aussagen das Ausgesagte als prinzipiell unabhängig vom Aussagenden verstanden werden kann, ist die Klasse narrativer Aussagen dadurch charakterisiert, dass das, was sie Aussagen, „bloß *ist* kraft dessen, dass es erzählt, d.i. ein Produkt des Erzählens ist."[26]. Doch reserviert Hamburger diese evokative Wirkung ausschließlich für die *fiktive* Rede und verliert damit aus dem Blick, dass ein hervorbringendes Sprechen auch in Zusammenhängen wirksam werden kann, in denen sich nicht behaupten lässt, dass wir „fiktiv" reden. Selbstverständlich ist „Der Hutmacher" nur Kraft der Rede Bernhards wirklich, aber gleichermaßen gilt, dass dem Hutmacher erst *im* Erzählen die Ausweglosigkeit seiner Lage gewahr wird (und werden kann). Diese Ausweglosigkeit artikuliert sich schließlich in dem Entschluss, von dem ursprünglich gefassten Plan abzurücken, eine Klage gegen den eigenen Sohn anzustrengen und markiert damit exemplarisch einen Zusammenhang zwischen Erzähler und Erzähltem, der kennzeichnend auch für Situationen ist, in denen wir am Küchentisch über unsere heutigen Erlebnisse erzählen. Der Unterschied zwischen diesen beiden Formen wirklichkeitsevokativer Narration besteht schlicht darin, dass sich dasjenige, was der Hutmacher im Erzählen erzeugt, im Gegensatz zur unmittelbaren Evokation Bernhards erst erschließt, indem über das Erzählte reflektiert wird. Die Interpretation des Hutmachers, in der sich seine eigene Erzählung als Ausdruck der Ausweglosigkeit zu erkennen gibt, bestätigt ihn in seiner Selbstwahrnehmung als verzweifeltes Opfer seiner unablässig wachsenden Familie. Die Finalisierung dieser Evokation ist (im Unterschied zu der von Bernhard) erst abgeschlossen, indem sie zum Gegenstand eines nachträglichen Nachdenkens gemacht worden ist.

Vor diesem Hintergrund verliert die paradox anmutende Logik, die das einleitende Bernhard-Zitat enthält, ihre durchschlagende Kraft. Zwar steht die *Erzählung* nach wie vor unter dem grundsätzlichen Vorbehalt ihrer (Un)Möglichkeit; das *Erzählen* und das Nicht-*Erzählen* als sprachliche Praxis hingegen bleibt unangetastet. Der Versuch, die Geschichte zu erzählen, mag zwar scheitern, muss aber unternommen werden können, bevor sich dessen Resultat abschließend als ge- oder missglückt beurteilen lässt. Zumindest *vor* diesem abschließenden Urteil lässt sich *im* Erzählen behaupten, *dass* erzählt wird. Nichts anderes geschieht in der Unterhaltung zwischen dem Anwalt und dem Hutmacher. Berechtigterweise zweifelt der Hutmacher daran, dass sich dasjenige, was sich zugetragen hat – die eigentliche Geschichte –, nicht so erzählen lässt, *wie* es sich zugetragen hat. Die

25 Vgl. ibid.
26 Hamburger, Käte 1994: Die Logik der Dichtung, S. 113.

produktive Leistung seines Erzählens entscheidet sich indes nicht daran, ob es sich auf unabhängig von der Rede bestehende Gegenstände beziehen und diese richtig wiedergeben kann, sondern ob es – mit Georg Misch zu sprechen – einen „Eindruck von etwas Bestimmtem" gibt.[27] Im Unterschied zu Hamburger spitzt Misch den Unterschied zwischen evokativen und nicht-evokativen (rein determinierenden) Redeformen nicht auf die Unterscheidung fiktiver und nicht-fiktiver Redeformen zu, sondern baut ihn im Gegenteil so geräumig aus, dass er schließlich unsere gesamte sprachliche Praxis umfasst. Auf diese vollkommen zu Unrecht vergessene Hermeneutik unermüdlich hinzuweisen, ist einer der großen Verdienste Michael Weingartens.

Bestimmend für das, was im Modus evokativer Rede zum Ausdruck gebracht wird, ist nicht das einzelne Wort oder der Satz in seiner Beziehung zum Bezeichneten – die Referenzbeziehung – sondern die durch sie *„hingestellte* Realität", zu der diejenigen, die sie hinstellen, wesentlich gehören.[28] Indem der Hutmacher die einzelnen in einer Erzählung repräsentierten Ereignisse zu einem kohärenten Narrativ verdichtet und abschließend deutet, erfährt er sich als Figur seiner eigenen Geschichte. Dieses sinnerschließende Moment der Erzählung ist an die Vollzugsperspektive gebunden, aus der heraus das agierende Subjekt selbst verändert hervorgeht.

Welche Konsequenzen hat die bedeutungsevokative Dimension narrativen Sprechens für den möglichen Wahrheitsgehalt von Erzählungen? Das Ergebnis dieser Überlegungen kann bestenfalls vorläufig sein. Es zeigt weniger, dass Erzählungen per se epistemisch unzuverlässig sind, als vielmehr, dass wir unseren Blick weiten sollten und an die differenzierte Beurteilung der Wahrheitsfähigkeit narrativer Sätze zusätzliche Überlegungen über das gemeinsame Sprechen über Erzählungen anschließen müssen.[29] Um diesen Aspekt narrativen Sprechens berücksichtigen zu können, muss aber die Menge der Gegenstände, die bisher in unsere zum Teil analytische, zum Teil hermeneutische Beschreibungssprache übersetzt worden sind – die Sprecherin, der (narrative) Satz, seine Elemente und dessen Bezugsobjekt –, um die Position der Adressaten narrativer Sätze erweitert

---

27 Vgl. Misch, Georg 1994: Der Aufbau der Logik auf dem Boden einer Philosophie des Lebens. Göttinger Vorlesung über Logik und Einleitung in die Philosophie des Lebens. Alber, Freiburg/München, S. 536 u. S. 552.

28 Vgl. Misch, Georg 1994: Der Aufbau der Logik, S. 519.

29 Das führt zu Fragen der Geltung narrativer Sätze. In diesem Sinne unterscheidet Ricoeur *Bezeugen* und *Beweisen*: Erzähler bezeugen etwas, beweisen aber nichts. (Siehe Ricoeur, Paul 1969: Das Selbst als ein Anderer, S. 32-33.)

werden. Das Scheitern des Hutmachers ist nicht zuletzt darauf zurückzuführen, dass er in seinem langen, von keiner Widerrede oder Entgegnung unterbrochenen Monolog keine richtige Mitteilung, keinen Dialog zulässt, in dem sich seine Selbstdeutung an der des Anwalts ausrichten könnte. Die Gewissheit, die er im Erzählen erlangt, bleibt daher eigentümlich schwebend, die Figur bizarr in ihrer Selbstbezogenheit. Damit zeigt uns der Hutmacher deutlicher als Figuren, die *nicht* scheitern, dass wir über die Möglichkeit und das Gelingen der je eigenen Erzählung nie allein entscheiden.

Jörg Zimmer

Josef Königs Begriff der ästhetischen Wirkung als Ästhetikkonzept

> Der Unterschied zwischen Tun und Leiden hat
> seinen metaphysischen Ursprung im Tun selber.
>
> *Josef König*[1]

> Die Felder sind güner in der
> Beschreibung als in ihrem Grün.
>
> *Fernando Pessoa*[2]

1.

In der umfangreichen Literatur zur philosophischen Ästhetik gibt es schon lange kaum noch große Gesamtentwürfe, die aus der Einheit eines philosophischen Begriffs das Ganze der Kunstwirklichkeit zu begreifen wagten. Nach den großen Entwürfen etwa von Lukács oder Adorno ist es um solche Versuche still geworden. Es scheint heute vor der komplexen Wirklichkeit der Künste und auch unseres einzelwissenschaftlichen Wissens über sie unmöglich zu sein, etwa in der Art Hegels eine Ästhetik zu entwerfen, die die gesamte Kunstwirklichkeit unter *einer* systematischen Perspektive historisch rekonstruiert.

Bildende Kunst, Literatur, Musik, Architektur haben unterschiedliche Gattungsgesetze – gemäß der Beschaffenheit ihrer Gegenstandsbereiche, die sie darstellen; gemäß der Beschaffenheit der Sinne, die sie ansprechen; gemäß dem Material, mit dem sie arbeiten; gemäß der Funktion, die sie erfüllen. Eine allgemeine Ästhetik, die sämtliche Kunstgattungen erfasst, ist nur auf einem sehr hohen Abstraktionsniveau möglich; sie gerät darum in die Gefahr, die sinnlich-materielle Beziehung zu den

---

1 König, Josef 1978: Das System von Leibniz. In: Ders.: Vorträge und Aufsätze. Alber, Freiburg/München, S. 27-61, hier: S. 38.

2 Pessoa, Fernando 1987: Das Buch der Unruhe des Hilfsbuchhalters Bernardo Soares. Fischer, Frankfurt/M., S. 294.

Kunstwerken (oder im weiteren Sinne zu den schönen Formen) zu verlieren und sich auf die Besonderheit des ästhetischen Urteils zu beschränken.[3]

Man könnte die Sachlage etwa so umschreiben: Ästhetische Theorie kann heute kein alle Gegenstandsbereiche ästhetischer Erfahrung übergreifendes allgemeines Prinzip mehr angeben. Sie darf aber andererseits, will sie als Philosophie von einzelwissenschaftlicher Erforschung der Künste unterscheidbar bleiben, ihren Begründungsanspruch dennoch nicht aufgeben. Kant war eine solche Begründung nur gelungen, weil er von der materialen Realität der Kunst ganz absah und in der reflektierenden Urteilskraft ein rein formales Fundament für das Ganze der ästhetischen Erfahrung anzugeben versuchte. Das ästhetische Urteil bleibt der Wirklichkeit der Künste jedoch äußerlich und kann auf eine klassische griechische Skulptur ebenso angewendet werden wie auf eine Skulptur Giacomettis. Die formale Struktur des ästhetischen Urteils ist gegenüber der materialen Struktur des Kunstwerks selbst indifferent. Deshalb haben ja Schelling und Hegel in unmittelbarem Anschluss an Kant Ästhetik wieder als Kunstphilosophie verstanden. Es bleibt jedoch ein Problem bzw. ein Dilemma ästhetischer Theorie, einerseits das materiale Ganze ästhetischer Wirklichkeiten nicht mehr ohne weiteres aus einem Prinzip begründen zu können, andererseits aber den der Philosophie immanenten Begründungsanspruch nicht aufgeben zu dürfen:

> Eine Ästhetik, die alle Künste umfasst, war einmal im Rahmen einer Philosophie des Geistes möglich; Hegel und Schelling sind die hervorragenden Beispiele dafür. Keine philosophische Theorie der Künste kann heute jedoch hinter die Kritik zurückfallen, die an den großen Systemen des deutschen Idealismus geübt wurde. Wir müssen von neuem beim empirischen Material, dem Bestand an Kunstwerken aller Zeiten, anheben, wenn wir einen Zugang zum Gegenstandsbereich Kunst finden wollen. Das heißt aber zunächst, dass wir von der Gattungsspezifik der Künste nicht absehen dürfen, sondern erst einmal Regionalontologien für die einzelnen Künste gesondert auszuarbeiten haben.[4]

Regionalontologien der einzelnen Künste ausarbeiten heißt nun – Holz hat das am Beispiel der bildenden Künste vorgeführt –, an den materialen Strukturen der einzelnen Kunstgattungen anzusetzen. Damit wird Ästhetik Theorie des ästhetischen Gegenstandes bzw. der einzelnen ästhetischen Gegenstandsbereiche.

---

3   Holz, Hans Heinz 2013: Thesen zur gesellschaftlichen Funktion der Kunst. In: Ders.: Kunst-Theorien. Kleine Schriften zur Ästhetik. Aisthesis, Bielefeld, S. 42-48, hier: S. 42.

4   Holz, Hans Heinz 1996: Der ästhetische Gegenstand. Die Präsenz des Wirklichen. Philosophische Theorie der bildenden Künste I. Aisthesis, Bielefeld, S. 10.

Man entkommt dann der schlechten Abstraktion formaler, der Kunstwirklichkeit äußerlich bleibender Theorien, aber man bekommt auf diese Weise keine allgemeine Ästhetik, sondern eben philosophische Theorien der bildenden Künste, der Literatur oder der Musik. Holz selbst hat nicht nur auf die Notwendigkeit hingewiesen, Kunstphilosophie als Theorie der einzelnen Künste zu begreifen, sondern diese auch als *Voraussetzung* einer materialistischen Ästhetik ausgezeichnet, also die Perspektive, alle diese Regionalontologien in die Einheit einer Gesamttheorie zusammenzufassen, nicht preisgegeben: „Die großen Ästhetiken der klassischen deutschen Philosophie haben die Einheit der Gattungen idealistisch aus dem Begriff des Geistes hergeleitet. Eine materialistische Systematik gleichen Ranges gibt es bisher nicht. Voraussetzung dafür wäre zunächst die Ausarbeitung der gattungsspezifischen Bestimmungen der ästhetischen Bereiche."[5] Hier werden gleich mehrere Aussagen zum Zustand materialistischer ästhetischer Theorie heute getroffen: Eine materialistische Grundlegung der Ästhetik ist Desiderat; ihre philosophische Begründung führt über die Rekonstruktion der ontologischen Grundstrukturen der einzelnen Künste; Ästhetik ist damit wesentlich als Philosophie der Kunst bzw. der Künste aufzufassen; und schließlich insinuiert die Aussage, diese Regionalontologien der Künste seien eine „Voraussetzung" für eine zu gewinnende materialistische Systematik und Grundlegung, dass sich die materialen Unterschiede der Künste und ihre ontologische Unterscheidung doch in die Einheit einer Grundannahme zurückführen ließe.

Ich meine nun, dass Josef Königs Reflexion der ästhetischen Wirkung, auf die Holz in seiner ästhetischen Theorie immer wieder und an systematisch zentraler Stelle rekurriert, ein solches, die Unterschiede der Kunstwirklichkeiten übergreifendes Konzept für eine allgemeine Ästhetik darstellt, das eine systematische Einheit der Ästhetik ermöglicht, ohne in die formale Abstraktion einer ästhetischen Urteilstheorie zurückzufallen. Der bescheidene König selbst hat seinen grundlegenden Gedanken in einem wenn auch langen Aufsatz versteckt. Er hat lediglich den Grundgedanken, nicht aber seine Anwendbarkeit auf das Ensemble der ästhetischen Gegenstandsbereiche ausgeführt. Die Theorie der ästhetischen Wirkung hat einen Allgemeinheitsgrad, der nicht um den Preis einer Abstraktion von der Kunstwirklichkeit erkauft ist: Ästhetische Wirkung ist, um in Königs Diktion zu sprechen, in Architektur, in den bildenden Künsten, in Musik, Literatur und auch im Film eine *andere* ästhetische Wirkung, nicht jedoch *als Wirkung* eine andere, sondern eben jene von König beschriebene Struktur selbst, die sich unter den Bedingungen der einzelnen Künste auf je eigene Weise verwirklicht.

---

5   Holz, Hans Heinz 2013: Thesen zur gesellschaftlichen Funktion der Kunst, S. 42.

2.

Will man Königs Theorie nun näher auf die Spur kommen, so muss man zunächst den Begriff der ästhetischen Wirkung einerseits vom üblichen Gebrauch des Wortes „Wirkung" in ästhetischen oder kunstphilosophischen Theoriekontexten, andererseits mit König selbst vom Begriff der „nicht-ästhetischen Wirkung" abgrenzen. In der Ästhetik wird unter Wirkung üblicherweise die Nachwirkung bzw. Rezeption von Kunstwerken verstanden. Königs Ansatz ist weit von einer solchen Verengung entfernt. Er zielt auf einen Strukturbegriff ästhetischer Wirkung, der die Wirkung von Kunstwerken auf einen Rezipienten zwar einschließt, aber weiter gefasst wird insofern, als in ihr auch produktionsästhetische (künstlerische Tätigkeit ist Beschreibung einer ästhetischen Wirkung) und werkästhetische Fragen (Werke als vergegenständlichte ästhetische Wirkungen) eine theoretische Bestimmung erfahren, die auf das Ganze einer – wenn auch in den Einzelfragen in Königs Text unausgeführten – ästhetischen Theorie zielen. Die Abgrenzung gegen nicht-ästhetische Wirkungen nimmt König selbst vor: Der Unterschied besteht darin, „daß die nicht-ästhetische Wirkung etwas für sich ist"[6], während die ästhetische Wirkung *„diese Wirkung selber als Beschreibung"*[7] ist. Die kausale Wirkung, um Königs Beispiel zu folgen, des Alkohols auf den Gemütszustand eines Menschen ist objektiv, von außen feststellbar, und existiert unabhängig von ihrer Beschreibung. Die ästhetische Wirkung dagegen kommt in der Beschreibung und nur in ihr zu sich und in die Welt:

> Die ästhetische Wirkung ist nichts außer dem, daß sie das ist, was uns Menschen unser Sprechen von ihr als einer ästhetischen Wirkung und in eins damit von einem so oder so Wirkenden als ein ihr angemessenes und sie treffendes Sprechen empfindbar macht. [...] Der ursprünglich Beschreibende begegnet in der Beschreibung allererst sich selbst als dem, der das von ihm Beschriebene (das Wovon des Eindrucks oder das Wie der Wirkung) *erkennt*. Ein *ursprünglich* Beschreibender ist er, insofern er allererst in der Beschreibung des Beschriebenen gleichsam ansichtig wird oder allererst in ihr das Beschriebene erschaut. [...] Das 'Erkennen und Erklären' geschieht als das Hervorbringen eines Ausdrucks, der als eine treffende Beschreibung dessen, *wovon* der Eindruck ein Eindruck ist, empfunden wird.[8]

---

6 König, Josef 1978: Die Natur der ästhetischen Wirkung, S. 274.

7 Ibid., S. 267; zur ästhetischen Theorie Königs vgl. Bollnow, Otto Friedrich 1990/91: Über den Begriff der ästhetischen Wirkung bei Josef König. In: Dilthey-Jahrbuch für Philosophie und Geschichte der Geisteswissenschaften. Jg. 7, S. 13-43 und Schürmann, Volker 1999: Zur Struktur hermeneutischen Sprechens. Eine Bestimmung im Anschluss an Josef König. Alber, Freiburg/München, S. 109-137.

8 König, Josef 1978: Natur der ästhetischen Wirkung, S. 264 u. S. 266.

An dieser Stelle wird nun die systematische Unterscheidung von determinierenden und modifizierenden Prädikaten wichtig, die König in „Sein und Denken"
eingeführt hat. Determinierende Prädikate sagen Eigenschaften eines Seienden
aus, während modifizierende Prädikate ein Seiendes als so-Wirkendes artikulieren
und in diesem Wirken auf ein Subjekt abwandeln. Wenn modifizieren bedeutet:
etwas abändern bzw. in seinem Modus verändern, dann besagt dies, dass ein
eigenschaftliches Wie in ein bestimmtes Wie seines Wirkens übersetzt wird,
also die Präsenz eines bestimmten Seienden Voraussetzung für ein mögliches so-
Wirken ist. Ein leer wirkendes Zimmer, um das Beispiel Königs aufzugreifen, *ist*
nicht leer, wird aber in seiner Beschaffenheit dem Eindruck von Leere irgendwie
entgegenkommen. Gemeint ist ein „Wecken" von Vorstellungen oder Gefüh-
len, wobei jedoch klar ist, dass etwas unabhängig vom Subjekt Seiendes einen
Eindruck in ihm auslöst, der nur in der Artikulation der Wirkung zur Sprache
und in ihr zur Welt kommen kann. Modifizierende Rede wird so begreifbar als
ein Sprechmodus, in dem sich das bestimmte Beschaffensein des Dinges in ein
davon verschiedenes so-Wirken verwandelt. König kann die Form modifizierender Rede logisch näher bestimmen, weil er „Sein" wesentlich als „Wirken"
auffasst. „Sein" ist dabei nicht synonym mit „Wirken", sondern *„in seinem Grund
und Wesen* Wirken."[9] Und eben als dieses Wirken ist Sein immer als ein solches
gegeben, das „selber relativ ist auf das Subjekt"[10]. Mit anderen Worten: Sein ist
einerseits ein Selbständiges, das andererseits auf uns bezogen, d.h. im Denken
reflektiert ist und nur als solches in Erscheinung tritt. Denken wird so bestimmbar
als *Eindruck-von-Sein*, nicht jedoch in dem Sinn, dass Seiendes sich – wie im
klassischen Empirismus – in ein passivisch vorgestelltes Denken einfach nur
einträgt, sondern so, dass vom Denken *als einem Tun* etwas modifizierend dem
Sein entgegenkommt. Wirkung ist *Verschränkung* dieser entgegengesetzten Be-
wegungsrichtungen Unterschiedener, und der Eindruck ist folglich das Ergebnis
des Einheitspunktes dieser gegenläufigen Bewegungen. Sein ist für uns da nur im
Wirken. König rührt an die rätselvolle Grundfrage der Philosophie, wie Wirkliches in uns anwesend ist, in uns sich zum Sprechen bringt und derart sich Sein
und Denken zusammenschließen. Sein offenbart sich in dieser modifizierenden
Präsenz im Denken. Modifizierende Rede artikuliert den inneren Anblick des
Seins im Denken, d.h. Sein erscheint und verwandelt sich in ihr.

---

9   König, Josef 1969: Sein und Denken. Studien im Grenzgebiet von Logik, Ontologie
    und Sprachphilosophie. 2. Aufl., Niemeyer Verlag, Tübingen, S. 28.
10 Ibid., S. 32.

Anders ausgedrückt: Sein hat einen selbständigen, substantiellen Aspekt, der in determinierenden Prädikaten ausgesagt wird, und einen strukturellen Aspekt, der das bestimmte *Verhältnis* von Sein und Denken zum Ausdruck bringt. Modifizierende Prädikate drücken solche Verhältnisse aus: Es sind Prädikate, insofern das in ihnen Ausgedrückte sich auf eine wirkende Eigenschaft bezieht; und diese Prädikate sind modifizierend, insofern das in ihnen ausgedrückte Objektive nur in der individuellen Artikulation dieses Verhältnisses als Wirken zu sich kommt. König spricht von einer „Logik der Relativität" und führt aus: „Dinge dieser Art sehen uns von sich aus an; sie kommen uns mit ihrem eigenen bestimmten Sein entgegen; und doch gilt alles dies nur bezüglich, d.h. nur *wenn* wir ihnen *gleichsam* entgegengehen."[11] Modifizierende Prädikate drücken eine Beziehung aus, das je bestimmte Wie einer Wirkung, das die zur Objektbestimmtheit hinzutretende Abwandlung ist. Ontologisch ist dieser Gedanke zu fassen als Verschränkung von Sein und Denken: „Das Sein ist *einseitig rückbezogen* auf das Denkende, auf dasjenige also, rücksichtlich dessen *gleich einseitig* gilt, daß wir um es *nur von* dem Sein *her* wissen. [...] Das Sein ist daher *nur als erlebtes* Sein *Sein*."[12] Sein ist nur da im Wirken, Wirkliches in uns anwesend und kommt in uns zur Sprache; Sein erscheint, offenbart und verwandelt sich in der je modifizierenden Präsenz im Denken.

Diese *Gegenwart der Dinge* meint König:

> Es ist [...] auf keine andere Weise sinnvoll möglich zu sagen, was so etwas wie z.B. das Schöne *ist*, als indem man ausspricht und beschreibt, wie es wirkt [...]. Wir sagen 'dies ist schön' und ersichtlich meinen wir damit, es sei schlechthin schön, d.h. wir meinen nicht, es sei diesem oder jenem schön. [...] Aber wenn wir uns fragen, woher wir wissen, daß dies schön ist, werden wir sagen, es wirke schön. Daß jedoch etwas *schön wirkt*, meint nicht, daß es *schön zu sein scheint*.[13]

Auch König bezieht sich auf eine klassische Debatte der Ästhetik, nämlich die Frage nach der Objektivität bzw. Subjektivität des Schönen.[14] Klassischer Ausdruck dieser Problemlage in der Moderne ist Kants Begriff des Schönen. Kant begründet das Schöne zwar subjektiv im Gefühl der Lust und Unlust, besteht aber dennoch auf dem Anspruch auf allgemeine Geltung des Geschmacksurteils, weil ohne diesen Anspruch das Schöne als Begriff nicht mehr zu halten ist, sondern

---

11 Ibid., S. 5.
12 Ibid., S. 41.
13 König, Josef 1978: Die Natur der ästhetischen Wirkung, S. 312.
14 Vgl. Tatarkiewicz, Wladyslaw 2003: Geschichte der sechs Begriffe. Suhrkamp, Frankfurt/M., S. 281-316.

in die Beliebigkeit des subjektiven Geschmacks aufgelöst würde. Genau dies ist das Dilemma und die Krise des Schönen in der Moderne: Seine – sagen wir: im platonischen Sinne metaphysische – Objektivität ist unhaltbar geworden, und seine Subjektivierung seit dem 18. Jahrhundert – gegen welche Tendenz Kants Forderung nach intersubjektiver Geltung ein nur schwaches Mittel darstellt – führt unweigerlich in die Auflösung des Begriffs des Schönen mit der Folge, dass Schönheit aus der Terminologie der ästhetischen Theorie des 20. Jahrhunderts weitgehend verschwunden ist.[15]

König zeigt nun einen dialektischen Weg auf, wie in dem alten Streit zwischen Objektivisten und Subjektivisten, Metaphysikern und Relativisten vermittelt werden und der Begriff des Schönen gegebenenfalls gerettet werden könnte. Das Zitat zeigt zunächst, dass König sich gegen die Subjektivierung und Relativierung des Schönen wendet und auf der Objektivität zwar nicht des Schönen selbst, sehr wohl jedoch der Wirkung des Schönen besteht. Vor dem Hintergrund der Struktur des so-Wirkens wird klar, warum Königs Begriff des Schönen neuartig ist: Als ästhetische Wirkung geht es vom Gegenstand aus, als der Eindruck, den er objektiv im Wahrnehmenden evoziert und der dann in der Beschreibung der ästhetischen Wirkung zu einem im Subjekt vermittelten Ausdruck kommt. Im Schönen vergegenständlicht sich folglich *das Verhältnis* zwischen Objekt und Subjekt der Wirkung. König sagt also implizit: Das Schöne ist weder nur objektiv noch nur subjektiv, sondern Ausdruck eines bestimmten Verhältnisses. Und genau mit diesem Gedanken bestimmt König den Begriff des Schönen präzise: Denn ästhetische Wirkung meint selbstverständlich die Gegenwart der Dinge, denkt aber strukturell mit, dass *etwas* immer und notwendig *jemandem* gegenwärtig ist und dieses wesentliche Moment in die Bestimmung des Schönheitsbegriffes aufgenommen werden muss. Dann aber kann man das Schöne nicht mehr mit griechischer Ontologie denken, sondern muss es dialektisch vom Verhältnis her radikal neu fassen. Das tut König, und ich meine, dass er damit eine Möglichkeit aufgezeigt hat, über die Aporien der klassischen Theorien des Schönen hinaus-zugehen und den Begriff des Schönen für die ästhetische Theorie unserer Zeit zu retten. Er selbst hat das wie so vieles andere mehr nicht ausgeführt. Der Begriff des Schönen als Ausdruck eines Verhältnisses in der ästhetischen Wirkung ist meines Erachtens in seinen Konsequenzen für die ästhetische Theorie noch viel zu wenig beachtet.

---

15 Vgl. Zimmer, Jörg 2010: Das Schöne. In: Hans Jörg Sandkühler (Hg.): Enzyklopädie Philosophie. Meiner, Hamburg, S. 2367-2370.

Die Beschreibung einer ästhetischen Wirkung ist ihre gegenständliche Artikulation, ihre sprachliche Objektivierung. Die Artikulation, so wird man anmerken müssen, ist nicht notwendig sprachlicher Natur, sondern kann sich in allen Formen künstlerischer Objektivierung verwirklichen. Aber sie ist doch *wesentlich* sprachlicher Natur, und König versteht deshalb Dichten als *ursprüngliche* Beschreibung des bestimmten Eindrucks von Sein im Wirken, also als eine Art modifizierender Prädikation. Dieser weite Begriff des Dichtens eröffnet die Möglichkeit, Dichtung als einen Modus evozierenden Sprechens zu verstehen: Der Dichter „drückt nicht sich, seine Gefühle, Gedanken und Erlebnisse aus, sondern bringt eine ästhetische Wirkung zu sich."[16] Dichten als Beschreibung der ästhetischen Wirkung ist Ausdruck eines bestimmten, individuellen Verhältnisses von Sein und Denken, das sich in jeder dieser Artikulationen modifiziert zur Darstellung bringt. Dichtung modifiziert unsere Wahrnehmung des Wirklichen, indem sie eine einmalige Wirkung des Seins zur Sprache und in ihr zur Welt bringt. Das Dichten bringt menschliche Weltverhältnisse, die als solche Verhältnisse prinzipiell ungegenständlich, nie substantieller, weil immer struktureller Natur sind, als Gegenständlichkeit hervor und hält so das Flüchtige, das allem Ungegenständlichen anhaftet, für die Erfahrung fest.

3.

Königs schwierige und deshalb schwer zugängliche Untersuchungen eröffnen eine fruchtbare Perspektive für eine allgemeine Kunstphilosophie: Sie erlauben es, das an der Äußerlichkeit orientierte Nachahmungsprinzip und das an der Innerlichkeit orientierte Ausdrucksprinzip nicht als Alternativen, sondern als Momente eines Strukturganzen zu verstehen. König hat auch diese Perspektive seiner ästhetischen Theorie selbst nicht entfaltet, aber doch angedeutet, wenn er schreibt, es handle sich bei der Mimesis um „ein Nachahmen, – nicht des Wahrgenommenen, sondern des *Wahrnehmens*"[17]. König beweist hier eine genaue Kenntnis der aristotelischen Mimesislehre, die nicht mit einer Nachahmung der Naturgegenstände (des Wahrgenommenen) verwechselt werden darf, sondern im Vollzug der künstlerischen Tätigkeit eine Nachahmung der produktiven Natur erkennt. Für Aristoteles ist Mimesis Nachahmung des entelechetischen Prinzips der Natur, bewusster Nachvollzug ihres bewusstlosen Tuns. In der Physikvorlesung etwa sagt er, Kunst baue Häuser so, wie die Natur sie wachsen

---

16 König, Josef 1978: Die Natur der ästhetischen Wirkung, S. 256-337 u. S. 283.
17 Ibid., S. 335.

lassen würde, wenn Häuser wachsen könnten.[18] Mimesis ist Wiederholung der Natur in dem Sinn einer Darstellung in möglichst vollkommener Entelechie. Sie imitiert nicht die *natura naturata*, sondern die *natura naturans*. Sie imitiert die *Tätigkeit* der Natur, und genau diesen aristotelischen Gedanken nimmt Königs Formulierung von der Nachahmung „nicht des Wahrgenommenen, sondern des Wahrnehmens" auf. Es scheint, als antworte König auf die geistreiche Frage Jean Pauls, ob es denn einerlei sei, „*die* oder *der* Natur nachzuahmen"[19]. Es geht nicht darum, die Natur bzw. die äußere Wirklichkeit einfach nur zu kopieren. Das im mimetischen Tun Dargestellte enthält mehr als die abgebildete Wirklichkeit. Die äußere Wirklichkeit verwandelt sich in der Darstellung in etwas Anderes, sodass das Ergebnis des mimetischen Prozesses als Ausdrucksgestalt eines Wirklichkeitsverhältnisses aufgefasst werden kann.

Unter Ausdruck wird gemeinhin die Äußerung einer inneren Befindlichkeit verstanden und so vom Verhältnis zur Außenwelt abgekoppelt. Dann entsteht die theoretische Alternative einer Ausdrucks- oder Mimesisästhetik. Wird jedoch der Ausdruck als Manifestation eines bestimmten Verhältnisses zur Wirklichkeit verstanden, genauer als *Ausdruck* eines *Eindrucks*, wie es bei König heißt, dann kann er dem Mimesisgedanken vermittelt werden: dann lässt sich sinnvoll vom mimetischen Charakter des Ausdrucks und vom Ausdruckscharakter der Mimesis sprechen. Die Struktur des Ausdrucks eines Verhältnisses bestimmt den mimetischen Charakter der Kunst insofern, als

> daß das Sein der Welt nicht ohne den Modus ihres Erscheinens gedacht werden kann und daß folglich mit dem Auftreten wahrnehmender Subjekte für diese die Welt unaufhebbar durch die Weise ihrer Gegebenheit definiert ist. Konstituierend für meine Erfahrung von Welt ist der Eindruck, den sie auf mich macht. Den Eindrucksgehalt einer Wahrnehmung evoziert das Kunstwerk.[20]

Die Wahrnehmung des Subjekts im Eindruck modifiziert Wirklichkeit:

> Die Wirkung, die dieser Eindruck hervorruft, ist keine *Eigenschaft* der wahrgenommenen *Sache* selbst, sondern ein Modus meiner Subjektivität. Das heißt aber nicht, dass dieser Eindruck *von mir erzeugt* wird, denn er geht ja ganz eindeutig vom Wahrnehmungsgehalt aus, also vom Gegenstand. Meine Subjektivität schafft nicht einfach Inhalte ihrer Weltauffassung, sondern sie ist das Medium, in der die Welt sich in einer bestimmten Perspektive darstellt.[21]

---

18 Aristoteles 1995: Physik. In: Ders: Philosophische Schriften Bd. 6. Meiner, Hamburg, S. 44-45 (II, 8).

19 Jean Paul 1990: Vorschule der Ästhetik. Meiner, Hamburg, S. 43.

20 Holz, Hans Heinz 1996: Der ästhetische Gegenstand, S.169.

21 Ibid., S. 172.

Was also, um auf Königs Begriff zurückzukommen, in der Beschreibung der
ästhetischen Wirkung und nur in ihr evozierend zu einer anschaulichen Gegebenheit wird, ist diese Perspektivität des menschlichen Weltverhältnisses, die
sich im Kunstwerk objektiviert. König selbst hat diesen Gedanken zum Kern
seines Kunstbegriffs gemacht:

> Gewiss also ist dies Beschreiben kein Hervorbringen des Beschriebenen. Wohl
> aber ist es eine Art von Umsetzen oder Übersetzen des Beschriebenen in einen
> anderen Status. Das dichtende Beschreiben bringt nicht das Beschriebene hervor,
> wohl aber bringt es das Beschriebene hervor als *mögliches Objekt* oder als *möglichen
> Gegenstand.*[22]

Dieses Gegenständlichwerden des grundsätzlich ungegenständlichen *Verhältnisses* von Mensch und Wirklichkeit in der künstlerischen *Tätigkeit* kann zur
Grundlegung des Kunstbegriffs dienen.

Diese Tätigkeit nennt König „Nachahmung des Wahrnehmens", also der
aisthesis, und knüpft an diese Feststellung eine feinsinnige Unterscheidung, die
zeigt, dass das Konzept der ästhetischen Wirkung auf das Ganze eines Ästhetik-
ansatzes zielt, der in seiner formalen Spezifik alle Künste umfasst:

> Deshalb ist das an und für sich Wahrnehmbare, das an und für sich Sichtbare und
> Hörbare, im prägnanten Sinne das Element des Künstlers und nicht sein Material.
> Das Wasser ist das Element des Fisches, die Luft das des Vogels, und in sehr ähn-
> lichem Sinne sind Farben und Töne die Elemente der Kunst. Der Künstler denkt
> oder dichtet nicht mit Farben und Tönen, sondern in ihnen.[23]

König deutet hier an, dass sich die Struktur der ästhetischen Wirkung in den
verschiedenen Künsten auf unterschiedliche Weise, d.h. im jeweils verschiedenen
Element ihrer sinnlichen Gegebenheit, aber immer doch als dieselbe Struktur
artikuliert. Ästhetische Wirkung wird so zu einem Titel, der die unterschiedlichen sinnlichen Gegebenheitsweisen des Wirklichen in den verschiedenen
Kunstgattungen übergreift. Die Rede vom Element, in dem sich das im Kunstwerk vergegenständlichte Reflexionsverhältnis verwirklicht, besagt aber auch,
dass die Sinnesmodalitäten und Strukturmerkmale der Kunstgattungen nicht
einfach Mittel für die Vergegenständlichung von Gedanken sind, also diesem
Gedanken äußerlich wären, sondern dass die Formbestimmtheit des Gehaltes
eines Kunstwerks an die Bedingungen der Sinnesmodalität und der Gattungs-
struktur der Künste gebunden ist, da ja nicht *mit* ihnen, sondern *in* ihnen eine

---

22 König, Josef 1978: Die Natur der ästhetischen Wirkung, S. 256-337 u. S. 307.
23 Ibid., S. 335.

ästhetische Wirkung beschrieben wird. So werden, um ein Beispiel zu nennen, ein Maler und ein Schriftsteller ein und denselben Stoff anders organisieren, weil die Gattungsspezifik dies verlangt: Caravaggio muss, weil Malerei keinen zeitlichen Verlauf wiedergeben kann, bei der Gestaltung des Isaak-Opfers für seine Darstellung den entscheidenden Moment wählen, da Abraham seinem Sohn das Messer an die Kehle setzt und Gott im letzten Augenblick eingreift. Der Schriftsteller Franz Fühmann bringt den Prozess der Gewissensbisse zur Darstellung, die der gute Teufel in verschiedener Gestalt dem Erzvater und seinem unmenschlichen Gehorsam eingibt, kann aber den Höhepunkt des Geschehens nicht stillstellen, da die formale Struktur eines Erzähltextes notwendig eine zeitliche Erstreckung hat. Die Artikulation ästhetischer Wirkungen ist, da sie *in* ihrem jeweiligen Element sich vollzieht, an die Gattungsspezifik jeder einzelnen Kunst gebunden. Dennoch erlaubt Königs Rede vom „Element", in dem die Beschreibung ästhetischer Wirkungen sich vollzieht, ihre Grundstruktur als übergreifendes Moment der verschiedenen Gattungswirklichkeiten der Künste zu begreifen.

Kunst ist Tätigkeit *am Anderen*, also nicht reine Tätigkeit oder Spontaneität, sondern ein Tun, das sich unter gegenständlichen Bedingungen vollzieht, an die es als Tätigkeit gebunden ist.[24] Kunst ist der paradigmatische Fall solcher gegenständlichen Tätigkeit, die über die Erkenntnisbeziehung hinaus Subjektivität als praktische Beziehung zur Wirklichkeit umfasst. Gegenständliche Tätigkeit ist immer eine solche am Anderen, also keine reine, sondern von ihrem Verhältnis zur gegenständlichen Gegebenheit bedingte, die in diesem Verhältnis sich verwirklicht. König hatte diese dialektische Einheit von *vis activa* und *vis passiva* am System von Leibniz entdeckt und für sein eigenes Denken fruchtbar gemacht. Sie meint ein Wechselwirkungsverhältnis von Tun und Leiden, von einer in der Welt situierten Subjektivität also, deren Eindrücke von ihrer Tätigkeit und deren Tun von ihrer Stellung im Wirklichen abhängig sind. Das Tun übergreift das Leiden. Indem die Beschreibung der ästhetischen Wirkung der Ausdruck eines Eindrucks ist, entspricht sie eben dieser Grundstruktur. Und auch das von Holz an Marx gewonnene Konzept der gegenständlichen Tätigkeit zielt auf diese dialektische Einheit, auf dieses Tun am Anderen:

> Wir haben schon früher gesehen, wie Marx die Gegenständlichkeit der Dinge und das gegenständliche Wesen des Menschen begründet: nämlich in der Gegenseitigkeit der Beziehungen, derzufolge das Subjekt ebenso bedingt ist durch die außer ihm

---

24 Zum Begriff der gegenständlichen Tätigkeit und ihrer Bedeutung für die Dialektik vgl. Holz, Hans Heinz 2005: Weltentwurf und Reflexion. Versuch einer Grundlegung der Dialektik. Metzler, Stuttgart/Weimar, S. 361-399.

seienden Dinge [...] wie die außer dem Subjekt seienden Dinge zu Objekten der Tätigkeit des Subjektes werden[25].

Kunst ist nun insofern der paradigmatische Fall für diese materialistische Auffassung von Subjektivität, weil sie immer schon als gegenständliche Tätigkeit sich vollzieht und sie zugleich selbst gegenständlich erfahrbar macht. Josef Königs Verständnis der Kunst als gegenständlich gewordene Beschreibung der ästhetischen Wirkung bringt diese Struktur auf den logisch-prinzipiellen Begriff und leistet so einen wesentlichen Beitrag zur dialektischen Systematik der Ästhetik.

---

25 Ibid., S. 583.

Mathias Gutmann / Tareq Syed

Warum sich „Form" nicht sehen lässt

1. Vorbemerkung

Die folgenden Überlegungen zum Begriff der „Form" sind aus der Überarbeitung eines älteren Textes hervorgegangen.[1] Die Gründe, sie im gegebenen Zusammenhang nochmals aufzugreifen, bestehen zum einen in der – schlicht zufälligen – Aufforderung, einen Beitrag zur Ehrung eines Mitstreiters in Sachen Biotheorie und Biogeschichte zu verfassen. Zum anderen aber fühlen wir uns zu der These berechtigt, dass der Formbegriff (neben dem der Entwicklung) für das Weingarten'sche Forschen von fundamentaler Bedeutung ist, obgleich er selber nicht notwendig zum Gegenstand der Reflexion wird. Vielmehr wurde der Begriff der Form in der Regel je „konkret" verhandelt – sei es im direkten Zusammenhang biologischer oder doch biologietheoretischer Fragen, sei es im Zusammenhang biologiehistorischer Darstellungen (so etwa Weingartens Untersuchung zum Subjektcharakter von Organismen von 1993). Doch auch außerhalb des durch den Ausdruck „Biologie" nur uneigentlich bestimmten Wissensformates bildet er ein Bestimmungsstück Weingarten'schen Denkens – es sei dabei nur an die Relevanz im Bereich der Ökonomietheorie, aber auch der Gesellschaftstheorie erinnert. Das eigentliche begriffliche Problem, welches die (der Vermutung bloßer Homonymie Nahrung gebende) Vielzahl der Verwendungen leicht verdecken mag, besteht aber darin, Formbestimmungen und Bestimmungen von Form(en) als Ermöglichung eines bestimmten (und durchaus auch genauen) Sprechens aufzufassen.

Nun ist es im Rahmen des Gegebenen nicht möglich, eine vollständige oder auch nur erschöpfende Darstellung dessen zu geben, was begrifflich mit dem Formbegriff verbunden ist – erst recht nicht in der für „philosophische" Bemü-

---

1 Gutmann, Mathias; Syed, Tareq 2012: Form Sehen – Warum sich „Form" nicht sehen lässt – einige methodologische Erwägungen zu einem nur scheinbar empirischen Problem. In: Zeitschrift für Religion und Gesellschaft, Jg. 2, H. 1. – Die Nutzung des Ursprungstextes folgt mit freundlicher Genehmigung durch den Verlag.

hungen geforderten Allgemeinheit. Wir werden uns daher im Folgenden wesentlich auf biologietheoretische und zum Teil auch biologiehistorische Überlegungen stützen, die von Michael Weingarten selber stammen oder zumindest im Diskurs mit ihm entwickelt wurden. Es soll dabei aufgezeigt werden, dass die kritisch-analytischen Möglichkeiten der bei Weingarten in engstem Zusammenhang mit dem Organismusbegriff verhandelten Restrukturierung[2] kritischen Denkens (vor allem innerhalb des deutschen Idealismus) auch für grundlegende biologietheoretische Fragestellungen keineswegs ausgeschöpft sind. Sie erhalten vielmehr ihrerseits kritische Aktualität, insbesondere im Lichte neuerer Entwicklungen der Lebenswissenschaften (z.b. der Systembiologie). Der damit gegebene Fokus auf die Biowissenschaften erleichtert das systematische Argumentieren dahingehend, dass unseres Erachtens der Anspruch nicht aufgegeben werden muss, es gäbe eine gemeinsame – sich begrifflichen Zwängen verdankende – Struktur dieses Sprechens über Form, ohne zugleich Identität der Formbestimmungen zu behaupten.

2. Zur Entwicklung des Problems

„Form" scheint etwas zu sein, das zumindest *materiellen* Dingen natürlicherweise zukommt. Trotz der Sicherheit dieser Feststellung (deren *Zutreffen* keinesfalls unterstellt wird!) ist doch Form kein vorrangiger Gegenstand einer Naturwissenschaft. Selbst in der Biologie ist die dafür ausgezeichnete Disziplin, die wenn auch nicht die *Form*, so doch jedenfalls die *Gestalt* im Namen trägt, im engeren Sinne kein Forschungsprogramm mehr – sie gehört eher zur Geschichte der Biologie.[3] Andererseits scheint insbesondere in den aktuellen Ansätzen der molekularen Genetik, der Systembiologie und – wenn sie denn dazugezählt werden soll – der Synthetischen Biologie ein gewisses Bedürfnis nach einem Bezugskonzept zu entstehen, das den dort angestrebten Erklärungen biologischer Vorgänge einen systematischen Ort oder zumindest einen Zusammenhang böte[4].

---

2 Diese blieb sich der historischen Dimension übrigens jederzeit bewusst, jedoch ohne Verflüchtigung in die naheliegende und allfällige Beschaulichkeit des bloß Historischen.

3 Ausgehend von J. W. von Goethes „Heften zur Morphologie", sowie Burdachs Einführung des Begriffes „Morphologie" in seiner „Physiologie" von 1810 (vgl. Zimmermann, Walter 1953: Evolution. Alber, Freiburg/München).

4 Vgl. Boogerd, Fred C.; Bruggeman, Frank J.; Hofmeyr, Jan-Hendrick S.; Westerhoff, Hans V. 2007: Systems Biology – Philosophical Foundations. Elsevier, Amsterdam.

Nun ist die Frage nach der Form nicht natürlicherweise in lebenswissenschaftlichen Kontexten anzusiedeln, es wurde und wird vielmehr auch in anderen (signifikanterweise nicht-naturwissenschaftlichen) Wissensgebieten nach den Bestimmungsmomenten von „Form" und „Gestalt" gefragt – man denke exemplarisch an die selbstverständliche Rede von der „Gesetzesförmigkeit von Regeln", der „Form eines Rechtsstaates", der „diskursiven Normalform" einer aussagenlogischen Formel (*sic*), an die „Sonettform eines Gedichtes" oder die „Sonatenhauptsatzform eines Symphonieteiles". Fügt man noch die „Gestaltpsychologie" und die dabei verhandelten Formen und Gestalten menschlicher Wahrnehmung hinzu, so wird deutlich, dass wir es mit einem homonymen Ausdruck zu tun haben. Beschränken wir uns auf biologische Fragestellungen, so ist der Vergleich mit nicht-natürlichen Gegenständen immerhin hilfreich, um einige zentrale Aspekte der Verwendung von Formbegriffen zu verdeutlichen:

1. Zum einen bezieht sich „Form" auf etwas, z.B. Lebewesen oder deren Teile. Ähnlich wie die Oinochenförmigkeit eines Gefäßes nicht mehr als die Einordnung desselben in die Familie der Oinochen bezeichnet, ließe sich von der „Pferdeform" sprechen und an die relevante taxonomische Einteilung denken (dies entspricht dem zweiten von Webster und Goodwin – im Gefolge Greens – diskutierten Fall des „eidos" als Anzeige von „Art" in Bezug auf das „genos"[5]). Nimmt man die hier nur lebensweltliche Rede von der Pferdeförmigkeit als Anzeige taxonomischer (und mithin lebenswissenschaftlicher) Unterscheidung, dann ist die genealogische Interpretation der dort verhandelten, über Äquivalenzrelationen etablierten Ähnlichkeiten der Einsatzpunkt evolutionärer, zumindest aber phylogenetischer Rekonstruktion.[6] Ein solches evolutionäres Verständnis von Formverhältnissen wird schließlich auf Modelle besonderer Art referieren, die etwa auf reproduktive

---

5 Vgl. Webster, Gerry; Goodwin, Brian 1996: Form and Transformation. Generative and Relational Principles in Biology. Cambridge University Press, Cambridge. – Inwieweit das Verhältnis beider Bestimmungen zueinander bei Aristoteles selber als geklärt gelten kann stehe dahin (dazu etwa Grene, Marjorie 1974: The Understanding of Nature. Essays in the Philosophy of Biology. Reidel, Dordrecht; Steinfath, Holmer 1991: Selbständigkeit und Einfachheit. Anton Hain, Frankfurt; Thompson, Michael 2012: Life and Action. Elementary Structures of Practice and Practical Thought. Harvard University Press, Cambridge/MA).

6 Zum Verhältnis von Taxonomie und Systematik, sowie von Phylogenie und Evolution siehe Gutmann, Mathias 1996: Die Evolutionstheorie und ihr Gegenstand – Beitrag der Methodischen Philosophie zu einer konstruktiven Theorie der Evolution. Berlin, VWB.

Leistungen von Gruppen von Lebewesen abzielen – das handlungstheoretisch gedeutete Züchtungsmodell Darwins bietet dafür ein gutes Beispiel.[7]

2. Anders wird Form aufgefasst, wenn wir fragen, wie (d.h. auf welche Weise) eine bestimmte Form zustande kommt. Im Falle der Oinoche wäre dies unter Aufweis jener Handlungs- und Herstellungsschritte zu erreichen, an deren Ende ein Gefäß der gewünschten Form steht. Hier ist also Form wesentlich (direktes) Resultat menschlicher Handlungen, im Gegensatz etwa zur Form des Pferdes. Diese Formbestimmung von Lebewesen zielt auf deren *besondere Geformtheit* ab (mit Webster und Goodwin wäre dies der Moment des „eidos" im Zusammenhang mit „hyle"[8]); es handelt sich also um den Einsatzpunkt ontogenetischer oder entwicklungsbiologischer[9] Fragestellungen, und zwar spezifisch im Bereich lebenswissenschaftlicher Thematisierung der (hier grundlegenden) Transformation an je besonderen Exemplaren. Entsprechend wird hier auch der Bezug auf menschliches Handeln nicht mehr *unmittelbar* sinnfällig – wiewohl er in gewisser Hinsicht methodologisch erhalten bleibt[10].

3. Zum dritten ist die Art und Weise des *Erkennens* dessen, was als „Form" in 1 und 2 angesprochen ist, ein notwendiges Moment der Klärung. Denn die Frage, ob Form lediglich im Auge des Betrachters existiere oder – wie es unser Anfang verhieß – etwas an einem Ding wäre, betrifft die Möglichkeit des Erkennens von Form. Pointiert ausgedrückt, würde sich hier also die Erkenntnis der Formen hin zur *Form dieser Erkenntnis* verschieben.

---

7 Siehe Weingarten, Michael 1992: Organismuslehre und Evolutionstheorie. Kovac, Hamburg; Weingarten, Michael 1993: Organismen – Objekte oder Subjekte der Evolution? Wiss. Buchgesellschaft, Darmstadt; Gutmann, Mathias 1996: Evolutionstheorie.

8 Webster, Gerry; Goodwin, Brian 1996: Form.

9 Wir werden im Weiteren also zwischen entwicklungsbiologischer und evolutionärer Fragestellung auf der einen, ontogenetischer und phylogenetischer Strukturierung von Lebewesen auf der anderen Seite unterscheiden. Ontogenese und Phylogenese sind letztlich eine schon an ein evolutionäres Forschungsprogramm gebundene Differenz, die nicht in der Erstgenannten aufgeht. Üblicherweise hat die Konfundierung keine schwerwiegenden Konsequenzen – im Zusammenhang des Formproblems ist die Differenzierung aber hilfreich, weil sie es uns gestattet, biologische Probleme von theoretisch-biologischen oder methodologischen zu unterscheiden.

10 Dazu Gutmann, Mathias; Weingarten, Michael 2001: Die Bedeutung von Metaphern für die biologische Theoriebildung. Zur Analyse der Rede von Entwicklung und Evolution am Beispiel des Menschen. In: Deutsche Zeitschrift für Philosophie, Jg. 49, H. 4, S. 549-566.

Alle drei Fragen hängen ersichtlich voneinander ab, wobei unser Augenmerk letztlich auf der dritten liegen wird, die sich im wesentlichen auf jene Beschreibungs- und allgemeine Rede-Mittel bezieht, welche genutzt werden, um über das „Form-Haben" eines Dinges sprechen zu können. Als Gegenstand der Reflexion, welche in gewisser Hinsicht die *Form* der Form ist, dient uns hier vor allem der biologische Umgang mit Formen und Formentstehung.

3. Zum Problem der biologischen Form

Eine der gründlichsten neuzeitlichen – aber gleichwohl auf Aristoteles bezogenen – Auseinandersetzungen mit der Frage, warum ein gegebenes Lebewesen eine bestimmte Form habe, findet sich bei D'Arcy Thompson[11]. Das Credo seiner Überlegungen besteht in der Behauptung, dass jede Form letztlich nur aus den Kräften heraus erklärbar sei, die auf einen Gegenstand ausgeübt werden:

> Die Form eines jeden Teiles von Materie, ob lebend oder tot, und die Formänderungen, die durch seine Bewegungen und sein Wachstum in Erscheinung treten, kann also in allen Fällen gleichermaßen als Einwirkung von Kraft bezeichnet werden. Kurz, die Form eines Gegenstandes ist ein 'Kräftediagramm', zumindest in dem Sinn, dass wir aus ihr die Kräfte beurteilen oder ableiten können, die auf den Gegenstand einwirken oder eingewirkt haben. [...] Bei einem Organismus, sei er groß oder klein, müssen wir nicht nur die Art der *Bewegungen* der lebenden Substanz in den Kraftbegriffen (der Kinetik entsprechend) definieren, sondern auch die *Gestalt* des Organismus selbst, deren Beständigkeit und Ausgewogenheit durch die Wechselbeziehung und das Gleichgewicht der Kräfte zustande kommt, wie sie die Statik beschreibt.[12]

Das Programm D'Arcy Thompsons ist also durch ein schrittweises Vorgehen gekennzeichnet, da der Anfertigung „statischer" Formbeschreibungen von Organismen eine Nachzeichnung der formerzeugenden Kräfte folgt – und schließlich auch die Ermittlung jener Kräfte, die die Veränderungen und Bewegungen (und damit auch „Verformungen") des geformten Gebildes bewirken.

Die dabei verwendeten Beschreibungsmittel sind zum einen der Physik entnommen, soweit dies zur stofflichen, räumlichen, zeitlichen und dynamischen Charakterisierung notwendig ist, zum anderen der Mathematik, soweit der physikalische Zugriff – und ein anderer kommt nicht in Frage – mathematisiert werden kann. Das Programm entspricht daher im Wesentlichen dem, was etwa im Rahmen funktions- und konstruktionsmorphologischer, technisch-biologischer und

---

11 Thompson, D'Arcy 1983: Über Wachstum und Form. Suhrkamp, Frankfurt/M.
12 Ibd., 32.

bionischer oder allgemein biomechanischer und biophysikalischer Beschreibung von Lebewesen[13] und ihren Bewegungen ohnehin bekannte Forschungspraxis ist.[14] Insofern ist der folgende von Thompson gezogene Schluss als Absage an einen starken Formbegriff zu verstehen, der – letztlich in aristotelischer Anschauung wurzelnd – für vitalistische Ansätze unterschiedlichster Art relevant war (was der von Driesch angeregte Neoaristotelismus exemplarisch anzuzeigen vermag): „Die Probleme ihrer [der lebenden Dinge, MG/TS] Form sind in erster Linie mathematische Probleme, die Probleme ihres Wachstums sind im Wesentlichen physikalische Probleme, und der Morphologe ist *ipso facto* ein Forscher der physikalischen Richtung."[15]

Gleichwohl weiß sich Thompson Aristoteles verpflichtet, denn unbestreitbar gilt für ihn *gleichzeitig*, und aller Reduktion auf physikalische und mathematische Beschreibungsmittel zum Trotz:

> Der Biologe sowohl wie der Philosoph kommen zur Erkenntnis, dass das Ganze nicht nur die Summe seiner Teile ist. Es ist zugleich viel mehr als das; denn es ist nicht einfach ein Bündel von Teilen, sondern ein System von Teilen – von Teilen, die durch ihre gegenseitige Anordnung so ineinander passen, dass sie zu einem (nach Aristoteles) 'einzigen und unteilbaren Prinzip der Einheit' werden. Hier handelt es sich nicht nur um einen rein metaphysischen Begriff, sondern um die fundamentale Wahrheit in der Biologie, die Geoffroys (oder Goethes) Gesetz der 'Kompensation' oder des 'Wachstumsausgleiches' zugrunde liegt.[16]

---

13 Thompson unterscheidet nicht zwischen Organismus und Lebewesen; für die Entfaltung unseres Argumentes ist dies aber eine notwendige Differenz (dazu unten mehr).

14 Vgl. z.B. Bock, Walter J. 1988: The nature of explanations in morphology. In: Amer. Zool., Jg. 28, S. 205-215; Bock, Walter J. 1989: Organisms as functional machines: A connectivity explanation. In: Amer. Zool., Jg. 29, S. 1119-1132; Bock, Walter J.; v. Wahlert, Gerd 1965: Adaptation and the form-function-complex. In: Evol., Jg. 19, S. 269-299; Gould, Steven J. 1970: Evolutionary Paleontology and the Science of Form. In: Earth Sci. Rev., Jg. 6, S. 77-119; Gould, Steven J. 1989: Wonderful Life. New York, Norton; Grasshoff, Manfred 1994: Konzepte der Morphologie und die Rekonstruktion der Stammesgeschichte. In: Gutmann, Wolfgang F.; Mollenhauer, Dieter; Peters, D. Stefan (Hrsg.): Morphologie & Evolution. Symposion zum 175-jährigen Jubiläum der Senckenbergischen Naturforschenden Gesellschaft. Kramer, Frankfurt/M., S. 201-220; Gutmann, Wolfgang F. 1995: Die Evolution hydraulischer Konstruktionen. Kramer, Frankfurt; Lauder, George V. 1995: On the inference of function from structure. In: Thomson, Jeffrey J. (Hg.): Functional morphology in vertebrate paleontology. Cambridge University Press, Cambridge, S. 1-18.

15 Thompson, D'Arcy 1983: Wachstum, S. 28.

16 Ibid., S. 320.

Die eigentümliche Spannung zwischen den *Mitteln* der Beschreibung und den Ganzheitsaspekten, die D'Arcy Thompson direkt mit Aristoteles verbinden, zeigt sich an Thompsons großer Skepsis gegenüber „darwinistischen" Erklärungsansätzen der Form aus dem Prinzip der Zuchtwahl, gengestützter Vererbung oder der Anpassung. Thompsons Formbestimmung scheint auf eine regelrechte Absage an die Erklärungskraft phylogenetischer Forschungsprogramme hinauszulaufen, die sich wesentlich am (etwa homologiegestützten) Formvergleich rein taxonomischer Einteilung von Lebewesen orientierten:

> Die Suche nach Linien und Beweisen für die Abstammung beherrschte die Morphologie viele Jahre lang und beschäftigte in starkem Maße das Denken von zwei oder drei Naturforschergenerationen. Leichter als ihnen fällt uns die Erkenntnis, dass abgestufte oder aufeinanderfolgende Formenreihen auf physikalischen Ursachen beruhen können, dass mathematisch verwandte Formen zu weit auseinanderliegenden Organismen gehören können und dass rein formale Ähnlichkeit im Allgemeinen nur ein trügerischer Wegweiser in Bezug auf die Evolution im Laufe der Zeit und auf die Verwandtschaft durch Abstammung und Vererbung sein kann.[17]

Es zeigt sich daher genau die oben aufgezeigte Differenz der Formbegriffe 1 und 2, womit sich die Frage stellt, ob zwischen dem Formbegriff, der auf genealogisch interpretierten Ähnlichkeitsrelationen beruht (also: Equidae) und dem auf physikalisch-mathematischer Beschreibung beruhenden (also etwa „die Form dieses Pferdeskelettes als brückenartige Stützkonstruktion") eine Beziehung hergestellt werden kann. D'Arcy Thompson jedenfalls entwickelt sein eigenes Forschungsprogramm unter explizitem Verzicht auf eine solche Vermutung, was zur bekannten Nutzung cartesischer Koordinatennetze führt, denen äußere Formen von Lebewesen eingeschrieben sind. Die Verzerrung dieser Koordinatennetze erlaube die „Transformation" dieser äußeren Gestalten ineinander, wodurch die Transformierbarkeit zum Kriterium der Zusammengehörigkeit derselben würde. Da die Transformation rein geometrisch erfolgt (zunächst am äußeren Umriss – letztlich aber sei, so Thompsons Vermutung, dasselbe auch für die Skelette der Organismen möglich[18]), scheint in der Tat die Unabhängigkeit der so resultierenden Transformationsreihen von Vererbungs- oder evolutionstheoretischen Annahmen zu folgen. Genaugenommen lassen sich nun *zwei* Formen als Ausdruck *einer* und *derselben* Transformationsgruppe verstehen – sie sind, dem Plural zum Trotz, „eine" Form. Im Unterschied zu Substitutionsgruppen

---

17 Ibid., S. 190.
18 Ibid., S. 363.

wäre hier die kontinuierliche Transformierbarkeit ein Nachweis der letztlich natürlichen Zusammengehörigkeit.[19]

Doch beruht die Nutzung dieser primär geometrischen[20] Methode auf gewissen Annahmen, die die angedeutete Spannung zum Widerspruch verschärfen:

1. Die aufgeführten Transformationsreihen sind notwendigerweise nach beiden Seiten lesbar; die „Richtung" A $\Rightarrow$ B ist von der „Richtung" B $\Rightarrow$ A nicht *qua* Transformationsgruppe unterschieden. Solange sich die „Transformation" also lediglich auf die geometrischen Verhältnisse der beschriebenen Formen untereinander bezieht – wie im Falle der Carapax-Typen diverser Krabben[21] – ist damit noch keine relevante biologische (!) Aussage verbunden. Anders sieht dies bei der Transformationsreihe der Beckenformen aus, die *Archaeopteryx* mit *Apatornis* verbindet[22], denn hier liegt eine *zeitliche* Ordnung zugrunde, beziehungsweise wird eine solche postuliert – womit der Ausschluss der Umkehrung ebenso rechtfertigungsbedürftig ist, wie die Reihe selber. Wir haben es damit nicht mehr – wie es die geometrische Darstellung nahezulegen scheint – mit einem mathematischen, sondern mit einem *biologischen* Problem zu tun, das ohne *explizites biologisches* Wissen nicht einmal formuliert werden könnte! Die Charakterisierung dieses Wissens leitet über zur zweiten überraschenden Beobachtung hinsichtlich des Status der Transformationsreihen.

2. Diese sind nämlich durch ihre *Kontinuität* bestimmt, beziehen sich also nicht etwa auf den Vergleich *beliebiger* Lebewesen miteinander:

> Lässt sich einerseits unser Koordinatendiagramm des menschlichen Schädels in ein entsprechendes Diagramm eines Affen-, z.b. eines Pavianschädels, umwandeln, so können wir andererseits ebenso leicht den Menschen- oder Affentypus in den Schädeltypus des Hundes umwandeln; dies bestärkt uns in der Annahme, dass zwei

---

19 Ibid., S. 328-330.
20 D'Arcy Thompson verwendet in der Tat zwei grundsätzlich unterschiedliche Modellformen. Den einen liegt lediglich mathematisches, den anderen aber zudem explizites physikalisches Wissen zugrunde, so dass Aussagen, hier z.b. über Oberflächen-Volumen-Verhältnisse, als Aussagen über physikalische Bedingungen der Struktur und Leistung *von organismischen Körpern* verstanden werden können – exemplarisch etwa die Behandlung des Größenproblems im Vergleich von Gazelle und Elch (ibid., S. 43), oder dessen Zusammenhang mit dem Kraftproblem beim Fliegen (insbes. ibid., S. 46-48). Dies „folgt" aber eben nicht aus der mathematischen Beschreibung, sondern nur aus einer Darstellung physikalischer (und weiterer, etwa chemischer) Verhältnisse *an* Lebewesen!
21 Ibid. S. 355.
22 Ibid. S. 370.

beliebige Säugetierschädel mit Hilfe dieser Methode miteinander verglichen oder ineinander verwandelt werden können.[23]

Verhindert werde diese drohende Beliebigkeit durch die Invarianz der „relativen Anordnung und Lage"[24]. Dies impliziert allerdings, dass nur solche Formen (sinnvoll!) miteinander verglichen werden können, für die eben diese Lageinvarianz in genauem Sinne nicht zufällig ist (denn die Transformation von Affe oder Mensch in Hund ist als *biologisch* sinnlos ausgeschieden worden). Das Sinnkriterium, das D'Arcy Thompson investieren muss, zeigt den eigentlichen Widerspruch, dessen Ausdruck die oben benannte Spannung beider Formbegriffe war:

> Die Methode hat jedoch ihre Grenzen. Wir können nicht sowohl den Käfer wie den Tintenfisch in das gleiche Koordinatennetz hineinpassen, wie sehr wir es auch verbiegen mögen, noch können wir eine von diesen beiden Formen durch irgendwelche Koordinatenumwandlungen in die andere oder in den Vertebratentypus verwandeln. Sie sind grundlegend verschieden und haben nichts, was man mit gutem Recht vergleichen könnte. Alle besitzen sie Augen, Mund und Kiefer; aber was wir mit diesen Namen bezeichnen, befindet sich nicht mehr in der gleichen Anordnung oder der gleichen relativen Lage; es ist nicht mehr dasselbe, und es ist keine *invariante* Basis für die Transformation vorhanden.[25]

Besagte Invarianten ergeben sich nicht nur *nicht* aus der Methode, sie werden vielmehr *vorausgesetzt* – ansonsten ja die Rede von der Lageinvarianz gar nicht geführt werden könnte –, und dies auf überraschende Weise:

> Die Augen des Tintenfisches scheinen optisch so vollkommen wie die unsrigen zu sein; aber das Fehlen einer invarianten Beziehung zwischen der Lage des einen und der anderen oder das Fehlen echter Homologie (wie wir Naturforscher sagen) zwischen beiden Formen zeigt genügend, dass sie nicht verwandt sind und dass sie unabhängig voneinander entstanden sind.[26]

Diese als „Archetypen-Problem" bekannte Schwierigkeit[27], die sich in der unterstellten Norm ausdrückt, nur Vergleichbares zu vergleichen, versucht D'Arcy

---

23 Ibid. S. 383.

24 Ibid.

25 Ibid., S. 384.

26 Ibid.

27 Dazu Young, Bruce A. 1993: On the Necessity of an Archetypal Concept in Morphology: With Special Reference to the Concepts of „Structure" and „Homology". In: Biology and Philosophy, Jg. 8, S. 225-248; im Detail Gutmann, Mathias 2002: Aspects of Crustacean Evolution. The Relevance of Morphology for Evolutionary Reconstruction. In: Gudo, Michael; Gutmann, Mathias; Scholz, Joachim (Hrsg.): Concepts of Functional, Engineering and Constructional Morphology: Biomecha-

Thompson also mit Verweis auf eben jenes Kriterium zu lösen, welches als Verwandtschaftsanzeige im Zentrum der Kritik seines Ansatzes steht. Denn „Homologie" bezeichnet in den von Thompson kritisierten Ansätzen solche Ähnlichkeiten in Struktur und Lage/Anordnung, die durch die Identität des Bauplanes und nicht (als Konvergenz) durch diejenige funktionaler Zwänge („Anpassung") zustande kamen. Muss aber die Kenntnis der Verwandtschaft bereits vorliegen, um die Invarianten der Transformation auszeichnen zu können, so dürften sich zu evolutionären Zusammenhängen gar keine darüber hinausgehenden Aussagen machen lassen (diese lägen ja der Feststellung der Homologie schon zugrunde); es wären folglich die Transformationen lediglich die Bestätigung des evolutionären Zusammenhanges der jeweiligen Formen. Oder aber Evolution wäre zu beschränken auf gegebene Typen, die zwar jeweils die Transformation der zum Typus Gehörenden erlaubten, nicht aber die Transformation der investierten Invariante, also der Typen selber. Dadurch, dass die Typengleichheit auf gemeinsamer Abstammung beruhen soll, ergibt sich die argumentative Parallele zu der oft zitierten, schon von Hertwig vorgelegten Kritik am Homologiekriterium: „Die Homologie soll auf gemeinsamer Abstammung beruhen, die gemeinsame Abstammung wird aber erst aufgrund der Homologien erschlossen; also liegt ein vollendeter methodischer circulus vitiosus vor."[28] Die Annahme von Grundtypen allerdings, die sich „in der Natur" fänden, wäre kein originär evolutionäres Theorem, sondern sowohl mit evolutionsbiologischen Konzepten der Homologienforschung als auch mit nicht-evolutiven Positionen wohlverträglich[29]. Die von D'Arcy Thompson entwickelte Alternative zur evolutionsbiologischen Argumentation lässt sich in ihren Konsequenzen aber nur verstehen – und mithin von nicht-wissenschaftlichen kreationistischen Überlegungen abgrenzen – wenn wir im nächsten Schritt das Verhältnis von beschriebenem Gegenstand und Beschreibungsmitteln in den Blick nehmen.

---

nical Approaches on Fossil and Recent Organisms. Senckenbergiana lethaea, Jg. 82, H. 1, S. 237-266.

28 O. Hertwig, zitiert nach Weingarten, Michael 1992: Organismuslehre, S. 206.

29 Vertreten etwa von Junker, Reinhard; Scherer, Siegfried 1998: Evolution. Ein kritisches Lehrbuch. Weyel, Gießen; kritisch dazu Gutmann, Mathias; Warnecke, Willem 2006: Liefert „Intelligent Design" wissenschaftliche Erklärungen? In: Religion, Staat, Gesellschaft, 7. Jg., H. 2, S. 271-348.

4. Die biologische Form und die Mittel der Beschreibung

Das methodologische Problem, welches dem entwickelten Widerspruch zugrunde liegt, besteht in der Konfundierung von Beschreibungsgegenständen und Beschreibungsmitteln, was sich gerade an der (von D'Arcy Thompson kritisch beurteilten) reinen Formvergleichslehre der Homologienforschung zeigen lässt. Denn Remane – als Vertreter der „klassischen" Homologienforschung – stellt zum Verhältnis von Formvergleich und Resultat fest:

> Wir stehen also vor der absurden Erscheinung, daß eine theoretisch unsichere Methode – die generalisierende Induktion – zu praktisch höchst sicheren Ergebnissen führt. Das ist natürlich nur dann möglich, wenn in der Natur eine komplexe natürliche Gruppenbildung existiert, in der viele Charaktere so eng korreliert sind, daß eine Vorhersage auf ungekannte Teilglieder möglich und richtig ist. Solche schon in der Natur vorliegenden Gruppen werden als 'Typen' bezeichnet, Morphologie ist eine typologische Wissenschaft.[30]

Mit Weingarten ist hier in der Tat zu fragen, wie denn die von Remane (und, wie gesehen, auch von Thompson) gesuchten Typen eigentlich *in die Natur kommen*. Es liegt also, bei allen Differenzen in der Grundanschauung, für beide Ansätze eine fundamentale, gemeinsame Prämisse vor – eine Schwierigkeit, die Thompson bezüglich der eigenen Methode jedenfalls im Prinzip bewusst war:

> Wir können auch eine gewisse, wenn auch etwas beschränktere Invarianz zwischen dem Säugetier- und dem Vogel-, dem Frosch- oder selbst Heringsschädel entdecken. Es gibt immer noch etwas, was ihnen allen gemeinsam ist; und in Anwendung eines weiteren mathematischen Ausdrucks (vielleicht nur in etwas losem Zusammenhang) können *wir* von den Unterscheidungsmerkmalen sprechen, die unverändert bestehen bleiben und weiterhin den Gegenstand unserer Transformation bilden.[31]

Es ist dabei weniger um die Möglichkeit der Invariantenbildung höherer Ordnung zu tun – diese ist formal (!) ohne absehbaren Abbruch denkbar. Das von Thompson vorgeschlagene Verfahren hebt sich hier wohltuend von jenen der (prozedural einigermaßen enigmatisch bleibenden) Homologien-Morphologie ab. Andererseits aber drückt sich in dem hervorgehobenen „wir" gerade die Schwierigkeit aus, dass es zunächst der *beschreibende Morphologe* ist, der Aussagen über die Formbestimmung eines Gegenstandes (etwa eines Schädels) macht. Mithin stellt sich sogleich die Frage nach der Adäquatheit der Beschreibung, bezüglich derer die Aussage begründet werden soll, und – weitergehend – nach den *Mitteln*, die in die Anfertigung der Beschreibung investiert wurden. Im Falle der mathe-

---

30 Zitiert nach Weingarten, Michael 1992: Organismuslehre, S. 208.
31 Thompson, D'Arcy 1983: Wachstum, S. 384; Hervorhebung im Original.

matischen Beschreibungen liegt das Problem offen, denn aus der Tatsache, dass ein Verlauf durch eine mathematische Darstellung beschrieben werden kann, folgt noch nicht, dass er durch dieselbe *erklärt* werde. Noch deutlicher wird das methodologische Problem aber bei den mechanischen und physikalischen Darstellungen, die Thompson für das Verständnis von „mechanischen Leistungen" biologischer Formen anfertigt: „In Viereckform mit seinen Vorder- und Hinterbeinen auf dem Boden stehend, das Gewicht des Körpers dazwischen aufgehängt, erinnert uns der Vierfüßer sofort an eine Brücke, die von ihren beiden Endpfeilern getragen wird."[32] Sehen wir von dem psychologistischen Unterton einmal ab, dann ist hier zunächst gerade *nicht* von Naturgegenständen, sondern von Artefakten die Rede, deren Bau und Erhaltung keine Leistung der Natur, sondern eines Ingenieurs ist. Es bleiben nun zwei mögliche Ausdeutungen des Sachverhaltes, die sich beide an den Überlegungen Thompsons plausibilisieren lassen:

> Das Hauptergebnis, zu dem wir nun in bezug auf den Bau der Wirbelsäule und der mit ihr verbundenen Teile gekommen sind, besteht in folgendem: Wir können die Wirbelsäule als bestimmten Typus eines Trägers betrachten, dessen Tiefe überall nahezu proportional ist der Höhe der entsprechenden Ordinate im Diagramm der Momente, wie es für den vom modernen Ingenieur entworfenen Träger gilt. Kurz, nachdem der Ingenieur des 19. und 20. Jahrhunderts sein möglichstes getan hat, einen großen Ausleger zu entwerfen, wird er vielleicht entdecken, dass einige seiner besten Ideen sozusagen schon in der Konstruktion der uralten großen Saurier und der größeren Säugetiere vorweggenommen sind.[33]

Zum einen ließe sich das Konstruktion-Sein der Saurier und das Träger-Sein der Wirbelsäule wörtlich verstehen; dann *gäbe* es veritabel Konstruktionen und andere technische Lösungen „in der Natur". Diese Variante, die ersichtlich nicht weit von der seitens der Homologien-Morphologie gewählten entfernt ist – welche ja immerhin von der Natürlichkeit der Typen ausging –, erzeugt epistemisch ein Geltungsproblem. Denn die Frage, woher wir die Konstruktionen der Natur eigentlich kennen, kann nun nicht nochmals unter Verweis auf das So-verfasst-Sein der Natur beantwortet werden, weil ansonsten ein klassisches Agrippa-Trilemma folgte. Zum anderen – und die zweite Deutung betonte Thompsons eigene etwas zögerliche Rede, die sich im „sozusagen" ausdrückt – wäre alternativ festzustellen, dass es sich zunächst um ein aus dem *Vergleich* von Naturstücken mit Artefakten gewonnenes Wissen handelt, womit *nichts wesentlich* über das So-Sein der Natur, sondern etwas über *unsere Beschreibungen* derselben ausgesagt wäre.

---

32 Ibid., S. 297.
33 Ibid., S. 317.

5. Die Naturalisierung der Beschreibungsmittel

Wir haben der Darstellung des Formproblems bei Thompson deshalb so viel Raum gegeben, weil es zum einen systematisch jene drei Grundschwierigkeiten aufweist, die wir oben in der Entwicklung des Problems (Abschnitt 2) als leitende Aspekte unserer Untersuchung formulierten. Das Ausgangsverständnis von Form ist wesentlich – dem aristotelischen Fundament geschuldet – „entwicklungsbiologischer" Art. Es wird also von der Entstehung *individueller* Form ausgegangen und diese als Grundlegung für taxonomische Formbestimmung genommen. Diese Wahl ist allerdings keine *empirisch* begründete, gleichsam biologisch notwendige, sondern eine *epistemische* Entscheidung mit weitreichenden Folgen für die Theoriebildung im Ganzen. Eine dieser Folgen bestand im Verschwinden des spezifisch evolutionären Forschungsanliegens, besser in der Unterordnung des phylogenetischen unter das ontogenetische Formverständnis.[34] Die Geschichtslosigkeit der Formbildung war wesentlich dieser Superposition geschuldet, verbunden mit einer weiteren epistemologischen Entscheidung, nämlich der Reduktion der Beschreibungsmittel auf mathematische und physikalische. Das Verhältnis von ontogenetischer und phylogenetischer Formbildung hängt daher methodologisch wesentlich von der Frage nach dem Status eben dieser Beschreibungsmittel ab, mithin der Klärung des dritten von uns benannten Formproblems.

Doch gibt es einen weiteren, gleichsam historischen Grund für die Wahl von Thompson als Ausgangspunkt der Rekonstruktion des Formproblems. Dieser liegt in der Tatsache, dass die Thompsons Überlegungen zugrundeliegende Reflexionsfigur zum Kernbestand des strukturalistischen Ansatzes zählt, welcher in verschiedenen Varianten – und letztlich bis in die Systembiologie hinein – die Entwicklung der modernen Biologie mitbestimmte. Dies gilt für Waddingtons „Chreods"[35] in ähnlicher Weise, wie für die organismuszentrierten Überlegungen von Goodwin, Webster, Trainer und anderen, die hier exemplarisch skizziert

---

34 Dazu im Detail Gutmann, Mathias; Neumann-Held, Eva M. 2000: The Theory of Organism and the Culturalist Foundation of Biology. In: Theory in Biosciences, H. 119, S. 276-317; Gutmann, Mathias; Voss, Tobias 1995: The disappearance of Darwinism – oder: Kritische Aufhebung des Strukturalismus. In: Jahrbuch für Geschichte und Theorie der Biologie, Jg. 2, S. 189-212.

35 Damit bezeichnet Waddington „Bahnen" der Entwicklung eines Eis oder einer Zygote, die gemäß der Einwirkung von Genen durchlaufen werden können. Diese Bahnen verzweigen in den Folgeabläufen der Entwicklung, so dass eine Veränderung an relativ früher Stelle das gesamte Entwicklungsgefüge – und mithin die möglichen Bahnen – betrifft. Die Ableitung von „χρή'" („es ist nötig") und „ὁδὸς" (Weg) soll dies anzeigen (Waddington, Conrad H. 1964: Der Mensch als Lebewesen. In: Julian

seien[36]. Auch für das strukturalistische Argument bildet nämlich den Anfang die
Bestimmung von Formen, deren mögliche Transformationen dargestellt werden
sollen: „In the theoretical models proposed by Goodwin, the field is conceived as a
dynamical system and he argues that genetic and environmental factors determine
parametric values in the equations describing the field and therefore act to select
or stabilise one manifest form from the set of forms which are possible for that
type of field."[37] Deutlicher aber als bei D'Arcy Thompson werden hier *empirisch*
als geformt beschriebene Lebewesen (oder ihre Teile) als Realisierungen von
Formen verstanden, die nicht – oder nicht nur – empirischer Natur sind: „In
principle, therefore, a set of determinate empirical forms is conceived as being
generated by a series of determinate fields and these fields are the same in the sense
that they are all susceptible to description in terms of a single set of fundamental
equations. In that sense they constitute a single kind."[38]

Diese *generischen Typen* werden als „natural kinds" verstanden[39] – eine Deutung, die der oben angezeigten aristotelischen keinesfalls fernsteht, denn als
natural kinds[40] sind sie gleichsam Ausrüstungsgegenstände der Natur selber.
Gesetzt nun, dass es gelänge, eben diese generischen Typen zu finden, so ließe
sich eine gewisse Schwachstelle des Thompson'schen Argumentes beheben. Dieses
hatte ja im Wesentlichen die Ansprüche Darwinistischer Theorien zurückgewiesen, entwicklungsbiologische Formbestimmungen von Lebewesen erklären, und
zugleich selbst den Anspruch erhoben, evolutionäre Formveränderung ihrerseits
auf entwicklungsbiologische Formbestimmung zurückführen zu können. Die

Huxley (Hg.): Der evolutionäre Humanismus. 10 Essays über die Leitgedanken und
    Probleme. Beck, München, S. 71-90, hier: S. 76).

36 Wir fassen dabei die Ergebnisse der Rekonstruktion durch Gutmann, Mathias;
    Neumann-Held, Eva M. 2000: Theory und Gutmann, Mathias; Voss, Tobias 1995:
    Disappearance soweit zusammen, als sie unser hier verhandeltes Problem berühren
    (zu den organismustheoretischen Implikationen siehe ebendort).

37 Webster, Gerry; Goodwin, Brian 1996: Form, S. 121.

38 Ibid.

39 Zum Konzept etwa Quine, Willard V. O. 1975: Natürliche Arten. In: Ders.: On-
    tologische Relativität und andere Schriften. Reclam, Stuttgart, S. 157-189, zu seiner
    biotheoretischen Nutzung etwa Griffiths, Paul E. 1997: What emotions really are.
    University of Chicago Press, Chicago/IL.

40 Die Kritik der „natural kinds"-Semantik kann hier nicht geleistet werden; dazu im
    Detail Gutmann, Mathias; Neumann-Held, Eva M. 2000: Theory, sowie Gutmann,
    Mathias; Janich, Peter 1998: Species as Cultural Kinds. Towards a Culturalist Theory
    of Rational Taxonomy. In: Theory in Biosciences, H. 117, S. 237-288.

resultierende geometrische Transformation erlaubte allerdings nicht nur *keine* Ableitung des enkaptischen evolutionären Formsystems, sondern setzte es vielmehr voraus. An dieser Stelle sind die Ansprüche des Strukturalismus wesentlich stärker:

> However, we should bear in mind that, given the dialectical relation between taxonomic and explanatory knowledge, one outcome of such a project, supposing it to be successful, might be that the merely empirical classification would be subject to theoretical corrections of a more-or-less radical nature, as has happened in the physical sciences, since the critical ('essential') properties used for distinguishing kinds will be those which are grounded by the explanatory theory. Thus, what from an empirical perspective may appear to be two distinct kinds may come to be regarded, from a theoretical perspective, as simply variants of a single kind and vice versa.[41]

Es müsste sich also – basierend auf der Identifikation der jeweiligen natural kinds – eine „rationale" Taxonomie konstruieren lassen, die die „wirkliche", in „der Natur" vorliegende Ordnung reflektierte. Dies hätte zur Folge, so die weitere Überlegung, dass die bei Thompson noch *vorausgesetzte* „klassische" Taxonomie ein systematisches und (nämlich mathematisch respektive physikalisch) begründetes Korrektiv fände, was letztlich auch zur Restrukturierung eben dieser Taxonomie führen könnte. Das bedeutet allerdings – und hierin liegt die Strukturgleichheit zu Thompson – eine methodologische *Vorordnung* ontogenetischer vor phylogenetischer Form. Die Folge dieser Vorordnung besteht notwendig in der Enthistorisierung von Evolution[42]:

> When taxonomy is treated as genealogy, then the logical relationship between ontogenetic pathway and taxonomic distance is lost, because neighbouring species are then determined by historical sequence rather than by generative relationships. The historical succession of species has no obligation to proceed systematically through the space of possible forms. Though there will be a tendency for the neighbourhood relations of attractors to be expressed in the sequence of species discovered by evolution, parametric variation can be discontinuous and jump from one domain of parameter space to another, missing intervening attractors, which may be encountered later. So genealogy, historical taxonomy à la Darwin, will in general not be the same as a rational taxonomy.[43]

---

41 Webster, Gerry; Goodwin, Brian 1996: Form, S. 123.

42 Die Spiegelung, welche in der Vorordnung der Evolution bestünde (man denke exemplarisch an die „biogenetische" Regel), findet sich signifikanterweise hier gerade *nicht*.

43 Ibid., S. 254-256.

Wiederum entsteht das oben schon bemerkte Lesrichtungsproblem, das nicht einfach empirisch gelöst werden kann.[44] Da die generischen Typen ihrerseits aber nur als *mathematische* verstanden werden, als welche sie ja auch im strukturalistischen Ansatz eingeführt sind, lassen sich auch nur solche, mit dieser Beschreibung verträglichen Kriterien für die Konstruktion von Antezedenten-Postsequenten-Reihen angeben. Abgesehen von rein empirischen Einsprüchen, welchen sich ein solches Rekonstruktionsprinzip ausgesetzt sähe[45], bleibt die grundsätzliche Frage offen, woher wir denn etwas über eben diese evolutionären Trends wissen. Das erforderliche Wissen kann ersichtlich nicht wieder mit Blick auf die mathematische Beschreibung alleine eingeholt werden, so dass die Lösung des – eben nicht empirischen, sondern methodischen – Problems kaum überraschen kann:

> Wir können einen dieser Trends in der Evolution der Anhängsel von Wirbeltieren identifizieren. Offensichtlich entwickelten sich die Fischflossen aus seitlichen Hautfalten, die sich an beiden Körperseiten der frühen Wirbeltiere entlangzogen. Diese Falten bildeten sich dann zu zwei paarigen Anhängseln zurück, den Brust-und den Bauchflossen. Bei den Knochenfischen, zu denen auch die Quastenflosser gehören, schrumpften diese weiter zu gelappten Flossen, welche am Anfang der für

---

44 Dazu im Detail Peters, D. Stefan; Gutmann, Wolfgang F. 1971: Über die Lesrichtung von Merkmals- und Konstruktions-Reihen. In: Z. zool. Syst. Evolutionsforschung, Jg. 9, H. 4, S. 237-263. – Der Grund dafür liegt in den Bedingungen zeitlicher Interpretation paläonotologischer Befunde. Aus der Tatsache, dass eine Form A im Sediment x (welches frühere Zeitpunkte repräsentiere als y) *nicht* gefunden wurde, folgt eben nicht deren Nicht-Existenz. Die Frage nach der Existenz*möglichkeit* läßt sich in der Regel sehr unterschiedlich beantworten. Dass es sich dabei wiederum nicht um rein empirische Differenzen handelt, zeigen exemplarisch die entgegengesetzten Deutungen, die aus ein- und derselben Datenbasis gewonnen werden können, wie dies etwa für die Interpretation der kambrischen Burgess Shale-Fossilien durch Gould (Gould, Steven Jay 1989: Wonderful Life) zum einen, durch Morris (Morris, Simon C. 2003: Life's Solution. Inevitable Humans in a Lonely Universe. Cambridge University Press, Cambridge) zum anderen geschehen ist (dazu aus methodologischer Sicht Gutmann, Mathias; Weingarten, Michael 1995: Ein gescheiterter Bestseller? Bemerkungen zu Gould und seinen Kritikern. In: Natur und Museum, Jg. 125, H. 9, S. 271-281).

45 Man denke an die keinesfalls nur für Parasiten häufig anzutreffenden Reduktionsentwicklungen; regelmäßig lassen sich gerade „evolutionäre Optimierungen" als „Vereinfachung" verstehen, was zudem die These in Frage stellt, Evolution *sei* ein Vorgang der Komplexitätssteigerung; dazu Gutmann, Wolfgang F. 1995: Hydraulische Konstruktionen, sowie Gutmann, Mathias 2010: Anthropologische Grundlagen von Entwicklung und Evolution. In: Bölker, Michael; Gutmann, Mathias; Hesse, Wolfgang (Hrsg.): Menschenbilder und Metaphern im Informationszeitalter. Lit, Berlin/Münster, S. 221-236.

die Vierfüßer, die sich aus den Quastenflossern entwickelten, kennzeichnenden Gabelungen stehen.[46]

Systematisch entscheidend an dieser Darstellung ist die schlichte Tatsache, dass hier ein Wissen über „frühe Wirbeltiere" und deren Beziehungen zu anderen (u.a. auch späteren) Wirbeltieren eingeht, das nicht seinerseits aus der mathematischen Beschreibung der generischen Typen gewonnen wird, sondern diesen semantisch vorausliegt. Die betreffenden Wissensbestände können genutzt werden, um die entsprechenden Organismen mathematisch *als* generische Formen zu beschreiben. In diesem Fall wären aber die empirischen Formen *nicht* mehr „Realisierungen" der generischen Typen, sondern *durch Beschreibung von etwas als mathematische Form* gewonnen, mit anschließender Ableitung dieser Form über Transformationsgruppen, abstraktiver Gewinnung der Typen bezüglich dieser Gruppen und der Zuordnung weiterer Formen zu den erhaltenen Typen.[47] Es stellt sich also wiederum das bei Thompson schon rekonstruierte Problem ein, mit dem Unterschied allerdings, dass im strukturalistischen Ansatz die Beschreibungsmittel nicht mehr als solche zu identifizieren sind, sondern als Ausdruck von natural kinds eindeutig auf die Seite der Naturstücke geschlagen werden – aus Beschreibungsmitteln werden Beschreibungsgegenstände, die nun ihrerseits die Eigenschaften eben dieser Mittel aufweisen (hier also deren mathematische Form).

6. Organismische Universalien?

Doch sind im Rahmen des strukturalistischen Paradigmas nicht einfach nur andere Modelle relevant geworden, als die bei D'Arcy Thompson verwendeten, sondern vor allem andere Modell*typen*, wie sie bei den genetisch orientierten Funktionsbeschreibungen eine Rolle spielten[48]. Dies zeigt der – hinsichtlich der ontologischen Interpretation seiner Modellierungen vorsichtigere, gleichwohl aber demselben Grundanliegen verpflichtete – sehr viel weitere Rahmen, welchen

---

46 Goodwin, Brian 1997: Der Leopard, der seine Flecken verliert. Evolution und Komplexität. Piper, München, S. 240.

47 Dazu im Detail Gutmann, Mathias; Neumann-Held, Eva M. 2000: Theory. – Übersieht man aber die Notwendig der Beschreibung von etwas als mathematische Form, dann entsteht genau der verschiedentlich bemerkte platonische Schein.

48 Z.B. für die von Goodwin, Brian 1997: Leopard sowie Webster, Gerry; Goodwin, Brian 1996: Form vorgelegten Strukturierungen genetischer Regulation.

Kauffman[49] zum Zwecke der Erklärung von Differenzierungs- und Evolutions-
vorgängen aufspannt. Auch hier gilt eine grundlegende Identifikation:

> From universal computing we have been led to our loose contemporary idea of a
> genetic program underlying the ontogeny of each organism. The genome is pictured
> as a kind of computer specifying the structure of the chemical elements, the RNA,
> and proteins and the regulatory interactions among those components. Like a fa-
> miliar computer program, the genetic program unfolds coherently in development
> [...]. Two features of programs in universal computers fit with exquisite precision
> into our view of organisms. First, reprogramming allows the computer to compute
> any arbitrary algorithm. Hence in principle we find ourselves thinking that with
> adequate reprogramming the genome could generate an arbitrary diversity of organ-
> isms. Second, most programs are devastatingly fragile to minor variations in the
> instructions. This strengthens our supposition that organisms are precise and must
> be maintained against chaotic degradation by selection. Conversely, we know this
> is an overstatement; organisms can suffer substantial variation and still function.
> Somehow genetic programs must be both free to vary widely and buffered against
> catastrophic failure for many minor changes. As we shall see, the probable answer
> to this seeming paradox lies in the fact, that the term "genetic program", if it points
> to anything, points to a parallel-processing genetic regulatory network which can
> exhibit self-organised buffered behaviour.[50]

Der wesentliche Unterschied zu wohlbekannten Reden über genetische Programme[51] bestünde also darin, dass die zum Vergleich herangezogene Compu-
terarchitektur und die für deren Betrieb benötigten Steuerungsalgorithmen
nicht serieller, sondern paralleler Natur seien[52]. Der Ausdruck „Programm" lässt
sich leicht als Metapher identifizieren (es handelt sich eben um genau dieses:
Vorschriften, die bezüglich definierter Zwecke – etwa des Betriebes eines Com-
puters – in eine bestimmte Form gebracht werden[53]). Um wissen zu können, dass
gewisse Eigenschaften von genetischen Netzwerken (selber wieder eine Metapher)
mit *solchen* Algorithmen verglichen werden können, müssen diese Netzwerke
ihrerseits mindestens als regulatorische, das heißt: funktionell strukturierte,

---

49 Kauffman, Stuart A. 1993: The Origins of Order. Oxford University Press, Oxford.

50 Ibid., S. 12-13.

51 Siehe etwa Mayr, Ernst 1997: This is Biology. The Science of the Living World. Bel-
    knap, Cambridge/MA.

52 Kauffman, Stuart A. 1993: Origins, S. 10.

53 Dazu Bölker, Michael; Hesse, Wolfgang 2010: Metaphern zwischen Genetik und
    Informatik. In: Bölker, Michael; Gutmann, Mathias; Hesse, Wolfgang (Hrsg.):
    Menschenbilder und Metaphern im Informationszeitalter. Lit, Berlin/Münster, S.
    203-220.

beschrieben worden sein. Genau diese *kybernetische* Strukturierung ist es aber, auf welcher die Modellierungen von Kauffman (wie auch die der anderen behandelten Positionen) basieren – etwa im Sinne des Operon-Models[54]. Erst im Lichte dieser Beschreibungen ist es *sinnvoll* zu behaupten, parallel-verarbeitende Programme böten ein *besseres* Modell, als lineare Algorithmen – jedenfalls hat bis heute niemand den Quell-Code eines Organismus gesehen (vermutlich ist dieser einfach nicht in PASCAL geschrieben!).

Lässt man diese Minimalontologie methodologisch auf sich beruhen, dann zeigt sich auch in anderen vorgeschlagenen Modellierungen – etwa den entwicklungsbiologischen – die Präsupposition einer ganzen Abfolge funktionaler Modellierungen, auf welche die von Kauffman selber entwickelten Modelle aufruhen: etwa die im Rahmen der experimentellen Induktionsforschung durch gezielte Manipulation von Amphibien-Keimen und Larven erarbeiteten Kenntnisse um histologisch-regulatorische Verhältnisse, oder die daran anschließenden morphogenetischen Modellierungen im Sinne der Positionsinformation[55]. Doch auch bei der Kauffman'schen Verwendung regulatorischer Modelle ergeben sich Implikationen für phylogenetische Fragestellungen. Setzt man die Adäquatheit seiner Modellierung von Metazoen-Zelltypen als Attraktoren in einem komplexen Boole'schen Netzwerk voraus, so lässt sich die zunehmende Zahl der Zelltypen in einer – allerdings sehr groben – Repräsentation der Anagenese[56] von „Bakterien" über „Schwämme", „Coelenteraten" und „Anneliden" zu „Menschen" modellieren (und zwar durch die zunehmende Zahl der Attraktoren eines solchen Netzwerkes unter Annahme der Zahl von K = 2 Inputs je Gen[57]). Der methodologisch interessante Aspekt hierbei besteht in der notwendigen Ahistorizität der sich ergebenden Constraints:

> I have repeatedly raised the point that, in our current world view, where the only source of order is Darwinian selection, common ordered features across organisms are always accounted for by selection and descent from a common ancestor. Here, however, we have candidate properties which may be biological universals of a differ-

---

54 Explizit Kauffman, Stuart A. 1993: Origins, S. 11.

55 Für eine systematische Rekonstruktion dieser Abfolge von Beschreibungen und Strukturierungen s. Bölker, Michael; Gutmann, Mathias; Syed, Tareq 2010: Existiert „genetische Information"? Lit, Berlin/Münster, S. 155-180.

56 Zur Unterscheidung von Anagenese und Kladogenese siehe Gutmann, Mathias; Gudo, Michael; Syed, Tareq 2007: Ana- und Kladogenese, Mikro- und Makroevolution – einige Ausführungen zum Problem der Benennung. In: Denisia, H. 20, S. 23-36.

57 Vgl. Kauffman, Stuart A. 1993: Origins, S. 460-491.

ent type. Granted that organisms are in the ordered regime due to membership in the canalyzing ensemble, which may itself reflect selection, then these other properties may simply follow as otherwise ahistorical universals.[58]

Wiederum geht aber in die – immerhin vorsichtig als „Interpretation" charakterisierte – Modellierung eine nicht-triviale Vorsortierung von Organismen ein, die nicht nur einfach grob ist (beispielsweise bezeichnet schon der Ausdruck „Anneliden" ein gigantisches Feld von zum Teil extrem diversen Lebensformen), sondern auf eine ebenfalls nicht-triviale These von Evolution referiert: „To some great extent, evolution is a complex combinatorial optimization process in each of the coevolving species in a linked ecosystem, where the landscape of each actor deforms as the other actors move."[59] Dieser Eindruck, dass Evolution ein Optimierungsprozess *sei* – und eben nicht nur *als solcher rekonstruiert* wurde – erzeugt den falschen Schein, dass das Formproblem, mit dem wir in Entwicklungsbiologie und Evolution konfrontiert sind, *dasselbe* wäre. Wird die vorgeschlagene Modellierung jedoch methodologisch reflektiert, würden Organismen also *nicht* als komplexe Systeme verstanden, sondern *als ob* sie solche wären[60], so ließe sich auch das hier vorgelegte Forschungsprogramm für beide Fragenkreise nutzbar machen, ohne die Mittel der Untersuchung mit deren Gegenständen zu identifizieren.

7. Konstruktivistische Alternative: Die Entstehung der Form als modelltheoretisches Problem

Um die angezeigten methodologischen Probleme zu vermeiden, und gleichwohl zu einem biologisch relevanten Formbegriff zu gelangen, empfiehlt es sich, an die auch von Thompson genutzte Quelle zurückzugehen. Schon Aristoteles weist nämlich in *De Anima* auf die grundlegende Differenz von belebten und unbelebten Gegenständen hin. Zwar seien beide als Körper anzusprechen, jedoch zeigten die ersteren Fähigkeiten und Eigenschaften, die den letzteren abgingen. „Lebendig" wären demnach solche Körper, die, indem sie „leben", Verschiedenes tun: etwa „sich ernähren", „sich bewegen" oder auch „anderes und sich wahrnehmen". Verfolgt man diese Überlegungen nicht ontologisch sondern funktionalistisch weiter, so lässt sich zeigen, dass „Leben" nicht einfach als Eigenschaft von Körpern verstanden werden kann, sondern nur mit Bezug auf den tätigen

---

58 Ibid., S. 487.

59 Ibid., S. 644.

60 An dieser Stelle böte es sich durchaus an, den Rekonstruktionen von Naturzweckaussagen durch den gelegentlich zitierten Kant zu folgen.

Umgang mit Gegenständen *als* Lebewesen[61]. Doch sollte dabei nicht übersehen werden, dass der Rede vom Lebendig-Sein von etwas wesentlich die reflexive Struktur des „sich-φ-ens" eignet: es widerfährt dem Lebewesen nicht, dass es sich ernährt oder sich bewegt, sondern es werden solche Tätigkeiten wesentlich „durch das Lebewesen selbst" vollzogen. Gehören diese Bestimmungen noch dem Bereich empraktischen, umgänglichen Wissens an, so wird der Übergang zur wissenschaftlichen Beschreibung und Strukturierung von Lebewesen durch deren funktionale Modellierung erreicht. Als Resultat dieser Modellierung ist nun nicht mehr von Lebewesen (und deren Teilen) mit Bezug auf deren Fähigkeiten, sondern von *Organismen* (und ihren Organen und Strukturen) mit Bezug auf deren bionome Leistungen die Rede. Der methodologisch zentrale Gedanke bei der Konstruktion dieser Sprachebenenübergänge – denen die Differenzbestimmung der Praxisübergänge zugrunde liegt – besteht in der möglichen systematischen Rekonstruktion der Geltungsbedingungen intentionaler Rede.[62] Durch diese Übergänge werden zugleich die Geltungsbedingungen jener Redestücke verändert, für deren Verwendung im lebensweltlichen Zusammenhang weder Personen- noch Situationeninvarianz zu fordern war. Denn die Beschreibungen, die auf die bionomen Leistungen von Organismen abzielen, müssen nun – im Gegensatz zu den in die methodischen Anfänge eingehenden Beschreibungen von Lebewesen als „φ-enden" – gerade dadurch ihren wissenschaftlichen Charakter ausweisen, dass sie von all jenen Einschränkungen befreit werden, die wesentlich für lebensweltliche Beschreibungen gelten (also insbesondere ihre Situativität). Dies wird dadurch erreicht, dass Lebewesen so beschrieben werden, *als ob* sie funktionale Einheiten seien, wobei in die Strukturierung derselben explizites oder jedenfalls explizierbares Wissen eingeht (indem etwa auf den Bau und Betrieb von Maschinen und anderen Artefakten Bezug genommen wird[63]). Auf diese Weise lassen sich Lebewesen so strukturieren, als ob sie Artefakte wären, ohne in der Rede über deren „Maschinen-" oder „Werkzeugcharakter" mehr zu sehen, als eine – allerdings methodologisch anspruchsvolle – metaphorische Bestimmung,

---

61 Dazu im Detail Janich, Peter; Weingarten, Michael 1999: Wissenschaftstheorie der Biologie. Fink, München; Weingarten, Michael 1992: Organismuslehre; Gutmann, Mathias 1996: Evolutionstheorie.

62 Dazu ibid. sowie Gutmann, Mathias 2002: Aspects of Crustacean Evolution.

63 Eine solche funktionalistische Deutung lässt sich zumindest anfänglich auch an Aristoteles orientieren, wenn man den Vergleich zwischen Lebewesen und Werkzeugen methodologisch entsprechend ausdeutet. Einen Vorschlag dazu siehe bei Janich, Peter; Weingarten, Michael 1999: Wissenschaftstheorie.

welche den Anfang modelltheoretischer Explikation liefert[64]. Dabei tritt das an eben diesen Artefakten gewonnene Handlungswissen als *know-how* auf, mit dessen Hilfe sich die Modellierung vollzieht. Im Gegensatz also zum strukturalistischen Ansatz wird hier ein systematisch relevanter Unterschied zwischen Beschreibungsmittel und -gegenstand gemacht, so dass der methodologische Status der angefertigten Modellierung jederzeit identifizierbar bleibt. Gleichzeitig entfällt die Notwendigkeit, der „Natur" die Folgen unserer (wissenschaftlichen) Strukturierung von Lebewesen anzuhängen.

Dieses Verständnis der Beschreibung von Lebewesen hat zunächst methodologisch radikale Folgen für das Verständnis des Ausdruckes „Leben"[65]. Anstelle der üblichen Aussagen über das „sich-Bewegen" oder „sich-Ernähren" von *Lebewesen* treten Aussagen über Metabolismus, Propulsion, Motilität etc. von *Organismen*, ohne dass für die in die methodischen Anfänge eingehenden Beschreibungen strikte Zuordnungen zu fordern wären. Im Gegensatz zur formalistischen Reduktion und der dadurch nahegelegten Naturalisierung, wie sie dem strukturalistischen Ansatz eignen, werden bei den resultierenden organismischen Konstruktionen, die aus der skizzierten Modellierung von Lebewesen folgen, die materialen und stofflichen Aspekte weder als bloße „Realisierungen" abstrakter Formverhältnisse noch als Ausdruck von natural kinds verstanden. Es ergeben sich vielmehr aus der spezifischen Stofflichkeit von Organismen Anforderungen, die über bloß mathematische Formalisierung oder physikalische und chemische Beschreibungen deutlich hinausgehen, wie etwa Kraft-, Form- und Materialschlüssigkeit der resultierenden Konstruktionen[66]. Diese Beschreibungen liefern eine Grundlage für bestimmte Fragestellungen, die direkt den Gegenstand z.B. der entwicklungsbiologischen Forschung liefern. Denn um das Entstehen adulter Formen aus Larval- oder Embryonalstadien verstehen zu können, müssen die bearbeiteten Lebewesen schon funktional strukturiert sein – ohne dass dies eine Festlegung auf die hier exemplarisch angeführten mechanischen oder physikalischen Modelle implizierte.[67] Das Forschungsprogramm Kauffmans zeigte

---

64 Dazu Bölker, Michael; Gutmann, Mathias; Syed, Tareq 2010: Genetische Information.

65 Dazu Gutmann, Mathias 2011: Life and Human Life. In: Korsch, Dietrich; Griffioen, Amber I. (Hrsg.): Interpreting Religion. The Significance of Friedrich Schleiermacher's 'Reden über die Religion' for Religious Studies and Theology. Mohr, Tübingen, S. 163-185.

66 Vgl. Gutmann, Wolfgang 1995: Hydraulische Konstruktionen.

67 Vgl. etwa Gutmann, Wolfgang F.; Bonik, Klaus 1979: Biomechanik in der Embryonalentwicklung. In: Institut für leichte Flächentragwerke (IL) Stuttgart (Hg.): IL

dies ja insbesondere für physikochemische, chemische und informatische bzw. logische Modellierungen.

Doch können mittels dieser – an rezenten Lebewesen gewonnenen – Konstruktionen auch *evolutionäre* Verläufe rekonstruiert werden, wobei mögliche Vorläufer von nicht mehr rezenten Formen zu erarbeiten sind. Dabei wären die „Zwischenstadien" als – nach den genannten Kriterien – *bionome* Organismen zu verstehen, denen „mögliche" (d.h. lebensfähige) Lebewesen eindeutend zuzuordnen sind.[68] Die im strukturalistischen Forschungsprogramm genutzten taxonomischen und systematischen Vorordnungen wären also im Rahmen eines solchen konstruktionsmorphologischen Ansatzes ihrerseits begründbar, ohne dass die ontogenetische mit der phylogenetischen Formproblematik konfundiert würde. Die notwendigen „ahistorischen" Struktureigenheiten der organismischen Rekonstruktionen (etwa deren bionome Leistungsfähigkeit, die Kraft-, Material- und Formschlüssigkeit derselben etc.) wären dann nicht ahistorische Universalien, sondern im methodischen Anfang der evolutionären Rekonstruktion begründete Folgen der Gegenstandskonstitution, welche mit *als Organismen* funktional strukturierten Lebewesen die Mittel liefert, um evolutionäre Bahnen rekonstruieren zu können. Es verändert sich also der Theorierahmen nach Maßgabe der Fragestellung – denn nun wird die Entstehung von Formen evolutionär zu begründen sein, wobei die Transformation der organismischen Konstruktionen durch Nutzung von Rekonstruktionsprinzipien erfolgt, die keine Behauptungen über das So-Sein von Evolution darstellen, sondern über die in der Rekonstruktion genutzten Mittel[69]. Bei der oben skizzierten Eindeutung der Transformationsreihen kommt außerdem weiteres biologisches Wissen ins Spiel, welches etwa entwicklungsbiologischer, populationsgenetischer oder ökologischer Natur ist. Die jeweils eingedeutete Konstruktion entspricht dann nicht mehr individuell geformten Lebewesen, sondern bezeichnet *konstruktionsgleiche* Typen, denen Lebensformen zugeordnet werden können (hier hätten also Fossilien ihren natürlichen – *sic!* – Ort). Die methodologischen Folgen der Unterscheidung beider Transformationsarten sind allerdings weitreichend, denn damit wird etwa ein Huhn, das Gegenstand entwicklungsbiologischer

---

19 – Wachsende und sich teilende Pneus, S. 100-113; Bölker, Michael; Gutmann, Mathias; Syed, Tareq 2010: Genetische Information.

68 Hierzu im Detail Gutmann, Wolfgang 1995: Hydraulische Konstruktionen; Gutmann, Mathias 2002: Aspects.

69 Zum Optimierungs- und Ökonomisierungsbegriff siehe Weingarten, Michael 1993: Organismen.

Beschreibung ist, ein – wissenschaftlich – *anderer* Gegenstand als eben dieses (lebensweltlich identische!) Huhn in phylogenetischer Beschreibung. Die Differenz des theoretischen Rahmens (entwicklungsbiologischer hier, evolutiver da) verschwindet auch dadurch nicht, dass sich Embryogenesen selber zum Gegenstand phylogenetischer Fragen erheben lassen – und hier wäre die Bezeichnung der Ontogenese in der Tat methodologisch angebracht. Um ein vereinfachendes Bild zu nutzen: Wird im entwicklungsbiologischen Fall das Huhn mit einem Ei verglichen und die Frage beantwortet, wie das eine aus dem anderen hervorgeht, so wird im evolutionären (und wieder wäre *hier* Phylogenie die rechte Bezeichnung) eben dieses Huhn etwa mit einem Fisch verglichen. Ersichtlich sinnlos ist dann aber die Frage, wie das Huhn aus dem Fisch entsteht, wenn denn die aristotelische Einsicht gelten soll, dass Hühner Hühner zeugen und Fische Fische. Genauer gesagt bedarf die Beantwortung dieser Frage eines veränderten Theorierahmens mit entsprechender Gegenstandsbestimmung. Obzwar also der lebensweltliche Referent[70] von „Huhn" in beiden Fällen identisch ist, sind die resultierenden wissenschaftlichen Gegenstände dies nicht!

Diese konstruktivistische Alternative erlaubt es uns, den ominösen „Brückencharakter", den D'Arcy Thompson der Wirbelsäule von Vertebraten unterstellte, ebenso zu verstehen, wie den Realisierungscharakter von empirischen Formen im Sinne einer rationalen Taxonomie, oder die Interpretation von Zelltypendifferenzierung mittels einer Modellierung als Boole'sche Netzwerke. In all diesen Fällen handelt es sich um die Beschreibung von Lebewesen und deren Teilen, oder deren Leistungen unter Nutzung ingenieurstechnischen, physikalischen, logischen oder mathematischen Wissens *als Organismen.* Nur wenn übersehen wird, dass es sich dabei um einen *Vergleich mit angeschlossenem Sprachebenenübergang* handelt, kann der Eindruck entstehen, es lägen nicht Aussagen über Modellierungen vor, sondern über Lebewesen und deren Gewordensein.

Trifft unsere Analyse zu, so ist die darzustellende Form *weder* als Naturgegenstand zu verstehen *noch lediglich* als von der jeweiligen Beschreibung abhängig beziehungsweise durch diese erzeugt. Vielmehr ist – mit der oben als dritte Position angesprochenen methodologischen Klärung *beginnend* – die *Rede* von Form in der Biologie nur mit Blick auf die Beschreibung und Strukturierung von Lebewesen als *geltende* auszuweisen (d.h. die Modelle, in die deren Fähigkeiten

---

70 Der Unterschied wird etwa dadurch wiedergegeben, dass im einen Fall von der Embryogenese von *Gallus spec.* die Rede ist, im anderen Fall von vogelförmigen Konstruktionen, die sich etwa als Arten darstellen lassen. Dann sind aber taxonomische und systematische Kategorien deutlich zu trennen.

und Eigenschaften als Organismen eingehen). Dass es sich *dabei* um wesentlich *empirisches* Wissen handelt, lässt sich der einfachen Tatsache entnehmen, dass funktionale Strukturierungen je nach gewählter Modellgrundlage auch *scheitern* können (müssen). Im Gegensatz zu einer rein formalen Beschreibung mit mathematischen Mitteln, die ihre Adäquatheit – wie gesehen – an schon als geltend unterstelltem *empirischen* Wissen erweist[71], besteht die Hauptaufgabe funktionaler Modellierung in der Bereitstellung eben solchen empirischen Wissens. Dieses Wissen erlaubt es gleichermaßen, „Entwickeln" und „Evolvieren" als organismische Leistungen[72] zu verstehen, als Leistungen also, die im hier entfalteten Sinne von organismisch strukturierten Gegenständen hervorgebracht werden – unter Beachtung der je in Blick genommenen Modellantia und der relevanten Theorierahmen. Modellierungen sowohl entwicklungsbiologischer wie evolutionärer Transformation organismischer Gegenstände sind mithin möglich, ohne die Reduktion der jeweiligen Fragekontexte fordern zu müssen. Folgt man nun dem hier vorgeschlagenen Rekonstruktionsweg, so lassen sich die von strukturalistischer Seite vorgenommenen Beschreibungen auch ohne Naturalisierung der Beschreibungsmittel als z.B. physikalische Modellierungen (wie sie etwa in Funktions- und Konstruktionsmorphologie, Bionik oder Biomechanik und Biophysik vorgenommen werden) oder als mathematische Modellierungen verstehen, wie sie im Rahmen systembiologischer Ansätze eine wesentliche Rolle spielen.

---

71 Etwa über die embryogenetische Entfaltung der Extremitätenanhänge bei Wirbeltieren, oder der unterstellten zeitlichen Abfolgen von Konstruktionstypen in der Erdgeschichte.

72 Organismen lassen sich daher auch als „selbst*organisierende* Einheiten" verstehen, wenn zudem beachtet wird, dass diese *nicht* selbst*organisiert* sind – dieses ist nach unserer Rekonstruktion vielmehr die Aufgabe des Wissenschaftlers (zur Rekonstruktion des Ausdruckes „Selbstorganisation" siehe Gutmann, Mathias 2010: Autonome Systeme und der Mensch: Zum Problem der medialen Selbstkonstitution. In: Selke, Stefan; Dittler, Ullrich (Hrsg.): Postmediale Wirklichkeiten aus interdisziplinärer Perspektive. Weitere Beiträge zur Zukunft der Medien. Heise, Hannover, S. 127-148). Doch auch die Leistungen, die sich mit dem Prozess des „Selbst*organisierens*" verbinden, sind hier – mit Blick auf die Tatsache, dass „Organisieren" zunächst und vor allem *menschliche* Tätigkeit ist – nur im Modus des „als ob" valide Modellierungen von Hervorbringungen oder Leistungen des je Modellierten.

8. Zum Schluss: Die Form der Form

Im Gegensatz zur Anfangsvermutung haben Dinge ihre Form nicht an sich. Sie ergibt sich aber auch nicht als bloßes Produkt unserer Reflexion, sondern ist als *Resultat der Reflexion der Gegenstandskonstitution* (und der dabei eingehenden Mittel) zu verstehen, welche biologische Forschung überhaupt erst ermöglicht. Dabei lassen sich unterschiedlichste Mittel zur Strukturierung von organismischen Formen nutzen – mit entsprechenden Folgen für das, was als „Form" identifiziert werden kann. Jedenfalls werden Gegenstände erst durch diese begriffliche und gegenständliche Arbeit an der Form *intelligibel* und damit wissenschaftlich darstellbar. Die *Form* dieser Formen wäre mithin gerade das System derjenigen Mittel, welche zur Erarbeitung der Gegenstände eingesetzt wurden.[73] Die „Form von Form" wäre in diesem Verständnis nicht die einfache metasprachliche Aufstufung, wie sie sich etwa im Strukturalismus durch Angabe höherstufiger Invarianten auffinden ließ. Das hier vor allem betrachtete Verhältnis von entwicklungs- und evolutionsbiologischer Formbildung kann in Konsequenz nicht mehr als nur biologisches thematisiert werden. Es gehörte vielmehr einem Diskurs an, welcher *Form* als das Ensemble jener Symbolisierungen verstünde, *mit denen, durch die und in welchen* wir Form*en* als Gegenstände von Wissenschaften – hier der Biologie – zu begreifen im Stande sind.[74] Dann gilt allerdings, dass sich Form weder sehen noch nachbilden, sondern wesentlich nur begrifflich am eigenen gegenständlichen Tun bestimmen lässt.

---

73 Cassirer, Ernst (1990): Philosophie der symbolischen Formen. Bd. 3: Phänomenologie der Erkenntnis [1929]. Wiss. Buchgesellschaft, Darmstadt.

74 Vgl. Gutmann, Mathias; Weingarten, Michael 1996: Form als Reflexionsbegriff. In: Jahrbuch für Geschichte und Theorie der Biologie, Jg. 3, S. 109-130; Gutmann, Mathias 2009: Zum Begriff der Wissenschaft bei Cassirer. Methodologische Überlegungen zur Aktualität eines Rekonstruktionsprogrammes. In: Zeitschrift für Kulturphilosophie, H. 2, S. 185-196. Nur wenn die – unseres Erachtens notwendige – reflexive Dimension bei Handlungsbeschreibungen entfällt, ergibt sich ein gleichsam unmittelbarer Bezug zur Tätigkeit als solcher (diese lieferte in der Beziehung von imperfektischer und perfektischer Redeform sozusagen ihre eigene Darstellung [!] gleich mit; siehe etwa Michael Thompson 2012: Life). Damit kollabierte aber der Formbegriff wieder in die einfache Entgegensetzung von Form des Lebens und Lebensform, welche notwendig weitere Nivellierung nach sich zieht (zum Problem der Lebensform s. Gutmann, Mathias 2011: Life).

II
Die politische Bewegungsform der Praxis

Alexandra Popp

Die Arbeitsgesellschaft, der die Arbeit ausgeht –
Wie Hannah Arendt zu ihrer berühmten These kam

Hannah Arendt hat 1958 behauptet, dass wir in einer Arbeitsgesellschaft leben, der die Arbeit ausgeht, was nachfolgend zum Leitgedanken vieler arbeitskritischer Überlegungen geworden ist. Obwohl Arendt selbst keine eigene Theorie des Arbeitens liefert, ist ihre These von der Arbeitsgesellschaft, der die Arbeit ausgeht, ein guter Ausgangspunkt, um einige aktuelle Probleme des Arbeitens genauer zu beleuchten. Mit Arendts Annahmen im Hinterkopf lässt sich untersuchen, ob unserer Gesellschaft tatsächlich die Arbeit oder vielleicht nur bestimmte Formen von Arbeit ausgehen. Arendt selbst hat ihre Methode einmal als „Suche nach phänomenaler Evidenz"[1] bezeichnet, die darin besteht, die heutige Bedeutung von Dingen oder Zusammenhängen zu ergründen, indem verdeckte Bedeutungen freigelegt werden, die in Begriffen und Bezeichnungen mittransportiert werden und eine Vorstellung vermitteln, was Dinge und Zusammenhänge *früher* einmal bedeutet haben. Mit dieser Methode können Gründe aufgedeckt werden, wie und warum es zu möglichen Veränderungen oder Verschiebungen von Bedeutungen kam. Für die Bestimmung des Arbeitens heißt die Suche nach phänomenaler Evidenz, dass Arendt nicht einfach eine Definition dessen vorlegt, was Arbeit *ist*, sondern sich vor allem dafür interessiert, was Arbeit einmal *war*, was es dann *wurde* und wie seine für uns so zentrale Bedeutung zustande gekommen ist.

Arendts Forschungsgebiet war nach eigener Aussage nicht die Philosophie, sondern die politische Theorie[2], an der sie vor allem das Bestehen politischer Gemeinschaften in der Antike und das spontane politische Zusammenhandeln von Menschen in Revolutionen interessierte. Die Antike ist für Arendts Überlegungen stets ein wichtiger Referenzpunkt, weshalb sie auch die zentrale Bedeutung des Arbeitens in modernen Gesellschaften im Vergleich zur antiken

---

1   Arendt, Hannah 1981: Vita activa oder Vom tätigen Leben. Piper, München/Zürich, S. 120.
2   Vgl. Arendt, Hannah 1998: Ich will verstehen. Selbstauskünfte zu Leben und Werk, hg. von Ursula Ludz. Piper, München/Zürich, S. 44.

Gesellschaftsordnung untersucht. Damit wählt Arendt den weitest möglichen Abstand zur modernen Aufwertung des Arbeitens, weil dem Arbeiten in der Antike ein äußerst geringer Wert beigemessen wurde. Dieser Bezug zur Antike, der nicht nur den Arbeitsbegriff, sondern *alle* theoretischen Konzepte Arendts betrifft, zeigt zwar sehr deutlich die Unterschiede zur Gegenwart, aber erschwert zugleich die Auseinandersetzung mit Arendt, weil die relativ übersichtlichen Verhältnisse in einer antiken Polis nicht ohne Weiteres auf komplexe moderne Probleme übertragbar sind.

Hannah Arendt legt keine Arbeits*theorie* im eigentlichen Sinne vor, sondern das Arbeiten dient ihr vor allem als Abgrenzungsbegriff, um das Handeln als originär politische Tätigkeitsform von Menschen genauer zu bestimmen. Dabei geht es nicht vorrangig um eine genaue Begriffsklärung des Arbeitens, sondern um die *Kritik an einer Gesellschaft, die sich über Arbeit definiert.* Diese Überlegungen zum Arbeiten ordnen sich in ein Konzept vom menschlichen Tätigsein überhaupt ein, in dem Arendt ganz grundsätzlich drei Formen unterscheidet, in denen Menschen tätig sind, nämlich *Arbeiten, Herstellen* und *Handeln.* Diese Tätigkeiten bestimmt Arendt als Werkzeuge, die Menschen einsetzen, um mit den *Bedingungen* umzugehen, innerhalb derer ihr Leben stattfindet. Die Hauptbedingung des menschlichen Lebens ist seine Endlichkeit, also die Tatsache, dass es mit der Geburt einen Anfang und mit dem Tod ein Ende hat. Neben dieser Hauptbedingung benennt Arendt drei weitere Bedingungen: Menschen sind *durch das Leben selbst* (im biologischen Sinne), *durch Dauerhaftigkeit* bzw. *Weltlichkeit* und durch *Pluralität* bedingt. Arendt betont dabei ganz ausdrücklich den ermöglichenden Aspekt dieser Einschränkungen und unterscheidet schematisch drei Tätigkeitsformen, von denen jede für einen spezifischen Bereich der Bedingtheit zuständig ist: das Arbeiten, das Herstellen und das Handeln.[3] Das *Arbeiten* entspricht der Bedingung des Lebens selbst und dient dazu, das Leben zu erneuern, zu erhalten und zu ernähren. Das *Herstellen* entspricht der Bedingung der Weltlichkeit oder Objektivität, weil in ihm Dinge hervorgebracht werden, die eine stabile und dauerhafte Umgebung konstruieren. Das *Handeln* schließlich hängt mit der menschlichen Pluralität zusammen, dem Fakt also, dass Menschen sich stets mit anderen Menschen in Gemeinschaften zusammentun.

---

3   Wenn Hannah Arendt diese drei Tätigkeitsformen beschreibt, dann meint sie *Idealkonzepte*, die lebensweltlich in dieser Eindeutigkeit nicht vorkommen. Es geht ihr in der theoretischen Darstellung vor allem um die Unterschiede zwischen den Bereichen, weshalb sie diese Unterschiede klarer herausstellt, als sie empirisch auffindbar sind.

Der vorliegende Aufsatz ist in drei Teile gegliedert: Am Beginn wird Arendts Theorie des Arbeitens mit ihren wesentlichen Referenzen vorgestellt, wobei auch auf die Problematik ihres Ansatzes eingegangen wird. Quasi als Gegenentwurf zu Arendts Überlegungen wird im zweiten Teil der beachtliche Aufstieg beleuchtet, den das Arbeiten in Neuzeit und Moderne durchlaufen hat. Im dritten Teil schließlich wird Arendts Beitrag für die aktuelle Arbeitsdiskussion herausgestellt.

Hannah Arendts Theorie des Arbeitens

Arbeit als Lebenserhaltung

Das Arbeiten ist für Arendt diejenige Tätigkeit, die der Bedingung des Lebens selbst entspricht und mit der Menschen ihren eigenen Lebenskreislauf erhalten und für ihren unmittelbaren Lebensunterhalt sorgen. In Anlehnung an einen Begriff aus der Wirtschaftswissenschaft lässt sich dieses grundlegende Aufrechterhalten der eigenen Lebensgrundlagen auch als *Subsistenztätigkeit* bezeichnen. *Subsistenz* beschreibt Wirtschaftssysteme, die nur sich selbst erhalten und sonst nichts hervorbringen, etwa Bauernhöfe, die nur für die Selbstversorgung und nicht für den Verkauf produzieren. Hannah Arendt versteht Arbeiten, ohne den Begriff selbst zu benutzen, genau in diesem Sinne als Subsistenztätigkeit, also als eine selbstreferentielle Tätigkeit, mit der Menschen ihr eigenes Leben und die Fähigkeit, ihr Leben auch zukünftig durch Arbeit sichern zu können, aufrechterhalten, und mit der sonst nichts hervorgebracht wird. Diese Auffassung knüpft an die antike Vorstellung an, nach der Arbeit überhaupt nicht als Tätigkeit von freien Menschen, sondern als Sklaventätigkeit angesehen wurde und deswegen für die theoretische Betrachtung nicht weiter relevant war. Streng genommen ist das Arbeiten für Arendt, ähnlich wie für die antiken Denker, lediglich ein Abgrenzungsbegriff, denn der eigentliche Fokus bei Überlegungen zum Tun von Menschen liegt jenseits der Sphäre des Arbeitens und der Notwendigkeit, also dort, wo die Sicherung des Lebensunterhaltes schon erfolgt ist. In der Antike hatten nur diejenigen Mitglieder einer Polis das Recht zur Teilnahme an politischen Entscheidungen, die sich um ihren Lebensunterhalt nicht (mehr) sorgen mussten. Nachgewiesen wurde dies durch ein gewisses Vermögen und einen gewissen Bestand an Sklaven. Dass neben dem Eigentum von Geld, Grund und Boden auch der Besitz von Sklaven als notwendige Voraussetzung für die eigene Freiheit galt, hängt aufs Engste mit den Lebensnotwendigkeiten zusammen. Der Bereich von Arbeit und Lebensunterhalt wurde in der Antike als ganz grundlegend sklavisch angesehen. Menschen konnten erst Bürger und damit frei zur

Teilnahme an politischen Entscheidungsprozessen sein, wenn sie zuvor schon für ihr Überleben gesorgt hatten. Die Notwendigkeit des Sklavenbesitzes wurde in der Antike dadurch gerechtfertigt, dass das Leben selbst als sklavisch verstanden wurde. Sklaven waren demnach notwendig, um selbst in gewissem Maße frei *von* den Lebensnotwendigkeit und frei *zu* anderem zu sein. Dass die Sklaven selbst dann völlig innerhalb der Lebensnotwendigkeiten gefangen blieben, stand überhaupt nicht zur Debatte, weil sie gar nicht als vollständige Menschen, also als Bürger, galten. „Die Ansicht moderner Historiker, dass die Antike das Arbeiten und das Herstellen verachtete, weil nur Sklaven damit befasst waren", ist in Arendts Augen nicht korrekt, die Verachtung stamme umgekehrt daher, dass „Arbeiten hieß, Sklave der Notwendigkeit [zu] sein"[4]. Die Sklaverei war in diesem Verständnis „der bewusste Versuch, das Arbeiten von den Bedingungen auszuschließen, unter denen Menschen das Leben gegeben ist"[5]. Das Sklavische des Arbeitens, das in der Antike eine so grundlegende Rolle spielte, zeigt sich übrigens noch lange in der Wortgeschichte: Im Deutschen geht das Verb *arbeiten* auf das Wort *arbejo* zurück, das Waisenkinder bezeichnete, die zu körperlicher Arbeit genötigt waren. Im Russischen haben die Wörter für *Sklave* (*rab*) und für *Arbeit* (*rabota*) bis heute den gleichen Wortstamm.

Arbeit als Kreislauf

Das Arbeiten, wie es Hannah Arendt versteht, erhält das Leben in einem ganz grundlegenden Sinne und bringt nichts Gegenständliches hervor. Im rein biologischen Verständnis ist das Leben ein Kreislauf, „ein Vorgang, der überall das Beständige aufbraucht, es abträgt und verschwinden lässt"[6]. Das Arbeiten als die Tätigkeit, die das Leben erhält, funktioniert ebenfalls wie ein Kreislauf. Diese enge Bindung der Arbeit an die Lebenserhaltung, die Arendt aus der Antike übernimmt, ist der hauptsächliche Grund, warum sie diese Tätigkeit als wert- und sinnlos bezeichnet. Vorausgesetzt wird dabei ein *biologisches* und explizit kein *biografisches* Verständnis vom Leben. Herausragende Ereignisse, „die am Ende als eine Geschichte erzählt werden können"[7], geschehen im Leben immer nur jenseits der materiellen Lebenssicherung in der regelmäßigen Abwechslung von Anstrengung und Erholung.

---

4 Arendt, Hannah 1981: Vita activa, S. 101.
5 Ibid., S. 102.
6 Ibid., S. 115.
7 Ibid., S. 116.

Das Aufrechterhalten des Lebenskreislaufes durch Arbeit hat ganz klar etwas Zwanghaftes, weil Hunger, Durst und andere körperliche Bedürfnisse gestillt werden müssen. Die Mühsal des menschlichen Lebens ist „in ihrer Vergeblichkeit von einer unüberbietbaren Dringlichkeit, und ihre Aufgaben gehen allen anderen Aufgaben vor, weil von ihrer Erfüllung des Leben selbst abhängt"[8]. Der Zwang der Lebenserhaltung wird noch durch die Tatsache verschärft, dass die erarbeiteten Lebensmittel quasi ihren Verbrauch „erzwingen", weil sie nur von geringer Haltbarkeit sind. Arbeiten und Konsumieren sind in diesem Verständnis also zwei Seiten der gleichen Sache und dienen beide dazu, das Leben zu erhalten. Das Zwanghafte macht aus der Arbeit eine Last und einen Fluch, weil Menschen ihr nicht entkommen können, solange sie leben. Aus den gleichen Gründen kann Arbeit aber auch ein Segen sein: Wenn gar nicht in Frage steht, ob Arbeit getan werden muss oder nicht, wenn sie *immer* getan werden *muss*, so lange das Leben andauert, können Menschen zwar überlegen, *wie* sie sich diese Tätigkeit erleichtern, aber sie müssen nicht überlegen, *ob* sie sie tun oder nicht – und das bedeutet zwar immer wieder Anstrengung, aber auch eine Entlastung von Entscheidungen, die ansonsten getroffen werden müssten. Durch das Kreislaufhafte und Zwingende des Arbeitens entsteht zudem eine Regelmäßigkeit, die anderen Tätigkeiten fehlt und die eine gewisse Form von Befriedigung mit sich bringt: „Der Segen der Arbeit ist, dass Mühsal und Lohn einander in dem gleichen regelmäßigen Rhythmus folgen wie Arbeiten und Essen."[9] Dieses Glück, das sich mit dem Arbeiten verbindet, ist aber immer sehr stark an den Moment gebunden, denn der Kreislauf von Arbeiten und Erholen wirft Menschen letztlich immer wieder auf sich selbst zurück, und auf das kleine Glück von Erholung und Lohn folgt zwangsläufig immer neue Arbeit.

Arbeiten als antipolitische Tätigkeit

Es wurde schon erwähnt, dass das Arbeiten für Arendt ein Abgrenzungsbegriff zum Handeln ist. Das Handeln ist die politische Tätigkeitsform, in der Menschen die Welt mit Sinn versehen. Handeln ist immer mit Sprache verbunden, im Handeln und Sprechen sind Menschen gemeinsam mit anderen tätig. Das Handeln ist sehr stark von den konkreten Akteuren geprägt, die handeln und sprechen. Arbeit hingegen ist nicht an konkrete Personen gebunden, sie kann auch delegiert und aufgeteilt werden. Sprache spielt hier höchstens eine Rolle

---

8   Ibid., S. 104.
9   Ibid., S. 126.

für Absprachen, wie die einzelnen Arbeitsschritte koordiniert werden sollen. Weil es quasi ohne Sprache auskommt, ist das Arbeiten in Arendts Augen die *antipolitische Lebensführung* schlechthin; sie bezeichnet es nicht nur als *apolitisch*, was heißen würde, dass es keine Politik beinhaltet, sondern als *antipolitisch*, was bedeutet, dass es Politik ausschließt. Neben dem Ausschluss von Sprache sieht Arendt den zweiten Grund für das Antipolitische des Arbeitens darin, dass die Akteure austauschbar sind, weil es für ihr Tun nicht relevant ist, *wer* die jeweiligen Handgriffe ausführt. Diese Austauschbarkeit derjenigen, die arbeiten, ist schon eine Interpretation, die Arendt vornimmt und die auf die Tendenz verweist, Arbeit auf einfache Handlangertätigkeiten zu reduzieren. Der strikte Ausschluss von Arbeit und Politik hat damit zu tun, dass Arendt die beiden Aristotelischen Definitionen des Menschen[10] als einander ergänzend liest: Menschen sind in ihren Augen politische Wesen, weil sie mit Sprache begabt sind, und umgekehrt können sie sprechen, weil sie prinzipiell politische Wesen sind[11]. Weil nun das Arbeiten sprachlos in dem Sinne verläuft, dass die Sprache nicht wesenhaft zu seiner Ausführung gehört, sondern nur für Absprachen über technische Aspekte des Tuns genutzt wird, ist alles Politische aus diesem Bereich ausgeschlossen. Da Sprache im Arbeiten keine Rolle spielt, bezeichnet Arendt das Subjekt des Arbeitens auch nicht als „Arbeiter" oder „arbeitenden Menschen", sondern als „animal laborans"[12], also als arbeitendes Tier.

Wertschöpfung durch Arbeit?

Nach dem bisher Gesagten scheint Arendt der in der aktuellen Diskussion zum Arbeiten so zentrale Gedanke, dass durch Arbeit etwas Dauerhaftes oder ein Wert geschaffen wird, sehr fern zu liegen. Marx hat an der menschlichen Arbeitsfähigkeit den Fakt hervorgehoben, dass sie einen Mehrwert hervorbringt, dass also im Arbeiten mehr produziert wird, als die jeweils Tätigen selbst zum Überleben brauchen. Dieser Mehrwert besteht in einem Überschuss an Arbeitskraft, den die Arbeiter auf dem Markt anbieten können und der für Marx zu etwas Ge-

---

10 Aristoteles definiert den Menschen einmal als *zoon logon echon*, als Wesen, das Sprache hat, und einmal als *zoon politikon*, also als ein politisches Wesen (vgl. Aristoteles 1995: Politik. Übers. v. E. Rolfes. Meiner, Hamburg, S. 1253a 2 f.). Nach Arendts Auffassung stellen diese beiden Aussagen nicht zwei verschiedene Definitionen des Menschen dar, sondern gehören *ursächlich* zusammen.

11 Arendt, Hannah 2000: Über die Revolution. Piper, München/Zürich, S. 19.

12 Arendt, Hannah 1981: Vita activa, S. 102.

genständlichem wird, indem er ihn mit einem Wert gleichsetzt.[13] Durch diese Bestimmung von Arbeit als Ware entsteht der für die gesamte nachmarxsche Arbeitsdiskussion so prägende Eindruck, die Arbeitskraft sei eine objektive Sache, die auch unabhängig vom Arbeitsprozess existieren würde. Hannah Arendt stellt nun nicht in Abrede, dass Menschen mehr Arbeitskraft haben, als sie für ihr eigenes Überleben brauchen, aber sie warnt vor der Schlussfolgerung, dass die überschüssige Arbeitskraft strukturell etwas anderes als Subsistenztätigkeit wäre. Der Überschuss an Arbeitskraft besteht für Arendt in dem Fakt, dass ein Körper die Energie hat, nicht nur sich selbst zu erhalten, sondern mehr zu arbeiten, als für das eigene Überleben notwendig ist; allerdings sieht sie darin keine Produktivität, sondern *Fruchtbarkeit*. Menschen haben demnach zwar die Möglichkeit, mehr Arbeit zu leisten, als sie für sich selbst brauchen, trotzdem bleibt von dieser Tätigkeit nichts Objektives übrig.[14]

Vor allem durch den Einsatz von Geräten, Werkzeugen und Maschinen „wird die natürliche Fruchtbarkeit des animal laborans vervielfacht"[15]. Wirklicher *Wert* kann nach Hannah Arendt im Arbeiten auch durch Überschuss nicht geschaffen werden, weil Werte sich wesentlich durch Langfristigkeit auszeichnen, die im Arbeiten wegen der unmittelbaren Nähe zum Überleben (und damit zu Verbrauch und Verzehr) nicht möglich ist. Das Schaffen von dauerhaften Dingen, die eine *Welt* konstruieren, der Sinn zugeschrieben werden kann, gehört für Arendt zu einem strukturell anderen Tätigkeitsbereich, nämlich zur Sphäre des *Herstellens*. Ähnlich wie in der Aristotelischen Unterscheidung von *Praxis* und *Poiesis* wird auch hier die Qualität der Tätigkeit über die Qualität der Produkte definiert. Weil das Arbeiten auf Überlebenssicherung angelegt ist, ist es egal, wie *viel* davon geleistet wird, es bleibt *strukturell* trotzdem Subsistenztätigkeit, weil nichts Dauerhaftes entsteht.

Unterscheidung verschiedener Tätigkeitsbereiche

An diesem Punkt lässt sich fragen, ob Arendts Gleichsetzung von Arbeit mit Lebenssicherung nicht zirkulär ist und ob es nicht vielmehr nur eine Frage der Definition oder der Betrachtung ist, das Arbeiten als reine Subsistenztätigkeit anzusehen oder ihm durchaus Produktivität zuzuschreiben. Schließlich gibt

13 Vgl. Marx, Karl 1968: Das Elend der Philosophie. In: Marx-Engels-Werke (MEW) Bd. 4. Dietz, Berlin, S. 566.
14 Vgl. Arendt, Hannah 1981: Vita activa, S. 119-127.
15 Arendt, Hannah 1981: Vita activa, S. 143.

es auch gute Gründe, in der Nachfolge von Hegel, Marx und vielen anderen anzunehmen, dass durch Arbeit etwas Dauerhaftes geschaffen werden kann. Arendts strikte Unterscheidung der Ebenen Arbeiten beziehungsweise Subsistenz und Herstellen beziehungsweise Dauerhaftigkeit geht jedoch nicht nur weit über eine bloße Definition der Tätigkeitsbereiche hinaus, sondern ermöglicht eine dezidierte Kritik an der Arbeitsgesellschaft und deren Kategorien, wie im Folgenden gezeigt werden soll.

Der für Arendt so wichtige Unterschied zwischen Arbeiten und Herstellen ist im üblichen Sprachgebrauch nicht allzu geläufig, denn beide Bezeichnungen gelten oft als Synonyme und es wird ganz selbstverständlich davon ausgegangen, dass im Arbeiten etwas produziert oder hergestellt wird. Hannah Arendt hingegen trennt beide Bereiche ganz strikt voneinander ab und markiert als Hauptunterschied, dass im Herstellen Dinge hervorgebracht werden und im Arbeiten nicht. Das Herstellen ist dementsprechend in seinem Ablauf klar eingrenzbar und hat ein eindeutiges Ende, das erreicht ist, wenn die Dinge, die hergestellt werden sollten, tatsächlich da sind. Das Arbeiten hingegen hat kein Ende, weil es wie ein Prozess oder Kreislauf funktioniert. Da im Herstellen etwas Gegenständliches hervorgebracht wird, kann auf dieser Ebene Objektivität begründet werden, was im Arbeiten nicht möglich ist. Die hergestellten Dinge bilden eine dauerhafte Welt, die im Handeln mit Sinn ausgestattet werden kann, wohingegen vom Arbeiten nichts übrig bleibt, sondern der Prozess sich immer nur selbst aufrecht erhält.[16] Arendt beruft sich bei ihrer Trennung von Arbeiten und Herstellen auf die sprachliche Unterscheidung zwischen *Arbeiten* und *Werken*, die sich in vielen Sprachen findet[17], heute aber nur noch im Englischen üblich ist, wo *labour* den Arbeitsprozess und *work* die Arbeitsergebnisse bezeichnet. Mit dem Herstellen eröffnet sich für Menschen die Möglichkeit, sich ganz bewusst aus dem Lebens- und Naturkreislauf herauszuheben und etwas Dauerhaftes zu schaffen. Anders als der vergebliche und niemals endende Kreislauf des Arbeitens hat die Welt der Dinge objektiven, gleichsam fassbaren Bestand und bietet ihren Bewohnern die Möglichkeit, sich auf eine gewisse Dauer hin einzurichten.

Arendts strikte Trennung der Bereiche Arbeiten und Herstellen erinnert stark an die *Praxis-Poiesis*-Unterscheidung des Aristoteles und ist auch ähnlich problematisch, weil die beiden Tätigkeitsbereiche lebensweltlich nicht in dieser klaren Weise vorkommen, Arendt und Aristoteles in der Darstellung aber gleichermaßen

---

16 Ibid., S. 157.
17 Im Griechischen *ponein* vs. *ergazesthai*, im Lateinischen *laborare* vs. *facere*, im Französischen *travailler* vs. *ouvrer*.

so tun, als würde es sich nicht nur um eine theoretische, sondern um eine reale Unterscheidung handeln. De facto sind die Übergänge zwischen beiden Bereichen immer fließend: In vielen Bereichen der modernen Lohnarbeit etwa produzieren Menschen Dinge *und* verdienen zugleich ihren Lebensunterhalt. Auch in anderer Hinsicht ergänzen sich die beiden Tätigkeiten Arbeiten und Herstellen, denn Menschen sind sowohl auf die Erhaltung ihres Lebens angewiesen als auch auf die Beständigkeit der sie umgebenden Welt. Diese Zusammenhänge stellt Arendt natürlich nicht in Abrede, allerdings geht es ihr darum zu zeigen, dass sich Arbeiten und Herstellen trotz aller Überlagerungen strukturell ausschließen, weil Dauerhaftigkeit nur entstehen kann, wenn Menschen bereit sind, den natürlichen Kreislauf zu transzendieren, und es Lebendigkeit nur gibt, wenn Menschen bereit sind, die Mühen des Arbeitens auf sich zu nehmen.

Die Problematik von Arendts Arbeitsbegriff

Arendts strikte Abtrennung des Arbeitens vom Herstellen ist problematisch, weil beide Tätigkeiten lebensweltlich eng zusammenhängen und sich ergänzen. Auf den ersten Blick ist Arendts Konzept deshalb kaum auf die moderne Arbeitsproblematik anwendbar, wenn Arbeit implizit nur auf Hausarbeit und Handlangertätigkeiten reduziert und alles Gegenständliche oder gar Sinnstiftende aus dem Bereich des Arbeitens herausgehalten wird. Und in der Tat ist die für Arendt so fundamentale Trennung von Arbeiten und Herstellen auch einer der Hauptgründe dafür, dass zwar Arendts These von der Arbeitsgesellschaft, der die Arbeit ausgeht, hinlänglich bekannt ist, dass ihre eigentlichen Überlegungen zum Arbeiten in der gegenwärtigen Arbeitsdiskussion aber kaum eine Rolle spielen. Das Potential von Arendts an sich sehr sperrigem Arbeitskonzept scheint mir darin zu liegen, die Unterscheidung zwischen den Tätigkeitsformen, ähnlich wie die Aristotelische Unterscheidung von *Praxis* und *Poiesis*, als *Möglichkeiten der Beschreibung* zu verstehen.[18] Arbeiten, Herstellen und Handeln wären demnach keine lebensweltlich voneinander getrennten Bereiche, sondern würden *Aspekte* des menschlichen Tuns beschreiben, die sich in einzelnen Tätigkeiten durchaus

---

18 Der Widerspruch zwischen Arendts und Marx' Verständnis von Arbeiten bzw. Herstellen lässt sich ebenfalls mit Verweis auf verschiedene Betrachtungsperspektiven erklären: Marx spricht dem Arbeiten Produktivität zu, weil er den *Prozess* des Tuns betrachtet, in dessen Verlauf immer wieder etwas entsteht; Arendt spricht dem Arbeiten Produktivität ab, weil sie die *Ergebnisse* des Tuns in den Mittelpunkt stellt und an diesen keine Objektivität erkennt (vgl. z.B. Arendt, Hannah 1981: Vita activa, S. 111).

überlagern. Damit lassen sich an verschiedenen Tätigkeiten unterschiedliche Aspekte zeigen, etwa am Beispiel des Arztberufes. Ein Arzt übt zunächst die *Praxis* des Heilens aus: Er weiß z.b., woran man Krankheiten erkennt und was man dagegen tun kann. Er *schafft* aber auch etwas, indem er versucht, die Gesundheit seiner Patienten herzustellen oder zu erhalten. Und schließlich verdient er mit seinem Tun auch seinen Lebensunterhalt und deckt damit seine eigene *Subsistenzebene* ab. Tätigkeiten lassen sich also unter verschiedenen Aspekten beschreiben. Und was Hannah Arendt mit ihrer strikten Trennung der Tätigkeitsbereiche zeigt, ist, dass der Aspekt, den wir für die Beschreibung einer Tätigkeit wählen, entscheidend dafür ist, welche *Bedeutung* wir dieser Tätigkeit zumessen. Die strikte Trennung eröffnet überhaupt erst den Blick darauf, dass in der modernen Welt *alles* Tun tendenziell unter dem *Arbeits*aspekt betrachtet wird, wodurch all jene Aspekte, die Dauerhaftigkeit und Sinnhaftigkeit betreffen, ausgeschlossen werden und sich „Nützlichkeit" nur noch ökonomisch bemisst. Wenn das Tun von Menschen zuerst und vor allem als Arbeit gilt, wird es zweitrangig, was sie konkret *inhaltlich* tun und welche Ziele sie eigentlich verfolgen. Durch die Dominanz des Arbeitsaspektes werden die Vergänglichkeit und die Notwendigkeit, die grundlegend zum Arbeiten gehören, in alle anderen Tätigkeiten hineingeholt. Immer mehr von dem, was Menschen tun, gilt dann als *Kostenfaktor*, weshalb versucht wird, es zu optimieren und zu rationalisieren. Wenn die Unterscheidung zwischen den Tätigkeitsformen vernachlässigt wird, dann wird die Dominanz des Arbeitens irgendwann selbstverständlich und es steht gar nicht mehr in Frage, dass *alles* menschliche Tun den Rationalisierungsvorgaben unterliegt, die eigentlich nur zum Arbeiten gehören.

Die Karriere des Arbeitens in Neuzeit und Moderne

Bevor wir uns die Anwendbarkeit von Arendts Arbeitsbegriff auf die aktuelle Diskussion anschauen, soll die Frage geklärt werden, wie die immense Aufwertung des Arbeitens von einer sklavischen Tätigkeit in der Antike und bis weit ins Mittelalter hinein zu einem zentralen gesellschaftlichen Integrationsfaktor in der Gegenwart zustande kam. Hannah Arendt macht für diese Karriere zwei hauptsächliche Gründe verantwortlich. Die *erste Ursache* ist die Verwechslung von *Fruchtbarkeit* und *Produktivität*, die oben im Zusammenhang mit Marx schon angedeutet wurde. Aus dem Fakt, dass im Arbeiten mehr geschaffen werden kann, als der jeweils Arbeitende für seinen eigenen Unterhalt braucht, schlussfolgert Marx, dass das Arbeiten produktiv ist. Er behandelt die Arbeitskraft also wie eine Ware, die man besitzen und herstellen kann, und erweckt dadurch den

Eindruck, das Arbeiten würde etwas Objektives hervorbringen.[19] Für Arendt hat dieser vermeintliche Mehrwert aber nichts mit Produktivität oder gar Objektivität zu tun, weil das Arbeiten nur Arbeitskraft, aber nichts strukturell Neues oder Anderes hervorbringt. Das Arbeiten kann somit zwar ein „Mehr" hervorbringen, also fruchtbar sein, aber es schafft keinen wirklichen „Wert", ist also nicht produktiv. Die beachtliche Aufwertung, die das Arbeiten in der Moderne erfahren hat, hängt nach Meinung von Arendt nun aber genau mit dieser Verwechslung von Fruchtbarkeit und Produktivität zusammen. Die Annahme, Arbeit sei produktiv, stammt übrigens nicht erst von Marx, sondern findet sich schon bei John Locke, in dessen Schriften Arendt auch die *zweite Ursache* für den Aufstieg des Arbeitens in der Moderne ausmacht: Locke bestimmt Arbeit als Quelle von Eigentum und nimmt an, dass den Menschen das, was sie mit ihrer eigenen Arbeitskraft bearbeiten, auch gehört. Dadurch schreibt er dem Arbeiten, ähnlich wie später Marx, implizit eine Fähigkeit zur Objektivierung beziehungsweise Weltbildung zu.[20] Wenn das Arbeiten als Quelle der Eigentumsbildung gilt, dann wird es aus dem lebenssichernden Rahmen herausgehoben, in den es in der Antike und bis weit in die Neuzeit gehörte und bekommt eine ganz wichtige weltbildende Funktion zugewiesen. Außerdem bekommt das Arbeiten dadurch eine wichtige *gesellschaftliche*, ja sogar *politische* Rolle zugeschrieben, weil ja die Eigentumsverhältnisse ganz grundlegend auch die Machtverhältnisse in einer Gesellschaft bestimmen.

Die für die Antike und das Mittelalter so befremdliche Annahme, dass Menschen mit Arbeit etwas erwerben, dass Arbeit also etwas hervorbringen könnte, wird mit der beginnenden Neuzeit zu einer Selbstverständlichkeit. Hegel verwendet die Arbeit sogar als Metapher für den ganz persönlichen Erwerb von Selbstbewusstsein.[21] Es ist ganz klar, dass hier mit Arbeit nicht mehr die Subsistenz- oder Sklaventätigkeit gemeint sein kann, als die sie in der Antike galt. Und natürlich will Hegel auch nicht nahelegen, dass Menschen ihr Selbstbewusstsein in der Lohnarbeit erwerben, sondern er meint, dass die persönlichkeitsbildende Tätigkeit (die er *Arbeit* nennt), eine Auseinandersetzung mit den gegebenen

---

19 Vgl. Marx, Karl 1977: Das Elend der Philosophie. Antwort auf Proudhons „Philo-
    sophie des Elends". In: Marx Engels Werke (MEW) Bd. 4. Dietz, Berlin, S. 60-182,
    92-94.

20 Vgl. Locke, John 1992: Über die Regierung. Hg. v. P. C. Mayer-Tasch. Reclam, Stutt-
    gart. S. 33-34.

21 Vgl. Hegel, Georg Friedrich Wilhelm 1974: Phänomenologie des Geistes. In: Ders.:
    Werke Band. Suhrkamp, Frankfurt/M., S. 145-157.

Verhältnissen ist. Wenn aber der Erwerb von Eigentum oder, in Hegels Fall: der Erwerb von Selbstbewusstsein, *Arbeit* genannt wird, ist das lange Zeit vielleicht nur ein sprachliches Problem, irgendwann findet es über den Sprachgebrauch aber Eingang in weiterführende Diskurse. Spätestens ab der Industrialisierung lässt sich nachweisen, dass der Begriff *Arbeit* immer auch die Konnotation von *Lohnarbeit* beinhaltet und der Arbeit nicht nur die Funktion der Existenzsicherung, sondern auch der Ermöglichung einer objektiven Auseinandersetzung mit der Welt zugeschrieben wird. Ab dem 20. Jahrhundert wird dann die Tendenz immer augenfälliger, Arbeit als Voraussetzung zur gesellschaftlichen Teilhabe zu verstehen. Das zeigt sich z.B. daran, dass die Angabe des Berufes wie ein Persönlichkeitsmerkmal gehandhabt wird oder daran, dass die Teilnahme an den Sozialversicherungssystemen primär nur über Lohnarbeit möglich ist. Verschiedene historische Fakten spielen eine Rolle dabei, dass dem Arbeiten immer mehr Bedeutung zugeschrieben und der Bereich der Arbeit ausgeweitet wird: Zentrale Bedeutung kommt der Verstädterung zu, die ab dem 19. Jahrhundert rasant zunimmt und in deren Folge immer mehr Menschen auf Geldeinkommen angewiesen sind. Wesentlich für die Aufwertung des Arbeitens ist auch, dass in den europäischen Sozialstaaten, die nach dem Ende des Zweiten Weltkrieges entstanden, immer mehr soziale Extraleistungen an die Lohnarbeit angekoppelt wurden (etwa der wichtige Bereich von Kranken- und Rentenversicherung).

Die besondere Leistung der Arbeitsanalyse von Hannah Arendt besteht darin, darauf aufmerksam zu machen, dass Arbeit trotz aller Aufwertung trotzdem das Sklavenhafte, Zwanghafte und Vergängliche behält, das zur Überlebenstätigkeit gehört und dass es bedenklich, wenn nicht sogar gefährlich ist, einer solchen Tätigkeit welt- und gesellschaftsbildende Funktionen zuzuschreiben. Für Arendt ist der enge Zusammenhang von Arbeiten und Vergeblichkeit sowie der Widerspruch zwischen Arbeit und Dauerhaftigkeit beziehungsweise Objektivität nicht nur ein theoretisches Problem, sondern hat *strukturelle* Gründe. Die beiden Ebenen müssen deswegen auseinander gehalten werden, weil das Kreislaufhafte und in gewisser Weise Sinnlose des Arbeitens ansonsten die Tendenz hat, die Beständigkeit der Welt zu untergraben. Das Problem ist für Hannah Arendt in ihrer Arbeitskritik also gar nicht das Arbeiten selbst, sondern vielmehr die Übertragung der Kategorien des Arbeitens auf die Ebenen des Herstellens und vor allem des politischen Handelns. Denn wenn alle Tätigkeiten als Arbeit angesehen werden, greift der Konsum beziehungsweise Verbrauch, der als Gegenseite unweigerlich zum Arbeiten gehört, auch auf die dauerhafte Welt von Dingen und auf die politischen Angelegenheiten zwischen Menschen über. Arendt meint nicht, dass das Arbeiten minderwertig wäre oder abgeschafft werden sollte, sondern dass es in anderen Bereichen als der Lebenssicherung nichts zu suchen hat, weil es mit einer Vergänglichkeit einhergeht, die den Bestand der Welt gefährdet und die Angelegenheiten zwischen Menschen unverständlich macht. In diesem Sinne schließt Arendt ihre Überlegungen zum Arbeiten dann auch mit dem Szenario ab, dass die eigentlichen Probleme der Arbeitsgesellschaft erst dann beginnen, wenn dieser Gesellschaft, die alle ihre Strukturen auf Arbeit aufgebaut hat, eben diese Arbeit ausgeht und dann nichts übrig bleibt, was die Gesellschaft zusammen hält. Sie entwirft dazu das Bild einer „Gesellschaft von Jobholdern"[22], die nur noch ihre Jobs erledigen oder zwischen den Jobs wechseln, sich aber mit dem, was sie da tun, gar nicht mehr identifizieren. Und es ist offensichtlich, dass eine Gesellschaft auf einer solchen Grundlage auf Dauer tatsächlich nicht funktionieren kann.

Arendts Beitrag zur aktuellen Arbeitsdiskussion: Drei verschiedene Bedeutungen von „Arbeit"

Was macht das Arbeitsverständnis von Hannah Arendt nun für die aktuelle Diskussion zu den Problemen der Arbeitsgesellschaft interessant? Wie wir gesehen haben, lässt sich auf den ersten Blick mit der Subsistenzbedeutung, auf die Arendt das Arbeiten reduziert, nicht allzu viel anfangen. Arbeit bedeutet heute sehr viel mehr als bloße Überlebenssicherung, weshalb sich zunächst scheinbar kaum Anknüpfungspunkte ergeben und Arendts Beitrag auf die kulturkritische These von der Arbeitsgesellschaft, der die Arbeit ausgeht, reduziert werden müsste. Potential für die aktuelle Diskussion liegt darin, Arendts Arbeitsverständnis zu erweitern und einen *differenzierten Arbeitsbegriff* zu entwickeln, mit dem sich dann zum Beispiel zeigen lässt, dass sich in der gegenwärtigen Diskussion zum Arbeiten verschiedene Bedeutungen überlagern, die wesentlich dafür verantwortlich sind, dass auch Lösungsvorschläge zur Arbeitsproblematik oftmals widersprüchlich sind. Hierfür müssen wir Arendts Argumentation verlassen ohne sie zu vergessen, weil Arendt selbst sich zwar mit *Problemen der Arbeitsgesellschaft*, nicht aber mit *Problemen des Arbeitens* selbst befasst hat. Arendts Beschäftigung mit dem Arbeiten resultierte ja, wie wir gesehen haben, nicht aus der Sorge um das Arbeiten selbst, sondern aus der Sorge um den Verlust des Politischen in einer Gesellschaft, die sich zu stark über das Arbeiten definiert.

    Wenn wir uns die Diskurse über das Arbeiten in westlichen Industrienationen ansehen, dann fällt auf, dass ganz verschiedene Tätigkeiten als Arbeit bestimmt werden und dass „*das* Arbeiten" de facto viele unterschiedliche Dinge beschreibt.

---

22 Arendt, Hannah 1981: Vita activa, S. 410.

Zunächst ist mit Arbeit natürlich *Erwerbsarbeit* gemeint, also die Möglichkeit, den eigenen Lebensunterhalt zu verdienen. Mindestens genauso häufig ist aber die Rede von Arbeit als zentralem *Faktor für gesellschaftliche und soziale Integration* sowie für *individuelle Persönlichkeitsbildung.* Diese zweite Bedeutung zeigt sich unter anderem darin, dass das Bildungssystem sehr stark darauf ausgerichtet ist, einmal eine klar definierte Berufstätigkeit auszuüben, dass in offiziellen Formularen und Anträgen fast immer nach dem Beruf gefragt wird und dass Kranken- und Rentenversicherung sowie das Steuersystem funktional auf Erwerbsarbeit beruhen. Dadurch werden der Platz, den Menschen in der Gesellschaft einnehmen und die Anerkennung, die sie erfahren, in hohem Maße über Erwerbsarbeit definiert. Damit geht eine Aufwertung der Tätigkeit einher, die dazu geführt hat, dass das gesellschaftliche Funktionieren überhaupt nur noch denkbar scheint, wenn Vollbeschäftigung als Ideal akzeptiert wird. Dementsprechend sind politische Entscheidungen sehr stark von der Motivation getragen, diese Vollbeschäftigung (wieder) herzustellen, und die Arbeitslosenzahlen fungieren in dieser Denkweise als Gradmesser für den Erfolg politischen Handelns.

Dank Hannah Arendt haben wir gesehen, dass Arbeit trotz allem zugeschriebenen gesellschaftsbildenden Potential trotzdem immer noch *Subsistenztätigkeit* bleibt und etwas Mühevolles an sich hat, das mit Aufwand und Kosten und dem Wunsch nach Vereinfachung und Einsparung verbunden ist. Es ist klar, dass die Subsistenzbedeutung mit der Rolle von Arbeit als gesellschaftlicher Grundlage kollidiert. Es ist ein wesentliches Verdienst von Arendt, mit ihrer Suche nach phänomenaler Evidenz den Blick auf die *historisch wechselnden* Bedeutungen von Begriffen geschärft zu haben. Mit diesem geschärften Blick sehen wir, dass ein grundlegender Widerspruch besteht, wenn Arbeit einerseits ein erstrebenswertes Gut ist, das die Gesellschaft zusammen hält, und andererseits etwa Mühevolles und Aufwändiges ist, das eingespart werden soll. Dieser Widerspruch zieht sich denn auch in auffälliger Weise durch alle politischen Diskussionen zum Thema, in denen meistens so getan wird, als ob die zentrale Bedeutung des Arbeitens erst dadurch zum Problem wird, dass uns die Arbeit ausgeht und dass wir folglich nur Arbeit „beschaffen" oder alle Menschen „in Arbeit bringen" müssten, damit die Gesellschaft funktioniert. Die gegenwärtige Krise der Arbeitsgesellschaft erscheint in dieser Darstellung als ein *Mengenproblem,* weshalb zahlreiche der gegenwärtigen politischen Lösungsversuche, seien es Arbeitsbeschaffungsmaßnahmen, Ein-Euro-Jobs oder ähnliches, darauf abzielen, die Krise rein quantitativ zu lösen. Mit Hilfe von Arendts Überlegungen zum Arbeiten lässt sich zeigen, dass es sich bei der gegenwärtigen Krise der Arbeitsgesellschaft nicht um eine Mengen-, sondern um ein *strukturelles* bzw. *prinzipielles* Problem von Arbeit handelt und dass die Bedeutung des Arbeitens grundsätzlich überprüft werden sollte. Wenn wir Arendts strikte Abtrennung des Arbeitens von anderen menschlichen Tätigkeitsbereichen ernst nehmen, dann sehen wir, dass Arbeit nicht erst zum Problem wird, wenn sie vermeintlich ausgeht, sondern dass sie *an sich* überhaupt nicht dazu geeignet ist, eine so zentrale Rolle in der Gesellschaft zu spielen. Neben dieser Erkenntnis können die Überlegungen von Arendt zudem dazu beitragen, mindestens drei unterschiedliche Bedeutungen von Arbeit, die sich in der gegenwärtigen Diskussion verbergen, zu identifizieren und zu klassifizieren, was im Folgenden geschehen soll.

Arbeit als Tätigkeit zur Lebenserhaltung

Erstens ist Arbeit auch im Sinne von Erwerbsarbeit stets eine Subsistenztätigkeit, die dazu dient, den Lebensunterhalt zu bestreiten, und die getan werden muss, um das Leben erhalten zu können. Moderne Erwerbsarbeit ist natürlich viel komplexer und erfüllt, wie wir gesehen haben, auch andere Funktionen, behält aber trotzdem den Subsistenzaspekt, weil Menschen in Industriegesellschaften ihr finanzielles Überleben zu einem großen Teil über Erwerbsarbeit absichern. Oben wurde gezeigt, dass zur Subsistenzebene immer auch der Wunsch nach Vereinfachung und Erleichterung der Tätigkeit gehört. Dieser Wunsch gilt auch für den Bereich der Erwerbsarbeit – und zwar sowohl auf Seiten der Arbeitnehmer, die sich Mühen ersparen wollen, als auch auf Seiten der Arbeitgeber, die Kosten sparen wollen. Wenn die Arbeit derart mit dem permanenten Bestreben nach Einsparungen und Rationalisierungen verbunden ist, dann kollidiert das mit dem Wunsch, möglichst alle Menschen dauerhaft in Erwerbsarbeitsverhältnissen zu halten. Dieser Zusammenhang zeigt sehr deutlich, dass in arbeitszentrierten Gesellschaften ein *strukturelles Problem* vorliegt, wenn alle Menschen „Arbeit haben" sollen, Arbeit aber gleichzeitig eingespart und rationalisiert wird.

Arbeit in unterschiedlichen historischen Kontexten

Neben dieser ersten Bedeutung lassen sich *zweitens* historisch unterschiedliche Rollen von Arbeit in verschiedenen Gesellschaftsformen aufzeigen. Hannah Arendts Suche nach phänomenaler Evidenz ist eine Möglichkeit, die unterschiedlichen Bedeutungen, die Arbeit hatte und hat, überhaupt erst einmal darzustellen, um dann nachprüfen zu können, woher die aktuelle Bedeutungsüberfrachtung des Arbeitens kommt. Der historische Blick zeigt, dass das Arbeiten nicht immer eine zentrale gesellschaftliche Tätigkeit war, sondern etwa in der Antike nur im

Verborgenen stattfand oder im 19. Jahrhundert vor allem als Fabrikarbeit verstanden wurde. Das Wissen um verschiedene historische Bedeutungen des Arbeitens relativiert die stark integrierende Funktion, die Arbeit in unserer Gesellschaft hat, weil klar ist, dass auch diese Bedeutung keinen definitiven Charakter hat, sondern jederzeit geändert werden kann. Oben haben wir gesehen, dass Arbeit in Arendts Erklärung vor allem dadurch zur gesellschaftsbildenden Tätigkeit wird, dass ihr die Fähigkeit zugeschrieben wurde, etwas Objektives hervorzubringen. Die historische Perspektive zeigt zudem einen engen Zusammenhang zwischen dem Aufstieg der Arbeit und dem Beginn von Industrialisierung und Verstädterung. Als nach dem Zweiten Weltkrieg in westlichen Sozialstaaten schließlich immer mehr soziale Leistungen an Erwerbsarbeit angebunden wurden, war die Schicksalsgemeinschaft von Arbeit und gesellschaftlichem Funktionieren besiegelt.

Die normative Bedeutung von Arbeit

Diese enge Verbindung hat dazu geführt, dass Arbeit in unserer heutigen Gesellschaft eine *dritte*, nämlich eine *normative* Funktion hat. Auch wenn es kein Gesetz gibt, das eine Pflicht zum Arbeiten begründet, so zeigt sich doch an vielen Stellen, dass Menschen einen Arbeitsplatz haben müssen, um ein vollwertiges Mitglied der Gesellschaft zu sein. Neben der Sicherung des Lebensunterhaltes, die ja prinzipiell auch ohne Erwerbsarbeit erfolgen kann, etwa durch Selbstversorgung oder auf Basis geerbten Geldes, sind vor allem soziale Leistungen ganz eng an Erwerbsarbeit gebunden. Nun kann man zwar auf diese Leistungen verzichten oder sich jenseits eines Arbeitseinkommens privat versichern, aber das „Arbeit-Haben" bedeutet noch viel mehr: Erwerbsarbeit ist in unserer Gesellschaft die nahezu exklusive Möglichkeit, soziale Anerkennung zu erhalten, weil der Beruf oder überhaupt das „Arbeit-Haben" als eine Art Mindestkriterium für Teilhabe angesehen wird. Auffällig ist, dass in diesem Zusammenhang selten von den *Inhalten* der entsprechenden Arbeitstätigkeiten gesprochen wird, sondern dass „Arbeit-Haben" an sich zu einem Ziel wird. In dieser Auffassung kann die Gesellschaft nur auf der Basis eines funktionierenden Arbeitsmarktes gelingen. Mit Arendts Analyse des Arbeitens lässt sich aber umgekehrt zeigen, dass der Arbeitsmarkt nur ein *Teil* der Gesellschaft und die Konstruktion einer Abhängigkeit der Gesellschaft vom Arbeitsmarkt ein Kategorienfehler ist. Wegen der Subsistenzbedeutung, die ja immer zum Arbeiten gehört, sollte dieser Tätigkeit keine normative Funktion zugeschrieben werden; denn wenn eine Tätigkeit, die ständig mit dem Bestreben nach Vereinfachung und Kostenersparnis einhergeht, Normen begründet, dann sind diese Normen ebenso von Abschaffung bedroht.

Diese dritte Bedeutung von Arbeit kann nicht funktionieren, weil Arbeit gar nicht in der Lage ist, Dauerhaftigkeit zu garantieren oder gar Sinn zu stiften. Der vermeintliche *Sinn*, der dem Arbeiten in der Arbeitsgesellschaft zugeschrieben wird, wird immer prekär, unsicher und permanent von Auflösung bedroht sein, weil diese Tätigkeit einfach zu stark mit Notwendigkeit und Austauschbarkeit zu tun hat, um Stabilität zu gewährleisten.

Hannah Arendt zeigt also, dass es einen großen Unterschied macht, ob Arbeit als die Tätigkeit angesehen wird, mit der Menschen ihren Lebensunterhalt verdienen oder als die Tätigkeit, auf der eine Gesellschaft basiert. Der Umgang mit der Arbeitsproblematik erfordert dann nämlich ganz unterschiedliche Herangehensweisen: Wenn es nur um die Subsistenzebene, also den Lebensunterhalt geht, dann muss überlegt werden, wie die materielle Sicherung mit oder ohne Arbeit abgedeckt werden kann. Wenn Arbeit aber die hauptsächliche Möglichkeit ist, sich in eine Gesellschaft einzubringen und an ihr teilzunehmen, dann reicht es nicht aus, nur das materielle Überleben von Menschen abzusichern, sondern dann gibt das vermeintliche Ende der Arbeit Anlass, diesen Modus der Teilhabe ganz grundlegend zu überprüfen. Die ursprüngliche Bedeutung von Arbeiten als Existenzsicherung, von der Arendt gezeigt hat, dass sie immer bestehen wird, macht deutlich, dass die zentrale Bedeutung, die das Arbeiten heute hat, eine *historische Besonderheit* ist, deren Signifikanz möglicherweise auch *geändert* werden kann.

Nun bleibt zum Schluss noch die Beantwortung der von Arendt aufgeworfene Frage, ob wir tatsächlich in einer Gesellschaft leben, der die Arbeit ausgeht. Die vorangegangenen Ausführungen haben gezeigt, dass die Antwort auf diese Frage ganz stark davon abhängt, wie wir Arbeit verstehen. Wenn wir Arbeit als Subsistenz- bzw. Überlebenstätigkeit bestimmen, dann ist klar, dass uns die Arbeit ebenso wenig „ausgehen", wie sie „beschafft" werden kann. Menschen sind dann nämlich immer schon „in Arbeit", wenn sie leben, denn diese Arbeit ist etwas, das erledigt werden muss und seine Erledigung erzwingt. Wenn wir Arbeit als Erwerbsarbeit betrachten, ist auch nicht klar, ob uns tatsächlich die Arbeit ausgeht oder ob uns nur das Geld ausgeht, gesellschaftlich relevante Tätigkeiten zu entlohnen. Gesellschaften haben auch eine Subsistenzebene und müssen erhalten werden.[23] Wenn wir Arbeit als Sinninstanz verstehen, dann sollten wir theoretisch

---

23 Es gibt einen anerkennungstheoretischen Diskurs zum Thema Arbeit, in dem es u.a. darum geht, Ansprüche auf Anerkennung für Tätigkeiten über deren Qualifizierung *als Arbeit* zu begründen. Vgl. dazu z.B. Krebs, Angelika 2002: Arbeit und Liebe. Die philosophischen Grundlagen sozialer Gerechtigkeit. Suhrkamp, Frankfurt/M.

ein Interesse daran haben, dass sie uns nicht ausgeht. Nach dem, was wir von Hannah Arendt gehört haben, sollten wir aber eher gelernt haben, dass Arbeit diese Funktion einer Sinninstanz nicht ausfüllen *kann*. Wir sollten demzufolge die gegenwärtige Krise des Arbeitens nutzen, um andere gesellschaftliche Sinngrundlagen neben dem Arbeiten zu überprüfen und zu etablieren.

Ruwen Stricker / Kaja Tulatz

Immer Ärger mit der Multitude

Während für einen kurzen Moment, zu Beginn der sogenannten Finanzkrise, der Begriff des Kapitalismus, wie verkürzt er auch immer verwendet wurde, kritisch im öffentlichen Diskurs zirkulierte, und zuweilen sogar von einer „Renaissance marxistischer Ideen" die Rede war, wurden zentrale konzeptuelle Überlegungen von Karl Marx zu kapitalistischen Produktionsbedingungen und -verhältnissen übergangen. Dagegen wurde vor allem auf einer „moralischen" Ebene diskutiert und sich an fehlenden oder falschen Werten abgearbeitet. Diese Form der „Kapitalismuskritik" führt in der Regel dazu, als vermeintliche Auslöser der Finanzkrise etwa die „Gier der Banker" oder das „Über-die-Verhältnisse-Leben" einzelner „Völker" zu identifizieren. Die in solche Konzepte eingeschriebene Tendenz, einzelne Personen oder Kollektivsubjekte als personal verantwortliche zu verstehen, bewegt sich allerdings auf einem Niveau, das Marx' begrifflicher Kritik der politischen Ökonomie fremd ist. Marx geht es in seinem Kritikprogramm gerade nicht um eine moralische Problemstellung, sondern um eine Kritik der gesellschaftlichen Verhältnisse, in denen sich die Individuen als immer schon gesellschaftliche Individuen bewegen. Unmissverständlich stellt er bereits im Vorwort zur ersten Auflage des Kapitals klar:

> Zur Vermeidung möglicher Mißverständnisse ein Wort. Die Gestalten von Kapitalist und Grundeigentümer zeichne ich keineswegs in rosigem Licht. Aber es handelt sich hier um die Personen nur, soweit sie die Personifikation ökonomischer Kategorien sind, Träger von bestimmten Klassenverhältnissen und Interessen. Weniger als jeder andere kann mein Standpunkt, der die Entwicklung der ökonomischen Gesellschaftsformation als einen naturgeschichtlichen Prozeß auffaßt, den einzelnen verantwortlich machen für Verhältnisse, deren Geschöpf er sozial bleibt, sosehr er sich auch subjektiv über sie erheben mag.[1]

Ein Moment der Marx'schen strukturellen Analyse ist eine fundamentale Kritik der Lohnförmigkeit der Arbeit respektive des Warencharakters der Arbeits-

---

1 Marx, Karl 1972: Das Kapital. Kritik der politischen Ökonomie. Erster Band: Der Produktionsprozeß des Kapitals. In: Marx-Engels-Werke (MEW) Bd. 23. Dietz, Berlin, S. 16.

kraft im gesellschaftlichen Verhältnis von Lohnarbeit und Kapital. Die aktuellen Debatten um die Krisenförmigkeit des gegenwärtigen Akkumulationsregimes thematisieren diese kritische Rekonstruktion der Lohnarbeit überhaupt nicht, sondern setzen fetischisierend die Lohnförmigkeit als selbstverständlich voraus. In ihrer Trilogie *Empire, Multitude* und *Commonwealth* erstellen Michael Hardt und Antonio Negri eine umfangreiche Gegenwartsdiagnose, die mit einer Fundamentalkritik an den kapitalistischen Produktionsverhältnissen unter postfordistischen Bedingungen anhebt. Ihre Überlegungen zielen auf die Formulierung einer polit-ökonomischen Alternative ab, die in der Aufhebung der Lohnförmigkeit der Arbeit besteht. Das emanzipatorische Subjekt sehen sie in der sogenannten Multitude. Mit dieser Begriffswahl setzen sie sich terminologisch vom Konzept der Arbeiterklasse des Traditionsmarxismus ab, an dem die Autoren den exkludierenden Charakter kritisieren. Im Folgenden werden wir den theoretisch-politischen Status der Multitude im Werk von Hardt und Negri rekonstruieren. Dabei werden wir zeigen, dass Empire und Multitude als *Begriffe* zwar bestimmte Erklärungsleistungen erbringen, welche mit klassischen Theoremen des Marxismus nicht erbracht werden können. Andererseits werden wir aber auf den „theoretischen Ärger" mit der Multitude verweisen, welcher sich insbesondere in den fortlaufenden Ontologisierungen von Begriffen im Werk der beiden Autoren ausdrückt.

Im ihrer im Jahr 2000 erschienenen Gemeinschaftsarbeit *Empire* führen Hardt und Negri ein ganzes Bündel von Begriffen ein, die der Konzeptualisierung der globalen sozialen, ökonomischen wie politischen Verhältnisse der Gegenwart dienen sollen. Da es sich dabei um Begriffe handelt, die der traditionellen marxistischen Diskussion fremd sind, wirkten sie in diesem Kontext entsprechend irritierend – was ein Grund für die überwiegend ablehnende Rezeption der Überlegungen von Hardt und Negri gerade seitens marxistisch orientierter Leser_innen sein dürfte.

Im Zentrum steht zunächst der Begriff des „Empire". Mit „Empire" bezeichnen Hardt und Negri die Form von Souveränität, die sich in den letzten Jahrzehnten des 20. Jahrhunderts herausgebildet hat und die im „Zeitalter der Globalisierung" dominant geworden ist: „Mit dem globalen Markt und mit globalen Produktionsabläufen entstand eine globale Ordnung, eine neue Logik und Struktur der Herrschaft – kurz, eine neue Form der Souveränität. Das Empire ist das politische Subjekt, das diesen globalen Austausch tatsächlich reguliert, die souveräne Macht, welche die Welt regiert."[2] Damit ist keinesfalls gemeint, dass wir es heute

---

2   Hardt, Michael; Negri, Antonio 2003: Empire. Die neue Weltordnung. Campus, Frankfurt/M./New York, S. 9.

mit einem neuen „Imperium" zu tun hätten, das vergleichbar dem britischen oder römischen Weltreich wäre. Das heutige „Empire" hat kein Zentrum, also kein „Rom" (oder „London" oder auch „Washington"). Kennzeichnend für die Gegenwart sei der Niedergang nationalstaatlicher Souveränität, was aber nicht heißt, dass Souveränität als solche im Niedergang begriffen wäre:

> Weiterhin beherrschen in den gegenwärtigen Veränderungen allenthalben politische Kontrolle, Staatsfunktionen und Lenkungsmechanismen den Bereich wirtschaftlicher wie gesellschaftlicher Produktion und Zirkulation. Unsere grundlegende Hypothese ist deshalb, dass Souveränität eine neue Form angenommen hat, sie eine Reihe nationaler und supranationaler Organismen verbindet, die eine einzige Herrschaftslogik eint.[3]

Damit ist nach Hardt und Negri auch der Begriff des Imperialismus nicht länger geeignet, die globale Realität zu charakterisieren – die Bedeutung von Nationalstaaten als souveräne Akteure des Weltgeschehens hat abgenommen.[4] Es gibt auch keinen „Norden" mehr im Sinne eines mehr oder weniger monolithischen Blocks, der als Ausbeuter dem „Süden" gegenübersteht. Die klaren Grenzziehungen, die die Moderne geprägt haben, sind passé: Es gibt äußerst wohlhabende Eliten in New York wie in Mumbai, genauso wie es Slums sowohl in Jakarta als auch in Paris gibt; das ist natürlich zugespitzt, zumindest die Tendenz aber, so Hardt und Negri, geht in diese Richtung. Die Welt ist gewissermaßen „flacher" geworden. Das heißt freilich nicht, dass die gegenwärtige globale Situation frei von Hierarchien wäre; nur ist die Vorstellung von einem imperialistischen, ausbeutenden Machtblock auf der einen, einem subalternen, ausgebeuteten Block auf der anderen Seite nicht mehr adäquat. Herrschaft ist im imperialen Zeitalter als netzwerkförmig organisiert zu denken, ohne dass dabei die Welt herrschaftsfreier geworden wäre; das Empire wird nicht durch einzelne Nationalstaaten getragen, sondern formiert sich über ein komplexes Gefüge von Institutionen.[5] Dabei beinhaltet das Konzept „Empire" nicht nur eine Deskription von Veränderungen innerhalb der internationalen Beziehungen, wie sie in klassischen politikwissenschaftlichen Ansätzen auch denkbar wären. Der Topos „Empire" versucht stattdessen, die Entwicklungen der vergangenen Jahrzehnte unter der Einbeziehung politisch-ökonomischer Transformationen begrifflich zu fassen.

---

3   Ibid., S. 10.
4   Siehe ibid.
5   Vgl. ibid., S. 31 und S. 192.

Vom Fordismus zum Postfordismus

Da die Macht – verstanden als eine Logik – des Empires alle Lebensbereiche durchdringt, werden auch jegliche Grenzziehung zwischen Ökonomischem, Politischem und Kulturellem sowie zwischen Produktions- und Reproduktionssphäre hinfällig.[6] Hardt und Negri zeigen auf, dass sich nicht nur die (nationalstaatliche) Souveränität im Umbruch befindet, sondern dass mit den politischen Verschiebungen auch eine Reorganisation der gesellschaftlichen Reproduktion in ökonomischer Hinsicht einhergeht und sich ehemals eindeutige Grenzziehungen, wie sie für die Moderne prägend waren, zunehmend verflüchtigen.

Bis zu den 1970er Jahren formierte sich eine „Allianz" aus den zueinander komplementären Prinzipien der fordistischen Fabrikarbeit als Paradigma der *Produktion,* der keynesianistischen makroökonomischen *Regulation* der Gesellschaft und der tayloristischen *Arbeitsorganisation*[7], die dann in eine Krise gerät und den Kapitalismus zu einer Neuorganisation zwingt[8]. Die (weltweiten) Kämpfe der 1960er und 1970er Jahre, die von den vielfältigen Bewegungen getragen wurden, die man in der Regel mit der Chiffre „1968" assoziiert, stellten dabei das entscheidende Moment dar, das die Krise des fordistischen Akkumulations- und Herrschaftsregimes vorantrieb: „Die sozialen Kämpfe erhöhten nicht nur die Reproduktionskosten und den gesellschaftlichen Lohn (und senkten so die Profitrate), sondern erzwangen gleichzeitig, und das ist noch bedeutender, eine Veränderung in der Qualität und der Natur von Arbeit."[9] Diese neue Qualität und Natur der Arbeit bezeichnen Hardt und Negri mit dem Begriff der „immateriellen Arbeit" – ein Konzept, das in den 1990er Jahre im Umkreis des „Post-Operaismus" verschiedentlich diskutiert wurde.[10] Leitend ist dabei die These, dass die Marx'sche Wertformanalyse die postfordistischen Produktionsverhältnisse und die damit einhergehenden Unterdrückungsverhältnisse nicht zufriedenstellend erklären könne. Die Kernfrage der werttheoretischen Überlegungen von Karl Marx bezieht sich formalytisch auf die Ermöglichungsbedingung von Warenaustausch überhaupt. Damit unterschiedliche Waren getauscht werden können, müssen sie miteinander hinsichtlich eines Kriteriums vergleichbar sein. Wie Marx ausführt, muss das den Arbeitsprodukten Gemeinsame zwar in einem

---

6 Vgl. ibid., S. 55.

7 Ibid., S. 254.

8 Ibid., S. 275-290.

9 Ibid., S. 284.

10 Siehe z.B. Negri, Toni; Lazzarato, Maurizio; Virno, Paolo 1998: Umherschweifende Produzenten. Immaterielle Arbeit und Subversion. ID, Berlin.

Zeitquantum, das für die Warenproduktion aufgewendet wird, gesucht werden. Allerdings ist hierfür nicht die im konkreten Produktionsprozess tatsächlich aufgewendete Arbeitszeit von Bedeutung – denn der eine Schuster braucht zur Herstellung eines Paares Schuhe mitunter länger als ein anderer –, sondern der gesellschaftliche Durchschnitt an Arbeitszeit, der für die Produktion dieser Warenklasse benötigt wird.[11]

In ihrer Interpretation der Marx'schen Wertformanalyse gehen Hardt und Negri davon aus, dass es tatsächlich einmal eine Zeitepoche gegeben habe – und zwar unter den Produktionsbedingungen, die bis zum Ende des Fordismus gegeben waren –, in der jene gesellschaftlich durchschnittlich aufzuwendende Arbeitszeit für eine gegebene Ware bereits im Arbeitsprozess tatsächlich messbar gewesen sei.[12] Freilich haben wir es hier mit der klassischen verkürzt produktivistischen Lesart des Marx'schen Kapitalprojekts zu tun. Diese postuliert, der Wert entstehe in der Produktion und wäre mithin in konkreten Produktionsprozessen messbar; sie unterschätzt damit systematisch die Bedeutung der Zirkulation für die Wertkonstitution. Die produktivistische Lesart verdeckt die für Marx wichtige

---

11 Marx, Karl 1972: Das Kapital, S. 53.

12 Vgl.: „Wenn wir Marx' Begriff der abstrakten Arbeit und dessen Beziehung zum Wert ansprechen, lässt sich schnell ein wichtiger Unterschied zwischen den Zeiten von Marx und unseren feststellen. Marx stellt Arbeit und Wert in ein quantitatives Verhältnis: Ein bestimmtes Zeitquantum abstrakter Arbeit ist einem bestimmten Wertquantum gleichgesetzt. Mit andere Worten: Nach diesem Wertgesetz, das die kapitalistische Produktion kennzeichnet, lässt sich der Wert in messbaren, homogenen Einheiten Arbeitszeit ausdrücken. Dieses Gesetz lässt sich heute allerdings nicht in der Form aufrechterhalten, in der Smith, Ricardo und Marx selbst es verstanden. Die Einheit Arbeitszeit als Grundmaß des Wertes macht heutzutage keinen Sinn mehr. Arbeit bleibt zwar die Hauptquelle des Wertes in der kapitalistischen Produktion, daran ändert sich nichts, doch wir müssen untersuchen, mit welcher Art Arbeit und mit welchen Zeitlichkeiten wir es zu tun haben" (Hardt, Michael; Negri, Antonio 2004: Multitude. Krieg und Demokratie im Empire. Campus, Frankfurt/M./New York, S. 165-166).
Vgl. auch: „Man wird feststellen, dass die 'moderne' Vorstellung von Ausbeutung (wie Marx sie beschreibt) einer Auffassung der Produktion angemessen ist, in der die Akteure Individuen sind. Und einzig weil es Individuen sind, von denen die Arbeit verrichtet wird, ist diese verausgabte Arbeit messbar und lässt sich durch das Wertgesetz ausdrücken. [...] Die Ausbeutung der Menge ist umgekehrt ohne Maß, eine Macht, die den Singularitäten gegenüber steht, außerhalb und jenseits allen Maßes, maßlos" (Negri, Toni 2003: Eine ontologische Definition der Multitude. In: Atzert, Thomas; Müller, Jost (Hrsg.): Kritik der Weltordnung. Globalisierung, Imperialismus, Empire. ID, Berlin, S. 112-113).

Begriffsunterscheidung von „Wertbildung" und „Wertrealisierung"[13]: Erst ausgehend vom aktualisierten Wert lässt sich *rekonstruktiv* von Wertbildung sprechen, denn einen Wertbildungsprozess zu identifizieren, bevor der Wert sich überhaupt realisiert hat, der „Erfolg" des betrachteten Prozesses also eingetreten treten ist, ist begrifflich nicht möglich. Aus begrifflich-logischen Gründen kann also nicht sinnvoll vom Wert abstrakter Arbeit im Produktionsprozess gesprochen werden.

In ihrer problematischen Lesart betonen Hardt und Negri, dass gegenwärtige Arbeitsverhältnisse sich nicht mehr in der Form der produktiven (industriellen) Arbeit fassen ließen, in welcher vermeintlich die Wertkonstitution allein in der Produktionssphäre erfolgte. Vielmehr sei postfordistische Arbeit zunehmend von Momenten durchdrungen, die immaterieller Natur seien und sich einer Quantifizierbarkeit entzögen. Zu diesen immateriellen Momenten zählen sie kommunikative, kooperative und affektbezogene Tätigkeiten. An anderer Stelle bestimmen die Autoren die immaterielle Arbeit „als eine Arbeit, die immaterielle Güter wie Dienstleistungen, kulturelle Produkte, Wissen oder Kommunikation produziert."[14] Solche immateriellen Produktionstätigkeiten, die zunehmend Eingang in die Erwerbsarbeit finden, beruhen zum einen auf Fähigkeiten, die außerhalb der bezahlten Arbeitszeit erworben werden, und zum anderen entsprechen sie den genuin *gesellschaftlichen* Praxisformen, die für die gesellschaftliche Reproduktion notwendig sind.[15] Insofern bezeichnen Hardt und Negri die immaterielle Arbeit auch als biopolitische Produktion, die der Kapitallogik unterworfen wird. Mit der Rede von biopolitischer Produktion möchten die Autoren terminologisch markieren, dass sie sich von einem verkürzten Verständnis von Arbeit als Lohnarbeit absetzen wollen. Dabei betonen sie, dass ihre Diagnose der Immaterialisierung der Arbeit keineswegs bedeute, dass fortan die Mehrzahl der weltweit lohnabhängig Beschäftigten nunmehr bloß immaterielle Güter produziere. Vielmehr legen sie den Fokus auf die Durchdringung der Produktion durch immaterielle und informationelle Aspekte: „[S]oziale Beziehungen, Kommunikationsnetzwerke und Lebensformen" werden zunehmend, wenn nicht zum Haupt-, so zumindest zum Beiprodukt der Warenproduktion.[16] Die erstrittenen Erfolge der Arbeitskämpfe, wie Mitbestimmung

---

13 Vgl. z.B. Marx, Karl 1972: Das Kapital, S.180.

14 Hardt, Michael; Negri, Antonio 2003: Empire, S. 302.

15 Ibid., S. 10.

16 Hardt, Michael; Negri, Antonio 2004: Multitude, S. 370. Vgl. auch: Hardt, Michael; Negri, Antonio 2010: Common Wealth. Das Ende des Eigentums. Campus, Frankfurt/M./New York, S. 147.

bei der Arbeitsprozessorganisation etc., verkehren sich infolgedessen in ein neuartiges Ausbeutungsverhältnis: Das Kapital schöpft nicht bloß gesellschaftliche Praxisformen ab, sondern unterwirft auch die Freizeit der Erwerbstätigen und die der Erwerbslosen seiner Logik. Wenn nun aber im Postfordismus durch die hegemoniale biopolitische Produktion nicht mehr trennscharf zwischen Arbeit und Nichtarbeit unterschieden werden kann, dann ist auch der Zeitaufwand für die Produktion und damit der Wert der Ware Arbeitskraft nicht mehr eindeutig bestimmbar. Damit verliere, so Hardt und Negri, das Marx'sche Wertgesetz im Postfordismus seine Gültigkeit.[17] Es bedarf damit einer neuartigen Analyse der politischen Ökonomie und einer Konzeptualisierung angemessener Widerstandsmöglichkeiten, die die Autoren zu erschließen beanspruchen.

Macht und Widerstand

Dabei ist Hardt und Negris Interpretation des Foucault'schen (Bio-)Machtbegriffes von zentraler Bedeutung, denn dieser findet sowohl Eingang in die Konzeptualisierung des Empires als auch in ihren Versuch, eine mögliche und adäquate politische Subjektivität zu umschreiben, welche unter den gegenwärtigen Bedingungen in der Lage sein soll, sich der Logik des Empires zu widersetzen.

Durch das sich herausbildende postfordistische Akkumulationsregime verändert sich nicht nur der Inhalt der Arbeit, sondern es verlieren auch klassische Kategorien der politischen Philosophie (wie z.B. der Begriff der Arbeiterklasse, des Staatsbürgers etc.) an Erklärungskraft. Es sind diese weitreichenden gesellschaftlichen Transformationen der Gegenwart, auf deren Hintergrund Hardt und Negri das Konzept der Multitude als alternatives politisches Klassensubjekt entwickeln. Zunächst gilt es allerdings, den von Hardt und Negri verwendeten Machtbegriff zu explizieren. Sie vertreten im Anschluss an Foucaults Begriff der (Bio-)Macht ein relationales Machtkonzept, das darauf abhebt, politische Subjekte erst als Resultate von Machtwirkungen zu denken.

---

17 Hardt, Michael; Negri, Antonio 2004: Multitude., S. 166 und Hardt, Michael; Negri, Antonio 2010: Common Wealth, S. 322-329. Freilich haben wir es hier mit einem wiederkehrenden Topos in Negris Oeuvre zu tun: Das Postulat vom Ende des Wertgesetzes zieht sich durch seine Schriften. Hier zeigt sich dann, dass der Befreiungsschlag aus den Fängen des Ökonomismus in einen Fetischismus der politischen Subjektivität und damit in einen nahezu grenzenlosen Voluntarismus umschlägt. Vgl. ausführlich zum Problem der Wertformanalyse bei Hardt und Negri: Metzger, Philipp 2011: Werttheorie des Postoperaismus. Darstellung, Kritik und Annäherung. Mit einem Vorwort von Sonja Buckel. Tectum, Marburg.

Der Kern der Foucault'schen Konzeption besteht darin, dass Macht nicht als Verfügungsgewalt bestimmter Institutionen (Staat, Gefängnis etc.) oder spezifischer Akteure (etwa der nationalen Regierung) gedacht wird, sondern als auf Handlungsermöglichung und Handlungsbeschränkung bezogenes Verhältnis.[18] Macht im Sinne Foucaults ist „nicht eine Institution, ist nicht eine Struktur, ist nicht eine Mächtigkeit einzelner Mächtiger. Die Macht ist [vielmehr] der Name, den man einer komplexen strategischen Situation in einer Gesellschaft gibt."[19]

Entgegen der in der politischen Philosophie nach wie vor dominanten Vorstellung von Macht als Herrschaftsausübung eines Souveräns sieht Foucault ab dem Ende des 17. Jahrhunderts zwei neuartige Machttypen aufkommen. Die *Disziplinarmacht*, die immer nur mittels konkreter Institutionen (Fabrik, Schule, Gefängnis, Psychiatrie etc.) wirkt und Macht auf die einzelnen Körper ausübt, wird seit der Mitte des 18. Jahrhunderts durch die bevölkerungspolitischen Steue-

---

18 Vgl. zum Machtkonzept Foucaults im Allgemeinen, auf welches bezogen die Biomacht eine spezifische Form darstellt: „In Wirklichkeit sind Machtbeziehungen definiert durch eine Form von Handeln, die nicht direkt und unmittelbar auf andere, sondern auf deren Handeln einwirkt. [...] Machtbeziehungen beruhen dagegen auf zwei Elementen, die unerlässlich sind, damit man von Machtausübung sprechen kann: Der 'Andere' (auf den die Macht ausgeübt wird) muss durchgängig und bis ans Ende als handelndes Subjekt anerkannt werden." (Foucault, Michel 2005: Subjekt und Macht. In: Ders.: Analytik der Macht. Frankfurt/M., Suhrkamp, S. 255.) Vgl. zur Rolle von Institutionen bei der Machtausübung: „Ich bestreite nicht die Bedeutung der Institutionen bei der Verwaltung von Machtbeziehungen. Aber ich meine, man sollte Institutionen von den Machtbeziehungen her analysieren und nicht umgekehrt. Die eigentliche Verankerung der Machtbeziehungen ist außerhalb der Institutionen zu suchen, auch wenn sie in einer Institution Gestalt annehmen." (Ibid., S. 258.) Zum Verhältnis von Staat und Machtausübung bei Foucault vgl.: „Es ist eine gesicherte Tatsache, dass der Staat in den heutigen Gesellschaften nicht bloß eine der Formen oder einer der Orte der Machtausübung ist – wenn auch vielleicht die wichtigste Form oder der wichtigste Ort –, sondern dass sich alle anderen Arten von Machtbeziehungen gewisser Weise auf ihn beziehen. Allerdings nicht weil sie vom Staat abgeleitet wären, sondern weil es zu einer stetigen Etatisierung der Machtbeziehungen gekommen ist (auch wenn die im Bereich der Pädagogik, des Rechts, der Wirtschaft oder der Familie nicht dieselbe Form angenommen hat)." (Ibid., S. 260.)

19 Foucault, Michel 1983: Der Wille zum Wissen. Sexualität und Wahrheit 1. Suhrkamp, Frankfurt/M., S. 114. Vgl. auch: „Die Macht ist nicht etwas, was man erwirbt, wegnimmt, teilt, was man bewahrt oder verliert; die Macht ist etwas, was sich von unzähligen Punkten aus und im Spiel ungleicher und beweglicher Beziehungen vollzieht". (Ibid., S. 115.)

rungsversuche der *Biomacht* ergänzt.[20] Das Referenzobjekt der Biomacht, die zu Beginn des 19. Jahrhunderts dominant geworden ist, ist nun nicht mehr der einzelne Körper, sondern der Mensch als Gattungswesen.[21] Eine entscheidende Funktion biopolitischer Machtwirkungen ist die Produktion von Subjektivität,[22] wie Hardt und Negri betonen: „Sie [die Strukturen des Empire; RS/KT] produzieren entsprechend nicht nur Waren, sondern auch Subjektivitäten. Sie produzieren Agenzien innerhalb des biopolitischen Zusammenhangs: Bedürfnisse, soziale Verhältnisse, Körper und Intellekte – sie produzieren mithin Produzenten."[23] Die Machtausübung des Empires besteht also vor allem darin, Subjektivität hervorzubringen. Diese ist kein bloßes Nebenprodukt der Machtausübung, vielmehr betonen Hardt und Negri im Anschluss an Foucault, dass die Anerkennung desjenigen, auf den Macht ausgeübt wird, als freies Subjekt notwendige Bedingung jedweder Machtausübung ist. Insofern „ist der Widerstand dieser Subjekte nicht etwas der Macht nachgeordnetes, sondern Ausdruck der Freiheit, die der Macht voran geht[24]." Wie Foucault unterstreichen Hardt und Negri, dass sich Machtverhältnisse nicht auf herrschaftliche Machtausübung reduzieren, sondern auch den Beherrschten eine wesentliche Rolle bei der Machtwirkung zukommt. Zum einen wirkt Macht also subjektbildend: Die Machtmechanismen bestimmen das Handeln von Menschen. Zum anderen manifestieren und reproduzieren die durch Macht konstituierten Subjekte wiederum die Machtmechanismen in

---

20 Foucault, Michel 2006: Die Geburt der Biopolitik. Geschichte der Gouvernementalität II. Suhrkamp, Frankfurt/M.

21 Foucault, Michel 2001: In Verteidigung der Gesellschaft. Suhrkamp, Frankfurt/M., S. 282-311.

22 Vgl. Foucault, Michel 2005: Subjekt und Macht.

23 Hardt, Michael; Negri, Antonio 2003: Empire, S. 46-47. Diese zeitdiagnostische Aussage von Hardt und Negri verliert aber aus dem Blick, dass dies kein spezifisch neues Phänomen unter den Produktionsbedingungen des Empires darstellt. Marx hat in seinem Kapitalprojekt aus reproduktionstheoretischer Perspektive bereits gezeigt, dass der kapitalistische (Re-)Produktionsprozess nicht auf den Output von Waren und Mehrwert beschränkt werden kann, sondern dass der kapitalistische Produktionsprozess als Reproduktionsprozess immer auch ein gesellschaftliches Verhältnis reproduziert: „Der kapitalistische Produktionsprozeß, im Zusammenhang betrachtet oder als Reproduktionsprozeß, produziert also nicht nur Ware, nicht nur Mehrwert, er produziert und reproduziert das Kapitalverhältnis selbst, auf der einen Seite den Kapitalisten, auf der andren den Lohnarbeiter." (Marx, Karl 1972: Das Kapital, S. 604.)

24 Hardt, Michael; Negri, Antonio 2010: Common Wealth, S. 248.

ihren Handlungen.[25] Entscheidend dabei ist, dass biopolitische Strategien niemals streng deterministisch wirken, sondern in ihren konkreten Aktualisierungsformen am Lebendigen immer auf Widerständigkeiten stoßen. In diesem Sinne betonen Hardt und Negri die aktive Seite der Multitude – des „Objekts" der Machtausübung: Sie verfügt über das Vermögen, Leben zu schaffen sowie zu gestalten und damit Neues hervorzubringen. Somit steht die Multitude dem Empire keineswegs ausschließlich passiv gegenüber. Vielmehr vermag sie es, das Empire, das auf die biopolitische Produktivität der Multitude angewiesen ist, permanent in eine reaktive Stellung zu drängen.[26] So ist unter anderem die postfordistische Transformation der Arbeit auf die fortdauernden Kämpfe der Multitude zurückzuführen.[27] Wie Foucault geht es auch Hardt und Negri darum, Machtbeziehungen in ihrer Komplexität zu begreifen, weit differenzierender jedenfalls, als dies im Rahmen eines staatszentristischen Verständnisses möglich wäre.

Anders als Foucault aber, der vor allem hinsichtlich der Biopolitik das Wechselverhältnis von Machtaktualisierung und Machtreproduzierung betont, trennen Hardt und Negri die beiden Seiten des Herrschens und Beherrscht-Werdens wieder: Das Empire übt in Form von *Biomacht* seine Herrschaft aus, die der Kapitallogik folgt; die Multitude – die Gesamtheit der Beherrschten – zeitigt in Form von *Biopolitik* ein permanentes Widerstandspotential. Hardt und Negri ordnen damit den beiden Polen der Macht verschiedene Logiken des Agierens zu. Damit sich die Multitude der Biomacht des Empires widersetzen kann, muss sie sich zunächst den Subjektivierungsstrategien des Empires entziehen und alternative Subjektivierungen entwickeln. Eine Pointe von Hardt und Negri besteht darin, dass die Subjektivierungslogik des Empires ein besonderes Unterwanderungspotential bietet, ja Widerstand sogar provoziert: Während in der vormaligen Disziplinargesellschaft die Machtausübung über lebendige Körper in räumlich abgrenzbaren Institutionen (z.B. Schule, Fabrik, Gefängnis, Psychiatrie) verortbar war, durchzieht die Biomacht des Empires nahezu alle gesellschaftlichen Verhältnisse, ist in ihrem Wirken weitaus diffuser und nicht auf einen als solchen identifizierbaren Raum beschränkt[28] – und damit zugleich aber prinzipiell überall angreifbar.

---

25 Vgl. Foucault, Michel 2005: Subjekt und Macht. S. 261-263.
26 Vgl. Hardt, Michael; Negri, Antonio 2003: Empire, S. 401.
27 Vgl. ibid., S. 402.
28 Vgl. ibid., S. 39, S. 209.

Multitude — biopolitisch

Durch die zunehmende Immaterialisierung der Arbeit und das damit einhergehende Zusammenfallen von Produktion und Reproduktion wird die Grenze
zwischen Arbeit und Freizeit unscharf; das Verwertungsdiktat der Produktion
bestimmt letztlich den gesamten Tag der Arbeitenden: So versucht etwa die
postfordistische Angestellte, auch wenn sie gerade nicht im Büro sitzt, ihre eigene
Verwertbarkeit zu maximieren, indem sie Sprachen lernt, sich fit hält oder Kurse
für Selbstmanagement besucht. Dadurch wird „[d]ie Gesellschaft wie ein einziger
sozialer Körper einer Macht subsumiert, die hinunterreicht bis in die Ganglien der
Sozialstruktur und deren Entwicklungsdynamiken."[29] Politisches, Ökonomisches
und Kulturelles fallen in eins. Diese Verschränkung spiegelt sich aber auch auf
der Seite des Widerstandpotentials wider. Denn wenn die Biomacht sich auf das
Leben als ihr Herrschaftsobjekt bezieht, dann ist sie notwendigerweise auf die
Reproduktion von Leben angewiesen. Und genau darin besteht das Potential
der Biopolitik, über das die Multitude verfügt. Mit dem Konzept der Multitude
versuchen Hardt und Negri dabei, die Formierung eines kollektiven politischen
Subjekts zu erfassen.[30]

Im Zuge dieser Überlegungen zur Ausgestaltung eines inklusiven politischen
Subjekts kritisieren Hardt und Negri die Exklusivität des klassischen Konzepts
der Arbeiterklasse, wie es im traditionellen Marxismus gang und gäbe war. Die
Arbeiterklasse sehen die beiden Autoren insofern als exklusiv, als sie lediglich
die lohnförmig beschäftigten Fabrikarbeiter umfasse und somit alle anderen
Arbeitenden, zu denken sei besonders an die reproduktiv und kreativ Tätigen,
ausschließt.[31] Durch die Immaterialisierung der Arbeit und die damit einhergehende Verschränkung von Produktion und Reproduktion sei das exkludierende
Konzept der Arbeiterklasse für die Analyse gegenwärtiger Verhältnisse nicht mehr
adäquat.[32] So sei die postfordistische Form der „Produktion keine rein ökonomische Angelegenheit, sondern muss allgemein als gesellschaftliche Produktion
begriffen werden, heutzutage also als die Produktion nicht nur materieller Güter,
sondern ebenso als die Produktion von Kommunikation, von Beziehungen und
Lebensformen."[33] Informatisierung und affektive Momente spielen eine zuneh-

---

29 Ibid., S. 39.
30 Vgl. Hardt, Michael; Negri, Antonio 2004: Multitude, S. 117-134.
31 Vgl. Hardt, Michael; Negri, Antonio 2003: Empire, S. 250.
32 Vgl. ibid., 409.
33 Hardt, Michael; Negri, Antonio 2004: Multitude. Das Gemeinsame leben. In: Jungle
    World 39/2004. http://jungle-world.com/artikel/2004/38/13711.html.

mende Rolle sowohl in den Produktionsprozessen und der Produktionssteuerung, als auch in der Zirkulation.

Die Moderne als Krise

Im Verständnis von Hardt und Negri sind jene postmodernen Entwicklungen bereits in der „Moderne" angelegt. Sie verstehen „Moderne" als ein Narrativ: Charakteristisch für die Moderne ist nicht, dass diese etwa die fortschreitende Säkularisierung aller Lebensbereiche zeitigte; Moderne heißt für Hardt und Negri stattdessen vor allem *Krise*. Damit setzen sie anderen Theorien der Moderne – etwa Habermas' Konzept der prinzipiell „unabgeschlossenen" Moderne oder Becks „reflexiver Moderne" – eine alternative Konzeption entgegen, aus deren Perspektive wiederum die gängigen Narrative als Leugnung widersprüchlicher gesellschaftlicher Tendenzen und gesellschaftlicher Kämpfe erscheinen. Denn die Moderne ist nach Hardt und Negri wesentlich bestimmt durch die Konfrontation zweier Logiken – der revolutionären Logik der Immanenz und der Logik der Transzendenz.[34] Die Bedeutung der Renaissance liegt weniger in der Wiederentdeckung *des* Menschen, auch wenn es einen spezifischen Typus von Renaissance-Humanismus gibt; das eigentlich Revolutionäre dieser Epoche liegt aber vielmehr in ihren Gegenentwürfen zu den das Mittelalter bestimmenden christlichen Transzendenzvorstellungen. Der „Bruch" mit dem Mittelalter ist demnach nicht als *rationalistische* oder *humanistische* Kehre zu interpretieren, sondern muss als ein komplexer politischer Raum gedacht werden, innerhalb dessen transzendente und immanente Konzeptionen sich in einem ständigen Konflikt befinden. In dieser Zeit wird laut Hardt und Negri die revolutionäre Idee der Immanenz entwickelt, die unter anderem in der politischen Philosophie Baruch de Spinozas ihren Ausdruck findet.

---

34 Vgl. dazu auch: „Multitude ist ein Immanenzbegriff, die Menge ein Ensemble von Singularitäten. [...] [J]eder auf seine Art haben Hobbes, Rousseau und Hegel das Volk ausgehend von der Transzendenz des Souveräns konzipiert. Die Menge hingegen war für sie gleichbedeutend mit Chaos und Krieg. Die Grundlegungen zeigen ihre Wirkung im modernen Denken: Auf der einen Seite abstrahiert es von der Vielheit der Singularitäten, es vereinheitlicht sie transzendental im Begriff Volk; auf der anderen Seite löst das moderne Denken das Ensemble der Singularitäten auf (das die Menge konstituiert) und macht aus ihm eine Masse von Individuen. Die moderne Naturrechtsvorstellung, ob empiristisch oder idealistisch, beruht immer auf Transzendenzdenken und auf der Auflösung der Immanenzebene." (Negri, Toni 2003: Eine ontologische Definition der Multitude, S. 111.)

Spinozas Begriff der *multitudo* dient Hardt und Negri als Anknüpfungspunkt zur Reformulierung eines radikaldemokratischen Projektes. Während transzendente Souveränitätskonzepte – als paradigmatisch hierfür kann Thomas Hobbes angesehen werden – notwendigerweise eine den Regierten übergeordnete und somit transzendente Instanz postulieren, die das Zusammenleben erst ermöglicht, geht die politische Philosophie Spinozas davon aus, dass sowohl das vereinzelte Individuum als auch das Gemeinschaftliche weder einen methodischen noch einen historischen Anfang darstellen können. Vielmehr können der Einzelne und das gesellschaftliche Zusammenleben nur als sich gegenseitig bedingend verstanden werden; nur so kann die irreduzible Vielheit der Menge adäquat gedacht werden. Weder ist ein nicht-vergesellschaftetes Individuum noch ist eine unabhängig von Einzelnen bestehende Gemeinschaftsordnung denkbar.[35] Allerdings wird die revolutionäre Perspektive Spinozas durch die sowohl die politische Philosophie als auch die politische Praxis der „Konterrevolution" prägenden transzendenten Ansätze von Thomas Hobbes und Jean-Jacques Rousseau verdrängt, wodurch just jenes antirhizomatische Denkhindernis das Konzept der *multitudo* aus dem (polit-)philosophischen Diskurs verbannt.[36] Hardt und Negri knüpfen damit implizit an Carl Schmitts Modernekritik an – nur stellen sie diese gewissermaßen vom Kopf auf die Füße. Schmitt hatte die Neuzeit vor allem als einen Prozess interpretiert, in dessen Verlauf der Begriff der Souveränität von den „Mächten der Gesellschaft" zersetzt worden ist – abzulesen an der sukzessiven Bändigung und Hegung des Regenten durch juristische Regelungen und dem abschließenden Triumph des Parlamentarismus.[37] Für Hardt und Negri dagegen verläuft diese Entwicklung genau umgekehrt: Es werden in der Moderne immer subtilere Formen der Beherrschung des revolutionären Potentials der Multitude entworfen, d.h. immer neue Formen transzendenter Souveränität.

---

35 „Bestimmt man den Menschen als Individuum, stellt dieses Individuum als autonomen Ursprung des Rechts und des Eigentums vor, so setzt man es als einzelnes. Doch das Eigene existiert nur im Verhältnis zum anderen. [...] Transzendenz heißt der Schlüssel zur jeder Metaphysik der Individualität, genauso wie zu jeder Metaphysik der Souveränität." (Ibid., S. 118.)

36 Siehe dazu: „Der Kern der Moderne-Problematik wurde damit in der politischen Philosophie offenbar, und hier fand die neue Form der Vermittlung denn auch ihre angemessenste Antwort auf die revolutionären Formen der Immanenz: einen transzendenten politischen Apparat." (Hardt, Michael; Negri, Antonio 2003: Empire, S. 97.)

37 Paradigmatisch ist für Schmitt hier das Schicksal des Hobbes'schen Leviathans. (Vgl. Schmitt, Carl 2003: Der Leviathan in der Staatslehre des Thomas Hobbes. Sinn und Fehlschlag eines politischen Symbols. Stuttgart, Klett-Cotta, S.116-118.)

In diesem Sinne ist das Konzept der Multitude Hardts und Negris als ein Gegenentwurf zu nach wie vor hegemonialen politischen Theorien zu verstehen. Die Spezifik der Multitude als kollektives politisches Subjekt formulieren sie wie folgt:

> Die Menge weist in sich unzählige Unterschiede auf, die niemals auf eine Einheit oder eine einzige Identität zurückzuführen sind – die Unterschiede zeigen sich als kulturelle, ethnische, geschlechtsspezifische oder sexuelle Differenz, oder aber auch als unterschiedliche Formen zu arbeiten, zu leben oder die Welt zu sehen und als unterschiedliche Wünsche und Begehren. Die Multitude ist eine Vielfalt all dieser singulären Differenzen.[38]

Somit richten sich Hardt und Negri mit der Multitude auch gegen das Konzept des Volkes als kollektives politisches Subjekt, das zum einen vereinheitlichend wirkt, indem es die Unterschiede der Einzelnen negiert, und zum anderen alle ausschließt, die nicht der Gemeinschaft des Volkes zuzurechnen sind. Die Einheit des Volkes ist insofern als transzendent zu verstehen, als dass sie nur durch ein der Menge externes vereinheitlichendes Prinzip, wie etwa die gemeinsame Abstammung, gedacht werden kann. Derartige externe Konstitutionsmomente kollektiver politischer Subjekte lehnen Hardt und Negri für die Konzeptualisierung eines revolutionären Subjekts ab, weil jene gerade das immanente Potential dieses Subjekts leugnen und es damit zugleich bändigen.[39]

Multitude als Klasse

Insofern muss es Hardt und Negri gelingen, die Bildung eines inklusiven kollektiven Subjekts zu beschreiben, das sich in irgendeiner Form aus sich selbst heraus bildet. Um die Argumentation der Autoren zu verstehen, müssen zwei Momente der Multitude unterschieden werden. Zunächst lässt sie sich als das bloße *Potential,* biopolitisch tätig zu sein und sich dem Empire zu widersetzen, verstehen.[40] Erst wenn sich die Einzelnen zu einem gemeinsamen politischen Projekt zusammenschließen, formiert sich die Multitude zu einem politischen *Subjekt,* dessen Verbindung ausschließlich durch das gemeinsame Handeln gestiftet wird.[41] Da sich die Multitude als politischer Akteur also nur über politische Zielvorstellungen formieren kann, kommt deren Formulierung im Werk von Hardt und Negri eine zentrale Rolle zu. Es sind also nicht die objektiven histo-

---

38 Hardt, Michael; Negri, Antonio 2004: Multitude. Das Gemeinsame leben.

39 Vgl. Hardt, Michael; Negri, Antonio 2004: Multitude, S. 117-120.

40 Negri, Toni 2003: Eine ontologische Definition der Multitude, S. 113.

41 Hardt, Michael; Negri, Antonio 2004: Multitude, S. 123.

rischen Entwicklungen wie im klassischen historischen Materialismus, die die Konstitution der Multitude als Klasse bewirken.[42]

Im Hinblick auf diesen Zusammenhang formulieren Hardt und Negri am Ende von *Empire* drei Forderungen, deren Funktion es unter anderem ist, die Multitude als politisches Subjekt zu konstituieren. Sie fordern das Recht auf Weltbürgerschaft[43], auf einen *„sozialen Lohn und* [...] [ein] *garantierte*[s] [...] *Grundeinkommen für alle"*[44] sowie das Recht auf Wiederaneignung[45]. Bei diesen Forderungen handelt es sich keineswegs um kompensatorische, kurzfristige Reformvorschläge, die die Lebensbedingungen im Empire erträglicher machen sollen. Vielmehr soll die Multitude mittels dieser Forderungen die konsequente Weiterführung der vom Empire vorangetriebenen Entgrenzung betreiben und damit das „zweite[, revolutionäre] Gesicht der Globalisierung [...]" erscheinen lassen.[46] So ist die kapitalistische Produktion zwar auf die Migration von Arbeitskräften angewiesen, das Empire vermag es aber nicht, diese vollständig im Sinne der Kapitallogik zu steuern. Dass das Empire massiv versucht, Migrant_innen zu kriminalisieren und ihnen Repressionen entgegenzustellen, ist damit als Reaktion auf die Autonomie der Multitude zu verstehen.[47] Die Multitude formiert sich genau dadurch als politisches Subjekt, dass sie mit eigenständigen Forderungen, wie in diesem Falle der nach dem Recht auf Weltbürgerschaft, dem Empire entgegentritt.[48] In derselben Weise ist es aufgrund des Zusammenfallens von Produktion und Reproduktion nur konsequent, ein garantiertes Grundeinkommen zu fordern, denn Arbeits- und Produktionszeit werden dadurch als Kriterien für die Bemessung eines Lohns hinfällig.[49] In diesem Sinne ist auch die Forderung nach Wiederaneignung zu verstehen. Diese bezieht sich nicht nur auf die Wiederaneignung dessen, was üblicherweise als Produktionsmittel verstanden wird, also Maschinen, Fabriken etc. Durch die Immaterialisierung der Arbeit werden immer mehr „subjektive" Momente zu Produktionsmitteln[50]:

---

42 Negri, Toni 2003: Eine ontologische Definition der Multitude, S. 116.

43 Vgl. Hardt, Michael; Negri, Antonio 2003: Empire, S. 403-407.

44 Ibid., S. 409. Hervorh. M.H./A.N.

45 Ibid., S. 410-413.

46 Hardt, Michael; Negri, Antonio 2004: Multitude. Das Gemeinsame leben.

47 Vgl. Hardt, Michael; Negri, Antonio 2003: Empire, S. 405-407.

48 Ibid., S. 406-407.

49 Ibid., S. 407-408.

50 Vgl. zur Subjektivierung der Arbeit ausführlich: Kleemann, Frank; Matuschek, Ingo; Voß, G. Günter 2001: Subjektivierung von Arbeit. Ein Überblick zum Stand der

Die Menge benutzt nicht nur Maschinen zur Produktion, sondern wird auch selbst zunehmend zu einer Art Maschine, da die Produktionsmittel immer stärker in die Köpfe und Körper der Menge integriert sind. In diesem Zusammenhang bedeutet Wiederaneignung, freien Zugang zu und Kontrolle über das Wissen, Information, Kommunikation und Affekte zu haben – denn dies sind einige der wichtigsten biopolitischen Produktionsmittel [...]. Doch die Tatsache allein, dass diese Produktionsmittel in der Menge selbst zu finden sind, bedeutet noch nicht, dass die Menge sie auch kontrolliert. Eher lässt das die Entfremdung davon noch niederträchtiger erscheinen. Das Recht der Menge auf Wiederaneignung ist somit in Wahrheit das Recht der Menge auf Selbstkontrolle und autonome Eigenproduktion.[51]

Die drei Forderungen sind nicht isoliert voneinander zu betrachten, denn sie zielen allesamt darauf ab, dass sich die Multitude im Bewusstsein des eigenen biopolitischen Potentials als politisches Subjekt konstituiert. So ist beispielsweise das Recht auf ein bedingungsloses Grundeinkommen nur auf der Grundlage einer bereits erlangten Weltbürgerschaft zu verstehen. Es kann nur als globale Forderung und nicht als nationalstaatliche Sonderlösung, die nur den eigenen Staatsbürgern zu Gute kommt, den tatsächlichen Arbeitsbedingungen der biopolitischen Produktion entsprechen.

Wie sich aus dem bisher Skizzierten schon zeigen dürfte, unterscheidet sich die politische Forderung nach einem sozialen Lohn beziehungsweise einem bedingungslosen Grundeinkommen bei Hardt und Negri grundsätzlich von liberalen, konservativen und sozialdemokratischen Konzeptionen. Die Vorstellungen von Hardt und Negri zielen eben gerade nicht auf Reformen, die lediglich den politischen Rahmen von Produktionsverhältnissen modifizieren und die Lohnförmigkeit der Arbeit zentral voraussetzen. In *Commonwealth* explizieren Hardt und Negri die Funktion von zwei der drei Forderungen, die bereits in Empire auftauchten, nämlich das Recht auf sozialen Lohn und auf Weltbürgerschaft. In einem ironisch gehaltenen Abschnitt verschreiben die beiden Autoren der von Krisen gekennzeichneten globalen Ökonomie gewissermaßen eine Heilkur. In klassischen Zusammenbruchstheorien, nach denen die vom Kapitalismus gleichsam naturnotwendig erzeugten Krisen zu seiner eigenen Aufhebung führen, sobald das Proletariat seine „historische Mission" (Engels) erfüllt, wurde die permanente Verschlechterung der Zustände als erforderliche Voraussetzung zur Bildung eines antagonistischen Klassenbewusstseins zumindest implizit immer mitgedacht. Hardt und Negri sehen dagegen im Kampf um Reformen innerhalb

---

Diskussion. In: Moldaschl, Manfred; Voß, Günter G. (Hrsg.): Subjektivierung von Arbeit. Hampp, München/Mering, S. 53-100.
51 Hardt, Michael; Negri, Antonio 2003: Empire, S. 413.

der bestehenden Weltordnung kein „objektiv-konterrevolutionäres" Unterfangen
– im Gegenteil: In einer zusammenbruchstheoretischen Konzeption implizit
enthalten ist die pseudo-dialektische Vorstellung, nach der die sich zuspitzende
Krise auf ihrem Höhepunkt umschlägt und in einer kommunistischen Revolution aufgehoben wird. In einer strengen Lesart dieser Konzeptionen würden
Reformprogramme, die darauf abzielen, die krisenhaften Erscheinungen des
Kapitalismus und das damit verbundene Elend des Proletariats zu lindern, die
revolutionäre Entwicklung hemmen.

In der historischen Arbeiterbewegung wurde die Revolution entweder als
Ergebnis reformerischer Praktiken verstanden, oder lediglich als Mittel, um die
finale Auseinandersetzung in einem offenen revolutionären Kampf herbeizu-
führen. Beiden Konzeptionen, sowohl der sozialdemokratischen einerseits und
der kommunistischen andererseits, ist jedoch gemein, dass die Durchsetzung
der eigenen Ziele von dem Besitz der Staatsmacht abhängig ist. In der sozialdemokratischen Tradition sollte die Eroberung der Staatsmacht vermittels der
Herstellung von entsprechenden parlamentarischen Mehrheitsverhältnissen der
Durchsetzung von Reformen dienen, die dann ein sukzessives Hinübergleiten in
den Sozialismus ermöglichen würden. Auf kommunistischer Seite sollte durch
die Ausnutzung der „Dialektik" von Reform und Revolution im Kampf um
Reformen das Klassenbewusstsein geschärft und die revolutionäre Partei gestärkt
werden, um dann in einem günstigen Moment die Staatsmacht durch Ausschal-
tung des Klassengegners zu erobern. Die Diktatur des Proletariats sollte durch die
Verwendung der Staatsmacht schließlich die Transformation der Eigentumsverhältnisse durchsetzen und die politische Stabilität des Sozialismus gewährleisten.

Hardt und Negri brechen mit diesen Konzeptionen vollständig. Die „Dialektik" von Biomacht und Biopolitik lässt sich eben gerade nicht auf einen
Kampf um die Staatsmacht reduzieren. Eine Konzentration revolutionärer oder
reformistischer Bestrebungen auf die Bemächtigung staatlicher Institutionen
würde den Eigentümlichkeiten der biopolitischen Machtverhältnisse nicht
gerecht werden; denn hier gibt es – wie wir gesehen haben – nicht länger ein
eindeutiges Machtzentrum. Zudem war sowohl im kommunistischen wie auch
im sozialdemokratischen Flügel der Arbeiterbewegung häufig eine Fetischisierung
der Arbeit latent enthalten – am offenkundigsten abzulesen wohl am sogenannten „Proletkult" in der frühen UdSSR. Das Arbeiter-Sein war jedenfalls kein
Schimpfwort – wie lange für große Teile der Bourgeoisie – sondern vielmehr ein
identitätsstiftendes Moment, auf das man positiv Bezug nahm. Dadurch geriet
aber aus dem Blick, dass der Kampf sich gerade gegen dieses Arbeiter-Sein richten
musste, sofern er der Überwindung der kapitalistischen Gesellschaftsformation

dienen sollte. So konzipieren Negri und Hardt einen frontalen Angriff auf jene Lohnarbeiteridentität, der zugleich in der postfordistischen Produktionsweise immer weniger Bedeutung zukommt. Denn da in der postfordistischen biopolitischen Produktion zunehmend die Grenzen zwischen Arbeitszeit und Freizeit und folglich auch die von Produktion und Reproduktion verschwimmen, wird der Lohnförmigkeit der Arbeit zunehmend die Grundlage entzogen. Mit der Multitude als demgegenüber inklusiv verstandenem Klassenkonzept versuchen Hardt und Negri ein politisches Subjekt zu entwerfen, das sich ausschließlich durch die verfolgten politischen Projekte als kollektiver Akteur konstituiert, ohne dabei die Vielheit der Singularitäten zu homogenisieren. Nicht länger ist nur der Fabrikarbeiter ein potentieller Revolutionär. Im Zuge dieser Argumentation plädieren Hardt und Negri für die Auflösung jeglicher exklusiver Identitätskonstrukte wie Nation, Rasse, Geschlecht und sexuelle Orientierung und eben auch Klasse im tradierten, exklusiven Sinne.[52] Die Forderungen nach einem bedingungslosen Grundeinkommen, Weltbürgerschaft und Wiederaneignung ergeben sich direkt aus der Konfiguration biopolitischer Produktion und dem damit verbundenen Bedeutungsverlust exklusiver Identitäten.

Die drei Forderungen von Hardt und Negri sind daher nicht bloße Realpolitik, die die vermeintlichen Grenzen des Machbaren erkannt hat und sich innerhalb ihrer bewegt. Denn durch eine Forderung wie der nach dem bedingungslosen Grundeinkommen formiert sich die Multitude erst als ein inklusives politisches Klassensubjekt, die im biopolitischen Sinne sowohl Subjekt der Veränderung wird als auch die geronnenen Identitäten aufsprengt und sich damit der Subsumtionslogik des Empires entzieht, sich dabei zudem fortwährend selbst wandelt. Das ist die Pointe der vermeintlichen Heilkur für das Empire: Indem die Multitude Reformen erkämpft, die die Krise der globalen Ökonomie lindern sollen, untergräbt sie gerade durch die Durchsetzung dieser Reformen die Grundlagen des Empire. Politische Forderungen wie diese stellen damit das einzig denkbare Konstitutionsmoment einer progressiven Multitude dar. Die politische Auseinandersetzung um solche Forderungen eröffnet ein politisches Feld, in dem die Linke mittels der Formulierung eines konkreten Projekts – auch realpolitisch – handlungsfähig werden kann, ohne dabei in die Reproduktionslogik des Empires zurückzufallen.

---

52 Ganz analog zur Argumentation von Hardt und Negri lassen sich die Überlegungen von Judith Butler zum Subjekt feministischer Bestrebungen verstehen, das, um nicht durch externe Bedingungen wie eine vermeintlich natürliche Geschlechtszuordnung exklusiv zu sein, sich nur als provisorische Einheit für konkrete Aktionen formieren kann. (Siehe: Butler, Judith 1991: Das Unbehagen der Geschlechter. Suhrkamp, Frankfurt/M., S. 36.)

Empire und Multitude kritisch gegen den Strich gelesen

Trotzdem lassen sich mehrere problematische Punkte in der Multitude-Konzeption bei Hardt und Negri aufweisen. Sie resultieren vor allem daraus, dass die Ausführungen der Autoren häufig unpräzise sind oder ausgiebig Gebrauch von problematischen Metaphern machen. So lassen die Analysen zur Transformation der Moderne hin zum Empire eine geschichtsphilosophische Lesart zu. Es kann der Eindruck entstehen, als hätten wir es mit objektiv-historischen, quasi-ontologischen Entwicklungen zu tun, die nahezu zwangsläufig den Untergang des Empire hervorbringen.[53] In dieser Lesart wäre die Multitude schlicht das Pendant dessen, was ehemals die Arbeiterklasse im Marxismus darstellte – ein Produkt historischer Umwälzungen, das letztlich neue, noch viel radikalere Umwälzungen zeitigt; der viel geschmähte Triumphalismus der beiden Autoren hat hier seine Ursache. Die Rolle von Hardt und Negri in diesem Narrativ wäre es, durch ihre theoretische Produktion lediglich dem objektiv als Potential vorfindlichen, aber noch nicht aktualisierten Subjekt zum Bewusstsein zu verhelfen. Dies wäre eine Art Neoleninismus, in dem Hardt und Negri die Funktion der intellektuellen Avantgarde zukäme – vergleichbar dem Projekt des jungen Georg Lukács in *Geschichte und Klassenbewusstsein*.[54]

Dieser Lesart möchten wir eine gegenüberstellen, die das Verhältnis von Theorie und Praxis im Sinne Louis Althussers begreift. Althusser hatte vor allem in seinen Schriften der 1970er Jahre immer wieder daran erinnert, dass nicht die Philosophen, sondern die Massen die Geschichte machen.[55] Damit zielte er auf eine Neubestimmung der philosophischen Praxis ab, gewissermaßen deren Dezentrierung im Verhältnis zu gesellschaftlichen Kämpfen. Es ist nicht die Aufgabe der (marxistischen) Philosophie, die kämpfenden Massen darüber aufzuklären, welche politischen Ziele zu verfolgen oder welche Maßnahmen zu treffen sind (und noch viel weniger darüber, was eine „gerechte" Gesellschaft ist). Dies wäre

---

53 Problematisch an geschichtsphilosophischen Konstruktionen ist die ihnen notwendig innewohnende Teleologie. Die Geschichte wird hier gewissermaßen als ein Subjekt verstanden, das auf ein bereits vorbestimmtes Telos hinstrebt. Jegliches Ereignis wird dann als Symptom eines objektiv und autonom verlaufenden Geschichtsprozesses aufgefasst. In anderen Worten: Ereignisse können dann nur im Hinblick auf das Ziel der Geschichte konzeptuell erfasst werden. Die singulären Bedingungen, aus denen heraus tatsächliche politische Ereignisse erwachsen, müssen in einer solchen Geschichtsauffassung aus dem Blick geraten.

54 Lukács, Georg 1967: Geschichte und Klassenbewusstsein [1923]. Studien über marxistische Dialektik. De Munter, Amsterdam.

55 Althusser, Louis 1974: Lenin und die Philosophie. Rowohlt, Reinbek.

eine Form des Leninismus im schlechten Sinne: Der Theoretiker würde für sich den Hoheitsanspruch über die gesellschaftlichen Kämpfe beanspruchen. Lenins Satz aus „Was tun?", „Ohne revolutionäre Theorie kann es keine revolutionäre Bewegung geben"[56], muss dagegen von beiden Seiten zugleich gelesen werden; radikales Denken in diesem Sinne muss immer ein Denken an der Seite radikaler politischer Bewegungen sein, darf sich aber niemals anmaßen, über oder jenseits dieser Bewegungen zu stehen. Für Althusser wird das Verfahren vieler Theoretiker, von den sozialen Kämpfen zu abstrahieren und sich selbst in einem nicht-gesellschaftlichen Raum zu verorten, geradezu zum Inbegriff idealistischer Philosophie. In einer solchen beidseitigen Lesart dürfte die Multitude dann aber bloß als Analysekonzept verstanden werden, welches vorfindliche gesellschaftspolitische Kämpfe konzeptuell erfassen und einer Reflexion zugänglich machen soll. Hardt und Negri verweisen in diesem letztgenannten Sinne in ihren Texten immer wieder auf gesellschaftliche Kämpfe der Gegenwart – seien es die Globalisierungsgegner, die Sans Papiers oder die Zapatistas in Mexiko. Gerade das ist ein zentrales Verdienst ihres Projekts, entstand es doch gerade in einer Zeit, in der viele das „Ende der Geschichte" und den finalen Sieg des liberalen Kapitalismus für ausgemacht hielten. Hardt und Negris Texte sind hemmungslos parteilich – was für die akademische Philosophie nach wie vor einen Skandal darstellen dürfte, weil sie sich immer noch frei in einem vermeintlich außerpolitischen Raum schwebend zu wähnen scheint. Insofern ist das Ins-Spiel-Bringen von Begriffen wie „Empire" und „Multitude" als Intervention in eine spezifische historische Konjunktur zu lesen; die Adressat_innen dieser Begriffe sind Menschen, die selbst in den gesellschaftlichen Kämpfen der Gegenwart – in welcher Form auch immer – involviert sind. Indem Hardt und Negri zeigen, dass traditionelle Begriffe wie Volk oder Arbeiterklasse immer schon herrschaftsaffinen Charakter haben, weil die Logik, der sie folgen, eine hierarchische ist, und indem sie stattdessen im Begriff der Multitude ein Konzept entwickeln, das einer egalitären Logik folgt, versuchen sie unverhohlen, an den Kämpfen der Gegenwart teilzunehmen, den Kämpfenden eine Sprache zu geben, über die sie zuvor nicht verfügten. Denn: „Das ist eine der wesentlichen und dringlichsten politischen Paradoxien der Gegenwart: In unserem gefeierten Kommunikationszeitalter *finden Kämpfe beinahe keine Kommunikation.*"[57] Nur eine der Gegenwart adäquate Terminologie, die zugleich herrschaftsaffine Konzepte der Vergangenheit hinter sich gelassen hat, kann die Kämpfenden über das Gemeinsame ihrer Kämpfe sprechen lassen und

---

56 Lenin 1959: Was tun? In: Lenin-Werke Bd. 5. Dietz, Berlin, S. 379.
57 Hardt, Michael; Negri, Antonio 2003: Empire, S. 68.

sie vor falschen Grenzziehungen bewahren – Grenzen zwischen Arbeitenden und Erwerbslosen, zwischen Frauen und Homosexuellen, zwischen indigenen Bewegungen und denen „illegaler" Migrant_innen. Das philosophische Projekt von Hardt und Negri, so wie wir es hier lesen, zielt auf nicht mehr, aber auch nicht weniger.

Wie bereits bei der Darstellung der Indienstnahme des Foucault'schen Biomachtkonzepts durch Hardt und Negri angeklungen sein dürfte und sich auch beim Begriff der Multitude zeigt, besteht ein wesentliches Problem bei Hardt und Negri darin, dass sie Reflexionsbegriffe ontologisieren.[58] Wenn die Autoren „Biomacht" und „Biopolitik" unterscheiden, fallen sie hinter das Verdienst Michel Foucaults zurück, Macht relational zu analysieren. Die bei Foucault analytisch gemeinte Unterscheidung zwischen Herrschen und Beherrscht-Werden wird durch jene Trennung ontologisiert.[59] Folglich werden das Empire als herrschendes und die Multitude als beherrschtes und widerständiges Subjekt substantialisiert. Hardt und Negri müssen deshalb von der Existenz zweier komplementärer Entitäten ausgehen und können beide Pole nicht als Reflexionsbegriffe begreifen, welche in einem immanenten Verhältnis zueinander stehen. Eben dadurch wird ihr Projekt einer immanenten Konzeptualisierung des Politischen inkonsistent: Das Empire erweist sich in Form einer substantiellen Entität der Multitude gegenüber als transzendent.

So muss festgehalten werden, dass Hardt und Negri die Machtanalytik Foucaults nicht etwa weiterentwickeln, sondern in ihrer Aufspaltung von Biomacht und Biopolitik mit den oben aufgezeigten Implikationen deren Kern verkennen, der doch gerade in der Überwindung eines akteur- und institutionenzentrierten Machtverständnisses bestand.[60]

---

58 Dass Negri dezidiert an einer politischen Ontologie arbeitet, zeigt paradigmatisch der Titel eines Aufsatzes: „Eine ontologische Definition der Multitude" (Negri, Toni 2003: Eine ontologische Definition der Multitude).

59 Zwar versucht Negri den Eindruck zu erwecken, es gelte einfache respektive dialektische Gegenüberstellungen zu vermeiden, aber es zeigt sich am Ende des Aufsatzes, dass er aufgrund seiner ontologischen Annahmen dazu gezwungen ist, eine (äußerliche) Gegenüberstellung vorzunehmen: „Multitude ist der ontologische Begriff des Vollen gegen das Leere, der Produktion gegen parasitäre Relikte." (Ibid., S. 125.)

60 In seiner Entgegnung auf einen ähnlichen Einwand kommt deutlich zum Ausdruck, dass Negri die radikale Immanenzvorstellung in der Machtkonzeption Foucaults völlig verkennt und gleichsam in ein transzendentes Denken zurückfällt. (Vgl. Hardt, Michael; Negri, Antonio 2003: Empire, S. 122.) Vgl. ausführlicher zu den Vorzügen der Machtanalytik Foucaults: Monday, JustIn 2006: Eine Art von Verschwinden. Unter Umständen eine Verteidigung Foucaults gegenüber seinen Liebhaberinnen.

Eine ähnliche Ontologisierung nehmen Hardt und Negri in ihrer Rezeption der Überlegungen Gilles Deleuzes und Felix Guattaris vor. In ihren *Tausend Plateaus* entwickeln Deleuze und Guattari am Begriff des Rhizoms struktur-theoretische Überlegungen, auf welche Hardt und Negri (implizit) in der Mul-titudekonzeption zurückgreifen.[61] Das Anliegen von Deleuze und Guattari ist es dabei, Grenzen klassischer strukturtheoretischer Überlegungen aufzuzeigen, die sie unter dem Topos des Baummodells thematisieren. Dem Baummodell stellen sie als Gegenkonzept das Rhizommodell gegenüber. Ein Rhizom zeichnet sich als dezentrale, relationale Struktur aus. Der Rahmen des Denkmöglichen, den das Baummodell notwendig vorgibt, ergibt sich gerade daraus, dass es nur die Vorstellung einer spezifischen Form relationaler Strukturgefüge erlaubt, nämlich diejenige, die über ein Zentrum und eine hierarchische Ordnung verfügt. Ein sys-tematisches Denkhindernis der philosophischen Tradition bestehe darin, genau diese Spezifik zu übersehen und die Baumstruktur als *notwendige* Strukturord-nung anzusehen. Diesem traditionellen Denkmuster entspricht die Vorstellung der klassischen politischen Philosophie, dass das politische Zusammenleben notwendig durch eine Zentralinstanz, klassischerweise durch eine Regierung, gesteuert werden muss. Alternative dezentrale politische Organisationsformen sind im Baummodell undenkbar. Die politische Philosophie von Deleuze und Guattari versucht am Modell des Rhizoms einen Organisationsbegriff zu entwi-ckeln, der gerade durch Dezentralität und Netzförmigkeit charakterisiert ist. Das Verdienst von Deleuze und Guattari besteht dabei darin, das Denkhindernis des klassischen Denkens als ein *strukturtheoretisches* aufzuzeigen. Dabei betonen die Autoren stets, dass es sich bei Rhizom- und Baummodell um *Analysekategorien* und nicht um intrinsische Charakteristika vorfindlicher Objekte handelt: Es gibt weder ein Rhizom noch eine Baumstruktur als solche; sie stellen vielmehr zwei

---

In: Die Röteln (Hrsg.): „Das Leben lebt nicht". Verbrecher Verlag, Berlin, S. 135-178 und Muhle, Maria 2008: Eine Genealogie der Biopolitik. Zum Begriff des Lebens bei Foucault und Canguilhem. transcript, Bielefeld. Maria Muhle skizziert anlässlich ihrer Rekonstruktion des Lebensbegriffs bei Foucault eine Kritik an dem Zusam-menfallen von Biopolitik und souveräner Macht bei Giorgio Agamben (vgl. ibid., S. 21-22, S. 38-55) und arbeitet präzise die methodologischen Vorzüge des Ansatzes von Foucault heraus. Vgl. zu systematischen Schwächen und Stärken der Konzeption von Hardt und Negri: Benl, Andreas 2006: Empire, die Multitude und die Biopolitik. In: Die Röteln (Hrsg.): „Das Leben lebt nicht". Verbrecher Verlag, Berlin, S. 35-58.

61 Deleuze, Gilles; Guattari, Félix 1992: Kapitalismus und Schizophrenie. Tausend Plateaus. Merve, Berlin.

komplementäre Beschreibungshinsichten dar, die jeweils eine spezifische Form der Bezugnahme auf Objekte markieren.[62]

Die Kritik von Deleuze und Guattari richtet sich mithin gegen das klassische Denken, weil dieses implizit bestimmte, unhinterfragte begriffliche Vorentscheidungen trifft, die unweigerlich Effekte produzieren, die als solche dann nicht mehr als das Produkt des begrifflichen Gefüges selbst erscheinen.[63] Vermittelt über diese Vorstellung folgen dann insbesondere deutliche Konsequenzen für das Denken des Politischen, des gesellschaftlichen Zusammenlebens sowie für die erzählte Geschichte der Philosophie. Diese, bei Deleuze und Guattari formtheoretisch zwar präzisen, für die Theoretisierung politischer Praxis aber noch recht vagen Ausführungen versuchen Hardt und Negri weiterzuentwickeln. Dabei fallen sie jedoch – analog zu ihrer Foucault-Rezeption – hinter die reflexionsbegriffliche Bestimmung von Baum und Rhizom zurück, wenn sie vernachlässigen, dass beide als Momente politischer Organisation zu denken sind. Da Hardt und Negri die Multitude als rhizomatisch ontologisieren, können sie hierarchische und regressive – eben „baumartige" – Momente in sich noch so progressiv wähnenden politischen Bewegungen nicht thematisieren. Sie versperren sich damit den Weg, Kritik an in irgendeiner Form von als „links" konnotierten politischen Entwürfen üben zu können. Und dies mündet folgerichtig in eine bedingungslose Affirmation jeglicher Form „linken" Engagements und blindes Massenvertrauen.

Zwar müssen die Autoren im Hinblick auf die Multitude von einem in ontologischer Hinsicht real existierenden Subjekt ausgehen, widersprechen dieser Bestimmung aber auch stellenweise. Die ontologische Interpretation wird durch die blumigen Biomorphismen, durch die die Autoren die Multitude beschreiben, gestützt, die eine unfreiwillig komische Lebensromantik zum Ausdruck bringen. Demgegenüber lassen sich Textstellen finden, in der die Multitude als Ermöglichungsbedingung eines Klassensubjekts fungiert[64] und die Argumentation in eine kantische Transzendentalmetaphysik umschlägt. In dieser Hinsicht laufen Hardt und Negri Gefahr, sich einer paternalistischen Logik zu bedienen, die festlegt, wie ein Klassensubjekt agieren soll. Sie sind dann gezwungen, auch empirisch zu

---

62 Vgl. ibid., S. 27.

63 Vgl. dazu: „Es ist merkwürdig, wie der Baum die Wirklichkeit und das gesamte Denken des Abendlandes beherrscht hat, von der Botanik bis zur Biologie und Anatomie, aber auch die Erkenntnistheorie, die Theologie, die Ontologie, die gesamte Philosophie." (Deleuze, Gilles; Guattari, Félix 1992: Kapitalismus und Schizophrenie, S. 31-32.)

64 Hardt, Michael; Negri, Antonio 2004: Multitude, S. 123-124.

bestimmen, welche politischen Bestrebungen Realisierungen, oder welche Formen des „produktiven" Arbeitens Konstitutionsbedingungen der Multitude als Klassensubjekt sind. Einmal soll sich die Multitude demnach durch gemeinsame, progressive Forderungen konstituieren, während ihre Potentialität dann wieder bereits in die gegenwärtige Reproduktionstotalität eingeschrieben sein soll. Die klassische leninistische Frage – „Wie kann die *Klasse an sich* in die *Klasse für sich* transformiert werden?" ist im Spannungsfeld dieser konstitutionstheoretischen Überlegungen bereits angelegt.

Ganz analog zu den machttheoretischen und organisationstheoretischen Ontologisierungen lässt sich, wie oben bereits angedeutet wurde, die substantialistische Lesart der Marx'schen Wertformanalyse bemängeln. Bei Hardt und Negri geht diese mit einer geschichtsphilosophischen Lesart einher – obwohl die Autoren beanspruchen, eben keine Geschichtsphilosophie zu betreiben.[65] Aus einer produktivistisch verkürzten Lesart des Wertbegriffs leiten sich in der marxistischen Tradition auch die Fetischismen der produktiven Arbeit und eine soziologisierende Lesart des Begriffs der Arbeiterklasse ab, welche dann in schönster Regelmäßigkeit den männlichen Fabrikarbeiter zur Zentralfigur des revolutionären Subjekts erhebt. Von einem solchen exklusiven Klassenverständnis heben sich Hardt und Negri zwar explizit ab; implizit kehrt der Arbeitsfetischismus in der Multitude-Konzeption in Form des (unmittelbaren) Produktivismus, jetzt des Lebens selbst, durch die Hintertür zurück. Marx hatte demgegenüber bereits im ersten Band des *Kapitals* ausdrücklich darauf hingewiesen, dass produktive Arbeit „kein Glück, sondern ein Pech" sei.[66] Dabei lag bei ihm der Schwerpunkt auf der Analyse der Lohnform der Arbeit unter kapitalistischen Produktionsverhältnissen, und war eben nicht reduziert auf den Inhalt konkreter Tätigkeiten.

Zwar kämpfen Hardt und Negri gegen eine Fetischisierung der Lohnarbeit an, müssen im Rahmen ihrer Argumentation aber die biopolitische Produktion fetischisieren: Als einzigem Akteur wird ihr eine produktive Autonomie zugeschrieben, die vom parasitären Empire „ausgesaugt" wird. Da die Autoren Empire und Multitude ontologisieren, denken sie gerade solche exklusive Subjektivitäten, die sie aufzuheben beanspruchen. Diese Gegenüberstellung von produktiver (biopolitischer) Arbeit und abschöpfendem Empire erinnert an die fatale Gegenüberstellung von Realwirtschaft und parasitärem Finanzkapital. Ein radikales Theorieprojekt der Immanenz müsste das Empire – verstanden als Logik – (auch) als Moment und damit als Resultat der tätigen Menge und nicht als eine

---

65 Hardt, Michael; Negri, Antonio 2003: Empire, S. 62.
66 Vgl. Marx, Karl 1972: Das Kapital, S. 532.

ihr äußerliche Entität begreifen. Dies kann aber nur durch eine *formanalytische* Unterscheidung der Begriffe „Empire" und „Multitude" geleistet werden, die all jene mit den Ontologisierungen einhergehenden Schwierigkeiten vermeidet und die konzeptuellen Stärken der Überlegungen von Hardt und Negri, das Projekt, den Lohnarbeitsfetisch und exklusive politische Subjektivitäten zu überwinden, konsequenter verfolgen kann.

David Salomon

Wahrzeichen und Hypothese – Zum demokratischen Antidemokratismus Alain Badious

Als ich im Sommer 2013 in Stuttgart in einer von Michael Weingarten veranstalteten Ringvorlesungsreihe einen Beitrag leisten durfte, saß ich nachts noch lange mit ihm in seiner Küche. Wir diskutierten über die Dinge, in denen wir einig sind, und die Fragen, die wir unterschiedlich beantworten. Weil es uns derzeit beide beschäftigt, kamen wir auch auf die Belange der Demokratie im Allgemeinen und der Philosophie Alain Badious im Besonderen zu sprechen. Der nachfolgende Aufsatz ist gewissermaßen ein später Nachhall dieses Gesprächs. Lieber Michael, ich bin mir sicher, dass du nicht mit allem einverstanden bist. Gerade deshalb ist es der richtige Beitrag für deine Geburtstagsschrift. Denn der Feind des Gesprächs ist ein Übermaß an Konsens ...

Der Doppelcharakter moderner „Demokratie"

Die Kritik der Demokratie ist so alt ist wie die Demokratie selbst. Seit der griechischen Antike gehörte es zum guten Ton unter Philosophen, gegen die Herrschaft des Pöbels Partei zu ergreifen. Antworten auf die Frage nach der *guten* Regierung, dem *guten* Staat, dem *guten* Gemeinwesen konnten sich stets auf demokratische Verhältnisse als ihr Gegenteil beziehen. Dieser Grundzug des politischen Denkens verband sich mit einer gewissen Einsicht in die Klassenspaltung der „Gesellschaft" (nicht erst der bürgerlichen). So schreibt Ellen Meiksins Wood: „[D]ie Trennung zwischen Herrschenden und Produzenten ist das fundamentale Prinzip von Platons Philosophie"[1]. Sie sei daher „eine bewusste Negation der demokratischen Kultur"[2]. Auch die aristotelische Polis ist keineswegs *demokratisch*. In der ideengeschichtlichen Tradition politischer Theorie gilt sie vielmehr zu Recht als früher Entwurf einer „Mischverfassung", wie sie in den nachfolgenden ca. zweitausend

---

1 Wood, Ellen Meiksins 2010: Demokratie vs. Kapitalismus – Beiträge zur Erneuerung des Historischen Materialismus. Neuer ISP Verlag, Köln, S. 194.

2 Ibid., S. 195.

Jahren von der römischen Republik bis zum britischen Parlamentarismus immer wieder gefordert wurde, um ein nicht-monarchistisches und nicht-erbaristo-kratisches Regime davor zu bewahren, ins Demokratische abzugleiten, d.h. die Trennung von freiem Bürger und Produzenten zu durchbrechen.

Noch Hannah Arendt ruft diesen Zug antiken Denkens ins Bewusstsein, wenn sie im Kontext ihrer Rekonstruktion eines aristotelischen Politikverständnisses schreibt: „Frei-sein und In-einer-Polis-Leben waren in gewissem Sinne ein und dasselbe. Allerdings nur in gewissem Sinne; denn um in einer Polis überhaupt leben zu können, mußte der Mensch in anderer Hinsicht bereits frei sein – er durfte weder als Sklave dem Zwang eines Anderen noch als Arbeiter der Not-wendigkeit des täglichen Broterwerbs unterstellt sein."[3] Hannah Arendt benennt damit zumindest implizit die eigentliche Sensation der griechischen *Demokratie.* Denn in ihr war keineswegs die Sklaverei die entscheidende Form der Organi-sation gesellschaftlicher Reproduktion: „Die schlichte Wahrheit ist, dass der Status, den die freie Arbeit im demokratischen Athen genoss, zuvor unbekannt und seitdem in vieler Hinsicht unerreicht blieb, während es verschiedene Formen unfreier Arbeit fast überall und zu jeder Zeit gegeben hat."[4] Die Demokratie, der die überwiegende Zahl der antiken Philosophen feindlich gegenüberstand, war, wie Wood scharf heraushebt, somit weder die Herrschaft „des Volkes" als einer identitären klassenübergreifenden *Gemeinschaft,* noch der *Mehrheit* der Staatsbürger, sondern *sozial* bestimmt. Präzise heißt es bei Aristoteles hierzu:

> Denn wenn ihrer tausenddreihundert, und von ihnen die tausend reich wären und die dreihundert Armen, obwohl sie Freie und ihnen sonst gleich wären, nicht mitregieren ließen, so würde wohl niemand bei ihnen von einer demokratischen Herrschaft sprechen. Und ebensowenig würde man, wenn der Armen wenige, sie aber gegenüber der begüterten Majorität die Stärkeren wären, einen solchen Staat als eine Oligarchie bezeichnen, wenn die anderen, Reichen an den Ehrenämtern keinen Anteil hätten.[5]

Ganz in diesem Sinne verstanden auch die „Staatsdenker" spätmittelalterlicher „Republiken" die „demokratische Gefahr". Nicht zufällig findet man etwa im allegorischen Teil des Freskos der „guten Regierung", in dem Ambrogio Lorenzetti das aristotelische Selbstverständnis der Republik von Siena im „Palazzo publico" ins Bild setzte, keinen körperlich Arbeitenden unter der durch das Band der *Con-*

---

3   Arendt, Hannah 2010: Was ist Politik? Piper, München/Zürich, S. 38.
4   Wood, Ellen Meiksins 2010: Demokratie vs. Kapitalismus, S. 189.
5   Aristoteles 1995: Politik. Übersetzt v. Eugen Rolfes. In: Ders.: Philosophische Schrif-ten Bd. 4. Meiner, Hamburg, S. 128-129, 1290a 34-39.

cordia vereinten Bürgerschaft. „Demokratisch" – folglich als Gefahr – schienen eher die nur wenige Jahrzehnte später in Florenz sich erhebenden Ciompi des „popolo minuto", denen auch und gerade unter republikanischen Verhältnissen verwehrt wurde, sich in einer eigenen Zunft zu organisieren[6]. Die Liste ließe sich weiter fortsetzen – etwa indem man auf die Mischverfassung John Lockes verwiese, dessen „besitzindividualistische" Vertragstheorie[7] ebenfalls nur äußerst distanziert auf demokratische Herrschaftsformen rekurriert.

Wenn diese über viele Jahrhunderte hinweg von Demokratiegegnern und Demokratiebefürwortern konsensual geteilten Bestimmungen des Begriffs heute Irritation hervorrufen, so ist dies selbst begründungsbedürftig. Denn Walter Euchner ist fraglos zuzustimmen, wenn er schreibt: „Obwohl Locke kein Demokrat im heutigen Verständnis dieses Begriffes war, weil er die Besitzlosen von der politischen Vertretung ausschließen wollte, hat er doch zur Entwicklung der Grundprinzipien einer liberalen repräsentativen Demokratie wesentlich beigetragen."[8] Die – von Euchner als solche nicht thematisierte – Paradoxie liegt in der Rede von einer „liberalen Demokratie" selbst beschlossen. Nicht erst zeitgenössische Demokratiehistoriker wie Luciano Canfora[9] und Ellen Meiksins Wood[10] verweisen auf den lange Zeit *selbstverständlichen* Gegensatz zwischen Liberalismus und Demokratie. Prägnant heißt es hierzu bereits in einem Aufsatz Wolfgang Abendroths aus den fünfziger Jahren: „Der liberale Bürger des vorigen Jahrhunderts hätte den Vorwurf, er sei demokratisch, entschieden zurückgewiesen. Schon im Jahrzehnt vor 1848 sind in allen europäischen Ländern liberale und demokratische Bewegungen stets Gegner gewesen."[11] Wie insbesondere Wood herausarbeitet liegt der historische Ursprung der bis heute begriffsgeschichtlich relevanten „Liberalisierung" des Demokratiebegriffs in seiner Adaption durch jene Fraktion unter den US-amerikanischen Revolutionären des 18. Jahrhunderts, die in die Verfassungsgeschichte als „Federalists" eingingen:

---

6 Piper, Ernst 1990: Der Aufstand der Ciompi – Über den „Tumult", den die Wollarbeiter im Florenz der Frührenaissance anzettelten. Wagenbach, Berlin.

7 Macpherson, C. B. 1973: Die politische Theorie des Besitzindividualismus. Suhrkamp, Frankfurt/M.

8 Euchner, Walter 1977: Einleitung zu: Locke, John: Zwei Abhandlungen über die Regierung. Suhrkamp, Frankfurt/M., S. 59.

9 Canfora, Luciano 2007: Eine kurze Geschichte der Demokratie. Papyrossa, Köln.

10 Wood, Ellen Meiksins 2010: Demokratie vs. Kapitalismus.

11 Abendroth, Wolfgang 1975: Demokratie als Instituition und Aufgabe. In: Ders.: Arbeiterklasse, Staat und Verfassung. Europäische Verlagsanstalt, Frankfurt/M., S. 21-32, hier: S. 22.

Das föderalistische Ideal war vielleicht die Schaffung einer Reichtum und republikanische Tugend verbindenden Aristokratie [...], ihr praktisches Ziel war jedoch, eine besitzende Oligarchie mit der Unterstützung der Masse der Bevölkerung über Wahlen an der Macht zu halten. Das verlangte von den Föderalisten eine Ideologie und vor allem eine Neudefinition der Demokratie, die die Mehrdeutigkeiten ihres oligarchischen Ansatzes verschleierte.[12]

Wie Wood feststellt, hat „dieses Experiment universale Spuren hinterlassen"[13]. Dem herkömmlichen, klassischerweise auf Klassenherrschaft und Gleichheitsideal rekurrierenden, kurz dem *sozialen* Verständnis der Demokratie entgegen stellte sich in der Folge ein liberales Verständnis, dem es gerade nicht um die *Repräsentation* der bislang Machtlosen und die Durchsetzung ihrer Gleichheitsinteressen gegen etablierte gesellschaftliche Herrschaftsverhältnisse zu tun war, sondern um die Konservierung *sozialer* Ungleichheit unter den Bedingungen zunehmender *politischer* Gleichheit. Unter den Bedingungen der zunehmenden Dominanz einer kapitalistischen Produktionsweise konnte theoretisch ein „Trennmodell"[14] formuliert werden, das eine Vervielfältigung der sozialen Sphäre konstatierte. Theoriegeschichtlich wurde es (mit praktischen Folgen nicht nur für das Verständnis *von*, sondern auch für das „politische" Handeln *in* Gesellschaft) immer wieder zyklischen Bewegungen der Negation, Relativierung und Reformulierung unterworfen. Herzstück aller Trenntheoreme war stets die Trennung von Ökonomie und Politik. Einen frühen Ausdruck dieser Tendenz beschreibt Michael Weingarten, wenn er auf die Umdeutungen eingeht, denen der Begriff einer *„political economy"*, wie er bei Smith, Ricardo und Ferguson geläufig war, bei seiner im 19. Jahrhundert zunehmend vorherrschenden „Übersetzung" ins Deutsche ausgesetzt war:

> Denn Friedrich List übersetzte diesen Terminus mit *Nationalökonomie* und andere dann mit *Volkswirtschaftslehre*. In beiden Fällen verschwindet die qualifizierende Bestimmung der Ökonomie als politischer, indem zum einen fokussiert wird auf den Nationalstaat als räumlicher Begrenzung des Wirtschaftens; indem zum anderen das 'Volk' als wirtschaftendes Subjekt eingeführt wird. Damit aber wird das, was die schottischen Theoretiker zu formulieren versuchten, nämlich die Einbettung des Wirtschaftens in eine Gesellschaftstheorie und die politische Regulation dieses Wirtschaftens, zum Verschwinden gebracht und ideologisch reartikuliert.[15]

---

12 Wood, Ellen Meiksins 2010: Demokratie vs. Kapitalismus, S. 217.

13 Ibid.

14 Nullmeier, Frank 2013: Zu einer politischen Theorie der Marktökonomie – Theoriebildung in Zeiten der Postdemokratie. In: Politische Vierteljahresschrift. H. 3, S. 426-460.

15 Weingarten, Michael 2012: Das Politische der Ökonomie – Versuch einer Bestimmung des Verhältnisses. In: Völk, Malte u.a. (Hrsg.): „...wenn die Stunde es zuläßt."

So paradox es anmuten mag: Gerade weil das „Volk" als wirtschaftendes Subjekt und als Subjekt der Demokratie zunächst *identisch* erscheint, zementiert der Volksbegriff das Trennmodell. „Volk" als das den Nationalstaat tragende Kollektivsubjekt spaltet sich auf in Handlungssphären, die sich nur äußerlich aufeinander beziehen lassen: Wie es wirtschaftet, treibt es Politik! Verschwunden ist indes gerade jener „soziale Gehalt"[16], der den klassischen Begriffen der politischen Ökonomie und der Demokratie Sinn und Inhalt gab: „Der Kapitalismus ermöglichte also die Konzipierung einer 'formalen Demokratie', in der eine Form staatsbürgerlicher Gleichheit neben sozialer Ungleichheit existieren kann, und die die ökonomischen Verhältnisse 'Elite' und 'arbeitender Masse' nicht antastet."[17] Diese Variante von Demokratie hatte wohl auch Lenin im Kopf, als er in „Staat und Revolution" schrieb:

> Die demokratische Republik ist die denkbar beste politische Hülle des Kapitalismus, und daher begründet das Kapital, nachdem es [...] von dieser besten Hülle Besitz ergriffen hat, seine Macht derart zuverlässig, derart sicher, daß *kein* Wechsel, weder der Personen noch der Institutionen noch der Parteien der bürgerlich-demokratischen Republik, diese Macht erschüttern kann.[18]

Der Doppelcharakter des „Demokratiebegriffs" in der bürgerlichen Gesellschaft besteht folglich darin, dass er – als Begriff der *sozialen* Demokratie – gerade jene ökonomischen Herrschaftsverhältnisse skandalisiert, die er – als Begriff einer *liberalen* Demokratie – für den politischen Zugriff unzugänglich erklärt. Die gegenwärtig beobachtbare „postdemokratische Konstellation"[19] besteht nicht zuletzt darin, dass mächtige Wirtschaftsakteure einen zunehmend *direkten* Einfluss auf die politischen Entscheidungsstrukturen einer formal intakten bürgerlichen Demokratie nehmen. Der eindeutige empirische Befund, dass gerade Unterklassen an etablierten *und* alternativen Verfahren nicht partizipieren[20], unterstreicht die

---

Zur Traditionalität und Aktualität kritischer Theorie. Westf. Dampfboot, Münster, S. 235-257, hier: S. 253.

16 Wood, Ellen Meiksins 2010: Demokratie vs. Kapitalismus, S. 220.

17 Ibid., S. 215.

18 Lenin, Vladimir Iljitsch 1960: Staat und Revolution. In: Ders.: Werke. Bd. 25. Dietz, Berlin, S. 393-507, hier: S. 405.

19 Blühdorn, Ingolfur 2012: Die postdemokratische Konstellation. Was meint ein soziologisch starker Begriff der Postdemokratie? In: Nordmann, Jürgen; Hirte, Katrin; Ötsch, Walter Otto (Hrsg.): Demokratie! Welche Demokratie? – Postdemokratie kritisch hinterfragt. Metropolis, Marburg, S. 69-92.

20 Siehe Schäfer, Armin 2010: Die Folgen sozialer Ungleichheit für die Demokratie in Westeuropa. In: Zeitschrift für Vergleichende Politikwissenschaft. Jg. 4, H. 1, S.

erneute politische „De-Emanzipation"[21] der demokratiepolitischen Entwicklung in den Ländern „des Westens". Der in diesem Kontext vieldiskutierte Terminus der „Postdemokratie"[22] trägt hierbei der historischen Entwicklung Rechnung, dass sich die bürgerlich-demokratischen Republiken der europäischen und selbst US-amerikanischen Nachkriegszeit gezwungen sahen, Elemente sozialer Demokratie in ihre Wohlfahrtsstaatsvarianten zu integrieren. Ohne hierbei das „Demokratieprinzip" offen in Frage zu stellen oder – etwa durch eine Rückkehr zum Wahlzensus – einzuschränken, scheint liberale Demokratie nun so weit fortgeschritten, dass sie die in ihr angelegten Potentiale zur Oligarchisierung vollends zur Entfaltung bringen kann – zumal das Produzentenpathos des 19. und 20. Jahrhunderts sich als alleiniger Bezugspunkt sozialer Demokratie nicht mehr eignet. Wenn „Theorien sozialer Demokratie" aus der Debatte verschwinden, oder sich in ihrer Zielbestimmung darauf reduzieren, einen „Kapitalismus in neuer Symbiose"[23] zu fordern, könnte „Postdemokratie" sich tatsächlich als „beste politische Hülle" eines zunehmend „autoritären Kapitalismus"[24] erweisen, der sich keinem ihn grundsätzlich herausfordernden Gegenspieler konfrontiert sähe. Es ist dieses zeitgenössische Milieu, in dem die Frage nach der Demokratie sich in der Tat erneut grundsätzlich stellt und in dem auch die hierzu einschlägigen Überlegungen Alain Badious gelesen werden sollten.

131–156, und Merkel, Wolfgang 2011: Volksabstimmungen: Illusion und Realität. In: Aus Politik und Zeitgeschichte. H. 44-45, S. 47-55, sowie Wagner, Thomas 2011: Demokratie als Mogelpackung. Oder: Deutschlands sanfter Weg in den Bonapartismus. Papyrossa, Köln.

21 Losurdo, Domenico 2008: Demokratie oder Bonapartismus – Triumph und Niedergang des allgemeinen Wahlrechts. Papyrossa, Köln, S. 380.

22 So Rancière, Jacques 2010: Demokratie und Postdemokratie. In: Badiou, Alain; ders.: Politik der Wahrheit. Merve, Berlin, S. 119-156. Und: Crouch, Colin 2008: Postdemokratie. Suhrkamp, Frankfurt/M., sowie Eberl, Oliver; Salomon, David 2013: Postdemokratie und soziale Demokratie. In: Politische Vierteljahresschrift. H. 3, S. 415-425.

23 Nahles, Andrea 2013: Umkämpfte Gute Gesellschaft. In: Kellermann, Christian; Meyer, Henning (Hrsg.): Die Gute Gesellschaft – Soziale und demokratische Politik im 21. Jahrhundert. Suhrkamp, Berlin, S. 23-38, hier: S. 34.

24 Deppe, Frank 2013: Autoritärer Kapitalismus – Demokratie auf dem Prüfstand. VSA, Hamburg.

„Demokratie" und „Kommunismus"

Der Begriff „Postdemokratie" ist nur *ein* Vorschlag, das neue Gesicht der bürgerlichen Demokratie begrifflich zu fassen. Im Spiel sind zahlreiche andere – „Simulative Demokratie"[25] (Blühdorn), „Soft-Bonapartismus"[26] (Losurdo), „leerer Signifikant"[27] (Brown), „Schattentheater"[28] (Bensaïd), „Herrensignifikant"[29]. Ich selbst sprach einmal von einer „Nebelkerze"[30]. Alain Badiou redet vom *„embléme"*[31], ein Terminus, den die deutsche Übersetzung mit *„Wahrzeichen"* wiedergibt[32]. Alle diese Begriffe bezeichnen – wenn auch in unterschiedlicher Akzentuierung und mit unterschiedlichen Stoßrichtungen – die gegenwärtige *Funktion* des Demokratiebegriffs als verschleiernd, verunklarend, uneindeutig, wobei sie keineswegs leugnen, dass ihm dereinst ein Gehalt eignete, der der heutigen Verwendungsweise abhandengekommen ist. Während einige der Begriffe („Postdemokratie", „Simulative Demokratie", „Soft-Bonapartismus") den Zustand direkt zu erfassen suchen, der hinter dem Demokratiebegriff in seiner üblichen Verwendungsweise verborgen wird, charakterisieren die anderen Begriffe teils metaphorisch („Nebelkerze", „Schattentheater"), teils metasprachlich („leerer Signifikant", „Herrensignifikant", „Wahrzeichen") die verdeckende Funktion des Begriffs selbst.

Es kann kein Zweifel bestehen, dass all diese Versuche derselben Debatte um den Zustand der Demokratie angehören. Gleichzeitig lässt sich jedoch feststellen, dass sie zumindest in zwei große Stränge zerfällt, die bislang bestenfalls indirekt miteinander kommunizieren. Während in der *politologisch-soziologischen*

---

25 Blühdorn, Ingolfur 2013: Simulative Demokratie – Neue Politik nach der postdemokratischen Wende. Suhrkamp, Berlin.

26 Losurdo, Domenico 2008: Demokratie oder Bonapartismus, S. 342.

27 Brown, Wendy 2012: Wir sind jetzt alle Demokraten. In: Agamben, Giorgio u.a.: Demokratie – Eine Debatte, S. 55-71, hier: S. 55.

28 Bensaïd, Daniel 2012: Der permanente Skandal. In: Agamben, Giorgio u.a.: Demokratie – Eine Debatte, Berlin, S. 23-54, hier: S. 23.

29 Žižek, Slavoj 2002: Die Revolution steht bevor – Dreizehn Versuche über Lenin. Suhrkamp, Frankfurt/M., S. 100.

30 Salomon, David 2012: Demokratie. Papyrossa, Köln, S. 7.

31 Badiou, Alain 2012: Das Demokratische Wahrzeichen, in: Agamben, Giorgio u.a.: Demokratie – Eine Debatte, S. 13-22

32 Ibid.

Diskussion ein Substanzverlust der Demokratie beklagt wird[33], betont der – zuvörderst auf Französisch geführte – politisch-philosophische Debattenstrang grundsätzlicher die *Entpolitisierung* des Begriffs, den die Beiträger entweder als Bezugspunkt einer subversiven emanzipatorischen radikaldemokratischen Praxis zu reformulieren fordern[34] oder – dies ist der Weg Badious – in seiner Bedeutung zunächst vollständig infrage stellen: „All dem zum Trotz, was Tag für Tag das Ansehen der Demokratie beschädigt, bleibt das Wort 'Demokratie' doch zweifellos das Wahrzeichen der gegenwärtigen politischen Gesellschaft."[35] Als Wahrzeichen erweist sich die Demokratie Badiou zufolge gerade dadurch, dass auch Kritik am *Zustand der Demokratie* nur solange tolerabel erscheint, solange sie in der Sprache, beziehungsweise „im Namen der Demokratie"[36] vorgetragen werde: „Sie haben sich nicht außerhalb ihrer gestellt, sind, wie man so schön sagt, kein Schurke geworden, sondern Staatsbürger geblieben, einer, den man auf seinem demokratischen Posten weiß und den man, keine Frage, bei der nächsten Wahl sehen wird."[37] Es soll hier nicht darum gehen, Badious Verhältnis zu Wahlen zu rekonstruieren – es genügt festzuhalten, dass es Nähen zu Sartres berühmter

---

33 Siehe Crouch, Colin 2008: Postdemokratie; Streeck, Wolfgang 2013: Gekaufte Zeit. Die vertagte Krise des demokratischen Kapitalismus. Frankfurter Adorno-Vorlesungen 2012. Suhrkamp, Berlin; Salomon, David 2012: Demokratie; und Eberl, Oliver; Salomon, David 2013: Postdemokratie und soziale Demokratie. Mit Einschränkungen auch: Blühdorn, Ingolfur 2012: Die postdemokratische Konstellation, sowie Bensaïd, Daniel 2012: Der permanente Skandal. – Die normativen Implikationen der politologisch-soziologischen Diskussion fallen noch unterschiedlicher aus. Sie reichen vom Appell an zivilgesellschaftliche Akteure (Crouch, Colin 2008: Postdemokratie) über eine Neufundierung des Demokratischen in sozialstaatlicher Regulation (Streeck, Wolfgang 2013: Gekaufte Zeit) bis hin zu einer grundsätzlichen Infragestellung sozialwissenschaftlicher Trennmodelle von Politik und Ökonomie (Nullmeier, Frank 2013: Zu einer politischen Theorie der Marktökonomie; Eberl, Oliver; Salomon, David 2013: Postdemokratie und soziale Demokratie). Diese letzte Variante zielt auf die Ausformulierung einer „sozialen Demokratietheorie" ab, die in einem über vergangene sozialstaatliche Reglements hinausgehenden Sinn, den Horizont einer auch Wirtschaftsdemokratie einschließenden sozialen Demokratie zu eröffnen sucht.

34 So Rancière, Jacques 2010: Demokratie und Postdemokratie; ders. 2011: Der Hass der Demokratie. August Verlag, Berlin, und Mouffe, Chantal 2007: Über das Politische – Wider die kosmopolitische Illusion. Suhrkamp, Frankfurt/M.

35 Badiou, Alain 2012: Das Demokratische Wahrzeichen, S. 13.

36 Ibid.

37 Ibid.

Charakterisierung von Wahlen als „Idiotenfallen"[38] aufweist. Entscheidender ist, dass Badiou den Weg einer radikalen Verwerfung alles „Demokratischen" – nicht nur der Wahlverfahren – geht:

> Um überhaupt an das Reale unserer Gesellschaft heranzukommen, muß man sich – gleichsam als apriorisches Manöver – von ihrem Wahrzeichen verabschieden. Man wird der Welt, in der wir leben, nur dann gerecht, wen man das Wort 'Demokratie' einmal beiseitelässt und das Risiko eingeht, kein Demokrat zu sein und damit tatsächlich von 'aller Welt' mißbilligt zu werden. [...] 'Alle Welt' ist demokratisch. Man könnte dies das Axiom des Wahrzeichens nennen.[39]

Unverkennbar scheint in Badious Forderung, „das Wort 'Demokratie' einmal beiseite" zu lassen, Descartes' Aussage auf, er „müsse einmal im Leben von Grund auf alles umstürzen und von den ersten Grundlagen an ganz neu anfangen"[40]. Ohne die Radikalität der *Abkehr* vom „Wahrzeichen" zu schmälern, sei doch bereits darauf hingewiesen, dass – in gut cartesianischer Manier – nicht schlechthin die Ablehnung des Demokratischen, sondern seine bestimmte Rekonstruktion im Licht des *„Kommunismus"* am Ende der Badiou'schen Meditation steht:

> Am Ende unserer kleinen Übung, welche einmal alle Autorität des Wortes 'Demokratie' außer Kraft gesetzt [...] hat [...], können wir jenes Wort nun restituieren, und zwar in seinem ursprünglichen Sinn: als Dasein von Völkern, die über sich selbst herrschen; als Politik, die vom Volk ausgeht und auf den Untergang des Staates hinausläuft. Man sieht also deutlich, daß wir nur dann die Chance haben, echte Demokraten zu werden, wenn wir – und zwar auf jenen neuen Wegen, wie sie heute allmählich gefunden werden – wieder Kommunisten werden.[41]

Diese Wendung verdient schon deshalb Beachtung, weil sie die Demokratie mit jenem Wort in Zusammenhang bringt, das auch nach seinem vermeintlichen

---

38 Sartre, Jean-Paul 1995: Wahlen, Idiotenfallen. In: ders.: Plädoyer für die Intellektuellen. Rowohlt, Reinbek, S. 480-490.

39 Badiou, Alain 2012: Das Demokratische Wahrzeichen, S. 13.

40 Descartes, René 1971: Meditationen über die Erste Philosophie. Stuttgart, S. 37.

41 Badiou, Alain 2012: Das Demokratische Wahrzeichen, S. 22. – Ein interessanter Aspekt, der in diesem Aufsatz leider nicht ausführlich untersucht werden kann, besteht darin, dass Badiou ausgerechnet Platons Demokratiekritik als Referenz heranzieht. Könnte es sein, dass der alte Aristokrat, aus den Zeitbedingungen gelöst, in denen er den Ausschluss der Produzenten von der Politik forderte, doch noch etwas zu ihrem Einschluss beisteuern kann? Dabei kann nicht überschätzt werden, dass es nach Badious Bekundung Platon war, der ihn „das Licht des Mathems gelehrt hat sowie die Unterordnung der Erscheinungen unter die Idee, die sich dort als Wahrheit entfaltet" (Badiou, Alain 2005: Das Sein und das Ereignis. Diaphanes, Berlin, S. 12).

Abtritt aus der Weltgeschichte noch immer als Gespenst in „aller Welt" umgeht[42]. Will man diese Verbindung verstehen, genügt es nicht, beim demokratischen Wahrzeichen stehen zu bleiben. Wir müssen tiefer in Badious Philosophie eintauchen, in der ein spezifischer *Wahrheitsbegriff* das Wahrzeichen vom Sockel holt. Klingt beim Zusammenspiel von *Wahrheit* und *Kommunismus* nicht Lenins Satz von der „Allmacht" nach, die sich auf „Wahrheit" gründe[43]? Wir sollten nicht den Verdacht zurückdrängen, uns hier in eine Theologie zu begeben, die – auch darin Descartes nicht unähnlich – auf einen Gottesbeweis hinausläuft, wenn auch keineswegs auf eine „Weltanschauung". Doch genug der kryptischen Andeutungen.

Für Badiou – und dies ist vielleicht die eigentlich radikale Provokation seiner Philosophie – ist *Politik* (ebenso wie Kunst, Wissenschaft und Liebe) tatsächlich ein *Wahrheitsmedium*. Damit steht seine Position im Widerspruch zu beinahe allen neueren Auslassungen über politische Funktionssysteme, die gerade die Dimension der Wahrheit aus ihrem Gegenstand zu verbannen suchen. Im Zentrum der Philosophie Badious steht die radikale Forderung, „auf ein entschiedenes, begründendes Denken zu setzen, das zugleich eine Philosophie der Wahrheit, eine rationale Philosophie und eine Philosophie des Ereignisses wäre"[44]. Diese Forderung, aus der „eine neue mögliche Doktrin des Subjekts"[45] resultiert, ist kaum verständlich, ohne jene „vier Elemente" – Badiou ist hier ganz Lacanianer –, aus denen sich das zusammensetzt, was er als „Philosophisches Begehren" fasst:

> Erstens, Revolte, Unzufriedenheit mit der Welt wie sie ist, kritische Anlage, Intoleranz der Ungerechtigkeit gegenüber. Zweitens, Logik, Überzeugung in die Macht der Argumente, Begehren der Kohärenz. Drittens, Allgemeinheit (die Philosophie ist in der Tat berechtigt, sich an jedes Denken zu wenden). Viertens, Wette (weil das Denken eine Entscheidung ist, die eine Perspektive ohne Gewähr trägt).[46]

---

42 Es wäre einen eigenen Aufsatz wert, zu untersuchen, was der „Kommunismus" Badious mit den so bezeichneten politischen Bewegungen des 19. und 20. Jahrhunderts zu tun hat. Hier genügt die Feststellung, dass Badious „Kommunismus" mit dem historischen „Kommunismus" nicht identisch ist, sondern zugleich als Maßstab der Kritik an den historischen Bewegungen und Parteien fungiert (vgl. ausführlich zu diesem Problem Badiou, Alain 2011: Die kommunistische Hypothese. Merve, Berlin).

43 Lenin, Vladimir Iljitsch 1973: Drei Quellen und drei Bestandteile des Marxismus. In: Ders.: Werke. Bd. 19. Dietz, Berlin, S. 3-9, hier: S. 3.

44 Badiou, Alain 2010: Die gegenwärtige Welt und das Begehren der Philosophie. In: Ders.; Rancière, Jacques: Politik der Wahrheit. Turia + Kant, Wien/Berlin, S. 7-35, hier: S. 33.

45 Ibid.

46 Ibid., S. 8.

Ein zeitdiagnostisches Moment in dieser Reformulierung des philosophischen Anspruchs besteht in der doppelten These erstens der Unangepasstheit der Welt an die Ansprüche des philosophischen Begehrens und zweitens der Unzulänglichkeit der dominierenden philosophischen Hauptströmungen, diese Ansprüche in der Welt, d.h. über sie hinaus, zu behaupten:

> Um die vier Dimensionen des Begehrens der Philosophie [...] gegen die vier Hindernisse, die ihnen von der gegenwärtigen Welt entgegengesetzt werden (Ware, Kommunikation, Geldabstraktion und Sicherheitsbesessenheit), aufrechtzuerhalten, müssen wir die drei Orientierungen oder drei Möglichkeiten – Hermeneutik, Postmoderne, Analytik – überschreiten.[47]

Badious Konzeption geht somit davon aus, dass die interpretative Hermeneutik, die auf Aussagen und Sprachregeln rekurrierende Analytik und eine auf Dekonstruktion zielende „Postmoderne" sich als unfähig erweisen, zu verhindern, dass der befreiende Impuls zur Revolte sich im als bereits befreit erscheinenden „unbegrenzten Glitzern der Warenproduktion und der Geldabstraktion"[48] verläuft, dass sich der Wille zur Kohärenz im mediatisierten Spektakel „imaginärer Zerstreuung"[49] verliert, dass sich der Anspruch auf Allgemeinheit dergestalt im „allgemeinen Äquivalent der Geldabstraktion"[50] realisiert glaubt, dass er sich letztlich an der „Wirklichkeit der Spezialisierung und Fragmentarisierung"[51] bricht, schließlich, dass ein das Leben umgreifendes „Sicherheitskalkül" der „gewagten Entscheidung" keinen Raum lässt[52]. Es geht Badiou somit um nichts Geringeres als darum, im Widerstreit mit „aller Welt" an einer Philosophie festzuhalten, die sich als *emanzipative* Praxis dem Integrationssog der bürgerlichen Gesellschaft zu entziehen weiß: „Unsere Welt ist von Geschwindigkeit und Inkohärenz geprägt. Die Philosophie muss das sein, was uns gestattet, diese Geschwindigkeit oder diese Inkohärenz zu unterbrechen oder in sie einzuschneiden und zu sagen, dass dieses gut sei und jenes nicht – und die Zeit, in der wir dies sagen müssen, bricht immer an."[53] In diesem Anspruch sind klassische Referenzen verwoben:

---

47 Ibid., S. 24.
48 Ibid., S. 9.
49 Ibid., S. 10.
50 Ibid.
51 Ibid., S. 11.
52 Ibid.
53 Ibid., S. 26.

Benjamins Forderung, so zu leben, als käme der Messias jederzeit zur Tür herein[54], Derridas hieran anknüpfende Unterscheidung von Eschatologie und Teleologie als ihrer transzendent gesetzten, gewissermaßen „verdinglichten" Form[55], schließlich Kants Bestimmung der Aufklärung als „Ausgang des Menschen aus seiner selbstverschuldeten Unmündigkeit"[56]. Bei allen – keineswegs zu nivellierenden Differenzen – haben diese *Ansätze* gemein, dass sie ihren Anspruch zur *Unzeit* vortragen, nicht im Einklang mit der Welt, sondern als Sprengsatz in ihrem funktionalen Getriebe. Zugleich erweisen sie sich als innerweltlich gerade dadurch, dass ihr *jederzeit* möglicher Einsatz nur im Bruch mit der Welt selbst bestehen kann, und insofern mit ihr verbunden bleibt. Will man von hier zu Badious Verständnis der „Wahrheit", des „Subjekts" und des „Ereignisses" gelangen, könnte auch ein Hinweis auf Machiavelli fruchtbar sein, der gleich im ersten Abschnitt des „Fürsten" *virtù* und *fortuna* unterscheidet[57]. In ihrer Spannung bilden sie das Leitmotiv beinahe jeder politischen Philosophie, die sich nicht *aktivistisch* auf den Mythos der Tat oder *defätistisch* auf die Mythen der Kausalität reduziert. Fortuna, jene launische Göttin, die das Schicksal auch des Tüchtigsten so unvorhersehbar macht, erscheint als die Schutzheilige der Wettenden, als Garantin der Kontingenz, die zwar nicht einkalkuliert werden kann, mit der jedoch rechnen muss, wer *entscheidet*, sich den „Gesetzen der Welt" entgegenzustellen. Just dies führt zurück zu Badious Kritik an den von ihm ausgemachten „herrschenden Strömungen der gegenwärtigen Philosophie": „[I]nsofern sie dem Gesetz der Welt zu angepasst sind, bleibt das, was diese Welt von der Philosophie verlangt, für diese Strömungen teilweise nicht sichtbar. Um es zum Vorschein kommen zu lassen, bedarf es einer Unterbrechung in der Philosophie selbst, das heißt, einer Unterbrechung der Äußerungen, die sie vor ihrer eigenen Aufgabe macht."[58]

Badiou präzisiert hier, einen beinahe Natorp'schen Begriff der *Aufgabe* reformulierend, den Einsatzpunkt seines philosophischen Projekts. Denn so, wie die Philosophie als Artikulationsform des Bruchs mit der Welt auf diese bezogen bleibt, bleibt sie – als Unterbrechung in der Philosophie – auch bezogen auf das

---

54 Benjamin, Walter 1991: Über den Begriff der Geschichte. In: Ders.: Gesammelte Schriften Bd. I.2. Suhrkamp, Frankfurt/M., S. 691-704, hier: S. 704.

55 Derrida, Jacques 2004: Marx' Gespenster. Der Staat der Schuld, die Trauerarbeit und die neue Internationale. Suhrkamp, Frankfurt/M., S. 58.

56 Kant, Immanuel 1974: Beantwortung der Frage: Was ist Aufklärung? In: Bahr, Erhard (Hg.): Was ist Aufklärung? Reclam, Stuttgart, S. 9-17, hier: S. 9.

57 Machiavelli, Niccolò 1986: Der Fürst. Reclam, Stuttgart, S. 9.

58 Badiou, Alain 2010: Die gegenwärtige Welt und das Begehren der Philosophie, S. 35.

im philosophischen Diskurs (hemeneutischer, analytischer und „postmoderner"
Provenienz) Erkannte. Badiou will keineswegs – wie so manche *oberflächliche*
Ideologiekritik – hinter die Verwerfung der Metaphysik zurück, sondern über
sie hinaus: „Die Metaphysik ist zwar wirklich zerstört, aber nichtsdestoweniger
ist auch die Dekonstruktion der Metaphysik selbst zerstört. Die Welt bedarf
einer begründenden philosophischen Präposition, die sich auf den vermischten
bzw. den zusammengefügten Trümmern der Metaphysik und der herrschenden
Gestalt der Metaphysikkritik verortet."[59] Ganz in diesem Sinn *rekonstruiert*
Badiou „Wahrheit" und „Subjektivität" in einer Weise, die sich vom traditionellen
Verständnis dieser Begriffe unterschieden weiß:

> Der Ansicht, dass das Subjekt der Metaphysik angehöre und gleichzeitig mit ihr
> dekonstruiert werden müsse, stelle ich das Argument gegenüber, dass in dem Maße,
> in dem das Subjekt gerade als der Punkt aufgefasst wird, in dem sich auf rationale
> Weise Singularität, Ereignis und Wahrheit miteinander verknüpfen, dem Denken
> und der Welt eine neue Gestalt des Subjekts angeboten werden kann und muss.
> Deren Maxime könnte folgendermaßen formuliert werden: Ein Subjekt ist singulär,
> weil es immer von einem Ereignis in einer Wahrheit konstituiert wird. Oder auch,
> ein Subjekt ist ein Ort der möglichen Rationalität und gleichzeitig das, was man
> den Wahrheitspunkt des Ereignisses nennen könnte.[60]

Es ist hier nicht der Ort, detailliert auf Badious Begriff des Ereignisses einzu-
gehen, den er wie folgt definiert: *„Ich nenne Ereignis der Stätte X eine Vielheit,
die sich zum einen aus den Elementen der Stätte und zum anderen aus sich selbst
zusammensetzt."*[61] In unserem Zusammenhang entscheidend ist im Hinblick auf
die Frage nach der philosophischen Stellung des Demokratiebegriffs eine andere
Passage, in der Badiou auf knappem Raum „Definitionen und Axiome" benennt,
die spezifisch die Beschaffenheit *politischer* Ereignisse betreffen:

> Ich nenne eine *prä-politische Situation* einen Komplex von Tatsachen und Aussagen,
> der so beschaffen ist, dass sich in ihm Arbeiter- und Volkssingularitäten kollektiv
> eingebunden finden und dass in ihm ein Scheitern des Regimes des Eins erkennbar
> ist. Folglich ein irreduzibles 'es gibt Zwei'. Oder auch: ein Punkt des Unrepräsentier-
> baren. Oder auch: eine leere Menge./Ich nenne *Struktur* der Situation den existieren-
> den Mechanismus der Zählung-als-Eins, der die Situation als *diese* Situation in der
> Sphäre des Repräsentierbaren qualifiziert./Ich nenne *Ereignis*, dass die Qualifikation
> im Regime des Eins einen Rest lässt, folglich die Dysfunktion dieses Regimes. Das
> Ereignis ist nicht gegeben, denn das Regime des Eins ist das Gesetz jeder Gabe. Das

---

59 Ibid., S. 34.
60 Ibid., S. 33ff.
61 Badiou, Alain 2005: Das Sein und das Ereignis, S. 206.

Ereignis ist so das Produkt einer Interpretation./Ich nenne *Intervention* die über-
zähligen Aussagen und Tatsachen, durch welche sich die Interpretation ausführt,
die das Ereignis birgt, d.h. das 'es gibt Zwei', die Spaltung./Ich nenne *Politik*, was
im Regime der Intervention die Konsistenz des Ereignisses einrichtet und über
die prä-politische Situation hinaus propagiert. Dieses Propagieren ist niemals eine
Wiederholung. Sie ist ein Effekt des Subjekts, eine Konsistenz./Ich nenne *Treue*
die politische Organisation, das heißt das kollektive Produkt der ereignishaften
Konsistenz jenseits seiner unmittelbaren Sphäre.[62]

Rekonstruiert man diese Überlegungen – ohne den für Badious Philosophie allerdings konstitutiven Rekurs auf mathematische Theorien[63] –, dann wird deutlich,
dass das Ereignis nicht schlechthin als ein Geschehen gefasst wird, sondern als
ein der Interpretation bedürftiges Geschehen, das sich weder aus der Faktizität
einer Situation ableiten lässt, noch ihr schlechthin Anderes ist. Für das Subjekt
bedeutet dies, dass es weder schlechthin konstituiert wird, noch einfach sich selbst
setzen kann. Im Ereignis vollzieht es vielmehr den Bruch mit den „Gesetzen der
Welt": „Die Möglichkeit des Unmöglichen ist der Grund der Politik."[64]

Kommt man nun von diesen (hier freilich äußerst skizzenhaft referierten)
Überlegungen auf die Frage nach der Funktion der Demokratie als Wahrzeichen
zurück, so wird deutlich, dass eine „politische Demokratie", die – für Badiou ein
Ausdruck der Spezialisierung und Fragmentierung – auf der Basis soziologischer
Trennmodelle aufruht, verworfen werden muss. Im Rekurs auf Slavoj Žižeks
Charakterisierung der Demokratie als „Herrensignifikant" heben Frank Ruda
und Jan Völker hervor: „Alain Badiou teilt diese Diagnose, insofern er darauf
verweist, dass das Wort 'Demokratie' zum einen heute der 'wichtigste Orga-
nisator des Konsenses' ist und zum anderen darüber als 'autoritäre Meinung'
erscheint."[65] Badious Konzeption „materialistischer Dialektik" machen Ruda
und Völker darin aus, dass sie „den Punkt aufsucht, an dem der Konsens auf
seine Ausnahme stößt und ein Ereignis den stetig sich wiederholenden Gang
parlamentarisch-demokratischer Praxis unterbricht."[66] Dies ist nicht allzu fern
von Jacques Derridas Feststellung: „In dem Augenblick, wo eine neue, weltweite
Unordnung ihren Neo-Kapitalismus und ihren Neoliberalismus zu installieren

62 Badiou, Alain 2010: Ist Politik denkbar? Merve, Berlin, S. 89.
63 Eine zentrale Referenz Badious ist die Mengenlehre Cantors.
64 Ibid., S. 91.
65 Ruda, Frank; Völker, Jan 2007: Wir müssen das affirmative Begehren hüten. Nachwort zu: Badiou, Alain: Dritter Entwurf eines Manifests des Affirmationismus.
   Merve, Berlin, S. 37-54, hier: S. 41.
66 Ibid., S. 43.

versucht, gelingt es keiner Verneinung, sich aller Gespenster von Marx zu entledigen. Die Hegemonie organisiert immer die Unterdrückung und also die Bestätigung einer Heimsuchung. Die Heimsuchung gehört zur Struktur jeder Hegemonie."[67] Der hier in Stellung gebrachte Begriff der „Ausnahme" und des „Ereignisses" freilich weist, zumindest auf den ersten Blick, Nähen zu jener Souveränitätskonzeption auf, die Carl Schmitt einst sagen ließ: „Der Ausnahmezustand hat für die Jurisprudenz eine analoge Bedeutung wie das Wunder für die Theologie."[68] Es ist allerdings mehr als eine Frage des Stils, wenn Badiou – hierin Schmitt genau entgegengesetzt – nicht mit der Attitüde des „neutralen Beobachters" spricht: Es geht Badiou gerade *nicht* um die Enthüllung politischer Gesetze oder Metagesetze, die das innerweltliche Subjekt bereits einer Transzendenz geopfert hat, die sich bloß noch zu *offenbaren* braucht. Anders als Schmitt geht es Badiou nicht um die Wiederherstellung einer autoritären *Ordnung*, sondern um die Unordnung eines der Emanzipation sich neu *öffnenden* Horizonts. Die „Ordnung", die hier hervorgebracht werden mag, ist Badiou erneut suspekt. Die normative Differenz zu Schmitt markiert insbesondere eine Stelle, in der Badiou im Kontext der Explikation eines vom Wahrzeichencharakter *gereinigten* und also *affirmierbaren* Demokratiebegriffs auf Carl Schmitt zu sprechen kommt:

> Die Demokratie verankert die Politik im Element der Allgemeinheit, die deren Bestimmung eigen ist. Diese Allgemeinheit hat es zur Folge, dass Rassenbezeichnungen, sexuierte Bezeichnungen des gesellschaftlichen Status, der gesellschaftlichen Hierarchie, ja sogar Formulierungen von 'Problemen', wie etwa 'Asylantenproblem', 'Einwandererproblem', unmögliche Aussagen sind, Aussagen, die als solche die Verbindung von Politik und Demokratie auflösen. Diese Aussagen verweisen die Demokratie auf den Staat, und verleihen ihr jene Bedeutung, die ihr von Carl Schmitt zugeschrieben wurde, eine Bedeutung, die notwendigerweise im demokratischen Raum Formen der Ausschließung einschließt.[69]

Hier ist deutlich zu erkennen, dass Badious Denken nicht auf staatliche Ordnung zielt, schon gar nicht auf die Fixierung einer nationalen Identität. Badiou begegnet dem politischen System als solchem mit Skepsis: Gerade in dem Maß, in dem Demokratie zur Staatsform geworden ist und selbst das Oppositionelle integriert, konnte die „Demokratie" zum *Wahrzeichen* werden. Ganz in diesem Sinne behauptet Badiou,

---

67 Derrida, Jacques 2004: Marx' Gespenster, S. 59.

68 Schmitt, Carl 2004: Politische Theologie. Vier Kapitel zur Lehre von der Souveränität. 7. Aufl., Duncker & Humblot, Berlin, S. 43.

69 Badiou, Alain 2010: Philosophie und Politik. In: Ders./Jacques Rancière: Politik der Wahrheit, S. 35-54, hier: S. 53.

dass der Staat heute der dreifachen Norm von ökonomischen Funktionieren, nationaler Gestaltung und Demokratie unterworfen ist. [...] Und wir können darin übereinstimmen, den Parlamentarismus – ich persönlich würde den Ausdruck Kapitalparlamentarismus bevorzugen – als eine staatliche Gestalt zu bezeichnen, die ihr subjektives Verhältnis zum Staat diesen drei Normen gemäß regelt.[70]

Sofern „Demokratie" als Begriff der Unterbrechung dieser staatlichen Gestalt taugen soll, gilt Badiou zufolge, „dass die Demokratie als philosophische Kategorie die Gleichheit als solche darstellt"[71]. Just dies bindet sie jedoch zugleich an das, was Badiou die „*kommunistische Hypothese*"[72] nennt:

> Seit der französischen Revolution und ihrem mehr und mehr universalen Echo, seit den am radikalsten egalitären Entwicklungen dieser Revolution – zwischen den Dekreten des robespierristischen Wohlfahrtsausschusses über das Maximum und den Theorien von Baboeuf – wissen wir (wenn ich sage 'wir', dann ist das die abstrakte Menschheit, und das betreffende Wissen ist das universal zugängliche Wissen über die Wege der Emanzipation), daß *der Kommunismus die richtige Hypothese ist*. Es gibt in Wahrheit keine andere, jedenfalls kenne ich keine. Wer diese Hypothese preisgibt, findet sich auf der Stelle mit der Marktwirtschaft ab, der parlamentarischen Demokratie (der für den Kapitalismus geeigneten Staatsform) und dem unvermeidlichen, 'natürlichen' Charakter der monströsesten Ungleichheiten.[73]

Das Kind im Bade

Wie jedes Emanzipationsprogramm, das die Möglichkeit des radikalen Bruchs ins Zentrum stellt, steht auch „Badious Philosophie der Politik"[74] vor dem Problem einer tendenziellen Unübersetzbarkeit in politische Praxis. Für Badiou sind es letztlich die Ereignisse, in deren Folge sich „Sequenzen" der Hypothese organisieren lassen. Zeitdiagnostisch bedeutet dies,

> dass wir uns in einer Zwischenperiode befinden, wie sie bereits Ende des 19. Jahrhunderts und Anfang des 20. Jahrhunderts sehr lange existiert hat. Was unter solchen Umständen auf der Tagesordnung steht, ist jedoch, wie wir wissen, die Eröffnung einer neuen Sequenz der kommunistischen Hypothese. Das einzige Problem ist das Ausmaß der Katastrophe, die ein weiteres Mal der Krieg, diese unvermeidliche Konvulsion des Imperialismus, der Menschheit als Preis für einen Fortschritt ab-

---

70 Ibid., S. 41.

71 Ibid., S. 52.

72 Badiou, Alain 2011: Die kommunistische Hypothese.

73 Badiou, Alain 2008: Wofür steht der Name Sarkozy. Diaphanes, Berlin, S. 103.

74 Marchardt, Oliver 2010: Die politische Differenz. Zum Denken des Politischen bei Nancy, Lefort, Badiou, Laclau und Agamben. Suhrkamp, Berlin, S. 178.

verlangt, für nur einen einzigen Schritt hin zu dem, was allein ihr Heil organisieren wird: dem kommunistischen Egalitarismus, diesmal im Weltmaßstab.[75]

Auch wenn man alle – durchaus berechtigte – Kritik am ultralinken Gestus des Badiou'schen Programms zurückstellen mag, bleibt ein Problem bestehen, das Oliver Marchart präzise benennt:

> Vor allem ließe sich fragen, ob die von Badiou vertretene Politik des Unmittelbaren, des Unrepräsentierten und Unbedingten noch ernsthaft als Politik bezeichnet werden kann – oder ob man nicht ehrlicherweise gleich von einer Ethik sprechen sollte: einer rigorosen und kompromisslosen Ethik des Unbedingten, mit der Badiou aus dem Machiavell'schen Moment des Bedingten, der Macht und der Strategie heraustritt.[76]

Auch wenn die Kategorisierung der Badiou'schen Theorie des Ereignisses als „Politik des Unmittelbaren" nicht zu überzeugen vermag (bedarf es doch der Interpretation des Ereignisses und einer Organisation der Treue), so scheint doch Marcharts These durchaus berechtigt, derzufolge „eine rigorose und kompromisslose Ethik des Unbedingten [...] völlig quer zur politischen Realität"[77] stehe. Tatsächlich ist der Philosophie Badious eine Skepsis, ja Ablehnung gegenüber jeder Form politikwissenschaftlicher oder soziologischer Empirie nicht abzusprechen: „Es ist wichtig, alle Tatsachen beiseite zu lassen, damit das Ereignis geschehen kann."[78] Diese Konsequenz folgt notwendig aus einer Perspektive, in der Politik als die „Möglichkeit des Unmöglichen", als radikaler Bruch gefasst wird.

Wo die „Politik der Philosophie" mit politischer Praxis selbst verwechselt wird[79], kann die Folge nur ein politischer Maximalismus sein, dessen Wirkungen

---

75 Badiou, Alain 2008: Wofür steht der Name Sarkozy, S. 118.

76 Marchardt, Oliver 2010: Die politische Differenz, S. 172.

77 Ibid., S. 172.

78 Badiou, Alain 2010: Ist Politik denkbar?, S. 91.

79 Damit soll nicht gesagt sein, dass dies Badious Absicht ist. Präzise schreibt er im Gegenteil in einer bemerkenswerten Passage der Einleitung seines Bandes „Die kommunistische Hypothese": „Ich möchte darauf insistieren, dass dieses Buch ein Buch der Philosophie ist. Entgegen der äußeren Anzeichen behandelt es weder direkt die Politik (selbst wenn es sich auf sie bezieht), noch die politische Philosophie (selbst, wenn es eine Form der Verbindung zwischen der politischen Bedingung und der Philosophie vorschlägt). Ein politischer Text ist einem organisierten politischen Prozess inhärent. Er drückt dessen Denken aus, ordnet seine Kräfte an, kündigt seine Initiativen an. Ein Text der politischen Philosophie, einer Disziplin von der ich immer behauptet habe, dass sie sinnlos ist, gibt vor, die Politik, ja sogar 'das' Politische zu 'gründen' und ihm Normen, die letztlich moralische Normen – jene

sich allzu oft als allzu minimalistisch erwiesen haben. Dass Badiou durchaus in der Gefahr steht, einen unmittelbaren Übergang zwischen seiner Philosophie und der politischen Praxis anzunehmen, zeigt eine Stelle, an der er rekonstruiert, wie Lenin auf den Vorwurf, „sein politisches Projekt sei nicht demokratisch", reagiert hätte. Mit Nonchalance wischt er das Argument, es seien „zwei Gestalten der Demokratie zu unterscheiden, die bürgerliche Demokratie und die proletarische Demokratie"[80], als wenig angemessen beiseite. Dabei geht es ihm nicht um die durchaus berechtigte Frage nach der *Historizität* des „Proletariats" als kämpferischer „Produzentenklasse" allein[81]. Badiou interessiert sich stärker für das grundsätzliche Argument, in dem auch die „proletarische" Demokratie eine Staatsform bleibt, die mit dem Absterben des Staates ihrerseits absterben werde. In diesem Kontext steht der oben referierte Rettungsversuch einer demokratischen Perspektive, die mit der Politik als Emanzipation grundsätzlich verbunden bleibt. Im Horizont der „kommunistischen Hypothese", einer Hypothese zumal, die gegen *jede* Verfestigung politischer Systeme verteidigt wird, erscheint dieses Vorgehen durchaus gerechtfertigt, geht es Badiou doch um die Dynamik des Aufbruchs, der immer zugleich ein neuer Beginn ist. Was er indes versäumt – und was ihn wohl auch nicht interessiert – ist die Bestimmung des *Verhältnisses* zwischen beiden Dimensionen. Um mit einem Aufsatztitel Wolfgang Abendroths[82] zu spielen: Badiou interessiert sich, wo er den Demokratiebegriff nicht als Wahrzeichen ablehnt, auf Demokratie lediglich als „Aufgabe", die er der Demokratie als „Institution" schroff entgegenstellt. Versteht man – wohl zumindest teilweise gegen Badiou – die *„kommunistische Hypothese"* als das immer wieder dynami-

---

der 'guten' Macht, des 'guten' Staates, der 'guten' Demokratie und so fort – sind, aufzuoktroyieren. Im Übrigen ist die politische Philosophie heute nur die gelehrte Dienerin des Kapitalparlamentarismus." (Badiou, Alain 2010: Ist Politik denkbar?, S. 31). Man kann annehmen, dass Badiou auch von der Politikwissenschaft im Ganzen keine bessere Meinung hat.

80 Badiou, Alain 2010: Philosophie und Politik. In: Ders./Jacques Rancière: Politik der Wahrheit, S. 35-54, hier: S. 36.

81 In einer ideengeschichtlichen Perspektive, die freilich keine systematische Rekonstruktion ist, lässt sich Badious Philosophie auch als *Ausdruck* des problematisch gewordenen „politischen Subjekts" der Veränderung verstehen. Das klassische Konzept einer klar zu adressierenden „Arbeiterklasse" wird den vielschichtigen Formen der Marginalisierung von heute sicherlich nicht mehr gerecht. Eine Vermittlung zwischen dem radikalen Gedanken der Emanzipation und sozial bestimmbaren Trägern emanzipativer Politik wird hierdurch allerdings keineswegs überflüssig – beinahe könnte man sagen: Im Gegenteil!

82 Abendroth, Wolfgang 1975: Demokratie als Institution und Aufgabe.

sierende Moment, das nicht schlechthin das andere der Institutionalisierung von Politik ist, sondern ein Kennzeichen seiner notwendigen Krisenhaftigkeit, dann könnte neben der Fixierung auf Großereignisse eine pragmatischere Perspektive ihr Recht behaupten, die anstelle des Dualismus von Bruch mit dem Bestehendem und seiner Naturalisierung das permanent unabgeschlossene Verhältnis zwischen beiden ins Zentrum rückt. Die von der Funktion des Wahrzeichens befreite Demokratie und der *Republikanismus* eines letztlich im demokratischen *pouvoir constitué* fundierten *pouvoir constituant* wären dann unterschiedliche Manifestationen eines politischen *Prozesses*, der seine Würde freilich erst im Licht einer Emanzipation behaupten kann, die nicht Zustandsbeschreibung, sondern Überschreitung ist. Eine solche Perspektive des unabgeschlossenen Ganzen ist freilich nahe am Verständnis einer Philosophie, deren Untergang es wäre, von „aller Welt" absorbiert zu werden.

Daniel Hackbarth

Bemerkungen zu der Entwicklung des Materialismus-Begriffs bei Louis Althusser im Vergleich mit Max Horkheimer[1]

1. Einleitung

In den vergangenen Jahren ist neue Bewegung in die Althusser-Rezeption gekommen. War das Interesse an dem französischen Marxisten in den 1980er Jahren in Zeiten des generellen politischen Backlashs beinahe vollständig zum Erliegen gekommen – auch infolge der öffentlichen Isolation Althussers nach seiner biographischen Tragödie, der Strangulation seiner Frau Helene – so ist nach der postumen Veröffentlichung seiner autobiographischen Schriften sowie seines philosophischen Nachlasses eine Vielzahl an Titeln erschienen, die sich um eine erneute Aneignung seiner theoretischen Konzeptionen bemühen. Die neuere Diskussion konzentriert sich dabei vor allem auf die in den Spätschriften skizzierten Begriffe eines „Materialismus der Begegnung" bzw. eines „aleatorischen Materialismus". Dabei ist festzustellen, dass in einer ersten Phase dieser Diskussion zunächst die Diskontinuitäten dieser Konzeptionen zu den früheren Arbeiten Althussers aus den 1960er und 1970er Jahren herausgestellt wurden; prominentester Vertreter dieser Lesart, die einen Wandel im Projekts Althussers von einer zunächst epistemologischen, dann primär ontologischen Perspektive konstatiert, ist Antonio Negri[2]. In einer zweiten Phase der Diskussion wurden dagegen eher Kontinuitäten im Werk Althussers betont bzw. Vorschläge für eine

---

1 Horkheimer und Althusser haben einander nicht zur Kenntnis genommen. Der Horkheimer-Schüler Alfred Schmidt indes hatte maßgeblichen Anteil daran, dass Althussers Konzeptionen in Westdeutschland unter dem verkürzten Label eines „strukturalistischen Marxismus" wahrgenommen und entsprechend zurückgewiesen wurden; vgl. hierzu v.a. Schmidt, Alfred 1970: Der strukturalistische Angriff auf die Geschichte. In: Ders. (Hg.): Beiträge zur marxistischen Erkenntnistheorie. Suhrkamp, Frankfurt, S. 194-265.

2 Vgl. Negri, Antonio 1993: Pour Althusser. Notes sur l'évolution de la pensée du dernier Althusser. In: Vincent, Jean-Marie (Hg.): Futur antérieur: Sur Althusser Passages. Editions L'Harmattan, Paris, S. 73-96.

Lesart des „gesamten Althusser" gemacht, die sich der These von einem klar identifizierbaren Bruch, der mit dem Spätwerk vermeintlich einsetzen soll, entziehen.[3]
Die Frage, welchen Stellenwert die Spätschriften im gesamten Korpus der Schriften Althussers einnehmen, verweist zugleich auf die Frage, wie die in diesen
Texten ausgearbeitete Materialismus-Konzeption zu rekonstruieren und zu bewerten ist. Die These, die ich in diesem Aufsatz vertreten möchte, lautet: Hätte
Negri Recht mit seinem Lektüre-Vorschlag und läge tatsächlich ein klarer Bruch
zu Althussers früheren Arbeiten vor, und wäre damit ein primär ontologischer
Charakter für den Materialismus des späten Althusser maßgeblich, dann fiele
diese Materialismus-Konzeption eindeutig hinter die Versuche Althussers in den
1960er und 1970er Jahren zurück, den historischen wie dialektischen Materialismus jenseits der Verkürzungen der marxistisch-leninistischen Orthodoxie
zu rekonstruieren. Althussers Bemühungen hatten nämlich bereits damals ein
theoretisches Niveau erreicht, das deutlich über demjenigen des orthodoxen
Marxismus lag, in Gestalt des historischen und dialektischen Materialismus eine
Weltanschauung für die Arbeiterklasse zu entwickeln, die geschichtsphilosophisch die historische Notwendigkeit von deren Sieg in langfristiger Perspektive
begründen sollte.[4] Ein solcher ontologischer Materialismus, der mit Thesen operiert wie derjenigen, dass dem materiellen Sein ein ontologischer Primat gegenüber
dem Geist oder der Idee zuzusprechen sei – was in der marxistisch-leninistischen
Gesellschaftstheorie seinen Ausdruck fand in einer Lesart der Marx'schen Basis-
Überbau-Metapher, die die Überbauphänomene auf die Entwicklungen in der

---

3   Vgl. dazu Diefenbach, Farris, Kirn und Thomas: „More recently, another interpreta-
    tion has emphasized continuities and attempted to demonstrate an on-going break
    in Althusser's thought, within and against itself, in an act of self-critical redefinition"
    (Diefenbach, Katja; Farris, Sara R; Kirn, Gal; Thomas, Peter D. 2013: Introduction:
    Encountering Althusser. In: Dies. (Hrsg.): Encountering Althusser. Politics and Mate-
    rialism in Contemporary Radical Thought. Bloomsbury, New York/London, S. xiii-xxi,
    hier: S. xvii). Vgl. auch die Einschätzung der Spätschriften durch Gregory Elliott: „Less
    a radical change of direction than an inflection, the key innovation of this period is
    a retraction: the non-attribution of Althusser's own constructions to Marx himself –
    indeed, quite the reverse, their deployment against him and his successors" (Elliott,
    Gregory 2009: Althusser – The Detour of Theory. Haymarket, Chicago, S. 366).

4   So betont Elliott, dass für das Projekt Althussers in den 1960er und 1970er Jahren die
    „renunciation of the 'materialist' metaphysics inherited from the Second International
    by the Third, wherein Marxism was an autarchic cosmology or 'world-view', subsum-
    ing the totality of natural and social phenomena, of which historical materialism
    was merely a sub-set", charakteristisch war (Elliott, Gregory 2009: Althusser – The
    Detour of Theory, S. 349).

ökonomischen Basis reduzierte und damit faktisch einen theoretischen Zugriff auf Bereiche der Ideologie, der Politik, des Staates etc. verunmöglichte – entspricht einem Philosophie-Begriff, mit dem eine Materialismus-Konzeption, wie sie Althusser seit Anfang der 1960er Jahre, vor allem dann aber mit Einsetzen seiner selbstkritischen Phase um 1968 herum erarbeitet hat, gerade gebrochen hat. Wäre für den aleatorischen Materialismus charakteristisch, dass er ontologische Aussagen trifft über die seinsmäßige Verfassung der Welt, indem er deren kontingenten Charakter diagnostiziert, dann wäre ein solcher Modus des Philosophierens kaum zu unterscheiden von demjenigen des orthodoxen Materialismus. Zuspitzend formuliert: Ob man unter „Materialismus" die These versteht, alles Geistige sei auf Materielles zurückzuführen, wie es der klassisch mechanische wie auch Stalins dialektischer Materialismus behaupteten, oder die These, dass Materie durch ihren ontologischen Prozesscharakter gekennzeichnet sei, also gerade das Noch-nicht-Sein ihr Wesen ausmacht, wie Ernst Bloch im Anschluss an die linksaristotelische Tradition des Mittelalters meinte[5], oder die These, dass der Aufbau der Welt kontingent sei, somit nichts von dem, das existiert, notwendigen Charakter habe – all das entspräche einem Philosophie-Verständnis, das den häretischen Charakter des Materialismus gerade verfehlt, in dem es diesen zu einer Antwort auf metaphysische Fragestellung macht.

Um diese These zu untermauern, möchte ich einige Überlegungen darlegen zu den Entwicklungen einer früheren Phase von Althussers Schaffen, nämlich seine Ende der 1960er Jahre einsetzenden Selbstkritik. In dieser Phase nimmt Althusser Korrekturen vor an der von ihm in „Für Marx" und „Das Kapital lesen" erarbeiteten Philosophie-Konzeption. Diese Korrekturen, so die These meines Aufsatzes, stellen mitnichten einen Rückfall hinter das theoretische Niveau der Schriften aus den Jahren 1960 bis 1965 dar – anders als es etwa Gregory Elliott behauptet[6] und anders als die in dieser Phase von Althusser vorgeschlagene, schon intuitiv problematische Formulierung, Philosophie als „Klassenkampf in der Theorie" zu begreifen, auf den ersten Blick nahelegt. Eine nähere Untersuchung der Gründe für Althussers Selbstberichtigung zeigt indes, dass er hier für jede adäquate Materialismus-Konzeption zentrale Probleme wo nicht löst, so doch

---

5   Vgl. dazu Bloch, Ernst 1985: Das Materialismusproblem, seine Geschichte und Substanz. Suhrkamp, Frankfurt.

6   Vgl. Elliott: „almost all of his work after 1965 is ultimately (and for whatever reason) footnotes to 'For Marx' and 'Reading Capital'". Und ibid., S. 315: „Althusser's revisions [...] were a cul-de-sac, their outcome in inverse proportion to the effect expanded on them" (Elliott, Gregory 2009: Althusser – The Detour of Theory, S. 314).

zumindest aufwirft – insbesondere, was das Verhältnis von Philosophie und Politik betrifft. Verdeutlicht man sich diese Probleme, was dieser Aufsatz zumindest kursorisch versuchen will, dann wird auch für die aktuelle Diskussion[7] um Althussers Spätwerk deutlicher, dass ein aleatorischer Materialismus im Sinne einer ontologischen Theorie für kritisches Philosophieren heute keine Bedeutung mehr haben kann. Stattdessen gilt es zu fragen, inwieweit sich eine Materialismus-Konzeption aus diesen späten Schriften Althussers herausdestillieren lässt, die anschlussfähig ist an die in früheren Phasen seines Werks vorliegenden Problematisierungen bestimmter Formen materialistischen Philosophierens.

2. Für einen nicht-metaphysischen Materialismus

Max Horkheimer hat bereits in dem 1933 veröffentlichten Aufsatz „Materialismus und Metaphysik" versucht, die *differencia specifica* eines materialistischen Philosophierens näher zu bestimmen. Insbesondere verfolgt Horkheimer dabei ein Ziel, das auch Althusser einige Jahrzehnte später ein zentrales Anliegen sein wird, nämlich die Wiederaneignung eines unverstellten Materialismus-Begriffs, d.h. eines nicht zu einer Metaphysik transformierten Materialismus. Die Überlegungen Horkheimers sollen hier kurz skizziert werden, weil dadurch deutlicher wird, was eine materialistische philosophische Praxis grundsätzlich unterscheidet von philosophischen Praxisformen, die ontologische Probleme in den Blick nehmen. Vor allem zwei Punkte sind dabei zentral: 1) Anders als metaphysische Positionen ist der Materialismus dadurch gekennzeichnet, dass er nicht die (ethische oder politische) Praxis der Theorie unterordnet, indem er durch die Beantwortung überzeitlicher ontologischer Fragen Prinzipien entwickelt, aus denen sich Handlungsanweisungen für die Praxis ableiten lassen. 2) Der Materialismus ist anders als die Metaphysik dadurch charakterisiert, die Praxis des Denkens, sei sie nun wissenschaftlicher oder philosophischer Natur, nicht jenseits der gesellschaftlichen Realität anzusiedeln, sondern als gesellschaftliche Praxis zu begreifen, die daher auch gesellschaftlich-historisch bestimmt ist.

In dem Aufsatz „Materialismus und Metaphysik"[8], der erstmals 1933 in der „Zeitschrift für Sozialforschung" erschienen ist, grenzt Horkheimer gewisserma-

---

7   Einen hervorragenden Überblick über die aktuelle Diskussion geben die von Diefenbach, Farris, Kirn und Thomas herausgegebenen Aufsätze (vgl. Diefenbach, Katja; Farris, Sara R.; Kirn, Gal; Thomas, Peter D. (Hrsg.) 2013: Encountering Althusser.).

8   Horkheimer, Max 1933: Materialismus und Metaphysik. In: Zeitschrift für Sozialforschung. Jg. 2, S. 1-33.

ßen idealtypisch den Materialismus von der Metaphysik ab. Dies zielt zugleich auf die Entwicklung eines undogmatischen Begriffs von „Materialismus", den sowohl die in der Philosophie vorherrschende Lesart des Materialismus als auch der orthodoxe Marxismus verfehlen. In dieser Hinsicht verlaufen der herrschende materialistische und der herrschende antimaterialistische Diskurs komplementär: Beide begreifen den Materialismus als eine metaphysische Position. Gerade diese Deutung kann als die wirkungsvollste Strategie betrachtet werden, den Materialismus begrifflich zu neutralisieren – eine These, die auch der späte Althusser vertreten wird, wenn er fordert, „dass mit einem Begriff von Materialismus Schluss gemacht wird, der ihn ausgehend von Fragen und Begriffen, die er mit dem Idealismus teilt, zur Antwort auf den Idealismus macht."[9]

Konkreter Gegner Horkheimers ist zunächst Dilthey, der in dem Versuch, ein einheitliches und allgemeingültiges System zu entwickeln, den gemeinsamen Nenner aller als metaphysisch zu qualifizierenden Projekte in der Geschichte der Philosophie identifiziert.[10] Diese „Weltanschauungen" und „Systeme" seien „verschiedene Antworten auf das eine Rätsel des Daseins".[11] Genau in diesem Sinne begreift Dilthey auch den Materialismus als eine Metaphysik, „und zwar [als] eine Lehre über das Verhältnis des Weltgrundes zur Welt und der Seele zum Leib."[12] Damit begreift er den Materialismus „als eine Antwort auf metaphysische Fragen"[13] und siedelt ihn also – in Althussers Terminologie gesprochen – auf metaphysischem Terrain an. In dieser Hinsicht ist Diltheys Materialismus-Interpretation nicht idiosynkratisch, sondern, so Horkheimer, im Einklang mit „der herrschenden philosophischen Auffassung", d.h. insbesondere mit dem damals noch überaus wirkmächtigen Neukantianismus.[14] Auch diesem erscheint der Materialismus als ein metaphysisch-ontologisches Projekt – und zwar als ein überaus einfach gestricktes: „Der Materialismus wird dabei auf die einfache Behauptung zurückgeführt, alles Wirkliche sei Materie und ihre Bewegung."[15] Horkheimers These ist, dass es sich bei diesem Materialismus um ein Zerrbild handelt: um einen bereits idealistisch deformierten, auf das Terrain des Idealismus

---

9   Althusser, Louis 2010: Materialismus der Begegnung. Späte Schriften. Diaphanes, Zürich, S. 24.

10 Vgl. Horkheimer, Max 1933: Materialismus und Metaphysik, S. 7.

11 Vgl. ibid.

12 Ibid., S. 10f.

13 Ibid., S. 10.

14 Vgl. ibid., S. 11.

15 Ibid.

gezogenen Materialismus, dem der kritische Stachel gezogen ist. Indem seine Gegner glauben, das (vermeintlich) grundlegende Prinzip des Materialismus – die ontologische Reduktion des Ideellen auf das Materielle – *ad absurdum* zu führen, meinen sie zugleich, den Materialismus – der historisch ja immer mit einer Vielzahl von Positionen verknüpft war, etwa einer antireligiösen Haltung – *im Ganzen* widerlegt zu haben.[16] Gerade darin zeigt sich seine Uminterpretation in eine metaphysische Philosophie: „Was beim Idealismus zutrifft, wird also auch vom Materialismus vorausgesetzt, dass nämlich 'auf der Grundlage eines Weltbildes die Fragen nach Bedeutung und Sinn der Welt entschieden und hieraus Ideal, höchstes Gut, oberste Grundsätze für die Lebensführung abgeleitet werden.'"[17] Horkheimer stellt nun die materialistische und metaphysische philosophische Praxis einander gegenüber. Metaphysik definiert er wie folgt:

> Die Metaphysik verspricht sich von ihrer Beschäftigung mit dem 'Rätsel' des Daseins, mit dem 'Ganzen' der Welt, mit dem 'Leben', dem 'An-Sich' oder wie sonst sie immer die Art ihrer Frage beschreiben mag, die Möglichkeit, positive Konsequenzen für das Handeln zu ziehen. Das Sein, zu dem sie vorstößt, muss eine Verfassung haben, deren Kenntnis für die menschliche Lebensführung entscheidend ist, es muss eine diesem Sein angemessene Haltung geben.[18]

Die ontologischen Bestimmungen also, die das Ergebnis des metaphysischen Fragens sind, haben unmittelbar normativen Charakter für das menschliche Handeln. Aus der Verfasstheit des Seins und der Welt lassen sich Gebote für die menschliche Lebenspraxis ableiten. Insofern kann bereits Platon als der für die Metaphysik paradigmatische Denker betrachtet werden. Horkheimer verweist daher nicht zufällig auf Max Scheler, der „im Anschluss an Platon die metaphysische Haltung mit Recht als den 'Versuch des Menschen, sich selber als natürliches, fertiges Sein zu transzendieren, sich selbst zu vergöttern oder Gott ähnlich zu werden' beschreibt."[19] In Platons Ableitung von normativen

---

16 Dass diese Perspektive ihrem Gegenstand nicht adäquat ist, zeigt nach Horkheimer etwa das Beispiel Diderots, der zeitlebens in seinen theoretischen Positionen schwankte, in seinen praktischen Stellungnahmen indes konstant blieb (vgl. ibid., S. 17). Bemerkenswert ist hier zudem, dass es Horkheimer als typisch für die Metaphysik erachtet, philosophische Dispositive als Systeme zu begreifen, die um ein Zentrum herum organisiert sind, aus dem sich alle einzelnen Bestimmungen der jeweiligen philosophischen Konzeption ableiten lassen. Es wird hier also in Althussers Worten der Begriff der „expressiven Totalität" zugrunde gelegt.

17 Ibid., S. 14. Das Zitat im Zitat stammt von Dilthey.

18 Horkheimer, Max 1933: Materialismus und Metaphysik, S. 14.

19 Ibid., S. 22.

Handlungsanweisungen für die menschliche Lebenspraxis aus der ontologischen
wie kosmologischen Verfasstheit der Welt zeigt sich dieses Ineinandergreifen von
normativen und ontologisch-metaphysischen Sätzen idealtypisch.[20]

Von diesem Modus des Philosophierens unterscheidet sich der Materialismus
nach Horkheimer radikal:

> Die materialistische These schließt ihrer Natur nach solche Konsequenzen aus.
> Das Prinzip, welches sie als Wirklichkeit bezeichnet, taugt nicht dazu, eine Norm
> abzugeben. Die Materie ist an sich selbst sinnlos, aus ihren Qualitäten folgt keine
> Maxime für die Lebensgestaltung: weder im Sinne eines Gebots noch eines Muster-
> bildes. Nicht als ob ihre genaue Kenntnis für den Handelnden ohne Vorteil wäre:
> der Materialist wird sich je nach seinen Zielen der Struktur aufs eingehendste zu
> versichern trachten, aber obgleich diese Ziele im gesellschaftlichen Gesamtprozess
> immer auch durch die jeweilige wissenschaftliche Erkenntnis der Wirklichkeit wie
> überhaupt durch den Stand der Produktivkräfte mitbedingt sind, folgen sie doch
> nicht aus der Wissenschaft.[21]

Der Materialist lehnt also die Vorstellung, die Verfassung des Seins oder der Welt
folge in irgendeiner Form einer zu enträtselnden Ordnung oder trage in sich Sinn
und Bedeutung – letztlich genuin teleologische Vorstellungen, die auf einen
Schöpfer der Welt verweisen – ab; ihm liefert so die Erkenntnis der Wirklichkeit
„keine Vorbilder, Maximen, Anweisungen für das wahrhafte Leben, sondern
Mittel dazu und ist nicht Aufschwung, sondern Theorie."[22] Genau hierin liegt der
fundamentale Unterschied zu der theoretischen Praxis des Metaphysikers. Selbst
dort, wo Materialisten abschließende Sätze über das Wesen der Wirklichkeit
formuliert haben, fungierten diese dennoch nie, so Horkheimer, als „Gesetz für
ihr Handeln".[23] Anders formuliert: in dieser Materialismuskonzeption liefert
die Theorie *nicht* die Kriterien für die (ethische, politische) Praxis, die Theorie
ist somit nicht *per se* der Praxis übergeordnet – anders also als etwa bei Platon,
bei dem sich in der Figur des Philosophenkönigs die Überordnung der Theorie
über die Praxis verdichtet.

Zugleich impliziert ein in diesem Sinne bestimmter Begriff der Metaphysik
einen abstrakten, d.h. überhistorischen Begriff der theoretischen Praxis, der diese
außerhalb des gesamtgesellschaftlichen Zusammenhangs verortet:

---

20 Vgl. Schäfer, Lothar 2005: Das Paradigma am Himmel. Platon über Natur und Staat.
    Alber, Freiburg.
21 Ibid., S. 15f.
22 Ibid.
23 Vgl. ibid., S. 16.

Die Thesis einer absoluten Ordnung und einer absoluten Forderung setzt immer den Anspruch auf Wissen vom Ganzen, von der Totalität, vom Unendlichen voraus. Ist aber unser Wissen unabgeschlossen, besteht eine unaufhebbare Spannung zwischen Begriff und Sein, so darf kein Satz die Würde vollendeter Erkenntnis beanspruchen. Wissen vom Unendlichen muss selbst unendlich sein.[24]

Diese Kritik am metaphysischen Anspruch auf absolute Erkenntnis ist nicht im kantischen Sinne zu verstehen; Horkheimer bezieht hier nicht eine erkenntnistheoretische Position, die meint, dass der subjektive Erkenntnisapparat so beschaffen sei, dass ihm der Zugriff auf das An-sich der Dinge prinzipiell versperrt wäre. Eine solche Kritik würde sich wiederum auf subjektivistischem Terrain bewegen und unter Abstraktion von Gesellschaft und Geschichte allgemeine Sätze über die Bedingungen der menschlichen Erkenntnistätigkeit formulieren. Horkheimers Kritik zielt vielmehr darauf, dass metaphysische Sätze über das Sein der Dinge implizieren, dass die Praxis dieser Erkenntnis für sich beanspruchen muss, selbst radikal getrennt über den Dingen zu stehen (also für sich gewissermaßen eine Vogelperspektive reklamiert), um überhaupt einen absoluten Erkenntnisanspruch einfordern zu können. Dies wiederum bedeutet unter anderem, dass die metaphysische Erkenntnistätigkeit sich nicht als historisch-gesellschaftlich determiniert begreift. Der Metaphysiker schwebt gemäß der in seiner eigenen theoretischen Praxis enthaltenen Implikationen frei über der Welt. Gegenüber einem solchen verabsolutierenden Begriff von theoretischer Praxis beharrt der Materialismus auf der Gesellschaftlichkeit und damit auch der Geschichtlichkeit von Erkenntnis: „Die theoretische Aktivität der Menschen, ebenso wie die praktische, ist nicht die unabhängige Erkenntnis eines festen Gegenstandes, sondern ein Produkt der sich verändernden Realität."[25]

Dieser nicht-autonome Prozess der Erkenntnis ist eben deshalb nicht-autonom, weil er ein Moment des gesamtgesellschaftlichen Prozesses ist, der selbst wiederum als dialektischer Prozess zu begreifen ist; d.h. „dass er sich nicht als Wirkung aus einzelnen gleichbleibenden Faktoren begreifen lässt; seine Momente verändern sich vielmehr fortwährend gegenseitig in ihm selbst, so dass sie nicht einmal radikal voneinander zu unterscheiden sind."[26] Mit anderen Worten: Der gesellschaftliche Prozess ist nicht verankert in irgendwelchen Prinzipien oder

---

24 Ibid., S. 23f.

25 Ibid., S. 25.

26 Ibid. Althussers Überlegungen zum Begriff der „Überdetermination" (vgl. Althusser, Louis 2011: Für Marx. Suhrkamp, Frankfurt/M., S. 105-160) entsprechen den – wenn auch relativ knappen – Bemerkungen Horkheimers hier exakt.

„*Anfängen*", die *als* Anfänge den gesellschaftlichen Prozess transzendieren – indem sie eben nicht dessen Moment darstellen, sondern an seinem Anfang stehen – und dadurch überhistorischen Charakter gewinnen. Es wäre genau in diesem Sinne undialektisch, „die" Ökonomie (als wäre das eine in sich geschlossene Entität) oder auch das (rational kalkulierende) Individuum (oder auch den Menschen als Mängelwesen o. ä.) zum Prinzip der Gesellschaft zu machen. Hier findet sich somit zugleich eine implizite Kritik des ebenfalls unter dem Namen „Materialismus" firmierenden Ökonomismus (wie auch subjektivistischer oder individualistischer Ansätze in der Gesellschaftstheorie).

Dadurch, dass der Materialismus den Prozess der Erkenntnis als ein Moment des gesellschaftlichen Prozesses begreift, tritt die Erkenntnis „selbst als ein geschichtliches Phänomen hervor"[27]. Das bedeutet nicht, dass der Materialismus „das Denken" per se „leugnet"[28] – was die herrschende Meinung unter diesem Begriff versteht. Sondern: der Materialismus „fasst es im Gegensatz zum Idealismus als das Denken bestimmter Menschen in einer bestimmten Zeit. Er bestreitet seine Autonomie."[29] So geht es dem Materialismus „nicht um Weltanschauung, auch nicht um die Seele der Menschen, sondern um die Änderung der bestimmten Verhältnisse, unter denen die Menschen leiden und ihre Seele freilich verkümmern muss. Dieses Interesse selbst lässt sich zwar historisch und psychologisch begreifen, aber nicht allgemein begründen."[30]

Hier berührt Horkheimer einen neuralgischen Punkt: nämlich den Charakter des Materialismus als revolutionärer Theorie. Diese materialistisch-revolutionäre Theorie ist, wie wir gesehen haben, dadurch gekennzeichnet, dass sie – anders als die Metaphysik – nicht „über" der Praxis thront und Handlungsanweisungen für diese formuliert. Die materialistische Theorie ist vielmehr „eine Seite der Anstrengungen, die menschlichen Verhältnisse zu verbessern."[31] Die Praxis des Theoretikers und die politische Praxis liegen als Momente des gesellschaftlichen Ganzen gewissermaßen auf einer Ebene, indem die erstere die Fortführung der zweiten im Medium der Theorie darstellt.

Folgt man nun Horkheimer und bestreitet die Autonomie theoretischer Praxis, indem man auf deren gesellschaftlichen und damit historischen Charakter verweist, so wird deutlich, dass der hier avisierte Materialismus sich nicht auf

---

27 Ibid., S. 28.
28 Ibid., S. 29.
29 Ibid.
30 Ibid.
31 Ibid., S. 22f.

den Feldern der Ontologie oder Anthropologie, sondern der Gesellschaftstheorie bewegt. Obwohl nun Althussers Spätschriften gerade durch den Versuch gekennzeichnet sind, eine verdrängte Tradition materialistischen Denkens freizulegen jenseits idealistischer Verzerrung des Materialismus-Begriffs, muss festgestellt werden, dass er dabei zumindest stellenweise Gefahr läuft, den Materialismus auf das Feld der Ontologie oder Kosmologie zurückzuführen. Dies wird etwa dort virulent, wo er an Epikurs Atomtheorie, die selbstverständlich keinen Bezug zu einer wie auch immer gearteten Gesellschaftstheorie hat, anzuknüpfen versucht – mögen diese Bezugnahmen auch in erster Linie in einem metaphorischen Sinn zu verstehen sein, oder mag es Althusser dabei vor allem darum gehen, auf bestimmte Denkfiguren in der philosophischen Tradition zu verweisen, die auf seine eigenen begrifflichen Innovationen hindeuten (etwa die Konzeption des „Prozesses ohne Subjekt und Ziel"); nichtsdestotrotz aber bergen sie zumindest die Gefahr, auch ontologische Lesarten zu provozieren. Diese Gefahr wird verstärkt durch bestimmte Zuspitzungen, etwa wenn Althusser postuliert, dass die „Konstitution der Welt" oder des „Seins" als aleatorisch zu begreifen seien.[32] Derartige Spekulationen befinden sich jenseits der Probleme, die ein Materialismus, der auf dem Feld der Gesellschaftstheorie angesiedelt ist, bearbeitet, und stellen einen Rückfall in einen metaphysischen Diskurs dar.

Ein Materialismus, begriffen als ontologische Theorie, die objektive Aussagen *über* die Welt treffen will, wie es der mechanische und der dialektische Materialismus getan haben, impliziert also in seiner eigenen Praxis, dass er sich jenseits dieser Welt verortet, gewissermaßen über der Welt schwebend – denn nur so können über diese *als* Objekt Aussagen getroffen werden. Damit bleibt aber gerade der gesellschaftliche Charakter der theoretischen Praxis unreflektiert; zugleich bleibt die Politik der Theorie äußerlich, die politische Seite der theoretischen Praxis unbegriffen. Zudem ist ein solcher Materialismus – wie jede Metaphysik – tendenziell konservativ, da er das Objekt, über das er Aussagen treffen will, eben *als Objekt*, d.h. als gegeben begreift. Damit bleibt unreflektiert, dass auch die jeweilige, historisch bestimmte, gesellschaftliche Realität, auf die sich die Aussagen des metaphysischen Materialismus beziehen, „Produkt der allgemeinen gesellschaftlichen Praxis" ist; stattdessen erscheint sie im Modus des Faktischen, das hingenommen werden will. Dieser Konservativismus, der in den Implikatio-

---

32 In Althussers Spätschrift „Materialismus der Begegnung" heißt es: *„Die Konstitution der Welt ist aleatorisch"* (Althusser, Louis 2010: Materialismus der Begegnung, S. 37). Des Weiteren ist die Rede von „der aleatorischen und provisorischen Beschaffenheit des Seins" (ibid., S. 67).

nen des metaphysischen Philosophierens enthalten ist, wird von materialistischen Positionen reproduziert, die eben auf metaphysische Weise Aussagen über die Welt treffen wollen, auch wenn diese Aussagen einen klassisch-metaphysischen Positionen entgegengesetzten Inhalt haben (z.B. Betonung des ontologischen Primats des materiellen Seins gegenüber dem Geistigen).

Gerade materialistisches Denken muss für sich beanspruchen, seiner eigenen theoretischen Praxis nicht einen solchen ahistorischen Begriff zugrunde zu legen. Damit stellt sich also die Frage nach der Verwobenheit materialistischen Denkens mit den gesellschaftlichen Verhältnissen, mit der Politik und den politischen Kämpfen der jeweiligen Gegenwart. Horkheimer definiert daher auch den Materialismus als „eine Seite der Anstrengungen, die menschlichen Verhältnisse zu verbessern." Einen Hinweis, wie diese Bestimmung mit konkretem Inhalt zu füllen ist, liefert Horkheimers eigenes Tun: Indem er die spezifisch materialistische theoretische Praxis von einer metaphysischen abgrenzt, bekämpft er im Medium der Theorie Positionen, die von politisch reaktionärer Natur sind – eben bestimmte ontologische, aber auch anthropologische Konzeptionen. Zugleich ist der Kampfplatz, auf dem der Materialismus agiert, ein historisch je anderer: Es gilt, die theoretischen Entwürfe, die die jeweilige Gegenwart bestimmen, kritisch zu reflektieren, sie auf ihren (möglicherweise) herrschaftsaffinen Charakter zu befragen und damit den Einfluss politisch-reaktionärer theoretischer Konzeptionen auf die Theoriebildung auf Seiten der Linken abzuwehren. Horkheimer selbst hat das nicht nur in den 1930er Jahren getan, indem er eben durch die Kritik metaphysischen Denkens einen unverstellten Begriff des Materialismus zu entwickeln versucht hat, sondern auch später, etwa in der „Kritik der instrumentellen Vernunft" oder durch die Kritik des Positivismus. Jedenfalls kann der Materialismus nicht als ein überzeitlich feststehender Korpus bestimmter theoretischer Konzeptionen begriffen werden; folglich lässt sich per definitionem nicht die Existenz eines solchen Korpus durch die gesamte Geschichte des Denkens hindurch nachweisen, wie es Althusser in seiner These vom „untergründigen Strom des Materialismus der Begegnung", dessen Protagonisten er den (zumindest impliziten) Gebrauch von Begriffen wie demjenigen der „Leere" oder der „Begegnung" unterstellt, zumindest tendenziell versucht hat.[33] Ließe sich für Epikur wie für Machiavelli gleichermaßen der Gebrauchs etwa des Begriffs der „Leere" nachweisen, so implizierte das, dass beide Autoren, die Jahrhunderte trennt,

---

33 Vgl. hierzu vor allem das Fragment „Der Unterstrom des Materialismus der Begegnung" (Althusser, Louis 2010: Materialismus der Begegnung, S. 21-65).

dieselben Fragen bearbeitet hätten; es ist aber gerade Merkmal metaphysischen Denkens zu glauben, es mit überzeitlichen Fragestellungen zu tun zu haben.

3. Althussers Materialismus zwischen der „Autonomie der Theorie" und der Philosophie als „Klassenkampf in der Theorie"

Althusser ist indes in den 1960er Jahren prinzipiell in vergleichbarer Weise verfahren wie Horkheimer in seiner Kritik der Metaphysik oder der Anthropologie, indem er nämlich intellektuelle Trends seiner Gegenwart – den marxistischen und existenzialistischen Humanismus wie auch geschichtsphilosophische Konzeptionen – kritisiert hat und – mittels der These vom epistemologischen Einschnitt im Denken Marx' – aus dem Feld der marxistischen Debatte zu verweisen versucht hat. Diese Kritik mündete in die berühmten Konzeptionen wie die des „theoretischen Antihumanismus" oder die Forderung, Geschichte als „Prozess ohne Subjekt und Ziel" zu begreifen. Diesen Konzeptionen ist Althusser auch in seinen Spätschriften treu geblieben. Geändert hat sich allerdings seine eigene theoretische Auffassung darüber, wie diese Kritik auf den Begriff zu bringen ist. So erfolgten seine Kritik des Humanismus wie auch teleologischer Konzeptionen in „Für Marx" und „Das Kapital lesen" noch im Kontext eines szientistischen Programms.

Zunächst ist festzustellen, dass Althusser auch in den Jahren 1960 bis 1965 die theoretische Praxis als ein Moment der gesellschaftlichen Praxis begriffen hat – ganz im Sinne Horkheimers. So definiert er in dem Aufsatz „Über materialistische Dialektik" die „gesellschaftliche Praxis" als „die komplexe Einheit der in einer bestimmten Gesellschaft existierenden Praktiken".[34] Ein Moment dieser komplexen Einheit der gesellschaftlichen Praxis ist die theoretische Praxis.[35] Insofern vertritt also auch Althusser die These Horkheimers , dass die theoretische Praxis nicht in metaphysischer Manier im Jenseits der gesellschaftlich-historischen Realität anzusiedeln ist. Zugleich aber postulierte er in dieser Phase die „Autonomie der Theorie"; er zieht also *gerade nicht* dieselbe Konsequenz wie Horkheimer, der eine solche Autonomie bestreitet, weil eben die theoretische Praxis nur im Zusammenhang mit der gesellschaftlichen Realität im Ganzen zu begreifen ist. Diese Position verdichtet sich in Althusser konkreter Deutung des epistemologischen Einschnitts in der Entwicklung des Denkens Marxens: Dieser Einschnitt, so

---

34 Vgl. Althusser, Louis 2011: Für Marx, S. 205.
35 Vgl. ibid., S. 206: „Unter Theorie verstehen wir [...] eine spezifische Form der Praxis, die ebenfalls zur komplexen Einheit der 'gesellschaftlichen Praxis' einer bestimmten menschlichen Gesellschaft gehört."

Althusser, vollziehe sich aus rein theorie-immanenten Gründen. Dies verweist auf das von Althusser unter dem Titel „Theorie der theoretischen Praxis" in diesen Jahren erarbeitete epistemologische Programm, dem die These wesentlich ist, dass keinerlei theorie-externe Instanzen Kriterien zur Überprüfung von wissenschaftlichen Aussagen liefern; die Gültigkeit von wissenschaftlichen Theorien hängt damit allein von wissenschaftsimmanenten Kriterien ab.[36] Dies richtet sich zunächst gegen die von Althusser als „empirisch" bezeichneten Positionen, für die die Vorstellung kennzeichnend ist, die Gültigkeit wissenschaftlicher Theorien unvermittelt an der Realität überprüfen zu können; Althusser hält dem entgegen, dass jeder Zugriff auf die Realität immer schon begrifflich vermittelt ist.[37]

Zentraler ist indes, dass die von Althusser postulierte „Autonomie der Theorie" in dem damaligen theoretisch-politischen Kontext der Forderung gleichkam, dass politische Erwägungen – und damit auch die Direktiven der Parteiführung der PCF – keinerlei Relevanz für die Theoriebildung haben dürfen; mit anderen Worten findet in dieser theoretischen Position Althussers die politische Forderung nach der Freiheit marxistischer Forschung ihren Ausdruck. Zugleich aber knüpft Althusser an Lenins Formel „Ohne revolutionäre Theorie keine revolutionäre Praxis" an, indem er apodiktisch festhält, dass die politische Praxis „in den marxistischen Parteien nicht mehr bloß spontan ist, sondern auf der Basis der wissenschaftlichen Theorie des historischen Materialismus organisiert wird"[38]. Mit dieser Aussage aber liefert Althusser *gerade nicht* eine Zustandsbeschreibung der Praxis der PCF, sondern vielmehr eine implizite Kritik an derselben. Verdeutlicht man sich diese Zusammenhänge, dann wird der gewaltige Anspruch des Projekts Althussers deutlich: man hat es hier mit einem Parteiphilosophen zu tun, der – im Medium der Theorie – nichts anderes als die Hoheit über die politische Ausrichtung der Partei für sich beansprucht, indem er erstens für sich reklamiert, zumindest die Grundzüge zur einzigen wissenschaftlichen Fassung des Marxismus erarbeitet zu haben, und zweitens die These Lenins unterstreicht, dass die politische Praxis der Partei eben dieser Theorie Folge zu leisten habe, weil andernfalls revisionistische Abweichungen die Konsequenz wären. Indem aber dieser szientistische Ansatz aggressiv die Hoheit der Theorie über die politische Praxis einfordert, teilt er ein zentrales Merkmal metaphysischen Philosophierens

---

36 So heißt es in „Reading Capital": „for theoretical practice is indeed its own criterion, and contains in itself definite protocols with which to validate the quality of the product" (Althusser, Louis; Balibar, Étienne 2009: Reading Capital. Verso, London, S. 63).

37 Vgl. ibd., S. 46.

38 Althusser, Louis 2011: Für Marx, S. 205.

im oben entwickelten Sinne Horkheimers, da dieses ebenfalls für sich beansprucht, normativ bindende Kriterien für die Praxis zu liefern. Zugleich teilt
Althussers Szientismus mit der Metaphysik den Anspruch, selbst von der Politik
unberührt zu sein: die Theorie der theoretischen Praxis ist jenseits des politischen
Kampfes angesiedelt. Genau dieser Szientismus wird in Althussers Selbstkritik
im Mittelpunkt stehen.

Das erste längere Dokument dieser Selbstkritik – auch wenn sie sich hier
noch ausschließlich implizit artikulierte – stellt der Vortrag „Lenin und die
Philosophie" dar, den Althusser im Februar 1968 vor der Französischen Gesell-
schaft für Philosophie gehalten hatte. Bezeichnend ist hierbei schon der Titel
des Vortrags, der eben *nicht* „Lenins Philosophie" lautet. So stellt Althusser klar,
dass es ihm nicht um Lenins Philosophie, „sondern um Lenins Aussagen *über* die
Philosophie" geht.[39] Bei Lenin, so Althusser weiter, lassen sich nämlich zumindest
Ansätze einer „nicht-philosophischen Theorie der Philosophie" finden, die durch
Lenins spezifische philosophische Praxis – also durch die Modalität, in der er
Philosophie betreibt – impliziert werden.[40] Dabei ist es die Pointe des Vortrags,
dass Lenins philosophische Praxis die genuin materialistische Antwort darauf
liefert, wie die elfte Feuerbachthese zu lesen sei. Diese ist nämlich *nicht* als An-
kündigung einer „Philosophie der Praxis" zu begreifen – in diesem Sinne wurde
die Feuerbachthese vor allem innerhalb des humanistischen Marxismus gedeutet,
wo sie als Hinweis auf die für das menschliche Wesen konstitutive Bedeutung der
(Arbeits-)Tätigkeit betrachtet wurde; vielmehr stellt sie die Gründungsurkunde
einer *neuen* – dezidiert materialistischen – philosophischen Praxis dar.

Genau hierin liegt die selbstkritische Volte Althussers. Seine frühere Interpretation des epistemologischen Einschnitts zwischen der bürgerlichen und der
marxistischen Theorie blieb deskriptiv-formal: Es handelte sich hierbei lediglich
um zwei verschiedene Begriffsdispositive. Die theoretische Praxis und deren Produkt blieben hinsichtlich ihrer Modalität in beiden Fällen dieselben: Es werden
Erkenntnisse produziert. Dies gilt auch für den dialektischen Materialismus,
die marxistische Philosophie, insofern auch diese als Wissenschaft, nämlich als
die Wissenschaft von den Wissenschaften („Theorie der theoretischen Praxis")
konzipiert ist, die ebenfalls Erkenntnisse produziert, in diesem Fall die Erkenntnis
des theoretischen Produktionsprozesses, der sich in den (Einzel-)Wissenschaften
vollzieht. Die Frage gerade nach der *politischen* Seite sowohl der bürgerlichen als
auch der marxistischen Theorieform blieb unausgearbeitet; zwar klang im Begriff

---

39 Vgl. Althusser, Louis 1974: Lenin und die Philosophie. Rowohlt, Hamburg, S. 10.
40 Vgl. ibid.

„Intervention", den Althusser zur Bezeichnung seiner theoretischen Praxis in den Jahren 1960 bis '65 wählte, eine politische Note durch. Systematisch handelt es sich hierbei allerdings nur um eine Intervention im Namen und zur Rettung der Wissenschaftlichkeit gegenüber ideologischen Übergriffen – auch wenn dem Einfall von Ideologemen in die Wissenschaft und der damit verbundenen Gefahr eines theoretischen Stillstands in letzter Instanz politische Konsequenzen zugeschrieben wurden. In der Weise aber, in der Althusser seine eigene philosophische Praxis bis 1965 konzipiert hatte, handelte es sich dabei um Interventionen eines Hüters der wahren marxistischen Wissenschaftlichkeit, unter der Prämisse, dass allein die Bewahrung dieser Wissenschaftlichkeit die richtige politische Ausrichtung der politischen Praxis – konkret der PCF – garantieren kann. Diese szientistische Konzeption versucht er in der Phase der Selbstkritik dahingehend zu modifizieren, dass philosophische Interventionen als *politische* Eingriffe im Medium der Theorie zu begreifen sind.

Im umfassendsten Dokument seiner Revisionsbemühungen, den „Elementen der Selbstkritik", hält Althusser zunächst an den grundsätzlichen Koordinaten seines Projekts fest:

> Ich wollte den Marxismus gegen die reale Bedrohung der *bürgerlichen* Ideologie verteidigen: man musste seine revolutionäre Neuartigkeit aufzeigen, man musste folglich 'beweisen', dass der Marxismus in antagonistischem Gegensatz zur bürgerlichen Ideologie steht, dass er sich in Marx und in der Arbeiterbewegung nur hat entwickeln können unter der Bedingung eines radikalen und andauernden *Bruchs* mit der bürgerlichen Ideologie und eines unablässigen Kampfes gegen den Ansturm dieser Ideologie. Diese These war richtig: sie ist richtig.[41]

Gleichwohl habe er die revolutionäre Neuartigkeit der Marx'schen Theorie, die es gerade gegen humanistische Ansätze, die die Kontinuität zum vermeintlichen „bürgerlichen Erbe" des Marxismus betonten, zu verteidigen galt, „auf das Maß einer begrenzten theoretischen Tatsache" reduziert, nämlich den epistemologischen Einschnitt: „Auf diese Weise bin ich zu einer rationalistischen Interpretation des 'Einschnitts' gelangt, insofern ich Wahrheit und Irrtum in Form eines spekulativen Gegensatzes zwischen 'der' Wissenschaft und 'der' Ideologie im allgemeinen gegenüberstellte."[42] Diese Interpretation ließ den Einschnitt in einer „rationalistisch-spekulativen Szenerie" auftreten, in der „der Klassenkampf praktisch abwesend" war. Dies ist so zu verstehen, dass die frühere Ausarbeitung des dialektischen Materialismus als Theorie der theoretischen Praxis eben den

---

41 Althusser, Louis 1975: Elemente der Selbstkritik. VSA, Westberlin, S. 35f.
42 Ibid., S. 36.

Schluss nahelegte, dass sich Marx' Bruch mit der traditionellen neuzeitlichen Philosophie und Wissenschaft vor allem in einer radikalen Transformation des Begriffsdispositivs erschöpfte, das heißt darin, dass Marx den *falschen ideologischen* Begriffen, die das Denken der bürgerliche Moderne bestimmten, *wahrhaft wissenschaftliche* Begriffe entgegensetzte. So gefasst, bleibt die politische Seite des Einschnitts außen vor. Daher gilt es nun, den theoretischen Prozess des Einschnitts nicht allein theorie-immanent zu bestimmen, sondern das Einwirken anderer gesellschaftlicher Praxen auf das theoretische Ereignis des Einschnitts mitzubedenken, um eine rationalistisch-spekulative Interpretation desselben zu vermeiden. So bestimmt Althusser nun den Prozess der Konstitution des historischen Materialismus wie folgt:

> Sie [sc. die von Marx begründete Wissenschaft von der Geschichte, DH] entsteht aus der unvorhersehbaren, unglaublich komplexen und paradoxen, aber in ihrer Kontingenz notwendigen *Zusammenarbeit* von ideologischen, politischen, wissenschaftlichen (d.h. anderen Wissenschaften entstammenden) und philosophischen 'Elementen' usw., die zu einem bestimmten Zeitpunkt – *aber eben erst nachträglich* – 'entdeckten', *dass sie sich suchten,* denn sie treffen zusammen, ohne sich in der theoretischen Figur einer entstehenden Wissenschaft wiederzuerkennen.[43]

Hier wird deutlich, dass Althusser die Marx'sche Begründung des historischen Materialismus nun als das Ergebnis des Zusammenspiels verschiedener, d.h. auch theorie-externer Faktoren begreift, ohne dass den jeweiligen Faktoren in irgendeiner Form eingeschrieben gewesen wäre, dass es zu diesem Zusammenspiel und damit zur Begründung der neuen Wissenschaft kommen würde. Zugleich wird hier deutlich, dass Althusser nun die Marx'sche Entdeckung und damit auch die marxistische theoretische Praxis *gesellschaftstheoretisch* zu konzipieren versucht, d.h. ausgehend von den Koordinaten des historischen Materialismus, der von Marx begründeten Theorie der Geschichte der Gesellschaft, denkt. Genau dies ist der einzig denkbare Weg zur Erarbeitung einer materialistischen Epistemologie, das heißt einer „Theorie der Bedingungen und Formen wissenschaftlicher Praxis und ihrer Geschichte"[44]. Diese darf nämlich die wissenschaftlich-theoretische Praxis nicht als gänzlich autonom begreifen, sondern muss „die materiellen, sozialen, politischen, ideologischen und philosophischen Bedingungen der theoretischen 'Produktionsweisen' und 'Produktionsprozesse'" bestimmen.[45]

---

43 Ibid., S. 44.
44 Althusser, Louis 1975: Elemente der Selbstkritik, S. 61 Fn.
45 Vgl. ibid.

Wenn nun der „Einschnitt" als ein solches komplexes Ereignis in der Theorie zu bestimmen ist, bei dem es sich nicht allein um eine theoretische Angelegenheit handelt, dann kann der Gegensatz zwischen der marxistischen Wissenschaft und der bürgerlichen Wissenschaft nicht abstrakt als Gegensatz zwischen Wissenschaft und Ideologie konzipiert werden. Der Bruch, den Marx vollzogen hat, war nicht „ein Bruch mit der Ideologie im allgemeinen", sondern ein Bruch „mit der bürgerlichen Ideologie, mit der dominierenden bürgerlichen Weltanschauung."[46] Das heißt, es handelt sich bei Marx nicht bloß um einen Kampf gegen eine bloß „falsche" Weltanschauung, der er die „richtige", das heißt wissenschaftliche, entgegensetzt. Genau eine solche Lesart würde sich noch im Zeichen des Idealismus bzw. der Metaphysik im Sinne Horkheimers bewegen und die Ideen losgelöst von ihren materiellen Existenzbedingungen und den Wirkungsverhältnissen, die zwischen den Ideen und ihrer gesellschaftlichen Basis bestehen, begreifen. Stattdessen betont Althusser hier die organische Verwobenheit des bürgerlichen Denkens mit der bürgerlichen Gesellschaft im Ganzen, die sich in letzter Instanz darin ausdrückt, dass diese Ideen ein Moment der bürgerlichen Herrschaftsreproduktion darstellen. Gegen *diese* Ideen bezog Marx Stellung, indem er einen politischen Standpunkt auf der Seite des Proletariats bezog. Dieser Aspekt wird auch durch eine anders akzentuierte Gebrauchsweise des Ideologiebegriffs durch Althusser nach 1965 deutlich: Waren zuvor Ideologien primär dasjenige, was mit Marx' Gründung der neuen Wissenschaft von der Geschichte rekurrent in den Status des Vorwissenschaftlichen regredierte, so betont Althusser nun die „praktische" Funktion der Ideologie bei der „Reproduktion der Produktionsverhältnisse einer gegebenen Klassengesellschaft".[47] Insofern ist der Kampf gegen die bürgerliche Ideologie kein Kampf für die „Reinheit der Wissenschaft", keine rein theoretische Angelegenheit, sondern immer auch ein *politischer* Angriff auf die bestehende Gesellschaftsordnung im Medium der Theorie, bei dem in eine für die Reproduktion dieser Ordnung wichtige Instanz interveniert wird.

In diesem Sinne ist die Marx'sche Theorie „eine ungewöhnliche Wissenschaft", „nämlich eine revolutionäre Wissenschaft".[48] Das heißt allerdings nicht, dass sie zur bloßen Propagandamaschinerie oder Legitimationsideologie der proletari-

46 Ibid., S. 56.
47 Vgl. Althusser, Louis 1973: Die Bedingungen der wissenschaftlichen Entdeckung von Marx. In: Arenz, Horst; Bischoff, Joachim; Jaeggi, Urs (Hrsg.): Was ist revolutionärer Marxismus. VSA, Westberlin, S. 77-88, hier: S. 82.
48 Althusser, Louis 1975: Elemente der Selbstkritik, S. 41.

schen Bewegung regredieren würde, denn sie liefert „objektive Erkenntnisse".[49] Explizit hält Althusser also am Wissenschaftsbegriff fest und wendet sich damit gegen Kritiker, die ihm deshalb Positivismus unterstellen würden – „wohl deshalb, weil die bürgerliche, klassische oder vulgäre positivistische Wissenschaftsvorstellung die einzige Vorstellung ist, die sie sich von der Praxis und Geschichte einer Wissenschaft und erst recht der marxistischen Wissenschaft machen können oder wollen."[50] Das heißt, dass Althusser zufolge die theoretische Herausforderung gerade darin besteht, die Konsequenzen daraus zu ziehen, dass es sich beim historischen Materialismus um einen neuartigen Theorie- und Wissenschaftstypus handelt, der zugleich *Politik* und *Theorie* ist.[51]

Diese Bestimmung der Marx'schen Wissenschaft, des historischen Materialismus, als revolutionäre Wissenschaft, und die Frage nach der dieser revolutionären Wissenschaft adäquaten philosophischen Praxis steht in den 1970er Jahren im Zentrum von Althussers Projekt. Revolutionär ist diese Wissenschaft des historischen Materialismus, insofern „sie in der theoretischen Anordnung ihrer Begriffe auf *revolutionären theoretischen Klassenpositionen steht*".[52] Das heißt, dass das vom historischen Materialismus zugrunde gelegte Begriffsdispositiv – seine Problematik – gegenüber den konservativen Begriffen der bürgerlich-traditionellen Theorie einen emanzipatorischen Gehalt hat. Dies zeigt sich am deutlichsten in der materialistischen Kritik geschichtsphilosophischer Ansätze: Wo diese Geschichte als prinzipiell kontinuierlichen Prozess ohne Brüche begreifen, hebt der historische Materialismus in der Reformulierung Althussers gerade die Frage hervor, wie und unter welchen Bedingungen historische Brüche sich vollziehen; dadurch erst eröffnet er den Raum für eine politische Praxis, die radikal mit der bürgerlichen Gesellschaft zu brechen bestrebt ist.

Für die materialistische philosophische Praxis heißt das, dass sie ebensowenig dem bürgerlichen Wissenschaftsbegriff entspricht. Die Formel vom dialektischen Materialismus als „Theorie der theoretischen Praxis" – also die Konzeption der marxistischen Philosophie als „Wissenschaft der Wissenschaft", als Instanz, die den Prozess wissenschaftlicher Praxisformen reflektiert und zu bestimmen sucht – wird

---

49　Vgl. ibid.

50　Ibid., S. 50f.

51　Streng genommen aber kann genau deswegen nicht mehr von einem „objektiven" Erkenntnisanspruch die Rede sein, weil gerade dieser die Einnahme einer „Nullposition", gewissermaßen der Vogelperspektive über den gesellschaftlichen Kämpfen verlangen würde.

52　Vgl. Althusser, Louis 1975: Elemente der Selbstkritik, S. 69.

explizit zurückgenommen. Insofern in der Neubestimmung des Einschnitts, der zwischen bürgerlicher und marxistischer Theorieform klafft, der philosophischen Praxis die Rolle zugewiesen wurde, zwischen der politischen Standortverschiebung hin zu dem Standpunkt der subalternen Klassen und der wissenschaftlichen Standortverschiebung – vom bürgerlichen hin zum neu erarbeiteten (und weiter zu erarbeitenden) marxistischen Begriffsdispositiv – zwischengeschaltet zu sein, definiert Althusser die marxistische philosophische Praxis neu als „Klassenkampf in der Theorie".[53] Die philosophische Praxis ist damit nicht mehr bestimmt als Intervention im Namen wahrer Wissenschaftlichkeit gegen Überbleibsel (falscher) ideologischer Begriffe. Sie ist eine politische Intervention im Medium der Theorie, die immer schon darauf abzielt, den Kampf des Proletariats in diesem Medium fortzusetzen. „Rationalistische" Kategorien wie „wahr" und „falsch" oder „Wahrheit" und „Irrtum" sind somit zu ersetzen, da sie dem politischen Charakter der philosophischen Praxis nicht gerecht werden. Durch den gesamten Text der „Selbstkritik" zieht sich dementsprechend eine militärische Metaphorik, um die stärkere politisch-strategische Akzentuierung des Theoriebegriffs zu unterstreichen:

> Denn vom marxistischen Standpunkt her lässt sich in der Philosophie eigentlich nicht von Irrtum sprechen, es sei denn man denkt die Philosophie in den Kategorien des Rationalismus (Wahrheit/Irrtum), d.h. in nichtmarxistischen philosophischen Kategorien. Wenn ich bloß von philosophischem 'Irrtum' spräche, ohne diesen Terminus zu berichtigen durch die Termini der Tendenz und der Abweichung, fiele ich in den rationalistischen Gegensatz von Wahrheit und Irrtum zurück und würde also meinen vergangenen 'Irrtum' im Namen einer 'Wahrheit' denunzieren.[54]

Statt sie in „rationalistischen" Kategorien zu fassen, gelte es vielmehr, die Philosophie als Klassenkampf in der Theorie zu bestimmen, die auf dem theoretischen „Kampfplatz" interveniert, nicht im Namen einer „Wahrheit", sondern um Wirkungen zu erzielen in den gesellschaftlichen Praxen:

> In der Philosophie hat man es mit Tendenzen zu tun, die sich auf dem existenten theoretischen 'Kampfplatz' gegenüberstehen. Diese Tendenzen lassen sich in letzter Instanz um den Antagonismus von Idealismus und Materialismus regruppieren, und sie 'bestehen' in Form von 'Philosophien', welche diese Tendenz, ihre Variationen und Kombinationen aufgrund theoretischer Klassenpositionen realisieren, *deren Einsatz die sozialen Praxen sind* (politische, ideologische, wissenschaftliche Praxis usw.).[55]

---

53 Vgl. ibid., S. 86. Allerdings betont Althusser dabei, dass die Philosophie *in letzter Instanz* als Klassenkampf in der Theorie zu begreifen sei, um damit jede politizistische Verkürzung dieser Definition zu vermeiden.

54 Ibid., S. 83f.

55 Ibid., S. 84.

4. Schluss

Althussers Projekt der selbstkritischen Phase bleibt bis zu seinem Tod fragmentarisch: Eine systematisch befriedigende Ausarbeitung einer Theorie der marxistischen Philosophie, der marxistischen Wissenschaft und der marxistischen Politik liefert er nicht mehr. Gleichwohl lassen seine Ausführungen zu diesem Problemkomplex Rückschlüsse darauf zu, wie die spezifische Differenz einer materialistischen philosophischen Praxis zu bestimmen ist; dabei handelt es sich aber um nicht mehr als erste Grundlinien:

1. Theoretische Praxisformen – seien sie nun als wissenschaflich oder philosophisch zu qualifizieren – sind als gesellschaftliche Praxisformen zu begreifen. Sie vollziehen sich folglich nicht freischwebend – im „Ideenhimmel" – sondern in einem gesellschaftlichen Praxiszusammenhang, an dem wir noch weitere Praxisformen unterscheiden können (politische, ästhetische, ökonomische etc.). Diese Unterscheidungen sind Unterscheidungen *an* einem Ganzen, bezeichnen mithin Momente ein- und desselben Prozesses; sie bezeichnen nicht *schon für sich existierende* Seinsbereiche, die dann in einen (äußerlichen) Zusammenhang treten.

2. Insofern Philosophiebegriffe, die sich in der Abstraktion von diesem gesellschaftlichen Praxiszusammenhang bestimmen, sich also „jenseits" der gesellschaftlichen Realität verorten, als idealistisch/metaphysisch zu kennzeichnen sind, zeichnet sich eine materialistische philosophische Praxis dadurch aus, dass sie sich als Moment des gesellschaftlichen Praxiszusammenhangs begreift und zugleich ihr „Sein" als gesellschaftliche Praxis reflektiert. Deswegen fragt die materialistische theoretische Praxis explizit danach, in welchem Verhältnis sie zu anderen gesellschaftlichen Praxen steht; insbesondere ihr Verhältnis zu den gesellschaftlichen Kämpfen, die sich in und über die Ausgestaltung spezifischer Praxen abspielen, nimmt dabei eine zentrale Rolle ein.

3. Dabei verweist Althussers Auseinandersetzung mit geschichtsphilosophischen Konzeptionen wie auch dem humanistisch-existenzialistischen Humanismus darauf, wie dieses Verhältnis historisch bereits gefasst wurde: zum einen als Unterordnung der philosophischen wie wissenschaftlichen Praxis unter die Politik. Der Kampf gegen diese Form der Unterordnung der Theorie unter die Parteipolitik war der Ausgangspunkt seiner philosophischen Interventionen, des Kampfes gegen die „humanistische Tendenz" innerhalb der marxistischen Diskussion in Frankreich und insbesondere innerhalb der Parteidiskussion. Hier lag eine Revision des dogmatischen Marxismus vor – den Althusser allerdings nie verteidigte –, die letztlich gesteuert war von der politischen

Linie der Parteiführung, die darauf abzielte, die Zeit der kompromisslosen Konfrontation mit dem bürgerlichen Lager zu beenden und stattdessen Bündnispartner innerhalb der fortgeschrittensten Kräfte des Bürgertums zu suchen; dies galt auch in der Theorie als Leitlinie.

Auf der anderen Seite ist die Unterordnung der Politik unter die Theorie zu vermeiden. Diese Form der Unterordnung verkörperte der von Engels ausformulierte „wissenschaftliche Sozialismus", an den Stalin anknüpfte und der zur Staatsideologie in der Sowjetunion wurde. Die Politik ist hier jeder Autonomie beraubt, insofern der politischen Praxis nur die Rolle zugeschrieben wird, „objektive", im Geschichtsprozess theoretisch identifizierte Tendenzen zu realisieren. Der wissenschaftliche Sozialismus selbst wird dabei als (notwendiger) theoretischer Ausdruck dieses objektiven Geschichtsverlaufs begriffen. Althusser selbst verfiel mit seiner theoretizistischen „Theorie der theoretischen Praxis" in eine szientistische Unterordnung der Politik unter die Theorie – wenn auch unter epistemologischen Vorzeichen: Ausgehend von der dogmatisch postulierten Wissenschaftlichkeit der Marx'schen Theorie stellte die Philosophie die Instanz dar, die zwischen wissenschaftlichen und ideologischen Kategorien unterscheiden und damit zugleich darüber richten kann, ob eine politische Praxis auf wirklich wissenschaftlicher Basis ruht oder nicht. In dieser Fassung ist Althussers Philosophiebegriff offenkundig autoritär.

4. Um beide Ausprägungen der Verhältnisbestimmung zwischen theoretischer und politischer Praxis zu vermeiden, fasst Althusser seit seiner Selbstkritik die Philosophie als „Klassenkampf in der Theorie", das heißt als theoretische Seite der politischen Kämpfe der Massen. Der theoretische Kampf konkretisiert sich in der radikalen Kritik von Begriffsdispositiven, die herrschaftsaffinen Charakter haben, wenn etwa geschichtsphilosophisch die Möglichkeit radikaler historischer Brüche ausgeschlossen wird oder die „Vernünftigkeit" der bestehenden Ordnung nachgewiesen wird. An die Stelle der Autonomie der theoretischen Praxis tritt das Primat der Politik, dem in dem Begriff der philosophisch-theoretischen Praxis Rechnung zu tragen ist. Die materialistische theoretische Praxis ist somit keine Kontemplation, die sich als dem gesellschaftlichen Praxiszusammenhang äußerlich begreift, sondern bewusste Intervention in die Theorie mit dem Ziel, in der jeweiligen Konjunktur Wirkungen zu zeitigen und damit die Kämpfe der Massen zu unterstützen, indem sie die bürgerliche Ideologie, die keine bloße (unwissenschaftliche) Illusion darstellt, sondern die theoretische Seite der Herrschaft der bürgerlichen Klasse, durch andere Begriffe ersetzt.

5. Für die Rekonstruktion der Spätschriften Althussers heißt das, dass die Frage gestellt werden muss, inwieweit die dort entwickelte Materialismus-Konzeption diesen bereits in der Selbstkritik entwickelten Überlegungen gerecht wird. Es ist keineswegs ausgemacht, dass sich die Spätschriften Althussers überhaupt konsistent systematisieren lassen. Es wurde wenigstens deutlich, dass Althusser zumindest tendenziell in einen ontologisierenden Modus theoretischer Praxis zu verfallen droht. Ein aleatorischer Materialismus, der von solchem ontologischen Charakter wäre, fiele indes in jedem Fall hinter die Komplexität von Althussers früheren Ausarbeitungen zurück.

Alexander Schlager

Zur Begründung und Begründbarkeit einer radikalen Demokratietheorie[1]

Radikale Demokratie – Was auf dem Spiel steht

Die systematische Beschäftigung mit der Frage nach den Ursachen des Scheiterns des „real existierenden Sozialismus" ist nach wir vor ein Desiderat linker Theorie und Praxis. Wer am Anspruch nach sozialistischer Transformation heutiger Gesellschaften festhält, muss unmissverständlich deutlich machen, dass Demokratie und Sozialismus sich gegenseitig bedingen, dass Freiheit und Gleichheit in einem Verhältnis wechselseitiger Steigerung stehen, dass also „[d]ie (faktischen) historischen Bedingungen der Freiheit [...] genau dieselben sind wie die (faktischen) historischen Bedingungen der Gleichheit"[2], dass Demokratie ohne Rechtsstaat nicht zu denken ist und Rechtsstaat ohne Demokratie Unterdrückung hinter der Maske des Gesetzes ist. Diese Zusammenhänge, die von der Französischen Revolution, diesem bedeutenden „Geschichtszeichen" (Kant), auf die Tagesordnung emanzipatorischer Politik gesetzt wurden, in ihren Konsequenzen ernst zu nehmen, hat die Linke allzu oft vernachlässigt, und meine These ist, dass hierin eine der Ursachen für das vorläufige Scheitern sowohl der kommunistischen als auch der sozialdemokratischen Strömung der Arbeiterbewegung liegt. Allzu oft dominierte und dominiert im linken Denken eine unterkomplexe und reduktionistische Vorstellung davon, wie sich Ökonomie, Gesellschaft und Staat zueinander verhalten, indem die Entwicklung (Fortschritte und Rückschritte) in den Bereichen Demokratie, Recht und Öffentlichkeit auf ökonomische Funktionsimperative zurückgeführt werden und eine eigenlogische (nicht eigendynamische) Entwicklung dieser Bereiche bestritten wird. Nach wie vor beherrscht das „Produktionsparadigma" (Habermas)[3] weite Bereiche linken Denkens. In

---

1 Ich danke den Herausgebern für Anmerkungen und Kommentare.
2 Balibar, Etienne 2012: Gleichfreiheit. Politische Essays. Suhrkamp, Berlin, S. 94.
3 Vgl. insbesondere Habermas, Jürgen 1976: Zur Rekonstruktion des historischen Materialismus. Suhrkamp, Frankfurt/M.

dieser Konstellation gebührt Michael Weingarten das große Verdienst, nachdrücklich und beharrlich darauf hinzuweisen, dass eine Neukonstituierung der Linken unabdingbar damit verbunden ist, dass sie sich als *politisches* Projekt neu konstituiert und sich die radikale Demokratisierung der Gesellschaft als konkrete Utopie auf die Fahnen schreibt.[4] Welche Grundannahmen liegen meinen Überlegungen zugrunde? Ich bin der Meinung, dass es im Sinne einer „immanenten Kritik" darum gehen muss, die Vernunftpotentiale, die in den Institutionen von Demokratie und Rechtsstaat ihre schwache und defizitäre Realisierung gefunden haben, zu rekonstruieren und dadurch freizusetzen. Diesem Verständnis von Kritik entspricht ein Verfahren, das – im Sinne einer „Transzendenz von innen"[5] – „immanente[s] Verfahren und kontexttranszendierende[n] Rationalitätsbegriff"[6] verknüpft. Eine kritische Theorie muss, will sie nicht paternalistisch den Akteuren gesellschaftlicher Veränderung gegenüber treten, so meine feste Überzeugung, an dem Anspruch festhalten, die Maßstäbe ihrer Kritik aus- und ihre Verankerung in der gesellschaftlichen Praxis nachzuweisen. Diese Maßstäbe findet die Kritik in einer universalistischen Moral und einer Theorie kommunikativer Rationalität auf der einen, dem normativen Gehalt der Institutionen von Demokratie und Rechtsstaat auf der anderen Seite. Entgegen der Vorstellung, dass der Kern radikaler Demokratie darin besteht, dass sie jegliche Ansprüche auf Begründung und Begründbarkeit zurückweist, vertrete ich die These, dass eine kritische Theorie, die sich den oben genannten Annahmen verpflichtet fühlt, auf diese Ansprüche nicht verzichten kann und daher ihren Begriff radikaler Demokratie moralphilosophisch und kommunikationstheoretisch fundieren

---

4   In der Art und Weise, in der ich ein solches Demokratisierungsprojekt begründe, unterscheide ich mich vom Ansatz Weingartens. Insofern verstehe ich diesen Aufsatz als Debattenbeitrag und hoffe auf kritische Erwiderung.

5   Vgl. die Überlegungen zur Detranszendentalisierung der Kantischen Philosophie bei Habermas: „Die Preisgabe der transzendentallogischen Hintergrundannahmen macht aus Ideen der Vernunft Idealisierungen, die sprach- und handlungsfähige Subjekte vornehmen. Das zum jenseitigen 'Reich' erhöhte und erstarrte 'Ideale' wird zu diesseitigen Operationen verflüssigt, wird aus dem transzendenten Zustand in den Vollzug einer 'Transzendenz von innen' versetzt. Denn im diskursiven Streit um die richtige Interpretation dessen, was uns in der Welt begegnet, müssen die Kontexte auseinanderdriftender Lebenswelten 'von innen' überschritten werden" (Habermas, Jürgen 2001: Kommunikatives Handeln und detranszendentalisierte Vernunft. Reclam, Stuttgart, S. 23).

6   Honneth, Axel 2000: Rekonstruktive Gesellschaftskritik unter genealogischem Vorbehalt: Zur Idee der „Kritik" in der Frankfurter Schule. In: Deutsche Zeitschrift für Philosophie, Jg. 48, H. 5, Akademie, Berlin, S. 729-737, hier: S. 735.

muss, ihn aber gleichzeitig nicht auf diesen Begründungsmodus zurückführen *darf*. In welchen Konturen ein solches Verständnis von Demokratie auszuführen ist, soll im Folgenden skizzenhaft verdeutlicht werden. Zunächst gilt es jedoch, sich kritisch mit den Argumenten auseinanderzusetzen, die von Vertretern des „Postfoundationalism" gegen ein solches theoretisches Projekt vorgebracht werden. Bei der Darstellung der philosophischen Grundlagen des Postfundamentalismus (einer „Ontologie des Politischen") orientiere ich mich wesentlich an den von Oliver Marchart vorgenommenen Systematisierungen. Die politik- und demokratietheoretischen Konsequenzen sollen am Beispiel der Überlegungen von Chantal Mouffe verdeutlicht werden.

Ein postfundamentalistisches Verständnis von radikaler Demokratie

In einem allgemeinen Sinne wird unter „Postfundamentalismus" von seinen Vertreter_innen ein „Prozess unabschließbarer Infragestellung metaphysischer Figuren der Fundierung und Letztbegründung [verstanden] – Figuren wie Totalität, Universalität, Substanz, Essenz, Subjekt oder Struktur, aber auch Markt, Gene, Geschlecht, Hautfarbe, kulturelle Identität, Staat, Nation etc."[7]. Im Bereich der politischen Theorie und der Gesellschaftstheorie sei eine Abgrenzung vorzunehmen von einem „Fundamentalismus", der behaupte, „Gesellschaft und/oder Politik sei auf Prinzipien gründbar, die erstens unbestreitbar und immun gegenüber jeder Revision wären und zweitens außerhalb von Gesellschaft und Politik lägen"[8]. Die Politik werde von einem außerhalb von ihr gelegenen Prinzip begründet und in ihrer Autonomie verkannt. Mit einem „Anti-Fundamentalismus" sei der „Post-Fundamentalismus" jedoch nicht zu verwechseln. Denn *irgendein* gründendes Prinzip sei gleichwohl in allen Bereichen unhintergehbar und die Stärke des Ansatzes bestehe darin, dass er dies zum einen anerkenne und gleichzeitig zum anderen aufweise, dass es immer nur irgendeines und kein *bestimmtes* Prinzip sein könne. Es wird behauptet, *dass* es Gründe und Prinzipien geben *müsse, welche* dies seien, könne jedoch nicht begründet werden. *Diese Aussage* könne wiederum nicht nur *einfach begründet* werden, sie habe vielmehr einen *quasi-transzendentalen* Status als notwendige Möglichkeitsbedingung. Dass es keine Gründe und Prinzipien geben *könne*, die sich der historischen Kontingenz entziehen, sei selbst nicht

---

7 Marchart, Oliver 2010: Die politische Differenz. Zum Denken des Politischen bei Nancy, Lefort, Badiou, Laclau und Agamben. Suhrkamp, Berlin, S. 16.

8 Ibid., S. 59.

kontingent, sondern *notwendig,* also gewissermaßen *letztbegründet.* Das beliebte Spiel mit Paradoxien, deren Form darin besteht, Bedingungen der Möglichkeit von etwas als Bedingungen der Unmöglichkeit derselben Sache zu formulieren, und das sich im postfundamentalistischen *sound* in Leitformeln wie „notwendige Kontingenz"[9] oder einer Formulierung, wonach „der 'Grund' anwesend [ist] in Form notwendiger Abwesenheit"[10] zum Ausdruck bringt, könnte in folgender Formulierung auf die Spitze getrieben werden: „Dass es keine Letztbegründung geben kann, kann letztbegründet ausgeschlossen werden".

Was folgt aus diesen eher allgemeinen philosophischen Überlegungen für eine postfundamentalistisch „begründete" (sic!) Demokratietheorie? Für Marchart liegt die Antwort auf der Hand: „[D]ie Möglichkeit der Abwesenheit eines festen Grundes [verweist] auf ein ungeheures Potential von Politisierungsmöglichkeiten sowie auf die strukturell garantierte Herausforderbarkeit von Unterordnungs- und Unterdrückungsverhältnissen"[11]. Beginne man zu erkennen, dass die Welt nicht auf einem festen Grund gebaut sei (wie z.b. auf Gott, der Vernunft, der freien Marktwirtschaft, den Genen), so Marchart ein Argument Ernesto Laclaus zitierend, werde man das eigene soziale Schicksal als veränderbar betrachten und mit weniger Fatalismus hinnehmen.[12] Demokratie sei eine Form des Zusammenlebens, in dem diese Einsicht in die Notwendigkeit von Kontingenz paradox institutionalisiert sei. „Dieselben Institutionen, die Demokratie gründen sollen, müssen also zugleich die Unmöglichkeit dieser Aufgabe signalisieren"[13]. Gegen die ebenfalls vertretene Annahme, dass postfundamentalistisches Denken notwendig demokratische Konsequenzen habe, formuliert Marchart die vorsichtigere These, dass „der politische post-foundationalismus zu unterschiedlichen Politiken, unterschiedlichen Lösungsversuchen von ultimativer Grundlosigkeit kommen mag, dass Demokratie aber auf institutionalisierte Weise postfundamentalistisch

---

9   Das zentrale Kapitel, in dem Marchart die Grundlagen des Postfundamentalismus exponiert, trägt bezeichnenderweise den Titel „Ein Heideggerianismus der Linken? Postfundamentalismus und notwendige Kontingenz" (Marchart, Oliver 2010: Die politische Differenz, S. 59-84).

10 Ibid., S. 17.

11 Marchart, Oliver 2010: Politische Theorie als erste Philosophie. Warum der ontologischen Differenz die politische Differenz zugrunde liegt. In: Bedorf, Thomas; Röttgers, Kurt (Hrsg.): Das Politische und die Politik. Suhrkamp, Berlin, S. 143-158, hier: S. 156.

12 Ibid., S. 157.

13 Marchart, Oliver 2010: Die politische Differenz, S. 332.

sein muss. Kurzum: Nicht jede postfundamentalistische Politik ist demokratisch, aber jede demokratische Politik ist postfundamentalistisch"[14].

Aus der Annahme der gleichzeitigen Notwendigkeit und Unmöglichkeit von Begründungsdiskursen zieht Chantal Mouffe die Konsequenzen für ihr Modell einer agonistisch-pluralistischen radikalen Demokratie. Ausgangspunkt ist die Unterscheidung zwischen „der Politik" und „dem Politischen". „Das Politische" ist wie bei Carl Schmitt, auf den sich Mouffe in dieser Hinsicht zustimmend bezieht, kein spezifischer gesellschaftlicher Bereich, kein „Subsystem" der Gesellschaft, sondern ein – bei Schmitt durch Feindschaft, bei Mouffe durch Gegnerschaft – Einheit herstellendes Wesensmerkmal menschlicher Beziehungen schlechthin: „By 'the political', I refer to the dimension of an antagonism that is inherent in human relations, antagonism that can take many forms and emerge in different types of social relations"[15]. Sowohl bei Schmitt als auch bei Mouffe entsteht erst durch diesen Antagonismus eine Einheit kollektiver, politisch handlungsfähiger Akteure: „Politics aim at the creation of unity in a context of conflict and diversity; it is always concerned with the creation of an 'us' by the determination of a 'them'"[16].

Während bei Schmitt dieser Antagonismus zum Freund-Feind-Gegensatz gesteigert wird, in letzter Konsequenz also bis zu Krieg und physischer Vernichtung politischer Gegner im Inneren und im Äußeren, wird er bei Mouffe zu einem

---

14 Marchart, Oliver 2010: Politische Theorie als Erste Philosophie, S. 158.

15 Mouffe, Chantal 2000: Deliberative Democracy or Agonistic Pluralism. Institute for Advanced Studies, Wien, S. 15. Bei Schmitt heißt es übereinstimmend: „Das Politische kann seine Kraft aus den verschiedensten Bereichen menschlichen Lebens ziehen, aus religiösen, ökonomischen, moralischen und anderen Gegensätzen; es bezeichnet kein eigenes Sachgebiet, sondern nur den *Intensitätsgrad* einer Assoziation oder Dissoziation von Menschen, deren Motive religiöser, nationaler (im ethnischen oder kulturellen Sinne), wirtschaftlicher oder anderer Art sein können und zu verschiedenen Zeiten verschiedene Verbindungen und Trennungen bewirken." (Schmitt, Carl 1991: Der Begriff des Politischen. Text von 1932 mit einem Vorwort und drei Corrolarien. 3. Aufl., Duncker & Humblot, Berlin, S. 38-39).

16 Mouffe, Chantal 2000: Deliberative Democracy or Agonistic Pluralism, S. 15. Bei Schmitt heißt es: „Politisch ist jedenfalls immer die Gruppierung, die sich am Ernstfall orientiert. Sie ist deshalb immer die maßgebende menschliche Gruppierung, die politische Einheit infolgedessen immer, wenn sie überhaupt vorhanden ist, die maßgebende Einheit und 'souverän' in dem Sinne, dass die Entscheidung über den maßgebenden Fall, auch wenn das der Ausnahmefall ist, begriffsnotwendig immer bei ihr stehen muss " (Schmitt, Carl 1991: Der Begriff des Politischen, S. 39).

Agonismus abgemildert, einem „agonistische[n] Kampf"[17], bei dem nur noch die Ideen und Argumente der anderen, nicht mehr diese selbst sterben sollen: „[W]as auf dem Spiel steht, ist der Kampf zwischen einander entgegengesetzen hegemonialen Projekten, die *nie miteinander versöhnt werden können* – eines von ihnen muss besiegt werden"[18]. Und es sind nun die demokratischen Institutionen und Verfahren „der Politik", die diese „Zähmungsarbeit" leisten: „[T]he aim of democratic politics is to construct the 'them' in such a way that it is no longer perceived as an enemy to be destroyed, but an 'adversary', i.e. somebody whose ideas we combat but whose right to defend those ideas we do not put into question"[19]. Im Verständnis von Mouffe ist die Gesellschaft von zahlreichen nicht miteinander versöhnbaren Gegensätzen durchzogen, die sich in einem fortwährenden Kampf um Hegemonie befinden, der im Rahmen demokratischer Institutionen und Verfahren ausgetragen wird. Damit ist ihr agonistischer Begriff des Politischen eindeutig pluralistisch und demokratisch ausgeflaggt, während Carl Schmitts Bestimmung des Wesens des Politischen sein Proprium darin hat, dass er sich gegen einen möglichen Pluralismus und eine zivile Austragung von Konflikten wendet[20] und damit letztlich autoritär-totalitäre Konsequenzen hat. Kämpfe um Hegemonie sind für Mouffe Machtkämpfe, Kämpfe mit Hilfe von und Kämpfe zur Erringung von sozialer Macht. Einziges Kriterium für die Legitimität von Kämpfen und siegreichen politischen Projekten ist ihr Erfolg. Was und wer Macht besitzt ist legitim, und legitim ist, was und wer Macht besitzt: „a) if any power has been able to impose itself, it is because it has been recognized as legitimate in some quarters; and b) if legitimacy is not based on a aprioristic ground, it is because it is based on some form of successful power"[21]. Anstelle von Legitimität wäre mit Max Weber besser von „Legitimitätsglaube" zu sprechen. Denn ob eine gesellschaftliche Ordnung legitim ist oder Legitimität ideologisch bloß beansprucht, kann mit dieser Legitimitätskonzeption nicht entschieden, ja,

---

17 Mouffe, Chantal 2002: Für eine agonistische Öffentlichkeit, S. 105. In: Envezor, Okwui; Basualdo, Carlos; Bauer, Ute Meta u.a. (Hrsg.): Demokratie als unvollendeter Prozess. Hatje Cantz, Kassel, S. 101-112.

18 Ibid., S. 106; Hervorh. AS.

19 Mouffe, Chantal 2000: Deliberative Democracy or Agonistic Pluralism, S. 15.

20 „Aus dem Begriff des Politischen ergeben sich [...] pluralistische Konsequenzen, aber nicht in dem Sinne, dass innerhalb ein und derselben politischen Einheit an die Stelle der maßgebenden Freund- und Feindgruppierung ein Pluralismus treten könnte, ohne dass mit der Einheit auch das Politische selbst zerstört wäre" (Schmitt, Carl 1991: Der Begriff des Politischen, S. 45).

21 Mouffe, Chantal 2002: Deliberative Democracy or Agonistic Pluralism, S. 14.

die Frage nicht einmal gestellt werden, weil sich eine Unterscheidung zwischen Faktizität und Geltung mit ihr nicht treffen lässt. Dies hat zur Konsequenz, dass auch die Maßstäbe der Kritik gesellschaftlicher (Macht-)Verhältnisse lediglich Einsätze im allgegenwärtigen Spiel um Macht und Hegemonie und damit notwendig kontingent sein können. Es ist daher konsequent, wenn im post-strukturalistischen Hegemoniebegriff auch die Unterscheidung zwischen partikularen und universalen beziehungsweise universalisierbaren Positionen eingezogen wird, indem das Universale als „leerer Signifikant" verstanden wird, so dass Hegemonie nur mehr bedeutet: „the production of tendentially empty signifiers which, while maintaining the incommensurability between universal and particulars, enables the latter to take up the representation oft he former"[22]. Alle Versuche, an einem begründbaren Maßstab der Kritik gesellschaftlicher (Macht-)Verhältnisse festzuhalten und rationalen Argumenten einen Platz im demokratischen Diskurs einzuräumen, geraten im Licht dieser Auffassung unter einen doppelten Verdacht: Zum einen stehen sie unter dem nietzscheanischen Ideologieverdacht, unter Vorspiegelung nobler Absichten „betrügen" zu wollen. Zum anderen wird ihnen vorgeworfen, Politik auf Ethik zu reduzieren und so in ihrer Eigenlogik zu verkennen. Pars pro toto wird die deliberative Demokratietheorie an den Pranger gestellt: „Indeed, to the aggregative model, inspired by economics, the only alternative deliberative democrats can put forward is one that collapses politics into ethics"[23]. Diese Argumentation in den Fußstapfen Carl Schmitts wird bis zum Äußersten getrieben, indem zustimmend dessen „Theorie des Partisanen" referiert wird. Schmitt erläutert dort die seinem Begriff des Politischen zugrunde liegende Freund-Feind-Bestimmung als ein defensives Konzept, das durch die Anerkennung der Notwendigkeit dieses Gegensatzes dessen Einhegung erst ermögliche: „Der wirkliche Feind wird nicht zum absoluten Feind erklärt, und auch nicht zum letzten Feind der Menschheit überhaupt"[24]. Da für Mouffe der agonale Kampf um Hegemonie wesentlich für das Politische ist, sind für sie alle Versuche, politische Auseinandersetzungen rational zu rekonstruieren und nach Möglichkeiten der Verständigung zwischen politischen Akteuren zu fragen, gleichbedeutend mit einer Moralisierung der Politik und

22 Laclau, Ernesto 2011: Structure, history and the political. In: Butler, Judith; Laclau, Ernesto; Žižek, Slavoi (Hrsg.): Contingency, hegemony, universality. Contemporary dialogues on the left. Verso, London, S. 182-212, hier: S. 207.

23 Mouffe, Chantal 2000: Deliberative Democracy or Agonistic Pluralism, S. 13.

24 Schmitt, Carl 1975: Theorie des Partisanen. Zwischenbemerkung zum Begriff des Politischen. 2. Aufl., Duncker & Humblot, Berlin, S. 92.

damit „postpolitisch". Da jede Berufung auf universelle Regeln und Prinzipien, jedes Streben nach einem „herrschaftsfreien Konsens" nur die unhintergehbare Notwendigkeit verschleiere, „den Anderen" auszuschließen[25], raube sie diesem die Möglichkeit, seine Opposition in legitimer Weise zur Geltung zu bringen und provoziere im äußersten Falle Gewalt und physische Vernichtung. Die Figur des Terroristen ist entsprechend der Partisan von heute: „So gesehen bringt der Terrorismus die Gefahren ans Licht, die in den Selbsttäuschungen des universalistischen globalistischen Diskurses angelegt sind – eines Diskurses, dem zufolge der Fortschritt der Menschheit auf der Schaffung einer Welt nach westlichem Modell basiert"[26].

Schwierigkeiten des postfundamentalistischen Begründungsversuches radikaler Demokratie

Ausgangspunkt meiner Überlegungen war die Überzeugung, dass eine erneuerte Linke die Demokratiefrage als zentral für ihre Politik begreifen muss. Strömungen in der politischen Theorie, die unter dem Dach des „Postfundamentalismus" zusammengefasst werden können, besetzen momentan erfolgreich dieses Feld und haben eine hegemoniale Stellung im linken Diskurs errungen. Es ist unbestreitbar, dass von diesem Diskurs wichtige praktische Anregungen und politische Initiativen ausgehen, und dass seine Vertreter_innen in politischen Debatten als Linke agieren. Es ist anzuerkennen, dass nicht wenige politische Aktivist_innen in ihren Selbstbeschreibungen auf diesen Diskurs rekurrieren. Ich glaube allerdings, dass die postfundamentalistische Begründung radikaler Demokratie weder theoretisch befriedigend ist, noch dass ihre praktischen Implikationen, wenn man sie konsequent zu Ende denkt, einer progressiven Bearbeitung der Demokratiefrage dienlich sind. Zunächst sollen am Beispiel der Ausarbeitungen von Marchart und Mouffe die theoretischen Inkonsistenzen und praktischen Problematiken dieser Ansätze aufgezeigt werden. Anschließend möchte ich Eckpunkte eines universalistischen Verständnisses von radikaler Demokratie skizzieren.

    Wie oben gezeigt wurde sieht sich Oliver Marchart in seiner Begründungsstrategie gezwungen, die Grundlosigkeit selbst als Grund, dem kein empirischer,

---

25 Man könnte Chantal Mouffe hier ein Bonmot in den Mund legen: Entgegen seiner Intention betreibe Jürgen Habermas in seinen Studien zur politischen Theorie nicht „Die Einbeziehung des Anderen", sondern „Die „Ausschließung des Anderen".

26 Mouffe, Chantal 2007: Über das Politische. Wider die kosmopolitische Illusion. Suhrkamp, Frankfurt/M., S. 108.

sondern ein „quasi-transzendentaler" Status zukommt, anerkennen zu müssen, um sich nicht in einem performativen Selbstwiderspruch zu verfangen: „Die These von der Unmöglichkeit eines letzten Grundes, des 'Grundes', muss als eine Behauptung auftreten, die mit Notwendigkeit für alle empirischen Fundamente Geltung beansprucht"[27]. Damit hat er aber bereits mehr getan, als er tun darf, wenn er an der Prämisse des Postfundamentalismus, wonach ein letzter Grund nicht sein *könne*, festhalten möchte. Indem er sich darauf einlässt, die Kontingenz *empirischer* Gründe als *transzendental notwendig* auszuweisen, begibt er sich in den argumentativen Diskurs und unterliegt damit nicht nur empirisch-soziologisch-historischen Konstellationen, wie sie von der (institutionalistischen) Wissenschaftssoziologie beschrieben werden. Er unterliegt vielmehr auch, und das ist entscheidend, den „transzendentalen Nötigungen" des Argumentierens überhaupt. Sobald er sich aufs Argumentieren eingelassen hat, hat er immer schon (kontrafaktisch) die Präsuppositionen des argumentativen Diskurses performativ, durch Teilnahme an ihm, anerkannt. Wir wissen als kompetente Sprecher – und können dies durch Reflexion auf unser Regelwissen sprachpragmatisch explizieren –, dass „eine Praxis nicht im Ernst als Argumentation zählen darf"[28], wenn nicht mindestens die folgenden vier unhintergehbaren Voraussetzungen (um es noch einmal zu wiederholen: kontrafaktisch) erfüllt sind:

> (a) Öffentlichkeit und Inklusion: niemand, der im Hinblick auf einen kontroversen Geltungsanspruch einen relevanten Beitrag leisten könnte, darf ausgeschlossen werden; (b) kommunikative Gleichberechtigung: allen wird die gleiche Chance gegeben, sich zur Sache zu äußern; (c) Ausschluss von Täuschung und Illusion: die Teilnehmer müssen meinen, was sie sagen; und (d) Zwanglosigkeit: die Kommunikation muss frei sein von Restriktionen, die verhindern, dass das bessere Argument zum Zuge kommt und den Ausgang der Diskussion bestimmt.[29]

Allein schon dadurch, dass er argumentiert, nimmt Marchart also in Anspruch, was er als Grundlage konfliktvoller menschlicher Vergesellschaftung bestreitet, das in der Sprache und in kommunikativ strukturierten Lebenswelten enthaltene Vernunftpotential:

> Das Interesse an Mündigkeit schwebt nicht bloß vor, es kann a priori eingesehen werden. Das, was uns aus Natur heraushebt, ist nämlich der einzige Sachverhalt, den wir seiner Natur nach kennen können: die Sprache. Mit ihrer Struktur ist Mün-

---

27 Marchart, Oliver 2010: Die politische Differenz, S. 66.

28 Habermas, Jürgen 2001: Kommunikatives Handeln und detranszendentalisierte Vernunft, S. 45.

29 Ibid.

digkeit für uns gesetzt. Mit dem ersten Satz ist die Intention eines allgemeinen und ungezwungenen Konsensus unmissverständlich ausgesprochen. Mündigkeit ist die einzige Idee, deren wir im Sinne der philosophischen Tradition mächtig sind.[30]

Im Gegensatz zu Habermas, der in seiner sprachphilosophischen Ausarbeitung dieses Programms später den transzendentalen Charakter dieser These formal-pragmatisch, d.h. nur noch a posteriorisch mit empirischen Mitteln einzulösen, deflationiert, bin ich der Meinung, dass mit Karl-Otto Apel im Sinne einer Transzendentalpragmatik am a priorischen Status des Arguments festgehalten werden kann. Denn es scheint mir unwiderlegbar, dass eine von kommunikativ einlösbaren und damit Vernunft implizierenden Geltungsansprüchen *vollständig* enthobene soziale Wirklichkeit nicht nur *empirisch* nicht möglich, sondern auch *denkunmöglich* ist, weil die Möglichkeit, diese Möglichkeit als Möglichkeit überhaupt denken zu können, bereits notwendig ihre Unmöglichkeit impliziert. Für die Zwecke der hier vorliegenden Argumentation scheint mir diese Differenz zwischen Formal- und Transzendentalpragmatik allerdings weniger bedeutend, als sie dies etwa ist, wenn es um das Spannungsverhältnis zwischen Recht, Demokratie und Moral im Rahmen einer universalistischen radikalen Theorie der Demokratie geht. Denn auch für Habermas ist klar, dass die Präsuppositionen des argumentativen Diskurses *faktisch* alternativlos sind.

Nun wäre noch nicht viel gewonnen, wenn mit dem bisher Gesagten lediglich die logische Widersprüchlichkeit des postfundamentalistischen Begründungsprogramms nachgewiesen wäre. Schwerer wiegt, dass mit diesem auch problematische politische Konsequenzen einhergehen, die den eigenen Intentionen widersprechen und nach einer alternativen Begründung radikaler Demokratie verlangen. Ich schließe mich ausdrücklich der Ansicht an, dass der Wesensgehalt eines radikalen Demokratiebegriffs darin besteht, keine Instanzen zu akzeptieren, die dem demokratischen Prozess von außen Fesseln anlegen. Uneingeschränkte demokratische Selbstbestimmung ist unerlässlich, wenn Demokratie sein soll. Es ist daher selbstverständlich, dass eine Demokratie nicht in „Gott, Genen, Marktwirtschaft etc." gegründet werden kann. Marchart zählt jedoch in einer Reihe mit „Gott, Genen und Marktwirtschaft" auch „die Vernunft"[31]. Hiergegen

---

30 Habermas, Jürgen 1968: Technik und Wissenschaft als „Ideologie". Suhrkamp, Frankfurt/M., S. 163.

31 Auch ich habe oben teilweise von „der Vernunft" gesprochen. Es sollte klar geworden sein, dass dieser Begriff nur eine Abkürzung ist. Es geht nicht um „die Vernunft", sondern um die „Einheit der Vernunft in der Vielfalt ihrer Stimmen" (Habermas). Vernunft ist gerade keine Totalität.

vertrete ich die Ansicht, dass die Demokratie – nicht in Vernunft „gegründet" ist, dies wäre eine missverständliche Formulierung –, dass aber der Vernunft*bezug* der Demokratie nicht suspendiert werden kann, wenn man in ihr jenes „ungeheure [...] Potential von Politisierungsmöglichkeiten sowie [...] die strukturell garantierte Herausforderbarkeit von Unterordnungs- und Unterdrückungsverhältnissen"[32] freisetzen möchte. „[E]ine 'post-truth-democracy' [...] wäre keine Demokratie mehr"[33]. Das Argument, dass Demokratie ohne Wahrheitsanspruch und Vernunftbezug nicht möglich ist, muss in zwei Richtungen entfaltet werden. Zum einen muss gezeigt werden, dass die Kappung dieses Bezuges das emanzipatorische Potential demokratischer Vergesellschaftung in Frage stellt. Zum anderen ist zu zeigen, dass erst ein auf Wahrheit und Vernunft bezogener Begriff von Demokratie in der Lage ist, dieses emanzipatorische Potential auszuschöpfen. Auf Letzteres werde ich im folgenden Abschnitt zu sprechen kommen und mich dabei mit den Argumenten, die von post-fundamentalistischer Seite gegen dieses Begründungsprogramm vorgebracht werden, auseinandersetzen. Die misslichen politischen Konsequenzen einer vernunftskeptischen Demokratiebegründung sollen nun, diesen Abschnitt abschließend, diskutiert werden.

Kehren wir also zurück zu Chantal Mouffes agonistisch-pluralistischem Demokratiekonzept, das den gesellschaftlichen Fortschritt und die Substanz von Demokratie im permanenten Kampf um Hegemonie zwischen konkurrierenden Parteiungen, die sich als „Gegner", als „us" und „them" gegenüber stehen, verankert sieht. Erinnern wir uns, dass in ihrem Konzept kein Platz ist für einen Begriff von Legitimität, der in der Lage wäre, einen die faktischen Machtverhältnisse transzendierenden Maßstab zur Verfügung zu stellen, um die Akzeptabilität der jeweiligen Positionen der Konfliktparteien beurteilen zu können. Wie ist dann aber denkbar, was für Mouffe gerade die besondere Leistung der Demokratie darstellt, nämlich die Verwandlung von Antagonismen in Agonismen, von Feindschaft in Gegnerschaft? Wie ist es erklärlich, dass demokratische Prozeduren, „construct the 'them' in such a way that it is no longer perceived as an enemy to be destroyed, but an 'adversary', i.e. somebody whose ideas we combat but whose right to defend those ideas we do not put into question"[34]? Und was ist schließlich zu halten von Mouffes Bestimmung des Begriffs „Gegner" als „legitimer Feind",

---

32 Marchart, Oliver 2010: Politische Theorie als erste Philosophie, S. 156.

33 Habermas, Jürgen 2005: Religion in der Öffentlichkeit. In: Ders.: Zwischen Naturalismus und Religion. Philosophische Aufsätze. Suhrkamp, Frankfurt/M., S. 119-154, hier: S. 150-151.

34 Mouffe, Chantal 2000: Deliberative Democracy or Agonistic Pluralism, S. 15.

wenn sie schreibt: „An adversary is an enemy, but a legitimate enemy, one with whom we have some common ground because we have a shared adhesion to the ethico-political principles of liberal democracy: liberty and equality?"[35] Offensichtlich kommt Mouffe entgegen ihrer eigenen theoretischen Intentionen nicht ohne einen substanziellen Begriff von Legitimität aus, der bestimmte Gegner und bestimmte Formen der Auseinandersetzung aus dem Bereich des Akzeptablen ausschließt. Ihr demokratischer Agonismus macht also selbst genau das, was sie etwa der deliberativen Demokratietheorie vorwirft. Er schließt bestimmte Positionen und Argumente aus dem Bereich des demokratisch Zulässigen aus, weil sie gegen die Prinzipien der Demokratie, nämlich Freiheit und Gleichheit, verstoßen. Ein politisches Projekt, das sich zum Ziel setzt, Frauen das Wahlrecht zu entziehen oder dieses von der Höhe des Einkommens abhängig macht, verstößt gegen diese Prinzipien und ist damit illegitim und nicht zu rechtfertigen. Hier gibt es zwischen Mouffes agonistisch-pluralistischer Konzeption und dem von mir vertretenen universalistischen Demokratieverständnis keinen Widerspruch. Mit post-fundamentalistischen Prämissen lässt sich dieser Begründungsgedanke allerdings nicht vereinbaren. Während Mouffe durch ihre Bezugnahme auf demokratische Prinzipien der Problematik entgeht, sämtliche politischen Positionen und Argumente als gleichermaßen legitim (oder illegitim) anerkennen zu müssen, ein Standpunkt, den ihre Hegemonietheorie nahelegt, handelt sie sich durch den Modus, in dem sie ihre Begründung vornimmt, erhebliche Probleme ein. Die Prinzipien der Demokratie, die anzuerkennen ein „legitimer Gegner" in einer demokratischen Auseinandersetzung gezwungen ist, werden von ihr nicht *universalistisch* begründet, sondern mit Rekurs auf eingelebte Selbstverständlichkeiten *unserer* Tradition („shared adhesion to the ethico-political principles of liberal democracy")[36] plausibilisiert. Was ist dann aber mit denjenigen, die anderen ethisch-politischen Prinzipien folgen, mit denen wir keinen lebensweltlich verankerten „common ground" haben? Sind diese dann als „illegitime Gegner" auszuschließen? Und was heißt dies gerade für werteplurale multikulturelle Gesellschaften der Gegenwart und für eine Weltgesellschaft, für die ein Wertekonsens schlechterdings nicht unterstellt werden darf? Diese Fragen machen deutlich, dass es sich genau umgekehrt verhält: Nicht die angeblich „postpolitischen" Versionen der Demokratietheorie, die eine Bezugnahme auf universale Kriterien von Vernunft und Legitimität politischer Ordnungen fordern, führen dazu, dass bestimmte Positionen aus der demokratischen Auseinandersetzung

---

35 Ibid.
36 Mouffe, Chantal 2000: Deliberative Democracy or Agonistic Pluralism, S. 15.

ausgeschlossen werden.[37] Vielmehr gerät jeder Ansatz, der glaubt, philosophische Begründungsfragen überspringen zu können, indem er pragmatisch eine Priorität der Demokratie vor der Philosophie (Rorty) oder post-fundamentalistisch die „Autonomie des Politischen" (Mouffe u.a.) behauptet, in die unauflösbare Schwierigkeit, entweder überhaupt keine Kriterien angeben zu können, mit denen die Legitimität politischer Positionen beurteilt werden kann[38], oder dies mit Bezugnahme auf historisch-kontingente Traditionen tun zu müssen und damit letztlich dogmatisch zu werden. Insofern ist der oben diskutierte Bezug auf Carl Schmitt bei Chantal Mouffe folgerichtig, denn, „[w]enn Gerechtigkeitsfragen das ethische Selbstverständnis konkurrierender Lebensformen nicht transzendieren können und existentiell relevante Wertkonflikte, also Gegnerschaften, durch alle strittigen politischen Fragen hindurchgreifen, enden wir [...] in letzter Konsequenz bei einem Carl Schmitt'schen Verständnis von Politik"[39]. Das emanzipatorische Versprechen radikaler Demokratie kann so aber entweder gar nicht oder nicht überzeugend gegen konkurrierende Positionen verteidigt werden. Hierfür wäre es gerade notwendig, Demokratie als unbeschränkte Selbstregierung in selbstreflexiver Distanzierung von den eigenen kulturellen Überlieferungen universalistisch zu begründen. Hierzu gehört, wie Apel in Auseinandersetzung mit Rorty deutlich macht, an den „Bedingungen der Möglichkeit von praktisch relevanter Konsensbildung"[40] festzuhalten. Dadurch wird niemand ausgeschlossen. Vielmehr „gehört natürlich auch die grundsätzliche Anerkennung aller anderen Bürger, ja darüber hinaus aller Menschen als gleichberechtigter Personen und die daraus folgende Bereitschaft zur Lösung aller Konflikte durch gewaltfreie Konsensbildung zu den unbedingt notwendigen *Bedingungen der Möglichkeit*

---

37 Dies wird im abschließenden Abschnitt näher begründet.

38 Dass dies notwendig ist, wird, um es noch einmal zu wiederholen, von Mouffe zumindest gesehen: „This [the recognition of the pluralism of values; AS] does not mean accepting a total pluralism and some limits need to be put to the kind of confrontation which is going to be seen as legitimate in the public sphere" (Mouffe, Chantal 2000: Deliberative Democracy or Agonistic Pluralism, S. 9).

39 Habermas, Jürgen 1996: Replik auf Beiträge zu einem Symposium der Cardozo Law School. In: Ders.: Die Einbeziehung des Anderen. Studien zur politischen Theorie. Suhrkamp, Frankfurt/M., S. 309-398, hier: S. 325.

40 Apel, Karl-Otto 1990: Zurück zur Normalität? – Oder können wir aus der nationalen Katastrophe etwas Besonderes gelernt haben? Das Problem des (welt-)geschichtlichen Übergangs zur postkonventionellen Moral aus spezifisch deutscher Sicht. In: Ders.: Diskurs und Verantwortung. Das Problem des Übergangs zur postkonventionellen Moral. Suhrkamp, Frankfurt/M., S. 370-474, hier: S. 400.

einer demokratischen und kosmopolitischen Konsensbildung"[41]. Wie ein solches universalistisches Verständnis von radikaler Demokratie zu konkretisieren wäre und wie dabei politische Differenzen und demokratischer Widerstreit nicht negiert, sondern erst eigentlich begründet werden, möchte ich im abschließenden Abschnitt skizzieren.

Ein universalistisches Verständnis von radikaler Demokratie

Ein universalistisches Verständnis von radikaler Demokratie sieht sich mit unterschiedlichen Einwänden konfrontiert. Es sei eurozentrisch, so ein Argument, weil es die eigenen partikularen Rationalitätsstandards verallgemeinere und dadurch Personen ausschließe, die diese Standards nicht teilten. In der Auseinandersetzung mit dem sekundären performativen Selbstwiderspruch, in den sich auch eine Position begibt, die darauf reflektiert, dass die Negierung nicht-kontingenter Geltungsgründe selbst in nicht-kontingenter Weise erfolgen muss, hoffe ich gezeigt zu haben, dass eine transzendentalpragmatische Reflexion auf die unhintergehbaren Präsuppositionen menschlicher Rede in der Lage ist, bestimmte Rationalitätsstandards tatsächlich als universal auszuweisen. Ja, es ist gerade dieses selbst-reflexive Vernunftpotential der Sprache, das uns erst in die Lage versetzt, einen kritischen Maßstab an eine schlechte Realität anzulegen und die geschichtlich realisierten Verkörperungen von Vernunft als partikular, einseitig, eurozentristisch und herrschaftlich durchdrungen zu kritisieren. Emanzipation setzt voraus, dass sowohl gegen die ideologische Identifizierung des Wirklichen mit dem Vernünftigen, wie sie in allen Spielarten des TINA-Prinzips („there is no alternative") zum Ausdruck kommt, als auch gegen die Verabschiedung des Vernünftigen überhaupt an der „Universalisierung der Zugangsbedingungen zum Universellen"[42] festzuhalten ist, die ihre Möglichkeitsbedingung in der immanent-transzendenten Spannung von Faktizität und Geltung (Habermas) beziehungsweise der Verschränkung von realer und idealer Kommunikationsgemeinschaft (Apel) hat.

Verwandt mit dem vernunftskeptischen Einwand ist das Monitum, dass ein universalistischer Demokratiebegriff hyperrationalistisch sei und deswegen keine motivierende Kraft für demokratisches Engagement zur Verfügung stelle[43], De-

---

41 Ibid.

42 Bourdieu, Pierre 1998: Über das Fernsehen. Suhrkamp, Frankfurt/M., S. 95.

43 „By privileging rationality, both the deliberative and the aggregative perspective leave aside a central element, which is the crucial role, played by passions and emotions

mokratie auf Moral zurückführe[44] und durch das Festhalten an der *Möglichkeit*, Meinungsverschiedenheiten verständigungsorientiert zu bearbeiten dazu führe, dass die plurale Verfasstheit menschlicher Existenz negiert und Besonderes auf Allgemeines reduziert werde.[45] Indem ich mich mit diesen Einwänden auseinandersetze, möchte ich präzisieren, was den Wesensgehalt eines universalistischen Verständnisses von radikaler Demokratie ausmacht und dabei verbreitete Missverständnisse, die in diesen Einwänden ihren Niederschlag finden, ausräumen.

Den Bezugspunkt hierfür bilden die philosophischen sowie demokratie- und rechtstheoretischen Studien von Jürgen Habermas, Karl-Otto Apel und Ingeborg Maus, denen die Orientierung an einem universalistischen Demokratiebegriff gemeinsam ist, die in dessen Auslegung jedoch unterschiedliche Aspekte in den Vordergrund rücken und zum Teil kontroverse Begründungen vortragen. Es ist nicht möglich, den komplexen Ansätzen dieser drei Autoren hier gänzlich gerecht zu werden. Nachdem ich oben die Inkonsistenzen des post-fundamentalistischen Demokratieverständnisses verdeutlicht habe, soll im Folgenden lediglich angedeutet werden, in welcher Weise sich mit Habermas, Apel und Maus ein universalistisches Konzept radikaler Demokratie formulieren lässt, das die gegen dieses erhobenen Einwände zurückweisen kann.[46] Mit Habermas ist daran festzuhalten, dass der Demokratiebegriff, wenn er seinen Sinn behalten soll, den Anspruch auf die Legitimier*barkeit* der durch ihn bezeichneten politischen Ordnung nicht aufgeben darf. Denn wenn mit Demokratie eine Ordnung gemeint ist, die die größtmögliche Freiheit, Gleichheit und Autonomie der Einzelnen realisiert und sie von ungerechtfertigter Herrschaft befreit, dann ist sie nicht vereinbar mit

---

in securing allegiance to democratic values" (Mouffe, Chantal 2000: Deliberative Democracy or Agonistic Pluralism, S. 10).

44 So unterstellt Chantal Mouffe z.B. Habermas, dass für ihn „[p]olitische Fragen der gleichen Kategorie wie moralische Fragen [angehören] und [...] rational entschieden werden [können]" (Mouffe, Chantal 2010: Das demokratische Paradox. 3. Aufl., Turia & Kant, Wien, S. 92).

45 „Seeing things that way [i.e. acknowledging the limits of consensus; AS] should make us realize that taking pluralisms seriously requires that we give up the dream of a rational consensus, which entails the fantasy that we could escape from our human form of life" (Mouffe, Chantal 2000: Deliberative Democracy or Agonistic Pluralism, S. 12).

46 Dabei muss ich, um die Konturen dieses Projekts möglichst deutlich zu machen, über einige Schwierigkeiten hinweggehen, die es mit sich bringt, Argumente zusammen zu denken, die in unterschiedlichen Argumentationszusammenhängen einen unterschiedlichen theoretischen Stellenwert haben. Es handelt sich mithin eher um programmatische Überlegungen als um eine entfaltete Argumentation.

dem bloß faktischen und damit heteronomen Zyklus sich ablösender hegemonialer Projekte und dem durch diese durchgesetzten Legitimitäts*glauben*[47]. Der normative Anspruch demokratischer Ordnung auf Legitimierbarkeit kann nur aufrechterhalten werden, wenn zugleich an der Möglichkeit der Rechtfertigung von universalen Geltungsansprüchen durch nichts anderes als den „zwanglosen Zwang des besseren Arguments" festgehalten wird.[48] Insofern muss die politische Ordnung dem allgemeinen Diskursprinzip als einem prozeduralen Prinzip der Normprüfung, das diesen normativen Anspruch auf Akzeptabilität erhobener Geltungsansprüche operationalisiert, gerecht werden. Sie muss dafür Sorge tragen, dass Bedingungen real werden, in denen Normen Gesetzeskraft erlangen, die so geartet sind, dass ihnen „alle möglicherweise Betroffenen als Teilnehmer an rationalen Diskursen zustimmen können"[49]. Diese kontrafaktisch unterstellte Bedingung der *Möglichkeit* von Konsens ist eine notwendige Bedingung, um

---

47 Auf welchen Begriff von Demokratie steuert dies letztlich zu? Man muss nicht so weit gehen wie Michael Hirsch. Ganz ungerechtfertigt scheint es mir aber nicht zu sein, wenn er übereinstimmend mit meiner Kritik an Mouffes Demokratiebegriff und ihrem Begriff des Politischen als gemeinsamem Nenner der verschiedenen Theorien, die mit diesem operieren, feststellt: „Der Begriff des Politischen ist letztlich ein Symbol dieser antidemokratischen Doktrin (der 'Verfallstheorie des Staates, ihrer implizit konservativen Doktrin von der Unmöglichkeit einer demokratischen Aneignung der politischen Ordnung der Gesellschaft'; AS). Im Zentrum dieser politischen Ontologie steht nicht die aufklärerische Lehre von der (noch zu verwirklichenden) demokratischen Autonomie des Volkes, sondern die gegenaufklärerische Lehre von der demokratischen Politik als einem bloßen Zeichen der immer schon vorausgesetzten 'Unmöglichkeit von Gesellschaft' (Marchart) [...]. Demokratische Politik produziert also dieser Lehre des Politischen zufolge eher unverbindliche Symbole der Gleichheit im Rahmen einer vorausgesetzten Logik der *Heteronomie* als verbindliche Regeln der Gleichheit im Rahmen einer Politik der *Autonomie*" (Hirsch, Michael 2010: Der symbolische Primat des Politischen und seine Kritik, S. 349. In: Bedorf, Thomas; Röttgers, Kurt (Hrsg.): Das Politische und die Politik, S. 335-363, hier: S. 349).

48 Es ist also völlig zutreffend, wenn Christoph Möllers feststellt: „[Habermas'] Theorie von Recht und Demokratie erweist sich so als eine Fortsetzung von Wahrheits- und Moraltheorien: Habermas' Theorie demokratischer Politik ist aus der Wahrheitstheorie in die Ethik und aus der Ethik in die Demokratietheorie migriert – und sie hat aus diesen Gebieten entscheidende Momente beibehalten" (Möllers, Christoph 2009: Demokratie und Recht – Faktizität und Geltung (1992). In: Brunkhorst, Hauke; Lafont, Cristina; Kreide, Regina (Hrsg.): Habermas-Handbuch. Leben – Werk – Wirkung. Metzler, Stuttgart, S. 254-263, hier: S. 255).

49 Habermas, Jürgen 1994: Faktizität und Geltung. Beiträge zur Diskurstheorie des Rechts und des demokratischen Rechtsstaats. Suhrkamp, Frankfurt/M., S. 138.

einen begründbaren kritischen Maßstab an die Realität anlegen zu können, während ein hermeneutizistisch-kommunitaristischer Standpunkt, der behauptet, dass „[p]rocedures always involve substantial ethical commitments and there can never be such thing as purely neutral procedures"[50], einen solchen Maßstab verwerfen und „Politik im ganzen *und ohne Ausweg* [als] eine Sphäre des vernünftigerweise zu erwartenden Dissenses" verstehen muss[51] und sich damit die oben aufgezeigten problematischen Konsequenzen einhandelt. Durch den normativen Rückbezug demokratischer Politik auf das post-konventionalistische, universalistische Begründungsniveau des Diskursprinzips wird Politik nicht auf Moral reduziert. Denn das Diskursprinzip ist neutral gegenüber der Art von Gründen, mit denen Normen gerechtfertigt werden können. Es konkretisiert sich politisch als Demokratieprinzip und stellt erst als solches die Kriterien zur Verfügung, mit denen demokratisch gesatzte Rechtsnormen legitimiert werden können. „Es besagt [...], dass nur die juridischen Gesetze legitime Geltung beanspruchen dürfen, die in einem ihrerseits rechtlich verfassten diskursiven Rechtsetzungsprozess die Zustimmung aller Rechtsgenossen finden können"[52]. Die Opponenten demokratischer Auseinandersetzungen sehen sich gezwungen, ihre Positionen universalistisch zu begründen, wenn sie für diese den Anspruch auf Gültigkeit erheben wollen.[53] Universalistisch begründen heißt aber nicht moralisch begründen. Denn in der politischen Auseinandersetzung treten ethische, pragmatische und moralische Geltungsgründe zunächst ungeschieden auf. Es geht in ihnen immer zugleich um die Frage, wie sich eine politische Gemeinschaft selbst verstehen und zum Ausdruck bringen möchte (ethische Dimension), welche Mittel für welche Zwecke rational sind und welche Nebenfolgen ihr Einsatz haben kann (pragmatische Dimension), und wie eine Entscheidung unter dem „moralischen Gesichtspunkt" zu beurteilen ist, wonach moralische Gültigkeit nur für den Fall gegeben ist, „dass die Folgen und Nebenwirkungen, die sich jeweils aus ihrer [der Norm; AS] *allgemeinen* Befolgung für die Befriedigung der Interessen eines jeden Einzelnen (voraussichtlich) ergeben, von *allen* Betroffenen akzeptiert und den

---

50 Mouffe, Chantal 2000: Deliberative Democracy or Agonistic Pluralism, S. 12.

51 Habermas, Jürgen 1996: Replik auf Beiträge zu einem Symposium der Cardozo Law School, S. 325.

52 Habermas, Jürgen 1994: Faktizität und Geltung, S. 141.

53 Dass sich faktisch oftmals partikulare Interessen als universalistische tarnen, ist kein Argument gegen, sondern für diese Überlegung. Denn dass sie zu dieser Camouflage gezwungen sind, zeigt, dass sie nicht hinter das Niveau universalistischer Begründung zurückgehen können. Dieser Umstand ist es erst, der der Kritik die Möglichkeit eröffnet, sie als das zu enttarnen, was sie sind: Ideologie.

Auswirkungen der bekannten alternativen Regelungsmöglichkeiten vorgezogen) werden können"[54]. Somit kann und soll sich eine Pluralität von Vorstellungen des guten Lebens innerhalb und zwischen politisch verfassten Gemeinschaften problemlos zur Geltung bringen, insofern sie „in Einklang stehen mit moralischen Grundsätzen, die auch über die Rechtsgemeinschaft hinaus allgemeine Geltung beanspruchen"[55]. Genauso, wie sich das Besondere vor dem Allgemeinen rechtfertigen muss, impliziert das

> Vetorecht moralischer Personen [ich ergänze: oder von Gemeinschaften als Kollektive moralischer Personen; AS] [...], dass nur reziprok und allgemein gerechtfertigte Normen allgemeine Geltung beanspruchen können: Keine Allgemeinheit kann daher über berechtigte Ansprüche einzelner [ich ergänze: oder von Gemeinschaften als Kollektiven moralischer Personen; A.S.] hinweggehen[56].

Um den Fallstricken eines moralischen Paternalismus, wie er in bestimmten Spielarten des Menschenrechtsdiskurses oder juristischer Grundrechtsinterpretation zum Ausdruck kommt, auf der einen Seite, den Gefahren eines expertokratischen Technizismus, der weite Teile des Mainstream-Diskurses über *governance* bestimmt[57], auf der anderen Seite zu entgehen, ist es entscheidend, dass die Kompatibilisierung von pragmatischen, ethischen und moralischen Normen durch die Bürgerinnen und Bürger in demokratischen Verfahren selbst vorgenommen wird, und nicht durch demokratisch nicht legitimierte Gremien oder selektiv zusammengestellte Foren. Dessen ist sich Habermas bewusst, und er warnt vor der Gefahr einer „Dominanz von Entscheidungen, die demokratisch getroffen werden müssten, durch Sachverständige, also die Gefahr der Expertokratie"[58]. Ebenso weist er alle Versuche zurück, die moralischen Normen eine unmittelbare

---

54 Habermas, Jürgen 1983: Diskursethik – Notizen zu einem Begründungsprogramm. In: Ders.: Moralbewusstsein und kommunikatives Handel. Suhrkamp, Frankfurt/M., S. 53-125, hier: S. S. 75-76.

55 Habermas, Jürgen 1994: Faktizität und Geltung, S. 344.

56 Forst, Rainer 1996: Kontexte der Gerechtigkeit. Politische Philosophie jenseits von Liberalismus und Kommunitarismus. Suhrkamp, Frankfurt/M., S. 133-134.

57 Vgl. hierzu kritisch Demirovic, Alex 2011: Governance – eine neue Stufe staatlicher Herrschaft. In: Ders.; Walk, Heike (Hrsg.): Demokratie und Governance. Kritische Perspektiven auf neue Formen politischer Herrschaft. Westfälisches Dampfboot, Münster, S. 73-105.

58 Habermas, Jürgen 1995: Ein Gespräch über Fragen der politischen Theorie. In: Ders.: Die Normalität einer Berliner Republik. Kleine Politische Schriften VIII. Suhrkamp, Frankfurt/M., S. 135-164, hier: S. 142.

Durchgriffswirkung auf und damit eine Einschränkung der Selbstbestimmung
des demokratischen Souveräns zuerkennen wollen:

> Menschenrechte mögen als moralische Rechte noch so gut begründet werden kön-
> nen; sobald wir sie aber als Bestandteil des positiven Rechts konzipieren, liegt es auf
> der Hand, dass sie einem souveränen Gesetzgeber nicht gleichsam paternalistisch
> übergestülpt werden dürfen. Die Adressaten des Rechts könnten sich nicht zugleich
> als dessen Autoren verstehen, wenn der Gesetzgeber die Menschenrechte als mora-
> lische Tatsachen vorfände, um sie nur noch zu positivieren[59].

Dass der demokratische Souverän in der Wahl des Mediums, in dem sich seine
Autonomie verwirklicht, nicht frei, sondern auf die Mittel des positiven Rechts
angewiesen ist[60], so dass sich die Bürgerinnen und Bürger als freie, gleiche und
selbstständige Rechtssubjekte anerkennen müssen, schränkt die demokratische
Selbstbestimmung in keiner Weise ein. Im Gegenteil, erst die private Autonomie
gleichberechtigter demokratischer Subjekte ermöglicht es ihnen, ihre öffentliche
Autonomie als Gesetzgeber auszuüben und so zu konkretisieren, was das heißt:
Freiheit, Gleichheit, Solidarität. Es gibt kein „demokratisches Paradox" dergestalt, dass „[i]n einer liberalen Demokratie[61] [...] der Ausübung der Volkssouveränität immer Grenzen gesetzt [werden]" und „in einer liberalen Demokratie
nicht angefochten werden kann [...], dass es legitim ist, der Volkssouveränität im
Namen der Freiheit Grenzen zu setzen"[62]. Die wechselseitige Begründung von
Freiheit/Rechtsstaat/privater Autonomie und Gleichheit/Demokratie/öffentli-
cher Autonomie enthält eine „Hierarchisierung [...]: Die gleiche Teilnahme am
demokratischen Gesetzgebungsprozess ist den besonderen Ausformulierungen
liberaler Grundrechte vorgeordnet: dagegen sind die Kategorien von Rechten
oder Rechtsprinzipien, die den Rechtskode selbst begründen, dem demokratischen Gesetzgeber vorgegeben, insofern er überhaupt Recht setzt und sich des
Rechtskodes bedient"[63].

---

59 Habermas, Jürgen 1994: Nachwort zur 4. Auflage. In: Ders.: Faktizität und Geltung,
    S. 670.

60 Ibid.

61 Damit ist vermutlich das von mir als universalistisch verstandene radikale Demo-
    kratieverständnis mitgemeint.

62 Mouffe, Chantal 2010: Das demokratische Paradox, S. 22.

63 Maus, Ingeborg 2002: Freiheitsrechte und Volkssouveränität. Zu Jürgen Habermas'
    Rekonstruktion des Systems der Rechte. In: Schomberg, Rene von; Niesen, Peter
    (Hrsg.): Zwischen Recht und Moral. Neuere Ansätze der Rechts- und Demokratie-
    theorie. LIT, Münster, S. 221-296, hier: S. 241.

Ein universalistisches Verständnis von radikaler Demokratie findet seine Grundlage zum einen in der Priorität einer unbeschränkten Volkssouveränität, die die Inhalte des zu setzenden Rechts an nichts anderes bindet als an den Willen des demokratischen Souveräns, und zum anderen in der notwendigen Rückbindung dieses Rechtssetzungsprozesses an das rein prozedurale Diskursprinzip, das die gleichberechtigte Teilnahme aller zu garantieren hat. Ein universalistisches Verständnis von radikaler Demokratie ermöglicht, woran der post-fundamentalistische Demokratiebegriff scheitert: die Vermittlung von Kontingenz und Notwendigkeit, von Besonderem und Allgemeinem. In den Worten von Ingeborg Maus: „Setzt sich mit der Vollpositivierung des modernen Rechts die aufklärerische Erkenntnis der Entscheidungsabhängigkeit allen Rechts und des Verlusts aller objektiven Gewissheiten durch, so enthält die Struktur dieses Rechts Sicherungen, die die inhaltliche Beliebigkeit durch verfahrensförmige Nicht-Beliebigkeit kompensieren"[64]. „Das Allgemeine der heutigen Gesellschaft kann angesichts ihrer extremen inhaltlichen Parzellierung nur noch ein prozedurales sein"[65].

Ich möchte nun abschließend thesenartig andeuten, wie ein radikaler Demokratiebegriff über Habermas hinaus[66] seine beiden Begründungsfiguren selbst noch einmal (in entgegengesetzte Richtungen) radikalisieren sollte: mit Ingeborg Maus die substantielle Volkssouveränität und mit Karl-Otto Apel das prozedurale Diskursprinzip.

Aus radikaldemokratischer Perspektive ist die „realpolitische [...] Konzession kritischer Theorie"[67], die Habermas glaubt machen zu müssen, um der Realität der funktionalen Ausdifferenzierung moderner Gesellschaften gerecht zu werden, kritisch zu betrachten. Für Habermas scheint festzustehen, dass die Eigenlogik und systemische Integriertheit gesellschaftlicher Subsysteme, mithin auch die „Logik der Selbststeuerung des administrativen Systems"[68] es verbiete, diese nach demokratisch beschlossenen Prämissen zu steuern. Demgegenüber ist, ohne

---

64 Ibid., S. 249.
65 Maus, Ingeborg 1994: Zur Aufklärung der Demokratietheorie. Rechts- und demokratietheoretische Überlegungen im Anschluss an Kant. Suhrkamp, Frankfurt/M., S. 226.
66 Die radikaldemokratischen Konsequenzen seiner Rechts- und Demokratietheorie sieht freilich Habermas selbst: „[I]m Zeichen einer vollständig säkularisierten Politik [ist] der Rechtsstaat ohne radikale Demokratie nicht zu haben und nicht zu erhalten" (Habermas, Jürgen 1994: Faktizität und Geltung, S. 13).
67 Rödel, Ulrich; Frankenberg, Günter; Dubiel, Helmut 1989: Die demokratische Frage. Suhrkamp, Frankfurt/M., S. 159.
68 Habermas, Jürgen 1994: Faktizität und Geltung, S. 187.

damit der Vorstellung von einer „Rücknahme des Staates in die Gesellschaft" anzuhängen[69], die tatsächlich nur mit enormen Kosten im Bereich der materiellen gesellschaftlichen Reproduktion möglich wäre, daran festzuhalten, dass die staatlichen Apparate (Verwaltung und Gerichtsbarkeit) und die durch diese vermittelte gesellschaftliche Regulierungsfunktion einem dem Recht zunächst enthobenen, weil rechtsetzenden (Funktion der Rechtsautorenschaft), dann aber dem selbst beschlossenen Recht und nur diesem unterliegenden (Funktion der Rechtsadressatenschaft) demokratischen Souverän vollständig zu unterwerfen sind.[70] Mit einer Vorstellung, wonach eine kommunikativ verflüssigte Volkssouveränität lediglich „im Modus der Belagerung" auftritt und „den Pool von Gründen [bewirtschaftet], mit denen die administrative Macht zwar instrumentell umgehen kann, ohne sie aber, rechtsförmig verfasst wie sie ist, ignorieren zu können"[71], ist mein Verständnis von radikaler Demokratie nicht zu vereinbaren.

Damit das Diskursprinzip die radikaldemokratische Konzeption des „permanent konstituierenden Volkes" (Kant) tragen kann, scheint es mir angebracht, an Karl-Otto Apels transzendentalpragmatischem Begründungsanspruch und

---

69 Dass moderne Gesellschaften eine spezifische Mischung von zentraler und dezentraler Steuerung institutionalisieren müssen, wird in der governance-Debatte richtig gesehen. Welche Bedingungen erfüllt sein müssen, damit die normativen Ansprüche der Demokratie (wieder) zur Geltung kommen, lässt sich mit Ingeborg Maus formulieren: „Rechtsnormen, die nur eine begrenzte Zahl von Adressaten betreffen oder nur regionale Auswirkungen haben, können in Rechtssetzungsarrangements beraten und verabschiedet werden, in denen die betroffenen Konfliktparteien einander direkt konfrontiert und mit symmetrischen Verhandlungspositionen ausgestattet werden, die die Asymmetrien gesellschaftlicher Macht rechtlich kompensieren. Über Rechtsnormen, die nahezu oder tatsächlich 'alle' betreffen, kann in zentralen Referenden entschieden werden. Alles dies setzt voraus, dass die parlamentarische Zentrale für die allgemeinste Funktion zuständig bleibt: die Setzung von Verfahrensnormen, nach denen in basisdemokratischen Rechtssetzungsprozessen die inhaltlichen Normen zustande kommen" (Maus, Ingeborg 2011: Über Volkssouveränität. Elemente einer Demokratietheorie. Suhrkamp, Frankfurt/M., S. 40-41).

70 Damit wird kein Kollektivsubjekt imaginiert, eine Befürchtung, die hinter den Habermas'schen „realpolitischen Konzessionen" steht und deren realgeschichtlichen Beweis er im „Bankrott des Staatssozialismus" zu sehen glaubt: „Diese Idee der Unteilbarkeit [der Volkssouveränität; A.S.] verweist nicht auf ein mystisches Kollektivsubjekt, sondern enthält die schlichte Forderung, dass Souveränität ausschließlich denen zukomme, die von Entscheidungen selbst betroffen sind, und nicht etwa den Verwaltern delegierter rechtsanwendender Macht" (Maus, Ingeborg 1994: Zur Aufklärung der Demokratietheorie, S. 218).

71 Habermas, Jürgen 1994: Faktizität und Geltung, S. 626.

dessen moralischen Implikationen festzuhalten. Dadurch ergibt sich eine Verschiebung im Verhältnis zwischen Moral, Recht und Demokratie, die mir wichtig erscheint. Da Habermas das Diskursprinzip als gegenüber „Moral und Recht *noch neutral*"[72] versteht, ist er genötigt, „das Prinzip selber in den symmetrischen Anerkennungsverhältnissen kommunikativ strukturierter Lebensformen" zu fundieren und für dessen Wirksamkeit *ausschließlich* auf die „Rückendeckung durch entgegenkommende Sozialisationsprozesse und Identitäten", auf „den Hintergrund entgegenkommende Institutionen und normativer Kontexte"[73] zu setzen. Paradoxerweise kommt es bei Habermas gerade durch den Verzicht auf eine moralisch universale Begründung des Diskursprinzips partiell zu einer Remoralisierung des Rechts, da seiner Meinung nach „das demokratische Gesetzgebungsverfahren seine Teilnehmer mit den normativen Erwartungen der Gemeinwohlorientierung konfrontieren"[74] müsse. Hält man hingegen den Anspruch aufrecht, dass sich „durch strikte *transzendentalpragmatische Reflexion* auf das unhintergehbare Diskursprinzip [zeigen lässt], dass dieses Prinzip nicht moralisch neutral ist, sondern eine Bestreitung des *moralischen Gehalts* seiner prozeduralen Grundnormen (der Anerkennung aller möglichen Diskurspartner als *gleichberechtigt* und *mitverantwortlich* und daher als Adressaten einer *universalen Konsensverpflichtung*) in einen *performativen Selbstwiderspruch* der Argumentation führt"[75], dann können, weil nur noch diese „prozeduralen Grundnormen" universal begründungs*fähig* und begründungs*pflichtig* sind, die Subjekte der Demokratie in ihrer demokratischen Praxis von verfahrensexternen moralischen Pflichten freigestellt werden, denn „[d]as Modell betont die kommensurierenden und fairnessstiftenden Verfahren, die auch eine den Beteiligten unbewusste und von ihnen unintendierte Rationalisierung der Ergebnisse herbeiführen können, ohne den Teilnehmenden selbst einen Übergang in einen ethischen oder moralischen Argumentationsmodus abzuverlangen"[76]. An die Stelle einer internen Verknüpfung von Recht, Demokratie und Moral tritt eine

---

72 Ibid., S. 138.

73 Habermas, Jürgen 1991: Erläuterungen zur Diskursethik. In: Ders.: Erläuterungen zur Diskursethik. Suhrkamp, Frankfurt/M., S. 119-226, hier: S. 135.

74 Habermas, Jürgen 1994: Faktizität und Geltung, S. 111.

75 Apel, Karl-Otto 2011: Paradigmen der Ersten Philosophie. Zur reflexiven – transzendentalpragmatischen – Reflexion der Philosophiegeschichte. Suhrkamp, Frankfurt/M., S. 15.

76 Niesen, Peter 2002: Legitimität ohne Moralität. Habermas und Maus über das Verhältnis zwischen Recht und Moral. In: Ders.; Schomberg, Rene von (Hrsg.): Zwischen Recht und Moral, S. 16-60, hier: S. 44.

externe Verbindung, die sowohl die uneinschränkbare Selbstbestimmung der demokratischen Akteure intakt lässt als auch die Sprengkraft moralischer Kritik an bestehenden Verhältnissen begründet. Denn aus der moralischen Relevanz des Aprioris der Diskursgemeinschaft resultiert die moralische Pflicht jedes und jeder Einzelnen, dafür einzutreten, dass die Gesellschaft so eingerichtet wird, dass die in diesem Apriori nur *unterstellten* Bedingungen herrschaftsfreier Vergesellschaftung *realisiert* werden, ohne der und dem Einzelnen die Befolgung dieser Unterstellungen gesinnungsethisch bereits in einem gesellschaftlichen Zustand zuzumuten, in dem diese Bedingungen realgeschichtlich noch nicht erfüllt sind. Damit ist ein kritischer Maßstab etabliert, der aber nur in der kollektiven Selbstbestimmungspraxis demokratischer und rechtlicher Institutionen seine Wirkung entfalten kann. Was Habermas mit Blick auf die Verpflichtung des Rechtsstaats gegenüber der Praxis des zivilen Ungehorsams feststellt, wäre für den gesamten demokratischen Prozess zu generalisieren als die Aufgabe, „das Misstrauen gegen ein in legalen Formen auftretendes Unrecht [zu] schützen und wach [zu] halten, obwohl es eine institutionell gesicherte Form nicht annehmen kann"[77]. Ein universalistischer Demokratiebegriff macht die demokratischen Verfahren und Institutionen begründungspflichtig und dadurch kritisierbar, nicht die Individuen in ihrer demokratischen Praxis. Genauso wenig wie er sich in einem „demokratischen Paradox" verfängt, macht er sich des Anti-Pluralismus, Hyperrationalismus und Moralismus schuldig.

---

77 Habermas, Jürgen 1985: Ziviler Ungehorsam – Testfall für den demokratischen Rechtsstaat. Wider den autoritären Legalismus in der Bundesrepublik. In: Ders.: Die Neue Unübersichtlichkeit. Kleine Politische Schriften V. Suhrkamp, Frankfurt/M., S. 79-99, hier: S. 87.

Lisa Neher

Antagonismus und Agon: Chantal Mouffes kritische Aneignung Carl Schmitts

Folgt man Oliver Marchart, dann ist der Begriff des Politischen zu einem Zeitpunkt der Krise fundamentalistischen Denkens in die Diskussion der politischen Philosophie eingetreten.[1] Das Politische wird dabei von der Politik unterschieden und verweist damit auf etwas, das der Politik zugrunde liegt, aber nicht mit dem Begriff der Politik erfasst werden kann. Ich werde Chantal Mouffe als Denkerin der politischen Differenz vorstellen, die vor diesem Hintergrund für eine Theorie der radikalen Demokratie argumentiert. Die Unterscheidung von „Politischem" und „der Politik" vollzieht sie in Anlehnung an Carl Schmitts Begriff des Politischen; Mouffe nutzt sie für eine Kritik an einer Vielzahl von Positionen, die sie unter dem Begriff des „Postpolitischen" subsumiert. Sie interveniert damit gegen ein Verständnis von Politik und Demokratie, das auf Konsens und dem naiven Vertrauen auf eine friedliche und kosmopolitische Zukunft beruht. Anstatt die Universalität von Werten zu postulieren und zu legitimieren, fordert Mouffe das Eintreten in einen Stellungskrieg, der auf die politische Unterscheidung zwischen rechts und links nicht verzichten kann. Mouffes Kritik muss sich besonders danach beurteilen lassen, ob es ihr gelingt, „mit Schmitt gegen Schmitt"[2] einen Begriff des Politischen zu entwickeln, der trotz seines Schmitt-Bezugs nicht essentialistisch und fundamentalistisch ist. Letztlich muss die Frage gestellt werden, wie eine kritische Aneignung Schmitts möglich ist.

Dazu werde ich im ersten Schritt Mouffes Begriff des Politischen und ihren agonistischen Ansatz in der Demokratietheorie vorstellen. In einem zweiten Schritt zeige ich auf, wie Carl Schmitt in *Der Begriff des Politischen* (1927, hier in der Version von 1932) eine essentialistische Konzeption der Freund-Feind Bestimmung, die als Merkmal des Politischen eingeführt wird, entwickelt.

---

1 Siehe Marchart, Oliver 2010: Die politische Differenz. Zum Denken des Politischen bei Nancy, Lefort, Badiou, Laclau und Agamben. Suhrkamp, Berlin.
2 Mouffe, Chantal 2007: Über das Politische. Wider die kosmopolitische Illusion. Suhrkamp, Frankfurt/M., S. 22.

Schließlich werde ich in einem letzten Schritt die Differenzen zu Mouffes Begriff des Politischen aufzeigen. Dabei vertrete ich die These, dass Mouffes Vorhaben, Schmitt gegen Schmitt zu lesen, ignoriert, dass Schmitt von einer homogenen Gemeinschaft ausgeht, die jeder politischen Differenzierung vorausgeht. Es soll deutlich werden: Wenn Mouffes Denken im Sinne von Marchart im Zeichen der Krise des fundamentalistischen Denkens steht, dann sollte sich daraus ergeben, dass ihr Denken von Carl Schmitts radikal geschieden ist.

1. Der Begriff des Politischen bei Chantal Mouffe

In den zahlreichen Schriften von Chantal Mouffe[3] lässt sich zwischen einer Widerlegungs- und einer Begründungsstrategie zur Plausibilisierung ihres agonistischen Ansatzes und ihres Begriffs des Politischen unterscheiden. Mit der Widerlegungsstrategie ist eine Kritikperspektive an postpolitischen, insbesondere deliberativen Demokratietheorien verbunden, die darauf abzielt, diesen nachzuweisen, dass sie ihre Ziele und Ideale unterlaufen. Mouffe untermauert ihre Theorie aber auch in einem positiven Sinne unter Bezugnahme auf Denker wie Carl Schmitt, Ludwig Wittgenstein, Elias Canetti und andere, und beschreibt ihren Theorierahmen selbst als „informiert von Poststrukturalismus und Dekonstruktion"[4]. Diese Begründungsperspektive rückt bei ihr selbst und besonders in dem zentralen Text *Über das Politische. Wider die kosmopolitische Illusion* (2007) in den Hintergrund, ist aber besonders wichtig, wenn es darum geht, ihre Theorie von Carl Schmitts Begriff des Politischen zu unterscheiden. Ich werde deshalb den begründenden Teil in den Vordergrund rücken und lediglich mit ihrer Kritikperspektive kontrastieren.

Für Chantal Mouffes Theorie einer radikalen Demokratie und eines agonistischen Pluralismus ist die Unterscheidung von Politik und Politischem grundlegend. Die Politik stellt dabei „die Gesamtheit der Verfahrensweisen und Institutionen, durch die eine Ordnung geschaffen wird"[5], dar. Diese Ordnung wiederum wird auf der Grundlage einer Konflikthaftigkeit hergestellt, die das Politische bezeichnet. Das Politische meint „die Dimension des Antagonismus,

---

3   Siehe Mouffe, Chantal 2007: Über das Politische; Mouffe, Chantal 2009: Exodus und Stellungskrieg. Die Zukunft radikaler Politik. Zweite Auflage, Turia und Kant, Wien; Mouffe, Chantal 2010: Das demokratische Paradox. Turia und Kant, Wien.

4   Mouffe, Chantal 2010: Das demokratische Paradox, S. 27.

5   Mouffe, Chantal 2007: Über das Politische, S. 16.

die [Mouffe] als für menschliche Gesellschaften konstitutiv betrachte[t]"⁶. Demnach ist das Politische der Politik vorgängig. Der Kern ihrer Theorie besagt: Konflikthaftigkeit, Antagonismus und damit eine Wir-Sie-Unterscheidung liegen jeder politischen Ordnung zugrunde.

Mit diesen Überlegungen zum Politischen schließt sie an Carl Schmitt an, der in seiner Schrift *Der Begriff des Politischen* als Bestimmung des Politischen die Unterscheidung von Freund und Feind einführt.[7] Schmitt und Hannah Arendt gelten in der aktuellen Debatte über die politische Differenz als Stichwortgeber und Antipoden der Diskussion[8]. Martin Nonhoff etwa spricht bei Schmitt von einem realistischen Verständnis des Politischen und setzt diesem Arendts bürgerschaftliches Verständnis entgegen. Oliver Marchart identifiziert ein dissoziatives Politisches auf der Seite Carl Schmitts und ein assoziatives auf der Seite Hannah Arendts.[9] Damit wird bereits deutlich, dass Arendts Begriff des Politischen stärker auf ein Gemeinsames ausgerichtet ist, wogegen Schmitt mit der Freund-Feind-Unterscheidung als Charakteristikum des Politischen genauso wie Mouffe den Antagonismus zum Wesen des Politischen macht.

Menschliche Gesellschaften zeichnen sich nach Mouffe wesentlich durch das Politische, das heißt durch ihren antagonistischen Charakter aus. Für Mouffe steht allerdings die Möglichkeit im Vordergrund, diesen Antagonismus in einen Agonismus transformieren zu können. Die allgemeine Bestimmung des Antagonismus wird von ihr demokratisch formbestimmt als Agonismus begriffen. Die Wir-Sie-Unterscheidung kennt demnach bei Mouffe nicht nur die von Schmitt ins Leben gerufene Freund-Feind-Form, sondern auch noch eine zweite, demokratische Form. Die Kontrahenten in einem agonistischen Verhältnis werden nicht in Begriffen der Feindschaft, sondern denen der Gegnerschaft formuliert. Diese Verlagerung vom Antagonismus zum Agon werde ich im nächsten Abschnitt noch ausführlicher diskutieren.

Mit dieser Bestimmung des Politischen steht Mouffe in Opposition zu bedeutenden konsensorientierten Modellen und politischen Theorien, die jenseits

---

6 Ibid.

7 Siehe Schmitt, Carl 1963: Der Begriff des Politischen. Text von 1932 mit einem Vorwort und drei Corollarien. Duncker & Humblot, Berlin, S. 26.

8 Siehe Marchart, Oliver 2010: Die politische Differenz; Nonhoff, Martin 2006: Politischer Diskurs und Hegemonie. Das Projekt Soziale Marktwirtschaft. Transcript, Bielefeld; Bedorf, Thomas; Röttgers, Kurt 2010: Das Politische und die Politik. Suhrkamp, Berlin.

9 Marchart, Oliver 2010: Die politische Differenz, S. 35.

von links und rechts eine Demokratie ohne Gegnerschaft und damit den Weg in eine kosmopolitische Zukunft für möglich halten. Gedacht sei hier an eine deliberative Demokratietheorie, wie sie Jürgen Habermas vertritt, oder an eine Politik des Dritten Weges im Sinne von Beck oder Giddens. Dabei stellt Mouffe überzeugend heraus, wie diese Positionen unter der Hand gerade an den Rändern ihrer Theorie eine Wir-Sie-Unterscheidung einführen, die sich nicht politisch artikulieren und letztlich nur in einem Freund-Feind-Modus Ausdruck finden kann. Sie verdeutlicht dies an der Hilflosigkeit, mit denen diese Theorien einem erstarkenden Rechtspopulismus in Europa und einem internationalen Terrorismus entgegentreten. Daraus ergeben sich zwei schwerwiegende Einwände: Weil postpolitische Theorien die Konstitutionsbedingungen, unter denen demokratische Herrschaft gedacht werden muss, nicht begreifen, können sie zum einen keine adäquate Demokratietheorie liefern, und stellen damit zum anderen sogar eine Gefahr für demokratische Systeme dar, da an den Rändern dieser Theorien Wir-Sie-Beziehungen nur als Freund-Feind-Beziehung und nicht in der politisch-demokratischen Form der Gegnerschaft geäußert werden können.

1.1. Vom Antagonismus zum Agon

Im Gegensatz zu einer deliberativen Demokratietheorie, die über einen rational-legitimatorischen Zugang die Universalität liberaler Demokratie beweisen will[10] und aufgrund einer rationalistischen Diskurstheorie Entscheidung durch freie Deliberation als Ideal demokratischen Regierens postuliert, rückt eine radikale Demokratietheorie im Sinne von Mouffe zwei Aspekte in den Vordergrund: Zum einen stellt sie die Frage nach der Bildung kollektiver Identitäten, die durch den rationalistischen und damit einem methodischen Individualismus verhafteten Ansatz versperrt bleibt. Zum anderen fragt sie nach den Bedingungen von Hegemoniebildung, indem sie das Moment der Entscheidung in politischen und aufgrund ihrer antagonistischen Qualität irreduziblen Fragen betont. Für ein Verständnis dieser als radikal vorgestellten Demokratietheorie ist es allerdings unerlässlich, nach dem Status des Antagonismus zu fragen. Dafür bedarf es eines kurzen Blicks auf die Diskurstheorie von Chantal Mouffe und Ernesto Laclau.

---

10 Die Frage, wie sich das Attribut „liberal" zur Form der Demokratie verhält, wird in deliberativen Ansätzen mit der Idee einer gleichursprünglichen, notwendigen Verbindung beantwortet. Mouffe modelliert moderne Demokratie als liberale Demokratie dagegen als spannungsvolle und paradoxe Form, die gerade in ihrer Paradoxie ihre Stärke besitzt. Dazu Mouffe, Chantal 2010: Das demokratische Paradox, S. 54-57.

Diskurs ist nach Mouffe und Laclau eine komplexe Praxis, die „sozialen Sinn generiert"[11]. Diese Praxis ist aus Artikulationen zusammengesetzt, die eine Beziehung zwischen zwei Elementen aufbaut, die ihrerseits diese Elemente formt und verändert. Dabei wird Diskurs nicht auf Sprache reduziert, wenn auch als sprachlich begleitet begriffen.[12] Gesellschaftliche Objektivität ist diskursiv hergestellt. Ihr produzierter und produktiver Charakter kann durch eine Diskursanalyse entschlüsselt werden. In dieser alles gesellschaftliche Sein umspannenden Verwendung des Diskursbegriffes gewinnt die Signifikationstheorie einen besonderen Stellenwert. Mouffe und Laclau folgen dabei dem Ansatz von Saussure, insofern sie „Sprache [als] ein System von Differenzen"[13] verstehen. Ein Signifikationssystem, das als System immer eine Begrenzung braucht, weist die eigentümliche Schwierigkeit auf, wie diese Grenze bezeichnet werden soll.[14] Denn durch das Signifikationssystem selbst kann diese Grenze nicht bezeichnet werden. Diese „*Grenze* der Objektivät"[15] sieht Laclau vom Antagonismus markiert. Jede gesellschaftliche Objektivität ist demnach nur vor dem Hintergrund eines Antagonismus, der diese in Frage stellen kann, denkbar. Der Antagonismus wird damit zur logischen Voraussetzung einer Diskurstheorie, die „Diskurs" als System von Differenzen versteht und, um den Charakter von dessen Systemhaftigkeit wahren zu können, ein radikales Außen annehmen muss.

Dieses radikale Außen spielt bei der Identitätsbildung eine große Rolle: Nach Mouffe können wir mit dem Begriff des *konstitutiven Außerhalb* grundsätzlich begreifen, wie sich Identitäten bilden.[16] So entsteht die eigene Identität in Abgrenzung zu einem Außen. „Jede Identität ist relational und jede Identität erfordert zwangsläufig die Bestätigung einer Differenz, d.h. die Wahrnehmung von etwas 'anderem', das sein 'Außerhalb' konstituiert"[17]. Kollektive Identitäten konstruie-

---

11 Nonhoff, Martin 2006: Politischer Diskurs und Hegemonie, S. 23.

12 Auf die Merkmale der Wiederholbarkeit und Ereignishaftigkeit des Diskurs gehe ich hier nicht näher ein, da sie für die zu entwickelnde Fragestellung nicht von Bedeutung sind. Vgl. hierzu Nonhoff, Martin 2006: Politischer Diskurs und Hegemonie.

13 Laclau, Ernesto 2007: Ideologie und Postmarxismus. In: Nonhoff, Martin (Hg.): Diskurs Radikale Demokratie Hegemonie. Zum politischen Denken von Ernesto Laclau und Chantal Mouffe. Transcript, Bielefeld, S. 29.

14 Auf die von Laclau eingeführte Hilfskonstruktion des leeren Signifikanten werde ich hier nicht näher eingehen.

15 Laclau, Ernesto 2007: Ideologie und Postmarxismus, S. 27.

16 Siehe Mouffe, Chantal 2007: Über das Politische, S. 23f.; Mouffe, Chantal 2010: Das demokratische Paradox, S. 36.

17 Mouffe, Chantal 2007: Über das Politische, S. 23.

ren sich entlang, an und durch die Bildung von Äquivalenzketten. Eine politische Identität entsteht also durch Ausschluss, aber auch durch ein Gemeinsames.

Mouffes Ansatz, der auf der Möglichkeit der Transformation des Antagonismus in einen Agonismus besteht, ist nur vor dem Hintergrund dieses Verständnisses von kollektiver Identität in seinem relationalen Charakter verständlich. So kann Mouffe verdeutlichen, wie sich *Wir* und *Sie* bedingen. Die Art und Weise, wie das *Sie* konstituiert wird, schlägt auf das *Wir* über und umgekehrt:

> Wie wir gesehen haben, sind Identitäten das Ergebnis von Identifikationsprozessen und niemals vollständig fixierbar. Wir haben es niemals mit Wir-Sie-Gegensätzen zu tun, in denen essentialistisch verstandene, schon vor dem Identifikationsprozess bestehende Identitäten zum Ausdruck kämen. Ferner repräsentiert das 'Sie', wie ich betont habe, die conditio sine qua non des 'Wir', sein 'konstitutives Außerhalb'; damit hängt die Konstituierung eines bestimmten 'Wir' immer vom Typ des von ihm unterschiedenen 'Sie' ab. Dieser Punkt ist zentral, da wir hiermit die Möglichkeit verschiedener Wir-Sie-Beziehungen erfassen können, die jeweils der Konstruktionsweise des 'Sie' entsprechen.[18]

Mouffe argumentiert hier gegen ein essentialistisches Verständnisses sowohl der Wir- als auch der Sie-Seite der Wir-Sie-Beziehung. Sie betont, dass die Qualität der Wir-Seite, also die Seite eines kollektiven Subjekts oder des „*Volkes*", davon abhängig ist, wie diese die Sie-Seite vorstellt. In einer antagonistischen Beziehung wird das Sie als Feind formuliert und dadurch entsteht ein homogenes Wir. Im Agonismus dagegen wird das Sie als Gegner formuliert und lässt damit ein demokratisches und plurales Wir zu. Die Gegner werden bei Mouffe „auf paradoxe Weise als freundschaftliche Feinde definiert [...], als Personen also, die Freunde sind, weil sie einen *gemeinsamen symbolischen Raum* teilen, zugleich aber Feinde, weil sie diesen gemeinsamen symbolischen Raum auf unterschiedliche Art organisieren wollen"[19].

Unter der Hand führt Mouffe für den Agonismus einen gemeinsamen symbolischen Raum ein. Die radikale Geschiedenheit, die die Betrachtungen zum Signifikationsprozess und der grundsätzlichen Verfasstheit des Antagonismus implizierten, wird hiermit zurückgenommen.

Aber nicht nur die Abgrenzung spielt bei der Bildung kollektiver Identitäten eine Rolle, sondern auch die aktive Bildung von Äquivalenzketten, die auf ein Gemeinsames zielen. Dieser Punkt gewinnt im Licht einer Hegemonietheorie an Bedeutung. Im Gegensatz zu der deliberativen Vorstellung eines idealen Ent-

---

18 Ibid., S. 27-28.
19 Mouffe, Chantal 2010: Das demokratische Paradox, S. 30; Hervorh. LN.

scheidungsfindungsprozesses und den damit verbundenen prozeduralen Fragestellungen hebt Mouffe hervor, dass Entscheidungen nicht gefunden, sondern gemacht werden. Eine Entscheidung als Konsens ist für sie eine konzeptuelle Unmöglichkeit, da das konstitutive Außerhalb eine irreduzible Alterität darstellt.[20] Die Entscheidung erfolgt demnach auf einem Feld der Unentscheidbarkeit, das durch das konstitutive Außerhalb markiert ist und einen Konsens verhindert. Jede Entscheidung impliziert damit das Machtmoment des Entscheidens. Aus diesem Grund scheitern Gesellschaftstheorien, die dieses Machtmoment eliminieren wollen, oder sie tragen zu einer Verschleierung der Machtverhältnisse bei.[21] Mouffe setzt dem ein Hegemoniekonzept von Politik entgegen, wonach sich Politik durch die Verhandlung zwischen Partikularem und Allgemeinen auszeichnet.[22] Hegemonie liegt dann vor, wenn sich ein Partikulares als Allgemeines artikulieren kann. Diese Artikulation ist solange hegemonial, solange ihr kein Widerspruch oder Widerstand entgegengesetzt wird. Um Hegemonie in Frage stellen zu können, bedarf es eines politischen Subjekts, welches ein gegenhegemoniales Projekt formuliert, indem es ihm gelingt, sein (partikulares) Anliegen als Allgemeines zu artikulieren. Für die Formierung eines gegenhegemonialen Projekts macht Mouffe die rechts-links Unterscheidung stark, da sie in dieser Unterscheidung typische Ausrichtungen sieht, für die unterschiedliche Hegemonie anstrebende, also auf das Allgemeine zielende, Projekte eintreten und so verhindern, dass eine hegemoniale Position auf Dauer unangetastet bleibt. Politische Kämpfe müssen in der Form eines Stellungskriegs geführt werden, der darauf abzielt, innerhalb der politischen Institutionen, aber in Opposition zur hegemonialen politischen Praxis zu agieren, mit dem Ziel, ein gegenhegemoniales Projekt zu verwirklichen. Die Äquivalenzketten verweisen damit letztlich auch auf den Gegner, da sie sich über das oppositionelle Sie bilden.

Es wurde deutlich, dass Mouffe im Gegensatz zu deliberativen Demokratietheorien die Bildung kollektiver Subjekte betont und damit eine Theorie einfordert, der es gegenwärtig sein muss, dass die Subjekte der Gesellschaft nicht vorausgehen. Das heißt, dass *der Mensch* nicht qua seiner ratio *demokratisch ist*, sondern dass *Menschen* durch ihr Handeln und die Institutionen, die dieses Handeln ermöglichen, *demokratisch werden* oder auch nicht. Demokratische Politik muss demnach darauf abzielen, demokratische Subjekte herzustellen, die sich als Teil einer agonistischen Auseinandersetzung begreifen.

---

20 Siehe ibid., S. 47.
21 Siehe ibid., S. 36-37.
22 Siehe Nonhoff, Martin 2006: Politischer Diskurs und Hegemonie, S. 109-110.

2. Der Begriff des Politischen bei Carl Schmitt

Nachdem wir einen Überblick über Mouffes Kritikperspektive und ihren agonistischen Ansatz erhalten habe, frage ich mich: Was bleibt von Carl Schmitt nach Mouffes Lektürestrategie „mit Schmitt gegen Schmitt"[23] übrig? Um dieser Frage nachgehen zu können, ist es unabdingbar Schmitts Werk selbst zu betrachten. Ich möchte dies wiederum unter der Leitfrage nach einem fundamentalistischen und essentialistischen Begriff des Politischen bei Schmitt tun. Danach werde ich prüfen, wann sich Mouffe ihren eigenen Aussagen nach von Schmitt trennt und die These vertreten, dass Mouffes und Schmitts Begriff des Politischen weitaus weniger Gemeinsamkeiten aufzuweisen haben, als Mouffe vermuten lässt.

Bei Schmitt heißt es: „Die politische Unterscheidung, auf welche sich die politischen Handlungen und Motive zurückführen lassen, ist die Unterscheidung von Freund und Feind."[24] Doch wie vollzieht Schmitt diese Unterscheidung und wie denkt er das Verhältnis von Freund und Feind? Durch die Distinktion in Freund und Feind wird der politische Raum geteilt. Es gibt eine Einheit, eine Homogenität, ein „homogenes Medium"[25], für Schmitt im besten Sinne einen Staat[26], der einem anderen Staat, einer anderen Einheit gegenübersteht; dieses Gegenüberstehen könne sich der „realen Möglichkeit"[27] nach in eine Feind-Beziehung und damit in einen Krieg verwandeln. Das Politische existiert demnach an der Grenze, an der sich Feinde gegenüberstehen. In einem guten Staat ist diese Grenze identisch mit den Grenzen des Staates; demnach ist nach Schmitt das Politische zwischen zwei Staaten zu verorten[28]. Andernfalls löste sich der Staat auf und es herrschte Bürgerkrieg[29].

Betrachten wir im Folgenden genauer Schmitts Überlegungen zur Freund-Feind-Unterscheidung hinsichtlich eines essentialistischen Moments der beiden Pole dieser Unterscheidung. Ich möchte entgegen Mouffes Lesart von Schmitt die These aufstellen, dass Schmitts Begriff des Politischen vor dem Hintergrund

23 Mouffe, Chantal 2007: Über das Politische, S. 22.

24 Schmitt, Carl 1963: Der Begriff des Politischen, S. 26.

25 Schmitt, Carl 2009: Politische Theologie. Vier Kapitel zur Lehre von der Souveränität. Neunte Auflage, Duncker & Humblot, Berlin, S. 19.

26 Schmitt definiert den Staat in „Der Begriff des Politischen" als „de[n] politische[n] Status eine[s] in territorialer Geschlossenheit organisierten Volkes" (Schmitt, Carl 1963: Der Begriff des Politischen, S. 20).

27 Schmitt, Carl 1963: Der Begriff des Politischen, S. 33.

28 Siehe Nonhoff, Martin 2006: Politischer Diskurs und Hegemonie, S. 99.

29 Vgl. Schmitt, Carl 1963: Der Begriff des Politischen, S. 32.

der später verfassten Schrift *Der Leviathan in der Staatslehre des Thomas Hobbes* (1938) nur als essentialistische Konzeption gelesen werden kann.[30] Beide Schriften lassen sich komplementär lesen und erlauben dann ein tieferes Verständnis von Schmitts Begriff des Politischen und seiner darauf aufbauende Liberalismuskritik. Ich behaupte damit, dass bei Schmitt durch die Freund-Feind-Bestimmung nicht die Identität der Wir-Gemeinschaft hervorgebracht wird, sondern diese schon vordiskursiv bzw. vor jeder Differenzierung als existent angenommen wird. Mouffes Interpretation lautet dagegen: „Indem er das Relationale der politischen Identitäten herausstellte, nahm Schmitt mehrere intellektuelle Strömungen vorweg, etwa den Poststrukturalismus, der immer wieder das Relationale aller Formen von Identität hervorgehoben hat."[31] Damit stellt sie Schmitt geradezu als Poststrukturalisten avant la lettre vor. Ich möchte mit der Hinzunahme der Leviathanschrift zeigen, dass eine solche Interpretation fehlschlägt.

In der 1938 verfassten Leviathanschrift fügt sich Schmitt in eine Traditionslinie mit Hobbes ein. Dazu muss er Hobbes vor jeder liberalen Interpretation in Schutz nehmen. Der Leviathan als Sinnbild eines starken Staates steht dabei im Vordergrund der Betrachtung. Als zentralen Anknüpfungspunkt an Hobbes stellt Schmitt seine Position bezüglich indirekter Gewalten – also jeder nichtstaatlichen Gewalt, sei es die von Parteien, Gewerkschaften oder anderen Interessensverbände – heraus: „Darin vollendet sich seine [Hobbes', LN] für uns heute erkennbare und fortwährend fruchtbare Leistung, nämlich die des großen Lehrers im Kampf gegen alle Arten der indirekten Gewalten."[32]

Für Hobbes wie für Schmitt ist der Staat als Souverän die einzig legitime Gewalt. Pluralismus innerhalb des Staates wird ausschließlich als Gefahr betrachtet. In Schmitts Auseinandersetzung mit dem Problem des Wunderglaubens bei Hobbes wird deutlich, dass der Staat auch über den Glauben entscheidet. Was als Wunder gilt, entscheidet der Staat und fordert damit von den Bürgern ein Bekenntnis. Ihr persönlicher Glaube ist von diesem Bekenntnis nicht berührt, die Unterscheidung von *fides* und *confessio*[33] und das dezisionistische Element

---

30 Die These eines essentialistischen oder substantiellen Kerns in der Schmitt'schen Freund-Feind-Bestimmung wird von vielen Interpreten geteilt. Siehe dazu Bedorf, Thomas; Röttgers, Thomas 2010: Das Politische und die Politik; Nonhoff, Martin 2006: Politischer Diskurs und Hegemonie.

31 Mouffe, Chantal 2007: Über das Politische, S. 23.

32 Schmitt, Carl 1982: Der Leviathan in der Staatslehre des Thomas Hobbes. Sinn und Fehlschlag eines politischen Symbols. Hohenheim, Köln-Lövenich, S. 131.

33 Er besteht darauf, dass diese Unterscheidung, die auch als die Unterscheidung von privat und öffentlich formuliert und erweitert werden kann, allerdings ihren Bedeu-

des Sinnspruchs *„autoritas [sic], non veritas facit legem"*[34] sind die entscheidenden Momente der Schmitt'schen Hobbeslesart. Der Staat entscheidet: Nicht
die Wahrheit, sondern die Autorität ist der Maßstab für richtig und falsch. An
diesen Gedanken schließt auch sein bekanntes Diktum an: „Souverän ist, wer
über den Ausnahmezustand entscheidet"[35]. Die Auseinandersetzung mit der
Frage nach der Beurteilung des Wunders bei Hobbes führt direkt zu Schmitts
Überlegungen bezüglich der Freund-Feind Unterscheidung: Der souveräne Staat
zeichnet sich durch die Entscheidung über den Ausnahmezustand und damit über
die Feindbestimmung aus. So wie bei Hobbes der Souverän über das Wunder
und den Glauben als Staatsaufgabe entscheiden soll, so entscheidet bei Schmitt
der Souverän über Freund und Feind.

Da die Feindbestimmung ebenso wie der Wunderglaube nicht argumenta-
tiv erschlossen und kein Wahrheitskriterium angegeben werden kann, bedarf
sie der *Entscheidung*. Diese Entscheidungsgewalt obliegt einzig und allein dem
Staat. Alle indirekten Gewalten sind deshalb gefährlich und müssen bekämpft
werden, weil sie die Entscheidungsgewalt des Staates in Frage stellen und, indem
sie Privatinteressen vertreten, die Einheit des Staates gefährden.

Wenn Schmitt aber nicht von einer für alle Zeiten feststehenden Wahrheit
ausgeht: „Darum bedeutet das Kriterium der Freund- und Feindunterscheidung
auch keineswegs, daß ein *bestimmtes Volk* ewig der Freund oder Feind eines *bestimmten* anderen sein müßte"[36], sondern das Moment der Entscheidung betont,
wie komme ich dann dazu, ihm einen Essentialismus unterstellen zu wollen? Das
essentialistische Moment liegt darin, dass ein *bestimmtes Volk* der Unterscheidung
vorgängig ist. Dieses Volk konstituiert sich nicht durch die Unterscheidung,
sondern das Volk wählt sich andere Völker als Freunde und als Feinde. Diese
Wahl ist eine Entscheidung, die wiederum nicht begründet werden kann. Es
reicht aus, dass der Feind auf existentielle Art anders ist, damit er zum Feind
wird: „Er ist eben der andere, der Fremde, und es genügt zu seinem Wesen, daß

---

tungsschwerpunkt auf die confessio, das öffentliche Bekenntnis und die Autorität des
Staates in Entscheidungssachen legt. Die liberale Interpretation habe diese Priorität
auf die Seite des Privaten gelegt und damit verdreht: Damit ist der Staat, „der sterbliche
Gott zum zweitenmal gestorben" (ibid., S. 118).

34 Schmitt, Carl 2009: Politische Theologie, S. 55; Schmitt, Carl 1982: Der Leviathan,
S. 82.
35 Schmitt, Carl 2009: Politische Theologie, S. 13.
36 Schmitt, Carl 1963: Der Begriff des Politischen, S. 35; Hervorh. LN.

er in einem besonders intensiven Sinne existentiell etwas anderes und Fremdes ist, so daß im extremen Fall Konflikte mit ihm möglich sind"[37].

Schmitt leugnet nicht, dass es Entwicklung geben kann und sich somit die Grenzen der Freund-Feind-Bestimmung verschieben können, doch ausschlaggebend scheint für ihn das *Sein* zu sein: „Er *ist* eben der andere"[38]. Damit liegt bei Schmitt keine relationale Verhältnisbestimmung des Paares Freund und Feind, sondern nur Aufeinanderbezogenheit zweier feststehender Entitäten vor. Das Volk selbst besteht schon vor jeder Differenzierung.

So, wie die antagonistische Freund-Feind-Beziehung bei Schmitt ein Resultat der Entscheidung ist, ist sie kategorial etwas anderes als der antagonistische Gegensatz, bei dem die Elemente des Gegensatzes erst im Vollzug des Entgegensetzens konstituiert werden. Die Entscheidung in Schmitts Sinne ist transzendent: Der Souverän entscheidet, wer Freund und wer Feind ist, und wird damit zu etwas die bestehende Ordnung transzendierendem[39]. Gegen diese Auffassung lässt sich ein immanent formierter antagonistischer Gegensatz stellen. Bei diesem Gegensatz gibt es jede Seite des Gegensatzes nur so lange, wie es die andere Seite

---

37 Ibid., S. 27.
38 Ibid.; Hervorh. LN.
39 Man könnte anführen, dass Schmitt selbst gegen die Vorstellung einer transzendenten Entscheidungsmacht spricht. Das oben angeführte Zitat zur Feindbestimmung heißt vollständig: „Er ist eben der andere, der Fremde, und es genügt zu seinem Wesen, daß er in einem besonders intensiven Sinne existentiell etwas anderes und Fremdes ist, so daß im extremen Fall Konflikte mit ihm möglich sind, die weder durch eine im voraus getroffene generelle Normierung, noch durch den Spruch eines „unbeteiligten" und daher „unparteiischen" Dritten entschieden werden kann. Die Möglichkeit richtigen Erkennens und Verstehens und damit auch die Befugnis mitzusprechen und zu urteilen ist hier nämlich nur durch das existentielle Teilhaben und Teilnehmen gegeben. Den extremen Konfliktfall können nur die Beteiligten selbst unter sich ausmachen" (ibid.). Liest man *Der Begriff des Politischen* allerdings auch als eine Polemik gegen den Völkerbund, so sind mit dem unparteiischen Dritten gerade völkerrechtliche Vereinbarungen gemeint. Die starke Identität zwischen Regierten und Regierenden, die aus dem Zitat durchscheint, ist selbst bloß Abstraktion. Durch diese Gleichsetzung, stellt er eine Einheit her, die auf eine Gemeinschaftskonzeption verweist und von allen Unterschieden abstrahiert. Mit Schmitts *Politischer Theologie* wird deutlich, dass gerade der Souverän über diesen Konfliktfall entscheidet. Hier wird auch deutlich, dass Schmitt den diagnostizierten Transzendenzverlust politischen Denkens seit dem 19. Jahrhundert bedauert und daher Donoso Cortes und Thomas Hobbes für ihre dezisionistische Begründung der Diktatur würdigen möchte (siehe Schmitt, Carl 2009: Politische Theologie, S. 55).

gibt. Ein solcher Gegensatz kann demnach nicht existentiell, substantiell oder essentialistisch, sondern nur reflexiv begriffen werden.

Das transzendente Moment, das hierbei zu Tage tritt, und die essentialisierten Kategorien „Freund" und „Feind" führen letztlich logisch zur Ablehnung einer pluralistischen Gesellschaft. Wenn der Souverän die Entscheidung für den Staat als Einheit trifft, gibt es innerhalb des Staates keinen Platz für Vielfalt, statt einer Gesellschaft wird eine Gemeinschaft mit betonter Homogenität konzeptualisiert. Schmitts Freund-Feind-Unterscheidung betont damit nicht das Relationale aller Identitäten, wie Mouffe Schmitt unterstellt, sondern führt zu einer Einteilung der Welt. Die Formierung von Freund und Feind stellt diese kollektiven Identitäten nicht erst her, sondern ordnet schon Existierendes an. Das Politische als Unterscheidungsoperator im Sinne von Schmitt nimmt damit eine extensionale Unterscheidung vor. Wir haben gesehen, wie nach Mouffe kollektive Identitäten durch Abgrenzungsprozesse und durch Äquivalenzkettenbildung *entstehen*. Schmitt legt aber nahe, dass die Identitäten einfach *vorausgesetzt* sind, und ihre Anordnung in Freund und Feind durch den Souverän gesetzt wird.

3. Differenzen zu Carl Schmitt

Betrachten wir zunächst, wie Mouffe selbst ihre Differenz zu Schmitt darstellt: „Wenn man die Untilgbarkeit des Antagonismus postuliert und zugleich die Möglichkeit eines demokratischen Pluralismus behauptet, dann muß man *gegen* Schmitt argumentieren, daß diese beiden Behauptungen einander nicht ausschließen."[40]

Den Gegensatz, den Schmitt zwischen Liberalismus und Demokratie sieht, entwickelt er als selbstzerstörerischen Widerspruch und zieht daraus die Konsequenz, dass die liberale Demokratie zum Scheitern verurteilt ist. Mouffe dagegen sieht in dieser Spannung die Stärken liberaler Demokratien und anders als Schmitt bevorzugt sie eine pluralistische Gesellschaft unter Anerkennung von Gegensätzen. Sie sagt sogar, dass nur durch diese Anerkennung überhaupt von Pluralismus gesprochen werden könne und bezeichnet Schmitts Folgerung als „falsches Dilemma"[41]. Wesentlich für ihre Auslegung von Schmitt ist folgendes Bekenntnis: „[I]ch stimme seiner Behauptung zu, dass es notwendig sei, 'das Volk' politisch zu konstituieren. Aber ich glaube nicht, dass dies uns dazu zwingen muss, die Möglichkeit jeder Form des Pluralismus innerhalb des politischen Verbands zu verneinen"[42]. Mouffe

---

40 Mouffe, Chantal 2007: Über das Politische, S. 28.
41 Mouffe, Chantal 2010: Das demokratische Paradox, S. 64.
42 Ibid.

interpretiert Schmitts Freund-Feind-Unterscheidung gerade nicht ausschließlich als klassifizierend, sondern reflexiv als Konstitutionsbedingung „des Volkes"[43].

Andererseits sieht Mouffe, dass die politische Einheit bei Schmitt nicht politisch hergestellt ist, wenn sie schreibt, dass „die Einheit allerdings als ein *Faktum* dargestellt"[44] wird. Sie stellt fest, dass „Schmitt [...] durch seine Sicht der politischen Einheit dazu geführt [wird], solch ein Dilemma zu formulieren. Für ihn muss die Einheit des Staates eine konkrete Einheit sein, die bereits gegeben und deshalb stabil ist"[45]. Sie sieht also, dass die Unterscheidung von eigenem Volk und Feind bzw. Freund aus dieser Perspektive „nicht wirklich politisch konstruiert"[46] ist. An dieser Stelle wirft sie Schmitt vor, widersprüchlich zu argumentieren. Ich meine hingegen, dass Schmitt nicht widersprüchlich argumentiert, sondern dass es im Werk von Schmitt schlicht kein Indiz dafür gibt, dass die Freund-Feind-Unterscheidung von ihm überhaupt als eine relationale Beziehung gemeint ist, wie Mouffe unterstellt.

(1) Damit sehe ich den entscheidenden Unterschied zwischen Schmitts Freund-Feind-Unterscheidung und Mouffes Gegner-Konzept in der Art und Weise, wie politische Subjekte konstituiert werden. Während Mouffe eine relationale Beziehung aufbaut und nahelegt, dass sowohl das *Wir*, als auch das *Sie* einer jeden Wir-Sie-Beziehung nur solange existiert, als auch das Gegenüber existiert, vollzieht Schmitt bloß eine Anordnung schon vorgängiger kollektiver Subjekte. Die politische Einheit – das Volk oder Staatsvolk – ist bei Schmitt vorausgesetzt, während das „Volk" bei Mouffe ein Produkt der Wir-Sie-Beziehung ist.[47]

(2) An diese Verschiedenheit im Modell der Subjektkonstituierung schließt sich direkt eine weitere Differenz an. Sie betrifft die Stellung und den Status des Antagonismus. Vor dem Hintergrund einer gesellschaftliche Wirklichkeit beschreibenden Diskurstheorie ist für Mouffe notwendig, dass Antagonismen

---

43 Die Anführungszeichen, die Mouffe in all ihren Schriften setzt, sind hierbei eine wichtige Verlegenheitslösung, um das Volk nicht als vorgängige, sondern als produzierte Entität zu markieren. Meines Erachtens zeigt sich darin ein wichtiger Unterschied zu Schmitt, den Mouffe selbst nicht deutlich genug als Unterschied artikuliert.

44 Mouffe, Chantal 2010: Das demokratische Paradox, S. 65.

45 Ibid., S. 64.

46 Ibid.

47 Dazu lässt sich sagen, dass das „Volk" nicht das einzige politische Subjekt ist, das Mouffe zulässt. Wir haben gesehen, dass Mouffe die Einteilung in rechts und links verteidigt, da sie darin Kategorien sieht, die ein *Wir* nach politischen Kriterien ermöglichen. Ein solches *Wir* ist nicht notwendig an Staatsgrenzen gebunden oder mit einem „Volk" identisch.

bestehen, und dass sie in Agonismen transformiert werden können. Diese Transformation hat zur Folge, dass die Bildung demokratischer Subjekte nicht entlang einer antagonistischen Grenze verläuft, sondern dass die Wir-Sie-Beziehung innerhalb eines symbolischen Raumes besteht. Wir können damit für Mouffe festhalten, dass ein Ausschluss oder ein Außen in der Form eines *Sie* für die Subjektbildung notwendig ist und sich dieses notwendige Außerhalb in der Theorie widerspiegeln muss. Bei Schmitt dagegen nimmt der Antagonismus einen normativen Status bezüglich der Aufgabe von Politik ein. Die Identifizierung von Freund und Feind wird zur normativen Aufgabe eines Staates. Nicht die politische Theorie wird in die Pflicht genommen, die Notwendigkeit einer antagonistischen Dimension in jeder menschlichen Gesellschaft anzuerkennen, sondern die Politik wird darauf reduziert, diesen Antagonismus herzustellen. Dabei wird bei Schmitt nur die Seite der Feind-Bestimmung in den Blick genommen, die Seite der Wir-Konstituierung, die bei Mouffe über Äquivalenzkettenbildung beschrieben wird, bleibt unberücksichtigt, da das *Wir* bei Schmitt als bereits vor der Freund-Feind-Bestimmung existierend angenommen wird.

(3) Ein dritter Unterschied betrifft die Rolle der Entscheidung. Sie hängt eng mit dem Status des Antagonismus zusammen. Da politische Fragen bei Mouffe antagonistischen Charakter besitzen, lassen sich die Antworten auf sie nicht auf einen Konsens reduzieren. Die Beantwortung einer politischen Frage schließt immer eine Entscheidung mit ein, die die Position der Gegenseite zumindest teilweise unberücksichtigt lassen muss. Jede Entscheidung impliziert damit ein Machtmoment, das besonders in demokratischen Gesellschaften reflektiert werden muss, weil seine Nivellierung eine Gefahr für die Demokratie darstellen kann. Für Schmitt dagegen spielt die Entscheidung eine so große Rolle, weil sie die Autorität des Souveräns sicherstellt. Die Entscheidung wird damit wie der Antagonismus zu einer normativen Vorstellung, die den Souverän auszeichnet.

(4) Ein letzter Unterschied, auf den ich aufmerksam machen möchte, betrifft den Begriff der Demokratie und das Verhältnis zum Liberalismus bei Schmitt und Mouffe. Schmitt zielt einerseits darauf ab, dem liberalen, atomistischen Modell ein „demokratisches", aber eben darum nicht weniger fundamentalistisches Modell, entgegenzusetzen: Er setzt „Demokratie" schlicht gleich mit „Gemeinschaft" und zielt darauf ab, die Unvereinbarkeit von Liberalismus und Demokratie zu beweisen. Schmitts Begriff des Politischen basiert auf einem fundamentalistischen Begriff des „Volks" als homogener Einheit. Er setzt der liberalistischen Vorstellung von Gesellschaft als Summe von Individuen die Idee einer homogenen (Volks)Gemeinschaft entgegen, in der das Individuum komplett verschwindet. Mouffe dagegen entwickelt mit ihrem Begriff der radikalen Demokratie gerade ein nicht- bzw.

postfundamentalistisches Konzept[48], das nicht im Widerspruch zum Liberalismus steht. Mouffe zeigt vielmehr, wie beide Modelle sich gegenseitig in paradoxer Weise ergänzen können[49]. Dem Konzept der Gegnerschaft kommt dabei die postfundamentalistische Rolle zu, jede endgültige Fundierung in Frage zu stellen. Mouffe sieht

> in der Kategorie des 'Gegners' einen Schlüssel, um die Spezifik moderner pluralistischer demokratischer Politik zu verstehen, und sie steht im Zentrum [ihres] Verständnisses von Demokratie als 'agonistischer Pluralismus'. Außer dass sie [ihr] erlaubt, Schmitts Argument, eine pluralistische Demokratie sei inkonsistent, zu begegnen, hilft sie [ihr], die Grenzen sowohl der Theoretiker 'deliberativer Demokratie' als auch der Politik der sogenannten 'radikalen Mitte' offenzulegen.[50]

Das Bild des Schlüssels verdeutlicht, dass die Türe zum Verständnis liberaler oder moderner Demokratie nur mit der Kategorie des Gegners geöffnet werden kann. Wir haben gesehen, dass Mouffe die Kategorie des Gegners genau so in Anschlag bringt: Sie zeigt vermittels ihrer die Grenzen deliberativer Demokratieansätze auf und hält mit dem Konzept des Agonismus und der Bestimmung der Gegnerkategorie dem Freund-Feind-Denken von Schmitt ein demokratisches Konzept entgegen. Der Gegnerbegriff wird so auch zur Waffe gegen Schmitts Kritik der liberalen Demokratien. Wir haben auch gesehen, dass das Fundament, auf dem Carl Schmitt seine Überlegungen zum Begriff des Politischen aufbaut, bei Mouffe fehlt. Mouffes hegemonietheoretischer Ansatz, der auf die Bildung politischer Kollektive zielt, die (gegen)hegemoniale Strategien verfolgen, legt die Überlegung nahe, dass ihr Begriff des Politischen auch eine gewisse Nähe zu Arendt aufweist[51].

Abschließend lässt sich sagen, dass eine kritische Aneignung Carl Schmitts nur dann funktionieren kann, wenn Schmitt völlig entkernt wird, um die übriggebliebene Hülle mit neuem Inhalt zu füllen. Dass sich dies wiederum auf die Form auswirkt, beweist Mouffe, die statt der Freund-Feind-Bestimmung das Konzept der Gegnerschaft einführt und die antagonistische Position zugunsten des Agonismus-Modells aufgibt. Am Ende bleibt dabei von Carl Schmitt nicht mehr viel übrig.

---

48 Siehe hierzu Marchart, Oliver 2010: Die politische Differenz, S. 329-365. Danach muss Demokratie immer postfundamentalistisch sein, auch wenn nicht umgekehrt gilt, dass postfundamentalistisches Denken automatisch demokratisch ist.

49 Siehe dazu Anm. 10.

50 Mouffe, Chantal 2010: Das demokratische Paradox, S. 30.

51 Nonhoff entwickelt diesen Gedanken. Er schlägt vor, „den realistischen und bürgerschaftlichen Begriff des Politischen komplementär zu lesen" (Nonhoff, Martin 2006: Politischer Diskurs und Hegemonie, S. 103), und bringt diese Lesart auf den Begriff der „Konflikthaftigkeit innerhalb der bürgerschaftlichen Ordnung".

III
Unterscheidende Eingriffe:
Medien kritischer Reflexion

Christoph Hubig

„Eigendynamik der Technik" *revisited*: Von der Sachzwangdiskussion zur evolutionären Modellierung

Solange und soweit sich Technikphilosophie als allgemeine Techniktheorie (miss-) versteht, lebt sie vom Zugriff auf die Theoriebestände der Fachwissenschaften. Ihre Technikdeutung verdankt sich dann Verallgemeinerungen oder Abstraktionen, wobei oftmals fachwissenschaftliche Theorien fürs Ganze genommen oder disziplinenspezifische Modellierungen qua Analogiebildung für andere – oder gar alle – Bereiche des Technischen geltend gemacht werden. Dank solcher Überhöhungen erreichen philosophische Deutungen dann eine gewisse Immunität: Sie präsentieren sich als Ansätze und Positionen, denen sich die Gegenstände nicht mehr widersetzen können. In seltener Offenheit hat dies etwa Niklas Luhmann für seine Systemtheorie konzediert. Obgleich er beansprucht, „daß sich alle Tatbestände [...] systemtheoretisch interpretieren lassen", und darauf verweist, dass „universell angesetzte Theorien [...] mit Theorien mittlerer Reichweite schwer vergleichbar [sind], weil sie deren Problemstellungen umkonstruieren", muss er sich selbst der Frage stellen:

> Was folgt z.B. für den Geltungsanspruch der Systemtheorie daraus, dass im Bereich von Schichtung und Mobilität bestimmte Hypothesen verifiziert werden, die die Systemtheorie in dieser Form weder aufgestellt hätte noch unterbringen kann? Im Grunde können Theorien mit universellem Geltungsanspruch nur mit Theorien mit gleichem Anspruch verglichen werden.[1]

Wenn dem so ist, verschärft sich die Frage zu derjenigen nach den „Tatbeständen", die zu „interpretieren" sind. Welcher Art sind solche „Tatbestände", wenn die Theorie Hypothesen nicht mehr „unterbringen kann"?

Unter philosophischem Anspruch wären theoretische und praktische Weltbezüge unserer lebensweltlichen Verfasstheit sowie der positiven Wissenschaften hingegen zu *reflektieren*, d.h. die Begrifflichkeiten und die im Rahmen der

---

1   Luhmann, Niklas 1971: Systemtheoretische Argumentationen. In: Habermas, Jürgen; Luhmann, Niklas: Theorie der Gesellschaft oder Sozialtechnologie – Was leistet die Systemforschung? Suhrkamp, Frankfurt/M., S. 378-379.

Modellierungen vorgenommenen Begründungen wären auf ihre Leistungen und Grenzen hin zu untersuchen – nicht im Sinne eines Abgleichs mit den „Tatbeständen" (dies findet in Lebenswelt und Wissenschaft ständig statt), und auch nicht in Leugnung eines Bezugs zu Tatbeständen (sonst bildete die Philosophie zwar konsistente und kohärente Begriffsgerüste, aber nur als gleichsam freischwebende „Begriffs-Sudokus"). Thema philosophischer Reflexion ist vielmehr die Möglichkeit bzw. Unmöglichkeit von *Gegenstands*bezügen, wie sie sich hinter den verwirklichten Strategien theoretischer und praktischer Welterschließung verbergen und freigelegt werden sollen. Reflexion zielt auf eine Erweiterung dieser Möglichkeiten und kritisiert Vereinseitigungen und Reduktionismen; sie verwahrt sich gegenüber einer abstraktiv gewonnenen Allgemeinheit und erstrebt ein Allgemeines, welches insofern konkret ist, als es das Potential seiner Verwirklichung birgt, und dabei nicht unbemerkt Wirklichkeitsbereiche ausschließt, die bedenkenswerte Kandidaten wären. Letzteres findet aber gerade statt, wenn allgemeine Theorien sich als Philosophien ausgeben – so in unserem Fall ein technologischer Determinismus, der sich im Wesentlichen aus Theoriebeständen der Techniksoziologie rekrutiert, oder ein ihn ablösender technologischer Evolutionismus, der im Theoriebaukasten der biologischen Evolutionstheorien wildert. Wie wir sehen werden, finden sich bereits im Rahmen der Sachzwangdiskussion, wie sie insbesondere durch die kulturpessimistische Technikphilosophie vorgetragen wird, eine Reihe von Begrifflichkeiten und Theoremen krypto-evolutionistischer Art, die im Rückgriff auf den Theoriebaukasten der Evolutionisten präzisierbar und weiterführbar erscheinen; insofern ist der Ablöseprozess keineswegs einer wissenschaftlichen Mode geschuldet, sondern durchaus nachvollziehbar. Dies freilich in der äußerst problematischen Hinsicht, dass die Verfasstheit der Evolutionstheorien unter Absenz wissenschaftstheoretischer Reflexion geradezu dazu einlädt, herkömmliche Modellierungen in die Sprache der Evolution zu übersetzen. Die Universalität dieser Übersetzungsoption veranlasst viele, den Parolen des Nestors der modernen (synthetischen) Evolutionstheorie beizupflichten: „Nichts in der organischen Welt macht Sinn außer im Lichte der Evolution", wobei gilt: Evolution ist „eine Tatsache"[2], weil eben scheinbar kein Lebensphänomen sich einer evolutionistischen Modellierung widersetzen kann. Wie kaum ein anderer hat Michael Weingarten die Gemengelage der Evolutionstheorien freigelegt, in wissenschaftstheoretischer Absicht rekonstruiert und

---

2 Mayr, Ernst 1994: Evolution – Grundlagen und Mißverständnisse. In: Ethik und Sozialwissenschaften. Jg. 5, H. 2, S. 203.

in philosophischer Absicht reflektiert,[3] so dass seine Untersuchungen fruchtbar gemacht werden können für eine Diagnose des Übergangs vom Paradigma eines technologischen Determinismus hin zu einem technologischen Evolutionismus. Dieser Übergang wird sich als einer „vom Regen in die Traufe" darstellen. Ex negativo lässt sich jedoch daran ablesen, wie eine alternative Lösung aussehen müsste, die den Ansprüchen einer philosophischen Reflexion standhält.

1. Die evolutionistische Einladung

Evolutionismus ist kein striktes Paradigma im Sinne von Thomas S. Kuhn. Zwar lässt sich eine weltanschauliche Grundorientierung ausmachen, nach der das Prozessieren in der Welt gemäß dem Dreischritt Variation – Selektion – Retention/Stabilisierung stattfindet. Diese Titelworte werden in einem non-intentionalistischen Vokabular weiter ausbuchstabiert, und damit endet die Gemeinsamkeit der unterschiedlichen Theorielinien bereits. Denn von einem einheitlichen theoretischen Framework (als zweiter Eigenschaft eines Paradigmas) kann angesichts der Vielfalt von Ansätzen mit neo-darwinistischer, neo-lamarckistischer,[4] konstruktionsevolutionistischer[5] und populationsgenetischer Fundierung[6] nicht die Rede sein, geschweige denn von einem Kanon instrumenteller Regeln der Erschließung des Gegenstandsbereichs. Über das non-intentionalistische Vokabular wird die Anschlussfähigkeit an die Sachzwangdiskussion hergestellt; die Vielfalt der Theorielinien und des methodischen Arsenals wiederum eröffnet einen weiten Spielraum für Analogiebildungen bzw. für den Einsatz des Vokabulars zur Modellierung von Entwicklungsprozessen (im weitesten Sinne) „der"

---

3   Weingarten, Michael 1993: Organismen – Objekte oder Subjekte der Evolution. Philosophische Studien zum Paradigmawechsel in der Evolutionsbiologie. Wiss. Buchgesellschaft, Darmstadt; Weingarten, Michael 1998: Wissenschaftstheorie als Wissenschaftskritik. Pahl-Rugenstein, Bonn, Kap. IV-IX; Weingarten, Michael 2005: Qualitative Modellierungen und quantitative Modelle des Zusammenhangs von Bevölkerungswissenschaft und Versorgungssystemen. In: Hummel, Diana; Hertler, Christine; Janowicz, Cedric u.a. (Hrsg.): Bevölkerungsdynamik und Versorgungssysteme. demons working paper 5, Frankfurt/M., S. 9-45.

4   Vgl. hierzu den ausgezeichneten Überblick von Beurton, Peter J. 2009: Hintergründe des modernen Lamarckismus. In: Deutsche Zeitschrift für Philosophie. Jg. 49, H. 4, S. 537-548.

5   Gutmann, Wolfgang Friedrich 1995: Evolution von lebendigen Konstruktionen. In: Ethik und Sozialwissenschaften. Jg. 6, Heft 3, S. 303-315.

6   Ehrlich, Paul 1986: The Machinery of Nature. Paladin Books, New York.

Technik, zur Modellierung technischer Verfahren und ihrer Aktualisierung als Ereignissen sowie derjenigen technischer Artefakte als Mittel in ihrer Wirkmächtigkeit (wobei die kategorialen Unterschiede oft verwischt werden). Die Pluralität der Angebote im „Supermarkt der Ideen" (Paul Feyerabend) und der Theoreme evolutionistischer Provenienz umfasst unterschiedliche Optionen bezüglich (1) der Gegenstände der Evolution als Träger von evolutionistischen Prädikationen: Was (wird) mutiert/variiert, was (wird) selektiert, was (wird) stabilisiert – was ist die „Münze" der Evolution in einer Subjekt- oder Objektrolle? Je nach Theorielinie stehen hier Gene, Genome, Genotypen, Phänotypen, Organismen, Ökosysteme, Arten, Gattungen, Populationen zur Disposition, die unterschiedlichste Analogiebildungen hin zu technischen Artefakten bis zu Techniken oder zur Technik selbst erlauben. Wir finden (2) Unterschiede bezüglich der Definitionsbereiche evolutionistischer Erklärungen: Von der Evolution von Arten oder Populationen bis hin zu typisierten Gattungen (pflanzlich, tierisch, menschlich vs. „technisch") bis hin zur kosmischen Evolution, die die Entstehung des Lebens selbst zu modellieren beansprucht. Wir sehen (3) Unterschiede in den Erklärungsansprüchen und den damit verbundenen Erklärungsmodi: von abduktiven Ex-post-Rekonstruktionen (mit Retrodiktionen als empirischem Test) ohne Prognoseanspruch bis hin zu prognosefähigen Erklärungen aus der mathematischen Populationsgenetik oder konträren funktionalen oder gar teleologischen Erklärungen. Hier können sich die unterschiedlichen Technikdeutungen „wiederfinden", auch und gerade bezüglich der Frage, was als abhängige oder unabhängige Variable zu modellieren ist, z.B. mit Blick auf die Selektions- und Adaptionsinstanz Umwelt. Ferner bestehen (4) Unterschiede bezüglich der inhaltlich-thematischen Fokussierung der Erklärungsleistung der Modelle: Was soll als Wandel modelliert werden? Ausbreitung bestehender bzw. Untergang bestehender Entitäten als Träger von Varietäten wie bei Darwin – ohne Modellierung einer Entstehung des Neuen, aufgenommen in die Technikdiskussion als Nichterklärbarkeit von Invention im Unterschied zu Erklärbarkeit von Innovation? Oder eine Modellierung der Entwicklung von Neuem (wie in der synthetischen Evolutionstheorie als Effekt der Rekombination von Genen), welches als Objekt der Selektion stehen bleibt? Oder eine extern induzierbare Variabilität oder Variation (z.B. der DNS, wie sie Neo-Lamarckisten annehmen)? Oder soll der Raum der zu eruierenden evolutionsrelevanten Kausalbeziehungen ganz anders aufgespannt werden, indem Organismen als Maschinen modelliert werden wie bei der Frankfurter Evolutionstheorie (FET)?[7] Hierbei wird (5) er-

---

7 Vgl. Gutmann, Wolfgang Friedrich 1995: Evolution von lebendigen Konstruktionen.

sichtlich, dass sich hinter diesen scheinbar bloß thematischen Festlegungen ganz unterschiedliche Auffassungen über den Statuts von Modellen überhaupt verbergen: Sollen in naturalistischer Absicht „Modelle *von* ..." gebildet werden, oder werden „Modelle *für* ..." (die Bildung von „Modellen von ...") entwickelt, so, wie Darwin die künstliche Zuchtwahl als Modell *für* die natürliche setzte und wie es das Vorgehen der FET leitet? Auch sind (6) die zentralen Begriffe „Evolution", „Entwicklung" und „Wachstum" ganz unterschiedlich besetzt und finden in dieser Besetzung Korrelate in den entsprechenden Linien der Technikphilosophie: Soll Entwicklung als Auffüllung eines Möglichkeitsraums verstanden werden, in der Regel teleologisch, und Evolution als bloßes Ausbreitungsgeschehen? Oder sollte die gesamte Evolution als Entwicklung zu begreifen sein, wie es Präformationisten vorsehen – in der Technikphilosophie Friedrich Dessauer[8] oder Gilbert Simondon?[9] Welche Rolle spielt in diesem Feld das Wachstum (wie es Jacques Ellul zum Grundbegriff seiner evolutionistischen Techniktheorie erhebt)?[10] Sind (7) diese Termini Begriffe mit homogenem Gegenstandsbereich, die die Suche nach „Gesetzen" der Entwicklung, der Evolution und des Wachstums leiten, oder sind es bloß heuristische Metaphern, die auf die Bildung forschungsfunktional vergleichbarer Gesetze für unterschiedliche Gegenstandsbereiche zielen? Handelt es sich (8) bei solchen Gesetzeshypothesen (mit Gesetzmäßigkeiten als ihren Wahrmachern) in jedem Fall um empirische prädikative Aussagen (neben den theoretischen Definitionen), oder haben nicht einige zentrale der sogenannten „Gesetze" eher den Status spekulativer Sätze im Sinne Hegels, in denen wir ausdrücken, wie wir unsere Begrifflichkeit begreifen: als prädikative Aussage ist das „Gesetz" vom Survival of the Fittest, Poppers Kritik entsprechend, eine Tautologie oder Definition (Fitness ist Überleben).[11] Spekulativ gelesen drückt der Satz eine ratio cognoscendi aus, die Art, wie wir „Fitness" denken. Wird der Satz in der Gegenrichtung gelesen, drückt er aus, wie wir Überleben denken. In ihrer Gegenläufigkeit erweisen sich beide Lesarten als „einseitig", als Momente, die eine weiterführende Reflexion erfordern. Eine letzte und fundamentale Pluralität finden wir (9) bei den Verortungsstrategien der unterschiedlichen Ansätze zueinander und untereinander, im Wesentlichen

8   Dessauer, Friedrich 1956: Streit um die Technik. Knecht, Frankfurt/M.
9   Simondon, Gilbert 1958: Du mode de l'existence des objects techniques. Aubier Editions, Paris.
10 Ellul, Jacques 1964: The Technological Society. Knopf, New York, S. 85-90.
11 Popper, Karl Raimund 1972: Objective Knowledge. Oxford University Press, Oxford, S. 241.

monistische oder dualistische Strategien. Die monistischen integrieren alternative Positionen in den eigenen Ansatz einer allgemeinen naturgegebenen Evolution, die die Kulturevolution umfasst. Diese wird zwar lamarckistisch modelliert, aber als evolutives Produkt der natürlichen Evolution erachtet. Die Erklärungshypothek liegt dann darin, zu zeigen, wie unter darwinistischen Evolutionsgesetzen ein lamarckistisches Phänomen evolvieren kann. Oder es bleibt beim Dualismus: Dann besteht, wie bei allen Dualismen, das Problem der Beziehung zwischen den Bereichen sowie der Beantwortung der Frage nach dem Grund des Dualismus. Die Dualisten sind damit freilich nicht auf einen Monismus zurückgeführt. Denn aus dem „Nichts ist ohne Grund" (Leibniz) folgt nicht ein Monismus, da aus „für alle x gilt, dass es ein y gibt, sodass g(x, y)" nicht folgt „es gibt ein y, sodass für alle x gilt, g(y, x)". Der Grund für einen Natur/Kultur-Dualismus kann ja darin liegen, dass eine unterschiedliche *Frage* nach und eine unterschiedliche *Konzeptualisierung* von Grund auf unterschiedlichen *Verhältnissen* beruht, die wir zu Natur und Kultur einnehmen; „Grund" benennt dann ein nicht einholbares Problem, bei dem wir stehenbleiben, weil es an uns liegt. Wir hätten zum einen den Grund, der durch die Nichtdisponibilität einer Entwicklungssteuerung *durch uns* gegeben ist und uns veranlasst, in diesem Falle von „Evolution" zu sprechen, und komplementär den Grund, der in gegebener Disponibilität liegt und unser gestaltendes Verhältnis zu Technik und (a limine) Kultur ausdrückt. „Evolution" und „Technik/Kultur" wären dann Reflexionsbegriffe, die nicht sortal Welt*segmente* unterscheiden, sondern Welt*verhältnisse*. Hierauf werden wir noch abschließend zurückkommen. Solche Fragen freilich lassen diejenigen, die sich aus dem evolutionistischen Theoriebaukasten bedienen, unberührt. Betrachten wir hierzu zunächst einige typische Ansätze und Vorgehensweisen.

2. Sachzwangdiskussion und Evolutionismus in der Technikphilosophie

Gemeinsam ist den einschlägigen Theoremen zu einer „Eigendynamik der Technik", dass diese unter dem Eindruck defizitärer Steuerbarkeit der Technikentwicklung in ein übergeordnetes Geschehen integriert wird. Ausgehend von einem intentionalistischen Verständnis technischen Handelns wird der Zauberlehrlings-Effekt rekonstruiert, dass die sogenannten Sachzwänge der technischen Systeme diese für uns indisponibel machen. Die Eigendynamik der Systeme wird modelliert aus einer ex-negativo-Perspektive; sie schreibt sich gewissenmaßen fort jenseits der einzelnen Aktionen oder Interventionsversuche. Die kulturpessimistische Deutung dieser Problematik führt dies darauf zurück, dass der menschliche Geist unter dem Anspruch, sich in der Welt zu objektivieren, dingliche Mittel einsetzt, deren naturgesetzliche Verfasstheit uns ihren Wirkmechanismen ausliefert. Die solchermaßen eingesetzten Dinge geben die Möglichkeiten vor, wie sich unsere Welt- und Selbstbezüge weiter zu gestalten haben. Darin liege die „Tragödie der Kultur" als unausweichlicher Konflikt (Georg Simmel).[12] Interventionsversuche verschärften nur die Problematik: Je mehr der Mensch seine Gestaltungsprozesse im Rahmen regelnder Systeme gegen Umweltstörung abzusichern sucht, umso mehr sehe er sich, so Hans Freyer[13], den funktionalen Erfordernissen dieser sogenannten sekundären Systeme ausgesetzt. Evolutionsbegrifflich reformuliert: Indem der Mensch dem Selektionsdruck in Gestalt von Störungen seines Selbstbehauptungswillens standzuhalten versucht, schafft er sich eine künstliche Umwelt, die ihn unter neuen Selektionsdruck setzt. Niklas Luhmann, der in dieser Hinsicht in der Schultradition Hans Freyers steht, verweist entsprechend darauf, dass nicht die Umwelt Subjekt einer Selektion („Selektionsdruck") sei, sondern die Systeme angesichts der Umweltirritationen intern selbst selegieren.[14] Technik als „funktionierende Simplifikation"[15] stabilisiert die Systeme nach vollzogenen Binnenselektionsprozessen, sie ist insofern eine „Steigerungsform evolutionärer Errungenschaften"[16]. Dies mache freilich noch nicht eine „Evolution der Technik" aus, denn zu dieser im strengen Sinne komme es erst, „wenn die technischen Errungenschaften in eine natürliche oder gesellschaftliche Umwelt eingefügt werden"[17]. Damit würden die „physikalische Welt" und die „Gesellschaft" strukturell gekoppelt.[18] Freilich können wir nicht „voraussehen [...], was daraufhin geschieht"[19], und eben deshalb ermögliche Technik nicht per se eine immer bessere Anpassung der Gesellschaft an ihre Umwelt, wie sie ist, sondern diene einzig der Vermehrung von Optionsmöglichkeiten der Entfaltung der Eigendynamik der Systeme, wobei offenbleibt, wie es weitergeht.

---

12 Simmel, Georg 1911: Philosophische Kultur. Klinkhardt, Leipzig; Simmel, Georg 1895: Über eine Beziehung der Selectionslehre zur Erkenntnistheorie. In: Archiv für systematische Philosophie, I/2. Abt. Reimer, Berlin, S. 34-45.
13 Freyer, Hans 1955: Theorie des gegenwärtigen Zeitalters. Teubner, Leipzig/Berlin.
14 Luhmann, Niklas 1998: Die Gesellschaft der Gesellschaft. Suhrkamp, Frankfurt/M., S. 488.
15 Ibid., S. 524.
16 Ibid., S. 517.
17 Ibid., S. 529.
18 Ibid., S. 532.
19 Ibid., S. 535.

Kulturpessimisten plädieren angesichts dieser Problemlage für die Haltung
der Askese (so Arnold Gehlen[20] mit Hans Freyer) und suchen so eine Rest-
Intentionalität zu retten. Allerdings stellt Günter Anders deren psychologische
Voraussetzungen in Frage: Denn seiner Ansicht nach führen die sekundären
Systeme uns nicht primär unser Aktivierungsdefizit vor, sondern versetzen uns
in „prometheische Scham" und ermöglichen so die Einsicht in ein Passivierungs-
defizit als fehlender Fähigkeit, uns den Systemerfordernissen anzupassen, selbst
wenn wir wollten.[21] Unsere „Antiquiertheit" liegt darin, dass wir – weit davon
entfernt, Subjekte der Anerkennung oder Ablehnung zu sein – uns selbst nur
noch vorgeführt werden.

„Autonomie" als Selbstgesetzgebung (wenn auch nicht im Modus der Anerkennung) sei daher, so Jacques Ellul, nur dem Gegenüber, eben der Technik,
zuzuschreiben, der entsprechend eine „eigene Moral" zukomme, der wir uns
unterzuordnen und die wir zum neuen „Heiligen" zu stilisieren hätten.[22] Sie stehe
unter dem Prinzip des Erhalts der Störungsfreiheit des Funktionierens. „Tech-
nikevolution" beruhe darauf, dass „das Band, das die einzelnen Aktionen und
vereinzelte Individuen verknüpft, ihre Arbeit koordiniert und systematisiert"[23],
unter „internen Gesetzen der Technik" zu deren „Selbstvermehrung" und
einem „automatischen Wachstum" führe,[24] denn: „Jede neue Maschine stört
das Gleichgewicht der Produktion, die Wiederherstellung des Gleichgewichts
erfordert die Schaffung einer oder mehrerer zusätzlicher Maschinen in anderen
Tätigkeitsbereichen"[25]. In dieser Evolution spiele der Mensch keine Rolle. Technische Elemente „verbinden sich selbst", und sie tun dies mehr und mehr spontan. In
ihrer „Autarkie", ihrer „eigenen Bestimmung" sei Technik zu einer Realität an sich
geworden. Elluls unbeholfener Evolutionismus, der von der Rolle der Individuen
und Klassen abstrahiert, wird von Stanislaw Lem normativ radikalisiert. Man
müsse ihn als unsere eigene Moral übernehmen, wenn wir überleben wollten.
Entsprechend hätten wir gewissermaßen tertiäre Systeme zu entwickeln, die unter
Evolutionsgesetzen die sekundären technischen Systeme Freyers als „automatisier-
te Wissenschaft" fortschreiben: Im Rahmen einer solchen Wissenschaft würden

---

20 Gehlen, Arnold 1957: Die Seele im technischen Zeitalter. Rowohlt, Hamburg, S. 54.
21 Anders, Günter 1956: Die Antiquiertheit des Menschen. Bd. 1. Beck, München, S.
    283 u. S. 90.
22 Ellul, Jacques 1964: Technological Society. Knopf, New York, S. 97 u. S. 142-145.
23 Ibid., S. 93.
24 Ibid., S. 85-90.
25 Ibid., S. 112.

eigene Strategien „gezüchtet", aber nicht durch uns.[26] Denn das Austesten ihres Wertes wird einem Evolutionsgeschehen überantwortet, dem nun auch noch die Festlegung der jeweiligen evolutionären Erfordernisse zuzuschreiben ist, nämlich die Bildung von Homöostasen. In dieser Modellierung der Technoevolution als Fortsetzung der Bioevolution erscheint alles als Moment eines sich selbst organisierenden Systems. Anstelle von Begründungen finden wir Plausibilisierungen ungeheuerlicher Abstraktheit im Sinne von Einseitigkeit: Im Kampf ums Dasein begegnen sich die Arten technischer Artefakte untereinander als Selektionsdruck ausübende Umwelt. Kostprobe: „Bemerkenswert ist [...], daß im gleichen Sinne, wie die Strategie eines Raubtieres die Strategie eines Beutetieres beeinflußt, das klassische Flugzeug sich gegen die Invasion der Hubschrauber wehrte" (gemeint ist der Senkrechtstarter). Umweltänderungen bedingten die Ausbreitung neuer Varianten: So habe „das Auto nur dadurch die Postkutsche verdrängen können", dass es „den Autobus, den Lastwagen, das Geländefahrzeug, den Tankwagen [...] und Dutzende anderer gebar." Und diese schafften sich – Retention – ihre eigenen Infrastrukturen, „gigantische Formen ihrer Rettung". Unter diesem von ihm so genannten „Galaktozentrismus"[27] sei auch der Mensch nicht davon entbunden, sich selbst gentechnisch zu optimieren. Der Mensch schaffe wie jedes Gebilde der Evolution seinen Selektionsdruck selbst (Freyers „sekundäre Systeme"), so wie auch nach Monod etwa „der Urfisch bei seinem Landgang im Gefolge dieser Verhaltensänderung [...] den Selektionsdruck [schuf], durch den sich dann die starken Gliedmaße der Vierfüßler entwickeln sollten".[28] Umwelt erscheint hier nicht mehr als unabhängige Variable der Selektion – der evolutionistische Supermarkt lässt derlei eben auch zu.

Im Rahmen einer zweiten Linie erscheint die Technoevolution nicht primär als Ablösung der natürlichen Evolution unter gleichen „Gesetzen", sondern es wird der Mensch von vornherein in einen homogenen Bereich der Naturwesen integriert. Die entsprechenden Technikphilosophien stehen auf einer naturalistisch-anthropologischen Basis, auf der für den Menschen seine zunächst unbewussten Mechanismen der Welterschließung rekonstruiert werden, die für ihn – selbst wenn sie ex post bewusst werden – nicht disponibel sind. Bei Ernst Kapp findet sich dies im Rahmen einer teleologischen Deszendenzlehre entwickelt, nach der die Menschheit aus der „Vorwelt der Tierschöpfung" aufsteigt, durch deren Stufen

---

26 Lem, Stanislav 1976: Summa technologiae. Insel, Frankfurt/M., S. 398.
27 Ibid., S. 28-29.
28 Zit. nach Krafczyk, Josef 2002: Naturphilosophische Erwägungen im Vorfeld einer theoretischen Anthropologie. Königshausen und Neumann, Würzburg, S. 182.

hindurch der Geist in immer höher gesteigerten „Wandlungen der Materie" zur „Krone der Schöpfung" wird.[29] Dies sei möglich, weil der Mensch als „stärkstes Tier" ein „Überschusswesen" sei, das dem Selektionsdruck am besten standgehalten habe.[30] Sein Bewusstsein über sich gewinne er „wie *alle* organischen Gebilde" durch „Rückprojektion" seiner unbewussten technischen Tätigkeit auf sich bzw. seine Organe, die er dann ex post als Erfüllungsinstanzen der entsprechenden Funktionen zu modellieren vermöge.[31] Von da aus erscheint ihm dann Technik als bearbeitbare Projektion der Organfunktionen und ihrer Erfüllung. Insofern vermag Kapp auch nicht zu entscheiden, ob „die Evolution über den Menschen hinausgehe oder mit dem Menschen von unserem Schlage haltmache"[32]. Unter explizitem Bezug auf Darwin und Lamarck erweitert er deren Theoreme bis in die Bereiche der Politik als Apotheose der Technik unter den Gesetzen natürlicher Zuchtwahl im Darwin'schen Sinne und der Vererbung à la Lamarck. Kapps Fehler liegt darin, dass er Erträge einer Reflexion (ob partiell geglückt oder nicht) in konstitutionstheoretischer Absicht gleichsetzt mit Thesen über das Naturgeschehen.

In ähnlicher Weise modelliert Arnold Gehlen die Entstehung der Technik als Naturgeschehen. Ihre Voraussetzung, die Entkopplung von Trieb und Triebbefriedigung, sei durch den Eindruck von übermächtigen und „überprägnanten" Erscheinungen ausgelöst, deren Bewältigung in Ritualen der Verehrung bis hin zu kultischer Tierhege geführt habe. Hier finde sich die erste Vorstufe zu einer (systembildenden) technischen Tätigkeit, nämlich Ackerbau und Viehzucht in regelnder Absicht.[33] Auffällig ist die Parallele zu Kapp in der Annahme eines unbewussten Übergangs von einer gegebenen Präsentation zu ihrer Repräsentation. Ein derartiges Sich-Verhalten zu natürlichen Phänomenen habe „sekundäre Zweckmäßigkeit", nämlich die einer sozialen Koordination. Frappant ist jedoch der Unterschied in der Modellierung des Menschen und seiner Organprojektion: Für Gehlen macht der Mensch aus der Not seines Unterliegens unbewusst eine Tugend; als Mängelwesen dient ihm die Organprojektion zur Kompensation

---

29 Kapp, Ernst 1978: Grundlinien einer Philosophie der Technik. Zur Entstehungsgeschichte der Natur aus neuen Gesichtspunkten. Stern, Düsseldorf, S. 26.

30 Ibid., S. 35.

31 Ibid., S. 96.

32 Ibid., S. 17.

33 Gehlen, Arnold 1977: Urmensch und Spätkultur. Athenaion, Frankfurt/M., S. 21-25, S. 138 u. S. 184-192.

seiner Defizite qua Organverstärkung, Organersatz und Organentlastung.[34] Seine technische Kultur habe der Mensch von Natur aus (freilich stellt sich hier die Frage, wie man fehlende oder defiziente Organe projizieren kann). Auch hier wird also die Geburt des Lamarck'schen Prozessierens aus einer Naturevolution rekonstruiert, und zwar auf Basis einer technomorphen Modellierung. Während für Kapp der Mensch sozusagen das technische Amortisationsproblem seiner überschüssigen Mittel ist, verkörpert er hier das technische Problem einer Lösung seiner Defizite. Indem nun beide Technik als Antwort auf ein in der Evolution „angetroffenes" technisches Problem begreifen, welches aber erst im Lichte eines entwickelten Technikkonzeptes als solches erscheint, kann diese Verfasstheit nicht mehr als Stufe einer natürlichen Evolution ausgegeben werden. Wenn Heidegger ironisch gegen solche anthropologischen Deutungen der Technik einwendet, dass „das Wesen der Technik [...] ganz und gar nichts Technisches" sei[35], so wäre dies mit Blick auf Kapp und Gehlen zuzuspitzen zu „Das Wesen der Natur ist nichts Natürliches, sondern offenbar etwas Technisches".

Überschuss und Mangel finden sich als konträre Ausgangsprämissen auch bei Vertretern eines biomorphen Technikevolutionismus, als dessen Subjekt nicht der evolutionär bedingte Mensch, sondern die Evolution selbst erscheint. So begreift Henri Bergson Technik als Werkzeug eines „élan vital", der sich über verschiedene Stufen „garbenförmig" entfaltet. Sofern diese Entwicklung als „Raserei" in Chaos und Not umschlägt, stellt sie das Überleben ihrer Träger in Frage. Differenzierung und Dichotomisierung der Technik bietet für ihn offenbar keinen Selektionsvorteil, sondern verhindert Retention/Stabilisierung. Daher bestehe der Zwang einer Rückkehr zu einfachen Lebensstilen.[36] Ganz anders Gilbert Simondon und Serge Moscovici: Technische Evolution, so Simondon, sei das „hervorgebracht Natürliche", welches im Übergang vom Werkzeug zur Maschine wie in der natürlichen Evolution das Funktionieren der Prozesse durch Steigerung der Kohärenz der Systemelemente und der Systeme selbst optimiere. „Abstrakte" Maschinen mit einseitiger Funktionszuordnung ihrer Elemente würden hierdurch nach und nach zu „konkreten Objekten" mit Überlebensvorteil, wie er sich in den Symbiosen der Natur zeige. Der Mensch als „Dirigent" der Technik habe, um im Bild zu

---

34 Gehlen, Arnold 1957: Die Seele im technischen Zeitalter. Rowohlt, Hamburg, S. 8, S. 17 u. S. 105.

35 Heidegger, Martin 1954: Die Frage nach der Technik. In: Ders.: Vorträge und Aufsätze. Neske, Pfullingen, S. 9.

36 Bergson, Henri 1964: Materie und Gedächtnis und andere Schriften. Fischer, Frankfurt/M., S. 470 u. S. 425.

bleiben, dieser Partitur zu folgen.[37] Serge Moscovici hebt übereinstimmend den biomorphen Charakter der Technik hervor, durch die der Mensch sich in seine kosmische Umwelt immer besser einfüge.[38] Als höchster Experimentator erbringe er Präadaptionsleistungen, über die die kosmische Umwelt dann entscheide. Seine Überlebensfähigkeit wurzele entsprechend in seiner Kreativität. Die Evolution habe hier sozusagen ihr bestes Werkstück generiert[39]. Im Meinungsspektrum fehlt natürlich nicht die Gegenposition, exemplarisch durch Franz Wuketits vertreten, der den Menschen als „Naturkatastrophe" erachtet, da er (inzwischen) das Evolutionsgeschehen selbst aus den Fugen zu heben vermöge.[40]

Die Vielfalt dieser Meinungen spricht für sich, und zwar spricht sie den Offenbarungseid. Zwar können Kenner der Evolutionstheorien hier einschlägige Theoriestücke wiederfinden; sie basieren jedoch auf Abstraktionen von Einzelbefunden. Welcher Erkenntnisgewinn, außer demjenigen, dass man in alle Richtungen abstrahieren kann, sollte hieraus resultieren?

3. Im Ausgang von der Evolutionsbiologie

Wenn schon die technikphilosophischen Argumentationslinien mit ihrem evolutionstheoretischen Eklektizismus und immanenten Problemen ihres Technomorphismus (mithin angemaßtem Naturalismus) belastet sind, so könnte man auf Anregungen der Evolutionsbiologie für die Modellierung einer Eigendynamik nichtdisponibler Prozesse im Technischen hoffen. Analogien können durchaus von hohem heuristischen Wert sein, wenn man sich ihrer Voraussetzungen vergewissert. Dem Diktum Hubert Markls: „Evolution ist biologische Gentechnik"[41], ließe sich zunächst in nichtnaturalistischer Lesart eine Modellierung von Evolution abgewinnen, die wie alle unsere Naturmodellierungen technomorph ist. Wir müssen ja mit Kant eine Als-Ob-Natur als technisches Subjekt unterstellen, weil wir ohne entsprechend heuristisch-regulative Ideen (des kleinsten Aufwandes, des

37 Simondon, Gilbert 1958: Du mode de l'existence des objects techniques, S. 13, S. 23 u. S. 256.

38 Moscovici, Serge 1982: Versuch über die menschliche Geschichte der Natur. Suhrkamp, Frankfurt/M., S. 498.

39 Ibid., S. 58 u. S. 532.

40 Wuketits, Franz 1998: Naturkatastrophe Mensch. Evolution ohne Fortschritt. Patmos, Düsseldorf.

41 Markl, Hubert 1986: Evolution, Genetik und menschliches Verhalten. Piper, München, S. 19.

Nichts-Umsonst-Tuns etc.) keine Kausalitäten eruieren und keine Fehlerrechnung betreiben könnten.[42] Nur dann könnte Technik als Weiterentwicklung von in die Natur projizierten „Techniken" als Rekombination neuer Mittel begriffen werden, die doch die alten sind. Eine entsprechende Technikmodellierung stünde jedoch nicht allein. Denn eine Makrostruktur der Evolution als Struktur von Deszendenz wird auch hier in einer Vielfalt von Ansätzen gedacht, die mit dem Meinungspluralismus der technomorphen anthropologischen Technikphilosophien durchaus Schritt halten kann.

Der Grund für die Vielfalt liegt darin, dass durchgängig „Modelle für..." mit „Modellen von..." verwechselt werden, die als empirisch fundierte und qua Retrodiktion testbare verstanden werden. „Modelle für...", wie etwa das darwinistische Züchtungsmodell oder das kybernetische Maschinenmodell der FET, legen den epistemischen Möglichkeitsraum fest, in dem „Modelle von..." als Gefüge von Kausalrelationen erstellt werden können. Sie repräsentieren mögliche Gegenstände. Ihre Adäquatheit als Wahrheits*fähigkeit* kann verhandelt werden, nicht aber eine Wahrheit im korrespondenztheoretischen Sinne. Aber auch für „Modelle von..." gilt dies – allerdings in eingeschränktem Maße. Erst das hypothetische Aufstellen von Parametern als abhängige oder unabhängige Variablen (z.B. Genom, Umweltfaktoren etc.) erlaubt das Testen von Hypothesen über Kausalbeziehungen. Parameter sind aber allenfalls daraufhin zu validieren, ob ihre Variation das Systemverhalten insgesamt ändert. Dies kann zur Aussonderung führen, nicht aber zum Erweis einer Berücksichtigung aller Einflussfaktoren. Ob der Anspruch einer „Modellierung von..." eingelöst ist, kann nicht dadurch erwiesen werden, dass entsprechend selektive empirische Tests bestanden wurden, sondern nur unter der Vorstellung bzw. Simulation eines Systems, dessen Grenzen sich einem „Modell für..." verdanken, mithin von Forschungsinteressen und Entscheidungen abhängig sind.

Für Analogiebildungen in der Techniktheorie sind insbesondere lamarckistische Modelle interessant, weil sie die Weitergabe erworbener Eigenschaften zulassen. Für den Neolamarckismus war die Kritik an der strikten Trennung interner vererbbarer Faktoren mit selektierter Verbreitung und externer, selektierender Faktoren als unabhängiger Variable der Ausgangspunkt.[43] Erweise einer

---

42 Kant, Immanuel 1964: Erste Fassung der Einleitung zur Kritik der Urteilskraft. In: Werke (Ausg. Weischedel) Bd. 5. Wiss. Buchgesellschaft, Darmstadt, S. 178, S. 180, S. 182, S. 186 u. S. 190.

43 Beurton, Peter J. 2009: Hintergründe des modernen Lamarckismus. Ich folge hier seiner Darstellung.

Variabilität des Phänotyps, der auch bei mäßiger genetischer Passung überlebensfähig sein kann, zielten darauf ab, dass eine solche Variabilität mittelbar zu einer alternativen selektionsbedingten genetischen Stabilisierung führen könne. Von darwinistischer Seite wurde darauf erwidert, dass eine solche Organismus-Umwelt-Interaktion doch letztlich nur Ausdruck *genotypischer* Flexibilität sei. Wir erkennen hier zwei konträre „Modelle für…": das Züchtungsmodell auf der einen, ein systemtheoretisches Homöostase-Modell auf der anderen Seite. Diese beiden „Modelle für…" zielen auf unterschiedliche Träger der Evolution: im ersten Falle ist es die Art, im letzteren das Individuum. Als Erkenntnisse über die Funktion der Regulatorgene, unter denen das Genom seine eigene DNA manipulieren kann, über die durch Ablesen kontrollierten Enzyme, über umweltabhängige Troposome sowie adaptive Mutationen der These von einer dynamischen Reaktion des Genoms auf die Umwelt Auftrieb gaben, reagierte die synthetische Evolutionstheorie, indem sie Populationen als Interaktionsmedium von erfolgreich mutierten Genen erachtete; der Selektionswert bleibt also derjenige der Gen-Rekombinationen, weshalb der individuelle Organismus als paariger Träger der Evolution erscheint. Peter Beurtons[44] stilisiertes Beispiel: Das Längerwerden der Giraffenhälse hing nicht mit einer Rückkopplung des Halses auf seine Gene zusammen, sondern die Rekombination entsprechender Halsträger-Gene ist eine selektiv relevante Größe. Eine vorteilhafte Adaption ist dann keine Eigenschaft, die einem einzelnen Gen innewohnt. Analogiebildungen in techniktheoretischer Absicht finden hier ein breites Spektrum von Anknüpfungspunkten: So kann das Verhältnis von Invention und Innovation als eines von Mutation und marktbedingter Selektion gefasst werden, oder letzteres als Interaktionsgeschehen, das seinerseits einer Selektion durch Umweltfaktoren ausgesetzt ist, usf. Was ist durch die biologistische Theorieinvestition gewonnen?

Ein Rekurs auf die Populationsgenetik[45] erlaubt weitere Modellierungen, unter denen Technik symbiose- oder ökosystemanalog im Evolutionsgeschehen verortbar erscheint:

Aus Sicht der Populationsgenetik wird durch Selektion eine Homöostase zwischen der Vermehrung und der Tragekapazität des Lebensraums hergestellt. Wie schon Malthus verweisen nun manche Evolutionsbiologen (z.B. Wuketits) darauf, dass der Mensch aus sozialen Gründen diesen Mechanismus außer

---

44 Ibid., S. 545.
45 Ich folge hier der Darstellung von Weingarten, Michael 2005: Qualitative Modellierungen und quantitative Modelle des Zusammenhangs von Bevölkerungswissenschaft und Versorgungssystemen.

Kraft setzen könne (z.B. in Entwicklungsländern im Zuge besserer medizinischer Versorgung). Eine solche Populationsgenetik erlaubt die Modellierung einer Synevolution zwischen „natürlicher" Evolution, technischen Entwicklungen und entsprechenden Prognosen. Die moderne synthetische Theorie darwinistischer Provenienz hingegen bestimmt Population als durch den jeweiligen geneflow begrenzt. Nach dieser Beschreibung wird das Paarungsverhalten durch die Umwelt „bewertet". Solcherlei ist sehr wohl abhängig von der Größe der Population (z.B. im Zuge des Geburtenrückgangs in Industrienationen). Dadurch können stabilisierende Effekte entstehen, was aber nicht prognosefähig ist. Die verminderte Kinderzahl (von Konsumenten) ändert nämlich ihrerseits die Tragekapazität qualitativ. Wir hätten hier sozusagen einen Makro-Lamarckismus, der eine Organismus-Umwelt-Interaktion behauptet, in deren Rahmen der Definitionsbereich der Evolutionsmodellierung der synthetischen Theorie liegt. Diese Supermodellierung jedoch abstrahiert von der grammatischen Schwelle[46] zwischen einer Rede über „natural"-determinierte Prozesse einerseits und über intentionales Handeln andererseits (wie es die „Paarung" zwischen Menschen – so unser Selbstverständnis – wohl ausmacht).

Solche Erklärungsstrategien sind allesamt vom Typ der Abduktion; es sind Schlüsse auf die beste Erklärung. Sie erweisen das Auftreten des Resultats wahrscheinlicher als alternative Erklärungen. Hier geht es um die Wahrscheinlichkeit gelingender Retrodiktionen. Solche Abduktionen sind aber in hohem Maße unsicher, weil ihnen eine höherstufige Abduktion auf die Gültigkeit eines „Modells für..." als bewährter Erklärungsstrategie zugrunde liegt. Genau diese stellt die FET[47] in Frage: Für sie sind Organismen nicht Objekte, sondern Subjekte der Evolution, lebende Konstruktionen, die sich unter dem Kriterium des Erhalts ihrer Funktionstüchtigkeit in ihrer Ökonomie selbstorganisierend optimieren, um Vorteile in der Energienutzung zur Negentropie-Bildung zu erlangen. Dies ist erforderlich, weil sie die Entropie ihrer Umwelt ständig erhöhen. Unter Effizienz- und Effektivitäts-Gesichtspunkten werden die formalen Bandagen dieser Organismen ständig umgebaut, wobei die molekulare Ebene nur Zuliefer-Prozesse

---

46 Hierzu Friedrich Kambartel 1984: Kritik naturalistischer Evolutionstheorien: Zur grammatischen Unmöglichkeit einer evolutionstheoretischen Erklärung der humanen Welt. In: Spaemann, Robert; Koslowski, Peter; Löw, Reinhard (Hrsg.): Evolutionstheorie und menschliches Selbstverständnis. Zur philosophischen Kritik eines Paradigmas moderner Wissenschaft. Acta Humaniora, Weinheim, S. 35-53.

47 Siehe Gutmann, Wolfgang Friedrich 1995: Evolution von lebendigen Konstruktionen. Aus der wissenschaftstheoretischen und -kritischen Sicht Weingartens erscheint die FET als gut begründet, eben weil sie „die Karten auf den Tisch legt".

beisteuert, die von der Konstruktion auf ihre Verwertbarkeit „kontrolliert" werden. Die Materialeigenschaften der Konstruktion bedingen ihre Mutabilität. Das zugrundeliegende Modell selbstorganisierender Maschinen, die sich nicht an die Umwelt anpassen, sondern diese im Zuge des Aufbaus von Negentropie gestalten, ist ersichtlich ein weiteres „Modell für..." und erlaubt, Evolution als Entwicklung von Organismen auf der Ebene der Morphologie in Gestalt von „Modellen von..." zu rekonstruieren. Das Evolutionsgeschehen selbst ist nichts anderes als die irreversible Veränderung der Summe von Energieflüssen. In einem solchen explizit technomorphen Modell finden sich manche allgemeine Techniktheoretiker wieder und identifizieren in „ihrer" Technik buchstäblich (d.h. begrifflich) konsequenterweise die entsprechenden Momente. Aus ihrer Sicht handelt es sich hier *nicht* um eine Übertragung/Metaphorik oder Analogiebildung.

Evolutionsbiologische Erklärungsansätze könnten sich als von der philosophischen Hintergrundproblematik unberührt erachten, sofern nicht überzogene Geltungsansprüche und unbegründete Verallgemeinerungen sowohl das Forschungsgeschehen als auch die Disziplinen selbst behindern, und sich darüber hinaus in der Übernahme von Modellierungen in andere Disziplinen und Bereiche fortschreiben. Die bereits mehrfach erwähnte Verwechslung von „Modellen für..." mit „Modellen von...", die sich insbesondere darin niederschlägt, was als unabhängige oder abhängige Variable – entsprechend mit einem Quasi-Subjektstatus oder Quasi-Objektstatus – modelliert ist, suggeriert Theorienkonkurrenz, wo es sich im Sinne von Nelson Goodman um unterschiedliche „Weltversionen" handelt.[48] Sie spiegelt eine paradigmatische Orientierung vor, deren jeweils reduktionistischer Kern den Totalitätsanspruch konterkariert. Eine Pluralität von Weltversionen impliziert keineswegs Relativismus oder Immunisierung gegen die empirische Widerständigkeit der Natur, sondern fordert die Freilegung der Interessen und der jeweiligen pragmatischen Basis, von der aus die „Welt des Wandels" erschlossen wird. Basale Grundbegriffe wie „fitness", „survival", „Funktionstüchtigkeit" im ökonomischen Sinne, „Effizienz" und „Effektivität" etc. sind eben nicht theoretische Begriffe, sondern zeigen in ihrer Verknüpfung, wie wir mit Grundbegriffen (s.o.), unter denen dann jeweils bestimmte Suchräume entstehen, umgehen. Und genauso wenig, wie derartige rationes cognoscendi als solche ontische Entitäten abbilden, sondern Interpretationen abgeben, die die Indikatorenbildung leiten, sind Populationen, Organismen, Arten, Ökosysteme, Symbiosen per se Observablen eines Evolutionsgeschehens, sondern gewinnen ihren Status als „Münze" der Evolution nur in der Modellierung des „Zirku-

---

48 Goodman, Nelson 1980: Weisen der Welterzeugung. Suhrkamp, Frankfurt/M.

lationsgeschehens" relativ zur Umwelt.[49] Stellt man die jeweilige pragmatische Basis und die in ihr versammelten Erkenntnisinteressen in Rechnung, und weist man naturalistische Erklärungsansprüche zurück, ergeben sich durchaus seriöse Anknüpfungspunkte für eine Übernahme von Modellierungen in das Feld des Technischen, sofern die pragmatische Basis (wie bei der FET) vergleichbar ist. Andererseits lassen sich entsprechende Übernahmen kritisieren, sofern ein – zwangsläufig jeder Theoriebildung zugrunde liegender – Reduktionismus nicht die Ansprüche der pragmatischen Basis erfüllt, unter der er antritt.

4. Ein evolutionistischer Theoriebaukasten für die Technikphilosophie? – Ausblick auf alternative Lösungsstrategien

Erinnern wir uns zunächst an unser Ausgangsproblem: Der Eindruck einer Nicht-steuerbarkeit der Technikentwicklung, einer „Eigendynamik" der Technik veranlasst manche, das entsprechende Geschehen in evolutionistischer Begrifflichkeit zu beschreiben. Entsprechend der Vielfalt der Modellierungen erhalten wir eine Vielfalt von Meinungen, die in der Evolution entweder eine Steuerungsinstanz jenseits menschlicher steuernder Vollzüge sehen, die mit diesen Vollzügen „arbeitet", oder eine Orientierungsinstanz für einen Steuerungsverzicht, unter dem in entlastender oder optimierender Absicht menschliches Steuern zurückgenommen werden soll. Wird Letzteres nicht im Rahmen eines großen naturalistischen Fehlschlusses unter Selbstverleugnung der niemals hintergehbaren pragmatischen Basis (s.u.) vollzogen, so erscheint rechtfertigbar, dass Selektionen in wohldefi-nierten Bereichen angesichts einer Überkomplexität der Parametergefüge und auf klarer pragmatischer Basis unter strategischen Vorgaben bezüglich Kriterien der Optimierung „biomimetisch" einem Evolutionsgeschehen überlassen werden. So werden bei der Suche nach optimalen Mitteln unter gegebenen funktionalen Erfordernissen beispielsweise die von Ingo Rechenberg entwickelten „evolutio-nären Algorithmen" einsetzbar.[50] Die Strategie liegt darin, auf eine vollständige Repräsentation des Lösungsraumes (wie es beim klassischen technischen Planen der Fall ist) zu verzichten und stattdessen iterative Verbesserungen in kleinen

---

49 Vgl. Weingarten, Michael 2005: Qualitative Modellierungen und quantitative Mo-delle des Zusammenhangs von Bevölkerungswissenschaft und Versorgungssystemen, S. 31-33.

50 Rechenberg, Ingo 1994: Evolutionsstrategie 94. Werkstatt Biomik und Evolutions-technik. Bd. 1. Fromann Holzboog, Stuttgart.

Lösungsmengen durchzuführen. Während klassische Optimierungsverfahren ein Gütemaß als analytisch auflösbares Gleichungssystem voraussetzen, welches sich mittels der Funktionstheorie nach einem Optimum durchsuchen lässt, wird hier über Mutation/Kombination und Selektion der Schlechtestangepassten eine Lösungspopulation generiert, die der Gütefunktion besonders gut entspricht. Das kann dazu führen, dass je nach Systemkomplexität ganze Lösungsstrategien (z.B. Regelung qua Störgrößenaufschaltung oder qua Rückkopplung von Steuerungsprozessen) auf den Prüfstand kommen, darf jedoch nicht, wie bei Stanislaw Lem in seinem Feuilleton, dahingehend missverstanden werden, dass hier evolutionären Algorithmen eine Evolution selbst der funktionalen Erfordernisse übertragen würde. Sie würden dann wechselseitig zur jeweiligen „Umwelt", von der ein Selektionsdruck in einem Geschehen ungewissen Ausgangs resultierte. „Umwelt" würde ontologisiert. Tatsächlich jedoch handelt es sich um den Titel für ein Verhältnis, also einen Reflexionsbegriff, dessen Relatum als funktionales Erfordernis entweder direkt auf eine menschlich-pragmatische Basis verweist oder auf eine auf dieser Basis vorgenommene technomorphe Rekonstruktion der „Natur". Auch letzterer Zugriff auf die Welt ist legitim, sofern er als solcher bewusst bleibt.

Eine solche erfolgreiche Selbstbescheidung wird konterkariert, wenn Technikentwicklung als Teil der Kulturentwicklung dahingehend evolutionistisch modelliert wird, dass der ursprünglich disziplinär eingegrenzte Definitionsbereich der Molekularbiologie mit seinen „Gesetzen" in der Tradition Poppers[51] ausgeweitet wird, sodass hier Theorien, Hypothesen, zeichenmäßig fixierte Schemata technischen Prozessierens, Patente (bei Richard Dawkins etwa als Meme gefasst) integriert werden und eine Homogenität des Prozessierens unterstellt wird.[52] In lamarckistischer Modellierung wird Evolution unter einem funktionalen Konzept von Wissen als Problemlösen mit Weitergabe bewährter Lösungen gefasst. Replikation und Retention im Technischen scheinen sich über die Meme gut rekonstruieren zu lassen; freilich verbirgt sich hinter diesem Ansatz, der nicht auf einer Analogiebildung beruht, sondern auf einer Homogenisierung des Definitionsbereichs, eine Verwechslung von notwendigen Bedingungen technischen Gestaltens mit hinreichenden Bedingungen, auf die ja naturalistische Forschung aus ist. Kulturprodukte sind in anderer Hinsicht Instanzen der Bezugnahme als Natureffekte. Während wir Natureffekte als hinreichende

---

51 Popper, Karl Raimund 1973: Objective Knowledge. Oxford University Press, Oxford, Kap. 7.

52 Dawkins, Richard 2007: Das egoistische Gen. Spectrum, Heidelberg, S. 321.

Bedingungen für Erklärungen erkennen und technisch nutzen, stehen Kulturprodukte für *An*erkennung oder Ablehnung zur Disposition – ein Aspekt der
„grammatischen Schwelle", auf die Friedrich Kambartel bei seiner Analyse des
evolutionistischen Vokabulars hingewiesen hat.[53] Wird für Kulturprodukte wie
die Technik bezüglich ihrer Selektionskriterien angenommen, dass sie sich „im
Prinzip aus der Thermodynamik bzw. der allgemeinen Evolutionstheorie ableiten
lassen"[54], dann wird die für Anerkennungsprozesse unhintergehbare pragmatische
Basis gleichsam wegdefiniert. Wenn so der Kampf ums Überleben Paradigmen,
Theorien, Inventionen, technischen Artefakten und Fluggeräten (ich erinnere
an Lem!) zugesprochen wird, liegt die Frage auf der Hand, wie es sich mit dem
Evolutionsgeschehen der Evolutionstheorien und der ihnen nachgebildeten Tech-
niktheorien selbst verhält. Ist dieser Theorie-Turn Ausweis seiner Angepasstheit
an eine wie auch immer geartete Umwelt? Was ist damit gewonnen, wenn die
Termini über geschickte Abstraktion so gefasst werden, dass sich Technikentwicklung als Lamarck-Prozess auffassen lässt? Wir finden dann zwar eine generische
Begrifflichkeit, unter der sich Prozesse einer Rückwirkung des Einsatzes von
Techniken auf die natürliche Ausstattung des Menschen beschreiben lassen,
was aber auch unabhängig von einer derartigen Terminologie möglich ist. Und
wenn unter Annahmen von Symbiosen als Münzen der Evolution von natürlich-
technischen *Koevolutionen* die Rede ist, wird ebenfalls die grammatische Schwelle
einer Rede von Wechselbeziehungen zwischen Organ, Hirn und instrumentellen
Fertigkeiten einerseits und Wechselbeziehungen zwischen Werkzeugeinsatz,
Geist und technischen Fertigkeiten andererseits übersehen. Denn zur Technik
gehört neben dem Einsatz eines hergestellten Instruments auch die Sicherung/
Regelung dieses Einsatzes zwecks Antizipierbarkeit und Planbarkeit auf der Basis
von Wiederholbarkeit des Gelingens und des Erfolges. Zu deren Beschreibung
bedürfen wir eines intentionalistischen Vokabulars. Dies gilt höherstufig auch
für die Entscheidung, was mit welchem Aufwand geregelt werden soll.

Dass in solchen Prozessen Erfahrungen der Hemmung, des Scheiterns und
Misslingens und der Enttäuschung gemacht werden, veranlasst nun manche,
solcherlei im Rahmen evolutionistischer Theorien des Lernens zu beschreiben.
Was wäre damit gewonnen? Gewiss: Wir finden in unserer Ontogenese individuell ererbte Reaktionsschemata vor, so wie wir auch im Feld der Phyloge-

---

53 Friedrich Kambartel 1984: Kritik naturalistischer Evolutionstheorien.

54 So etwa bei Rudolf Reichel 2002: Zu den Gesetzmäßigkeiten der Technikentwick-
    lung. In: Bause, Gerhard; Meier, Bernd; Wolffgramm, Horst (Hrsg.): Technikbilder
    und Technikkonzepte im Wandel. FZKA, Karlsruhe, S. 84.

nese der Gattung Mensch institutionalisierte Reaktionsstandards in Gestalt der als Gratifikations- oder Sanktionssysteme objektivierten Ideen antreffen. Lernprozesse ließen sich dann als solche einer adaptiven Verhaltensmodifikation beschreiben, die unter der jeweiligen Erfahrung einer Differenz zwischen intendierten Zwecken und realen Ergebnissen vollzogen wird. Solcherlei findet unter der Dialektik von Schema/Regel und Realisierung/Befolgung statt, da Regeln den Vollzug immer unterdeterminieren und jedes Vollzugs-Token mehr Eigenschaften aufweist, als der abstrakten Regel eignen. So können sich neue Regelmäßigkeiten bilden, die Schemastatus gewinnen. Entsprechend würden Inventionen („Variationen", „Mutationen", „Rekombinationen", etc.) an das ökonomische Innovationsgeschehen adaptiert, das Innovationsgeschehen stets an neue Marktregeln, diese möglicherweise unter neue Orientierungsstandards, welche, wenn sie sich als für Inventionen „hinderlich", „kreativitätsfeindlich" herausstellen, wiederum modifiziert werden etc. Lernen, gefasst als Adaption, erscheint ebenfalls als generisches Titelwort, welches zu Rekonstruktionen im evolutionistischen Dreischritt einlädt.

Die Herausforderung besteht aber gerade darin, zu rekonstruieren, wie aus adaptivem Verhalten Handeln wird. Operieren wir unter der Leitdifferenz „Zufall – Notwendigkeit" (ontischer „Zufall" der „Mutation" etc. und „Notwendigkeit" des Wirkens der Selektionsprozesse), dann können wir die Einnahme eines anerkennenden oder ablehnenden Verhältnisses zu Kulturprodukten (einschließlich der zivilisatorischen Überformung unserer äußeren und inneren Natur) nicht erfassen. Wir verbleiben – wie erwähnt – im Bereich von Determinanten und hinreichenden Bedingungen. Freilich kann die naive Gegen-Annahme einer Leitdifferenz „Freiheit – Notwendigkeit", naiv ontologisch gebraucht, leicht in die Irre führen. Denn „Freiheit" (als subjektive Freiheit) ist der Kritik von Neurophysiologen, Behavioristen, Psychologen etc. ausgesetzt, die bisweilen zu Recht darauf verweisen, dass, objektstufig gesehen, nicht überall Freiheit drin ist, wo Freiheit drauf steht. Die Identifizierung von Determinanten jedoch stellt uns immerfort in die Position, ein Verhältnis zu solchen Determinanten einnehmen zu müssen, gleich, ob diese veränderbar erscheinen oder nicht.

Wie diese Bezugnahme entstehen kann, hat Hegel (im Kapitel „Das geistige Tierreich" der „Phänomenologie"[55]) daran gezeigt, wie Lernprozesse von einer Verhaltensadaption zum Handeln führen. Indem er vom Tun als spontanem und unmittelbarem Vollzug ausgeht, stellt er sich nicht von vornherein in die Positi-

---

55 Hegel, Georg Wilhelm Friedrich 1956: Phänomenologie des Geistes (Ausg. Hofmeister). Meiner, Hamburg, S. 285-300.

on eines naiven Intentionalismus, der Tun als Mittel relativ zu vorausgesetzten
Zwecken bestimmt und dabei üblicherweise als Gegner des evolutionistischen
Naturalismus auftritt. Wie kommen wir dann zu Zwecken? Hegel überrascht
(manche) mit der These, dass sich das Begreifen eines Etwas als zweckhaft erst
ex post aus einer Erfahrung heraus einstellt, in welcher sich uns ein Tun als mehr
oder weniger erfolgreich oder gescheitert darstellt, und zwar im Vergleich mit dem
Tun Anderer. Auf dieser Basis können wir einen situativen Problemlösedruck (Bedürfnis) und unterschiedliche Erfüllungen/Lösungen in einen Zusammenhang
bringen. Problemlösedruck sowie gegebene Mittel, die die Herbeiführbarkeit des
Ergebnisses bestimmen, erscheinen als Reich der Notwendigkeit, dem sich sowohl
das Individuum als auch die Gattung ausgesetzt sehen. Diese Notwendigkeit ist
jedoch nicht die des Wirklichen oder eines wirklichen Zwangs, denn sie lässt eben
wirkliches Gelingen (in seinen Abstufungen) ebenso wie wirkliches Scheitern
offen. Vielmehr ist sie die Notwendigkeit des Möglichen, in Hegels Sprache das
unmittelbare An-sich. Ist eine Realisierung gelingend, so belegen wir sie ex post
als eine aus Freiheit, als Verwirklichung einer Option im Rahmen des Möglichen.
Sie wird dann reflexiv als Handlung bestimmt, eben weil sie nicht als gescheitert
*an*erkannt wird. Ist sie als gescheitert zu erachten, so wird sie in den Bereich
des Nicht-anders-Gekonnt-Habens verwiesen, also in den Bereich einer ex post
erkannten und anerkannten Notwendigkeit. Erst *für sich* erscheint also die Aktion
als frei (gelungen) oder notwendig (gescheitert), als Handlung oder Widerfahrnis.
Dies führt zu dem Ergebnis, dass Freiheit – als Reflexionsbegriff, der die Beziehung zu einem Handlungsausgang begreift – „Einsicht in die Notwendigkeit"
(Friedrich Engels) des *Möglichen* ist. Sie erkennt zugleich, dass das Bestimmende
an den Mitteln nur bezüglich der *Möglichkeit* des Gelingens notwendig ist. Die
Wirklichkeit des Gelingens liegt in dem Möglichkeitsraum, den die Mittel auf-
spannen, die Verwirklichung obliegt dem Subjekt. In der Erfahrung der Differenz
zwischen Lösungsanspruch und tatsächlicher Lösung erscheinen die Mittel als
Medialität, die – wie sie Hegel in seiner schönen Formulierung als „Auch" von
Eigenschaften bezeichnet[56] – in einer bisher nicht vorstellbaren Weise die vermit-
telnde Instanzen eines gelingenden oder scheiternden Weltbezugs ausmachen,
und zwar nicht mehr nur als unmittelbar angetroffene Determinanten, sondern
als in ihrem „Auch" als störend empfundene oder als Überraschung begrüßte
Eigenschaften. Sofern sie nun aber vorgestellt sind, werden sie von „Dingen"
zu „Sachen", und damit in ihrer identifizierten Hinsichtlichkeit einer Bearbeitung durch andere Mittel zugänglich. Ein Alleinstellungsmerkmal von Technik

---

56 Vgl. ibid., S. 91.

gegenüber einem naturalistisch gefassten Evolutionsgeschehen wird also nicht dogmatisch über eine naiv unterstellte Intentionalität der Technik behauptet, sondern über ein Sichbewusstwerden *möglicher* Intentionalität angesichts der Erfahrung der Differenz zwischen Anspruch und Realisierung begründet. Das ist der Übergang, den Kapp und Gehlen gesucht, aber in ihrer naturalistischen Argumentation verfehlt haben.[57]

Im Ausgang von Hegel können wir ein architektonisches Schema gewinnen, welches erlaubt, ein Geschehen unter evolutionären Mechanismen oder kultürlich-technischer Freiheit in einen Bezug zu setzen, der nicht auf der Ebene schlechter Abstraktionen und Verallgemeinerungen operiert: Dasjenige, was die Prozesse unseres Gestaltens auf der jeweiligen Stufe indisponibel erscheinen lässt – als Antrieb, vorgefundene Mittel oder Selektion, die uns scheitern lässt –, kann relativ zu uns als Prozessieren einer Evolution modelliert werden. Eine solche Evolution und ihre zentralen Unterprädikationen sind mithin Reflexionsbegriffe. Sofern wir jenseits einer „negativen Auslese" als Widerfahrnis unsere Gestaltungsprozesse als gelingend anerkennen, kommen wir nicht umhin, uns reflexiv Freiheit und Intentionalität zuzuschreiben, weil wir damit bereits ein Verhältnis zu dem Ergebnis, nämlich seine Anerkennung ausgedrückt haben. Subjekt einer solchen Anerkennung kann aber nicht eine natürliche Determinante sein, sondern nur wir selbst. Diese notwendige Freiheitszuweisung, die auf dem *Verhältnis* zu allen möglichen Determinanten beruht, schreibt sich in die normativen Bewertungen der Folgen eines solchen Tuns fort. Und als Verhältnisbestimmung führt sie bis zur Einnahme eines Standpunktes, der sich entweder unter einem jeweiligen Evolutionsmodell entlastet sehen mag, oder entsprechende Prozesse ohnmächtig beklagt, oder sie rühmt, oder aber evolutionäre Prozesse selbst auszulösen oder zu gestalten sucht, indem er unabhängige Variablen dieser Prozesse belegt.

Der Reichtum der vielfältigen Einzelbefunde und ihrer Einschätzungen der Evolutionstheorien ließe sich in dieser Architektur verorten, weil ihr Zustandekommen reflektiert ist. Immanent ist diese Architektur hochgradig flexibel: Denn ob etwas als evolutiv oder intentional, als Ergebnis „natürlichen Prozessierens" oder „intentionalen Gestaltens" erscheint, als Eigendynamik der Technik oder „verantwortbares Tun", hängt davon ab, inwieweit wir von gelingenden oder misslingenden Vollzügen mit Blick auf die innere Natur unserer Ansprüche reden, oder inwieweit wir von einer äußeren Natur der Umstände sprechen. Der unsi-

---

57 Hierzu ausführlicher: Hubig, Christoph 2011: „Natur" und „Kultur". Von Inbegriffen zu Reflexionsbegriffen. In: Zeitschrift für Kulturphilosophie. Jg. 5, H. 1, S. 97-119.

chere abduktive Schluss von Resultaten des Tuns auf seine Bedingungsfaktoren (gleich ob es sich um das gegenständliche Tun oder das höherstufige Tun des Modellierens im Rahmen von Theorien handelt) wird bei jeder technischen Planung eingesetzt, indem unter funktionalen Erfordernissen auf Mittel als hinreichende Bedingungen der Realisierung solcher Pläne geschlossen wird – oder indem angesichts nicht in die Planung einzubeziehender Instanzen, mithin evolutionärer Zufälligkeiten und Selektionen, von solchen Planungen Abstand genommen wird. Ob Prozesse des Wandels mithin reflexiv oder transitiv zu fassen sind, ob wir davon sprechen, dass etwas sich evolutioniert oder von uns entwickelt wird, kann nicht vom dritten Standpunkt aus durch eine Evolutionsphilosophie entschieden werden. Auf diese Weise können sowohl die dogmatischen Behauptungen eines evolutionären Determinismus wie diejenigen eines Technikdeterminismus, aber auch die naive Unterstellung eines intentionalistischen Steuerungsdeterminismus vermieden werden, wie ihn die Sozialkonstruktivisten behaupten, nach denen die Steuerungsmacht der Technik durch soziale Aushandlungsprozesse zustande kommt. Die Hegel'sche Architektur erlaubt uns die Unterstellung eines Determinismus dort, wo *uns* Prozesse als indisponibel erscheinen. Solcherlei kann sich jedoch ändern.

Claus Baumann

Recht und Unrecht – Anmerkungen zu Walter Benjamins Studie „Zur Kritik der Gewalt"[1]

„Was damals Rechtens war, kann heute nicht Unrecht sein"[2] lautet eine bekannte Aussage Hans Filbingers (1913–2007). Ob der frühere NS-Marinerichter (1943-45) und spätere baden-württembergische Ministerpräsident (1966-78) dieses Diktum auf die rechtlich-kodifiziert flankierten Gräueltaten und gesetzlich-bürokratisch abgedeckten systematischen Ermordungen des NS-Regimes bezogen hatte oder „nur" – wie er behauptete – auf das bis 1945 geltende Militärstrafgesetzbuch aus dem Jahr 1872[3], ist nebensächlich. Denn Filbinger rechtfertigte noch bis zu seinem Lebensende seine eigene aktive Mitwirkung an mehreren Justizmorden unter Berufung auf Weisungsgebundenheit und auf die damals gültige formelle

---

1   Wie nahezu alle philosophischen Überlegungen sich einer kollektiven und vielge-
     staltig kooperativen „Arbeit des Begriffs" (Hegel) verdanken, so auch der vorliegende
     Beitrag: Die philosophischen Impulse, die insbesondere von Michael Weingarten
     und dem von ihm initiierten philosophischen Lesekreis in Stuttgart ausgingen, sind
     diesbezüglich kaum zu ermessen.

2   O.V., 1978: Affäre Filbinger: „was Rechtens war...". Der Spiegel 20/1978, S. 23-27,
     hier: S. 26.

3   „Meine Äußerung bezog sich nicht auf die verabscheuungswürdigen NS-Gesetze,
     sondern auf die seit 1872 im Militärstrafgesetzbuch angedrohte Todesstrafe für
     Fahnenflucht im Felde." (Zit. n. Musiol, Jörg 2006: Vergangenheitsbewältigung in der
     Bundesrepublik. Tectum, Marburg, S. 56, Anm. 209.) Filbingers rechtspositivistische
     Verteidigungsstrategie ging politisch Hand in Hand mit seinem nationalkonserva-
     tiven Geschichtsverständnis: Weder entschuldigte Filbinger sich jemals bei seinen
     Opfern, noch bekannte er sich als Täter; im Gegenteil, er stilisierte sich als Teil einer
     „geschmähten Generation" (vgl. Filbinger, Hans 1987: Die geschmähte Generation.
     Universitas, München). – Diesen Geschichtsrevisionismus perpetuierend erkor der
     damalige Ministerpräsident von Baden-Württemberg, Günther Oettinger – in seiner
     2007 panegyrisch gehaltenen Trauerrede – Filbinger sogar noch zum „Gegner des
     NS-Regimes" (zit. n. Dokumentation 2007: „Hans Filbinger war kein Nationalsozi-
     alist". Günther Oettingers Trauerrede im Freiburger Münster für den verstorbenen
     Hans Filbinger; http://www.spiegel.de/politik/deutschland/dokumentation-hans-
     filbinger-war-kein-nationalsozialist-a-476898.html [Zugriff: 25.02.2013]).

Rechtssatzung.[4] Filbingers Verteidigungsstrategie rief in Teilen der Öffentlichkeit aus guten Gründen – man könnte auch sagen: zu Recht – Entsetzen hervor. 1978 wurde er vom Amt des Ministerpräsidenten von Baden-Württemberg abgesetzt – auch auf Druck seiner eigenen Partei, der CDU. Gewiss steht die „moralische" Überlegenheit jenes damals öffentlich bekundeten Entsetzens außer Frage. Ihre sittliche Wirksamkeit schien sich prima facie in der Absetzung Filbingers auszudrücken. Wenn allerdings berücksichtigt wird, dass in der damaligen CDU weniger Filbingers Verhalten als Marinerichter kritisiert wurde als vielmehr die Form seiner öffentlichen Verteidigung, welche eine Ursache dafür war, dass die CDU in ein Umfragetief stürzte[5], dann entsteht eher der Eindruck, dass die Absetzung Filbingers weniger „moralisch" als vielmehr politisch-taktisch motiviert gewesen ist.

Unabhängig davon, ob das Entsetzen über Filbingers Verteidigung unter Berufung auf ein in Gesetzesform gegossenes Unrecht taktisch oder moralisch motiviert war, stellt sich die Frage, auf was für eine Instanz sich dieses *zu Recht* geäußerte Entsetzen berufen kann. Ist dieses „zu Recht" bloß eine belanglose Redensart, oder kann es selbst als eine Art Recht verstanden werden? Und wenn ja, wie kann dies auf der Grundlage einer Philosophie des Rechts begründet werden? Oder liegt jenem Entsetzen eine andere – selbst außer Frage stehende – Instanz zugrunde, die es hervortreibt und auf die es sich berufen könnte – eine außerrechtliche Instanz, wie etwa eine ethische, moralische, natürliche oder gar göttliche?

Im Jahr 1921, also etliche Zeit, bevor sich das Unrechtsregime des NS-Faschismus in Deutschland manifestiert und sein grausames und mörderisches Unwesen treibt, geht Walter Benjamin in seinem Essay „Zur Kritik der Gewalt"[6] der Frage

---

4 Vgl.: Baumann, Ulrich und Koch, Magnus 2008: „Was damals Recht war..." – Eine Wanderausstellung zur Wehrmachtsjustiz. In dies. (Hrsg.): „Was damals Recht war..." – Soldaten und Zivilisten vor Gerichten der Wehrmacht. be.bra, Berlin, S. 11.

5 So fragten sich kurz vor der Absetzung Filbingers einige Präsidiumsmitglieder der CDU, wie weit die Solidarität mit Filbinger gehen solle und wo der Selbsterhaltungstrieb der CDU beginne (vgl. Sommer, Theo 1978: Uneinsichtig bis zum Ende. http://www.zeit.de/1978/29/uneinsichtig-bis-zum-ende/[Zugriff: 17.09.2013]).

6 Vgl. Benjamin, Walter 1991: Zur Kritik der Gewalt [1921]. In: Ders.: Aufsätze, Essays, Vorträge. Gesammelte Schriften, Band II/1. Suhrkamp, Frankfurt/M., S. 179-203. – Von einer vollständigen Kommentierung oder Interpretation des Textes wird hier abgesehen. Zu Benjamins „Zur Kritik der Gewalt" liegen zahlreiche Kommentierungen mit je verschiedenen Schwerpunktsetzungen und Ausrichtungen vor; hier ist eine kleine Auswahl: Agamben, Giorgio 2004: Ausnahmezustand (Homo sacer II.1). Suhrkamp, Frankfurt/M.; Derrida, Jacques 1996: Gesetzeskraft. Der

nach, ob denn nicht der proletarische Generalstreik in der Lage sei, eine – wie er sich ausdrückt – *„Entsetzung* des Rechts"[7] im Sinne einer Durchbrechung der Gewalt des Rechts zu bewirken. Trotz der geschichtlichen Tatsache, dass die Befreiung vom NS-Faschismus schließlich nur von äußeren Mächten bewerkstelligt werden konnte, ist die Frage nach einer nichtetatistischen sittlichen Kraft als Movens gegen Unrecht nach wie vor brisant. Denn gerade hinsichtlich der geschichtlichen Verantwortung für die Verhinderung einer ähnlichen sittlichen Katastrophe wie derjenigen von Auschwitz ist die philosophische Reflexion stärker denn je dazu angehalten, die Möglichkeit einer solchen Kraft zu erörtern, die sowohl einerseits zur Absetzung oder Aufhebung einer gesamten als Unrecht identifizierten Rechtsordnung führen könnte als auch andererseits zur Befreiung individueller Fähigkeitsentwicklung und zur Freisetzung einer Lebensweise, die mit Fug und Recht als „glücklich" bezeichnet werden kann.

Es stellt sich hierbei allerdings die Frage, ob eine solche Kraft notwendig mit einer revolutionären proletarischen Erhebung identifiziert werden muss.[8] Benjamin nennt noch eine weitere Kraft, die er am Ende seines Aufsatzes als „göttliche Gewalt" bezeichnet. Zwischen beiden Kräften stellt er einen Zusammenhang her; dieser steht im Fokus der vorliegenden Abhandlung. Trotz näherer Bestimmung seitens Benjamins und allerlei Interpretationen verschiedener Kommentatorinnen und Kommentatoren gibt der Ausdruck „göttliche Gewalt" und sein Verhältnis zu einer revolutionären proletarischen Kraft nach wie vor Rätsel auf. Allerdings ist dies keine Schwäche des Textes, im Gegenteil: Die Rebus-Struktur

---

„mythische Grund der Autorität". Suhrkamp, Frankfurt/M.; Butler, Judith 2007: Kritik, Zwang und das heilige Leben in Walter Benjamins „Zur Kritik der Gewalt". In: Krasmann, Susanne;. Martschukat, Jürgen (Hrsg.): Rationalitäten der Gewalt. Staatliche Neuordnungen vom 19. bis zum 21. Jahrhundert. Transcript, Bielefeld, S. 19-46; Heil, Susanne 1996: „Gefährliche Beziehungen". Walter Benjamin und Carl Schmitt. Metzler, Stuttgart und Weimar, S. 148-156; Honneth, Axel 2006: „Zur Kritik der Gewalt". In: Lindner, Burkhardt (Hg.): Benjamin Handbuch. Leben – Werk – Wirkung. Metzler, Stuttgart und Weimar, S. 193-210; Menke, Christoph 2011: Recht und Gewalt. August, Berlin.

7 Benjamin, Walter 1991: Zur Kritik der Gewalt, S. 202, Hervorh. CB. – Christoph Menke ist es zu verdanken, diese in Benjamins Text eher unscheinbare Formulierung in den Mittelpunkt gerückt zu haben (vgl. Menke, Christoph 2011: Recht und Gewalt.).

8 Es zeigt sich allerdings im weiteren Verlauf der Rekonstruktion des Benjamin'schen Textes, dass wir es bei ihm nicht mit der üblichen positivistischen Vorstellung vom revolutionären Proletariat zu tun haben, die in sozialwissenschaftlicher Manier die unzufriedenen Lohnarbeitenden unmittelbar mit einem „Proletariat" identifiziert.

der Benjamin'schen Metaphorik birgt ein anti-autoritäres Moment; denn sie über-
windet die monologische Struktur des geschriebenen Wortes dadurch, dass sie
uns als Leserinnen und Leser mit hineinzieht in die Reflexion des von Benjamin
dargestellten Problems sowie in seinen Fragehorizont, an dem noch immer eine
Antwort aussteht. Insofern fordert uns Benjamins Essay dazu auf, an der von ihm
begonnenen Arbeit des Begriffs mitzuwirken und über diese hinauszugehen. Entsprechend in die Pflicht genommen, stellen sich diese Überlegungen der Aufgabe,
sich daran zu beteiligen. Gleichwohl geschieht dies nicht in der abschließenden
Weise eines „letzten Wortes", sondern vielmehr in einer spielerisch offenen, kon-
junktivischen Frage- und Antwortbewegung, im Spielraum dessen, was der Text
– zuzüglich einiger fragmentarischer Skizzen Benjamins – zulässt. Zuvor ist jedoch
der argumentative Zusammenhang zu erläutern, in dem Benjamin den Ausdruck
„göttliche Gewalt" einführt (1.). Darauf folgend wird – in der erwähnten Weise
– zum einen erörtert, welche Funktion der Bestimmung „göttlich" zukommen
könnte, und zum anderen mit Rückgriff auf die biblischen Schöpfungsberichte
entwickelt, welche „Logik" sich dahinter verbergen könnte (2.).

1.

Als „Recht" wird üblicherweise ein Verhältnis zwischen Handlungen oder Verhaltensweisen und einem geltenden gesellschaftlichen Regelsystem verstanden, dessen
gesetzte Normen gegebenenfalls auch zwangsweise mittels Gewalt durchgesetzt
werden können – dies jedoch zumeist auf der Grundlage geregelter Verfahren. In
ihrer Funktion als Maßstäbe erlauben es die gesetzten Normen, dass Handlungen
oder Verhaltensweisen als dem Recht adäquat beurteilt werden können – oder
eben als dem Recht nicht entsprechend. Letzteres wird normalerweise „Unrecht"
genannt. Es stellen sich hierbei allerdings folgende Fragen: Ist Unrecht lediglich
die bloße Negation eines bestimmten Rechts? Welcher Maßstab erlaubt es, das
Recht seinerseits als rechtens oder als nicht rechtens zu beurteilen? Und falls sich
ein solcher Maßstab finden lässt, woher ist er gewonnen, oder wie ist er in die
Welt gekommen? Ist er selbst ein kulturell oder geschichtlich variabler – oder ist
er immer schon als ein universeller vorhanden, den wir Menschen gewissermaßen
nur erst im geschichtlichen Vollzug entdecken mussten?

Wenn das begriffliche Verhältnis von Recht und Unrecht näher betrachtet
wird, dann fällt zunächst auf, dass das Wort „Unrecht" eine andere Art der Negation des Rechts ausdrückt als „Rechtlosigkeit" oder „Nicht-Recht". „Nicht-Recht"
bezeichnet Sachverhalte, bei denen Recht nicht vorliegt; „Rechtlosigkeit" solche,
in denen Recht nicht gilt. „Unrecht" bezeichnet dagegen eine qualifizierende,

bestimmte Negation. Mit „Unrecht" können sowohl bestimmte Verhaltensweisen als auch ein bestimmtes vorhandenes Recht als nicht rechtens, aber auch als
ungerecht oder als grausam-unmenschlich gebrandmarkt werden. „Unrecht"
ist somit zunächst äquivok: Denn das Wort „Unrecht" kann zum einen eine
bestimmte *Rechtswidrigkeit* beziehungsweise ein Rechtsvergehen bezeichnen
oder zum anderen auf eine bestimmte *Ungerechtigkeit* aufmerksam machen.[9]
Hinsichtlich der Frage nach dem Verhältnis von *Recht* und *Gerechtigkeit* finden
sich im philosophischen Diskurs traditionell zwei gegensätzliche Richtungen,
die diesen Diskurs maßgeblich bestimmen: Auf der einen Seite steht – bei aller
inneren Verschiedenheit – die Strömung des Rechtspositivismus, bei dem in der
Regel ein innerer notwendiger Zusammenhang zwischen Recht und Gerechtigkeit bestritten wird.[10] „Unrecht" bezeichnet hierbei lediglich ein Vergehen
gegen bestehendes Recht, einen Verstoß gegen gesatztes Recht. Auf der anderen
Seite stehen die verschiedenen naturrechtlichen Konzeptionen[11], bei denen das
in einer Gesellschaft tatsächlich geltende und existierende Recht von einer universell geltenden Normordnung unterschieden wird. Im Rahmen naturrecht-
licher Konzeptionen ist es prinzipiell denkmöglich, dass positives Recht selbst
Unrecht sein oder zumindest als ungerecht beurteilt werden kann, also dass
ein innerer Zusammenhang zwischen Recht und Gerechtigkeit besteht. Trotz
ihrer inhaltlichen und formalen Verschiedenartigkeit ist den naturrechtlichen
Begründungsstrategien gemeinsam, dass sie sich in der Regel auf eine als vom
menschlichen Willen und den empirischen menschlichen Verhaltensweisen
unabhängig vorgestellte Ordnung (z.B. Natur, Schöpfung, Logos) oder sich auf
bestimmte Ordnungsprinzipien (z.B. Gott, Vernunft) beziehen, auf deren Grund
oder durch die ein universell gültiges Recht begründet werden kann und soll.
Eine solche normative Ordnung würde damit als Maßstab zur Beurteilung des

---

9 Vgl. Kirchheimer, Otto 1976: Bemerkungen zu Carl Schmitts 'Legalität und Legitimität'. In: Ders.: Von der Weimarer Republik zum Faschismus: Die Auflösung der demokratischen Rechtsordnung. Hrsg. v. Wolfgang Luthardt. Suhrkamp, Frankfurt/M.,
   S. 113-151, hier: S. 118.

10 Vgl. Kelsen, Hans 2008: Reine Rechtslehre. Studienausgabe der 1. Auflage [1934].
   Mohr Siebeck, Tübingen, S. 25-29.

11 Der Einfachheit halber bleiben im Folgenden die verschiedenen moralphilosophi-
   schen Entwürfe und Ethiken unberücksichtigt, was sich ein stückweit dadurch rechtfertigen lässt, dass sie hinsichtlich ihrer Grundannahmen logisch-begrifflich zumeist
   strukturanalog zu naturrechtlichen Konzeptionen argumentieren. Außerdem werden
   bei vielen Ethiken und Moralphilosophien rechtstheoretische Fragen als etwas ihnen
   Äußerliches behandelt und rechtliche Fragen einer Rechtsphilosophie überantwortet.

bestehenden Rechts fungieren können. Diesen universalistischen und übergeschichtlichen Vorstellungen entgegengesetzt argumentieren die positivistischen Rechtsphilosophien. Ihnen zufolge kommt das in Gesetzestexten, Vorschriften und Verfassungen formulierte Recht allein aufgrund menschengemachter Regeln und normativer Setzungen zustande; die Rechtmäßigkeit eines Verhaltens begründet sich einzig aus dem Prinzip des Rechts selbst.

Bei beiden Konzeptionen des Rechts lassen sich indes Begründungsprobleme feststellen.[12] Mit Blick auf die Frage nach der legitimierenden Gewalt des Rechts, nach gerechten Zwecken und berechtigten Mitteln, weist Walter Benjamin sowohl die naturrechtliche Tradition als auch die Schule des Rechtspositivismus zurück. Letzterem gesteht er allerdings die Leistung zu, einen geschichtlichen Blick auf das Recht zu eröffnen. Die geschichtliche Reflexion macht nämlich darauf aufmerksam, dass die Gründungsakte der Rechtsordnungen auf nichtlegitimierter Gewalt basieren.[13]

Neben dieser – in den Gründungsakten wirkenden – *rechtsetzenden Gewalt*, welche zunächst so charakterisiert werden kann, dass sie die rechtliche Form eines Gemeinwesens hervorbringt und bestimmtes Recht erzeugt, nennt Benjamin eine *rechtserhaltende Gewalt*. Beide hängen mit innerer Notwendigkeit miteinander zusammen; denn nach dem Gründungsakt des Rechts durch die rechtsetzende Gewalt dankt Gewalt nicht ab, sondern transformiert sich zur rechtserhaltenden. Diese hält als institutionalisierte Anstrengung eine bestimmte Rechtsordnung aufrecht; sie reproduziert Recht und Gesetz, bindet die Bürgerinnen und Bürger an bestehendes Recht, ordnet diese dem Gesetz unter und versieht sie „in dämonisch-zweideutiger Weise [mit] ʻgleiche[n]ʼ Rechte[n]"[14]. Diese Gleichheit vor dem Gesetz wird von Benjamin deshalb als „dämonisch" bezeichnet, weil sie in einer unheimlichen, täuschenden Weise doppelgesichtig ist: Denn das bürgerliche Recht, das den Individuen Gleichheit als Rechtspersonen garantiert, hat mit einer – wie auch immer vorgestellten – sozialen Gleichheit oder gar Gerechtigkeit nichts zu schaffen; es ist damit jedoch leicht zu verwechseln. Mit einer sarkastischen Aussage des Schriftstellers Anatole France wird dieses „Dämonische" von Benjamin

---

12 Vgl. Hegel, Georg W. F. 1986: Über die wissenschaftlichen Behandlungsarten des Naturrechts, seine Stelle in der praktischen Philosophie und sein Verhältnis zu den positiven Rechtswissenschaften [1803]. In: Ders.: Werke Bd. 2. Suhrkamp, Frankfurt/M., S. 434-539.

13 Zu Recht weist Judith Butler in diesem Zusammenhang die Vorstellung eines „allmählichen Übergang(s) kultureller Sitten und Normen in positives Recht" zurück (Butler, Judith 2007: Kritik, Zwang und das heilige Leben, S. 20).

14 Benjamin, Walter 1991: Zur Kritik der Gewalt, S. 198.

entlarvt: Die Gesetze „verbieten es den Armen und Reichen gleichermaßen, unter Brückenbogen zu nächtigen."[15] Entscheidend kommt es bei jener Bindung der Individuen an Recht und Gesetz darauf an, dass diese Rechtsordnung die Gewalt für sich beansprucht und ihre Ausübung dem privaten Individuum verwehrt. Die rechtserhaltende Gewalt wird von Benjamin zugleich als „drohende"[16] und aufgrund ihres institutionalisierten Charakters als „verwaltete" näher bestimmt.

Mit der Feststellung, dass die staatliche Ordnungsmacht eine handgreifliche Gewaltanwendung zwischen Personen rechtlich nicht zulässt, eröffnet Benjamin die Frage, ob es Formen gewaltloser Beilegung von Konflikten gibt, und wie diese möglich sind. Benjamin findet Beispiele für eine gewaltlose Form der Konfliktlösung im Bereich der Privatpersonen, bei denen eine „Schlichtung der Konflikte zwischen Mensch und Mensch"[17] zustande kommen kann.[18] Eine gewaltlose Einigung kann dort stattfinden, „wo die Kultur des Herzens den Menschen reine Mittel der Übereinkunft an die Hand gegeben hat"[19], wo subjektive sittliche Instanzen wie Vertrauen, Höflichkeit und Zuneigung herrschen, und wo die wesentliche objektive sittliche Instanz die Sprache ist, die eine solche Verständigung ermöglicht.[20] Die „Unterredung als eine Technik ziviler

---

15 Ibid.

16 Mit der Charakterisierung als „drohende" wendet sich Benjamin zugleich gegen die gängige Vorstellung, dass die rechtserhaltende Gewalt der Abschreckung dienen würde: „Zur Abschreckung im exakten Sinn würde eine Bestimmtheit gehören, welche dem Wesen der Drohung widerspricht, auch von keinem Gesetz erreicht wird, da die Hoffnung besteht, seinem Arm zu entgehen. Um so mehr erweist es sich drohend wie das Schicksal, bei dem es ja steht, ob ihm der Verbrecher verfällt." (Ibid., S. 188.)

17 Ibid., S. 193.

18 Benjamin macht darauf aufmerksam, dass die vertragliche Regelung davon ausgeschlossen ist: „Denn er [der Vertrag, CB] verleiht jedem Teil das Recht, gegen den andern Gewalt in irgendeiner Art in Anspruch zu nehmen, falls dieser vertragsbrüchig werden sollte. Nicht allein das: wie der Ausgang, so verweist auch der Ursprung jeden Vertrages auf Gewalt. Sie braucht als rechtsetzende zwar nicht unmittelbar in ihm gegenwärtig zu sein, aber vertreten ist sie in ihm, sofern die Macht, welche den Rechtsvertrag garantiert, ihrerseits gewaltsamen Ursprungs ist, wenn sie nicht eben in jenem Vertrag selbst durch Gewalt rechtmäßig eingesetzt wird." (Ibid. S., 191.)

19 Ibid.

20 Benjamin wendet sich an dieser Stelle gegen die Vorstellung, dass eine solche gewaltlose Konfliktlösung auch in der parlamentarischen Demokratie zur Anwendung käme. Das Selbstmissverständnis des Parlamentarismus beruht Benjamin zufolge auf der Meinung, dass mit dem Kompromiss, der die wesentliche Form parlamentarischer Entscheidungen darstellt, eine „vermeintlich gewaltlose Behandlungsweise politischer Angelegenheiten" (ibid., S. 188) institutionalisiert sei. Der Parlamentarismus

Übereinkunft"[21] ist hierfür – Benjamin zufolge – das trefflichste Beispiel. Diese Technik finde sich zudem in der zwischenstaatlichen Diplomatie[22]. Die Logik der zivilen Übereinkunft erachtet Benjamin als strukturanalog dem religiösen Gebot: „Dieses steht nicht als Maßstab des Urteils, sondern als Richtschnur des Handelns für die handelnde Person oder Gemeinschaft, die mit ihm in ihrer Einsamkeit sich auseinanderzusetzen und in ungeheuren Fällen die Verantwortung von ihm abzusehen auf sich zu nehmen haben."[23] Das Gebot ist eine andere Form sittlicher Regulierung, es beruht nicht auf einem Akt der Gesetzgebung; hinter ihm steht keine Ordnungsmacht, die es erzwingt. Das Gebot ist für den Akteur nicht zwingend und nicht erzwingbar; er muss sein Handeln und Verhalten alleine abwägen sowie die Konsequenzen seines Tuns selbst abschätzen; insofern bewirkt es auch eine Auseinandersetzung des tätigen Individuums mit anderen und vor allem *mit sich selbst*.

Allerdings ist die staatliche Rechtsgewalt im Zuge bürgerlicher Verrechtlichung mit ihrer zivilen Konfliktlösung immer weiter in diese – zunächst ohne handgreifliche oder institutionelle Gewaltförmigkeit bestehenden – sittlichen Bereiche eingedrungen. Mit diesem Eindringen überformte sie diese Bereiche zunehmend. Indem sie beispielsweise „den Betrug unter Strafe stellte"[24], überführte sie den Verstoß gegen das Gebot, nicht zu lügen und zu betrügen, auf die formalrechtliche Ebene mit strafrechtlichen Konsequenzen. Dieser Übergang geht mit einer „Verschuldung des bloßen natürlichen Lebens"[25] einher, „welche den Lebenden unschuldig und unglücklich der Sühne überantwortet, die seine Verschuldung 'sühnt' – und auch wohl den Schuldigen entsühnt, nicht aber von einer Schuld, sondern vom Recht."[26] Damit verdrängt die staatliche Ordnungsmacht zugleich die Möglichkeit der *Vergebung* und Entsühnung der Schuld. Die Verrechtlichung lässt somit die sittliche, unmittelbar zwischenmenschliche

---

ist ihm zufolge bloß „*vermeintlich* gewaltlos" deshalb, weil das parlamentarische kompromissförmige Zustandekommen nur *scheinbar* dieselbe Gestalt hat wie die unmittelbare zwischenmenschliche Schlichtung der Privatpersonen. Denn ausgeblendet werde dabei, dass die parlamentarischen Beschlüsse sich zumeist gesetzesförmig präsentierten und gesatztes Recht eine Rechtsordnung voraussetze, die mittels einer Ordnungsgewalt aufrechterhalten und durchgesetzt werden muss.

21 Ibid., S. 192.
22 Ibid., S. 195.
23 Ibid., S. 200-201.
24 Ibid., S. 193.
25 Ibid., S. 200.
26 Ibid.

Möglichkeit der Konfliktlösung „versteinern".[27] Aus der Perspektive der staatlich-institutionellen Ordnungsmacht ist dies aber das kleinere Übel: „Denn im Verbot des Betruges schränkt das Recht den Gebrauch völlig gewaltloser Mittel ein, weil diese reaktiv Gewalt erzeugen könnten."[28] Allerdings bleibt die Verfolgung des Zwecks, die Möglichkeit des Auftretens einer reaktiven Gewalt zu begrenzen, ebenfalls nicht ohne bestimmte Folgen: Beispielsweise führte diese Tendenz insbesondere zur „Einräumung des Streikrechts"[29], eines Rechts, das freigegeben wurde, „weil es gewaltsame Handlungen, denen entgegenzutreten es fürchtet, hintan hält. Griffen doch vordem die Arbeiter sogleich zur Sabotage und steckten die Fabriken an."[30] Damit erscheint neben dem Staat eine weitere Instanz mit Recht auf Gewalt, nämlich „die organisierte Arbeiterschaft"[31].

Benjamin sieht mit dieser Einräumung des Streikrechts einen Widerspruch innerhalb des staatlichen Interesses an Monopolisierung der Gewalt – wie übrigens auch bei der gesetzlichen Erlaubnis von Notwehr[32]. Zwar legt der Staat Rahmenbedingungen für den Streik fest und erklärt den Streik für illegal, wenn die Streikhandlungen die vom Staat festgelegten Grenzen überschreiten; aber diese Bedingungen können von den Konfliktparteien ganz unterschiedlich interpretiert werden. So erscheint der Streik auf der einen Seite prima facie als unterlassenes Handeln, als eine Form des Nicht-Handelns, und insofern als „gewaltloses" Mittel.[33]

---

27 Um diesen Zusammenhang und die Metapher des „Versteinerns" zu verdeutlichen, greift Benjamin auf die Niobe-Sage aus der griechischen Mythologie zurück: Ihr Glück über ihre zwölf Kinder verleitete Niobe zum Hochmut. Sie pries sich mehr als die Göttin Leto, die nur zwei Kinder geboren hatte. Apollon und Artemis töteten zur Strafe ihre Kinder. Aus Verzweiflung darüber weinte Niobe so lange, bis sie zu einem Felsen erstarrte, wobei ihre Tränen nicht zu fließen aufhörten (vgl. Bellinger, Gerhard J. 2000: Knaurs Lexikon der Mythologie. Knaur, München, S. 362). Interessant ist dabei für den bei Benjamin dargestellten Zusammenhang von Gebot und positivem Recht, dass die Götter nicht eine Gesetzesübertretung bestraft haben, sondern die *Nichteinhaltung eines Gebots* ahndeten, nämlich, nicht hochmütig zu sein. Mit ihrer Strafe schufen sie erst eine Rechtsordnung, die *nachträglich zum Schuldiggewordensein* Niobes geführt hat.

28 Benjamin, Walter 1991: Zur Kritik der Gewalt, S. 192.

29 Ibid.

30 Ibid., S. 192-193.

31 Ibid., S. 183.

32 Das Streikrecht wird von Benjamin – wie weiter unten beschrieben – in einer bestimmten Hinsicht selbst als eine Art Notwehr angesehen.

33 Weil Streik vielfach als ein gewaltloses Mittel angesehen wird, vermutet Benjamin, dass dies „wohl der Staatsgewalt die Einräumung des Streikrechts, als sie nicht mehr

Auf der anderen Seite tritt Benjamin zufolge jedoch das Moment der Gewalt in das Unterlassen von Handlungen genau dann ein, wenn mittels dieser Unterlassung auf bestimmte damit verbundene Folgen abgezielt wird, mit denen gewisse Zwecke der Streikenden durchgesetzt werden sollen.[34] Die Gewalt kann dabei in zweierlei Formen eintreten: Die unterlassene Handlung tritt zum einen im Sinne einer Notwehr „gegen die Entfaltung eigentlicher Gewalt"[35] auf. Dies ist beispielsweise der Fall, wenn die kapitalistische Maschinerie den Arbeitenden in bestimmter Weise „Gewalt antut", wenn sie sich ihnen gegenüber wie eine „Bestie"[36] aufführt und die Arbeitenden daraufhin nicht mehr arbeiten, die Maschinen nicht mehr bedienen und sich von der Maschinerie abwenden. Der Zorn der Arbeitenden ist manifestierte Gewalt, indem die Arbeit niedergelegt und beispielweise potentiellen Streikbrechern der Zugang in die Fabriken verwehrt wird. Zum anderen kann – wie Benjamin formuliert – die Unterlassung selbst „aufs Abstoßendste und skrupellose Gewaltanwendung"[37] sein, nämlich dann, wenn etwa ein ganzer Berufsstand, wie beispielsweise die Ärzte, das Handeln unterlassen und damit aufgrund bestimmter berufsständischer Interessen etwa den Tod von Menschen billigend in Kauf nehmen. Die Unterlassung von Handlungen, wie sie für den Streik wesentlich ist, wird von unternehmerischer oder staatlicher Seite in der Regel als „Erpressung" interpretiert und kann in bestimmten Fällen staatlich geahndet werden. Benjamin macht mit diesen Hinweisen und Beispielen auf einen „sachliche[n] Widerspruch der Rechtslage"[38] aufmerksam: Auf ein und derselben Rechtslage kann ein bestimmtes Recht mit einem anderen bestimmten Recht in Konflikt geraten und sich jeweils aus der anderen Perspektive als nicht rechtens beziehungsweise als Unrecht darstellen. In diesem Widerspruch des Rechts zeigt und äußert sich in aller Regel instantan Gewalt;[39] so greift denn

---

zu umgehen war, erleichtert" habe (ibid. S. 184).

34 Vgl. ibid.

35 Ibid., S. 195.

36 Ibid.

37 Ibid.

38 Ibid., S. 184.

39 Diese Möglichkeit des sachlichen Widerspruchs des Rechts hat Marx anhand des Privateigentumsrechts sehr plausibel verdeutlicht: „Der Kapitalist behauptet sein Recht als Käufer [der Ware Arbeitskraft, Anm. CB], wenn er den Arbeitstag so lang als möglich und womöglich aus einem Arbeitstag zwei zu machen sucht. Andrerseits schließt die spezifische Natur der verkauften Ware eine Schranke ihres Konsums durch den Käufer ein, und der Arbeiter behauptet sein Recht als Verkäufer, wenn er den Arbeitstag auf eine bestimmte Normalgröße beschränken will. Es findet hier

auch „'der Sicherheit wegen' die Polizei in zahllosen Fällen ein, wo keine klare Rechtslage vorliegt"[40].

Der Streik der Arbeitenden kann die Form eines *revolutionären Generalstreiks* annehmen, der – Benjamin zufolge – das ihm zustehende Recht mit dem Ziel ausübt, um „die Rechtsordnung, kraft deren es ihm verliehen ist, zu stürzen",[41] und zugleich, um „Rechtsverhältnisse zu begründen und zu modifizieren"[42]. Damit rekonstruiert Benjamin das Streikrecht mit seiner Möglichkeit des Generalstreiks als einen Widerspruch im Recht. Das Analoge zum Streikrecht findet sich auch im Kriegsrecht. Die mit dem Kriegsrecht und dem Streikrecht verbundenen Formen der Gewalt fürchtet der Staat gleichermaßen als rechtsetzende, „wie er sie als rechtsetzend anerkennen muß, wo auswärtige Mächte ihn dazu zwingen, das Recht zur Kriegführung, Klassen, das Recht zum Streik ihnen zuzugestehen."[43] Streikrecht und Kriegsrecht sind Rechte, die dem Recht insgesamt widersprechen können. Ihre je spezifische immanente Gewalt tritt in Widerspruch zum Gewaltmonopol des Staates.

Neben dem schon erwähnten inneren Zusammenhang zwischen rechtsetzender und rechtserhaltender Gewalt als zwei Momenten rechtlicher Gewalt zeigt sich dem geschichtlichen Blick darüber hinaus ein *Kreislauf* zwischen rechtsetzender und rechtserhaltender Gewalt. In diesem Kreislauf erkennt Benjamin ein „Schwankungsgesetz", das darauf beruht,

> daß jede rechtserhaltende Gewalt in ihrer Dauer die rechtsetzende, welche in ihr repräsentiert ist, durch die Unterdrückung der feindlichen Gegengewalten indirekt selbst schwächt. Dies währt so lange, bis entweder neue Gewalten oder die früher unterdrückten über die bisher rechtsetzende Gewalt siegen und damit ein neues Recht zu neuem Verfall begründen. Auf der Durchsetzung dieses Umlaufs im Banne der mythischen Rechtsformen, auf der Entsetzung des Rechts samt den Gewalten, auf die es angewiesen ist wie sie auf jenes, zuletzt also der Staatsgewalt, begründet sich ein neues geschichtliches Zeitalter.[44]

---

also eine Antinomie statt, Recht wider Recht, beide gleichmäßig durch das Gesetz des Warenaustausches besiegelt. Zwischen gleichen Rechten entscheidet die Gewalt" (Marx, Karl 1972: Das Kapital. Kritik der politischen Ökonomie. Erster Band. Buch I: Der Produktionsprozeß des Kapitals. In: Marx-Engels-Werke [MEW] Bd. 23. Dietz, Berlin, S. 249).
40 Benjamin, Walter 1991: Zur Kritik der Gewalt, S. 189.
41 Ibid., S. 185.
42 Ibid.
43 Ibid., S. 186.
44 Ibid., S. 202.

Dies ist zu erläutern: Zunächst erscheint der Kreislauf zwischen rechtsetzender und rechtserhaltender Gewalt als eine „schicksalshafte Ordnung",[45] aus der es kein Entrinnen gibt; bei näherer Betrachtung aber zeigt sich darin „etwas Morsches im Recht"[46], ein Verfall, mit der Möglichkeit der „Entsetzung des Rechts". Worin besteht nun dieses „Morsche im Recht"? Benjamin antwortet darauf wie folgt: Die Verrechtlichung, in der sich das Recht eigentlich bekräftigt, schwächt sich „durch die Unterdrückung der feindlichen Gegengewalten indirekt selbst"[47]; denn Unterdrückung kann niemals zu einer zustimmenden Anerkennung vonseiten derer führen, die unterdrückt werden. Des Weiteren reproduziert der Kreislauf von Rechtsetzung und Rechtserhaltung einen schicksalhaften Verlauf unendlicher Vergeltung und Buße. Diesen nennt Benjamin den „Bann" der „mythischen Rechtsformen", der in der Allgemeinheit des Gesetzes besteht, dem sich die Einzelnen unterzuordnen haben.[48]

Hierzu gehört insbesondere der rechtliche Gewaltkreislauf, der auf der Kriegsgewalt basiert; allerdings verhält sich dies bei der Gewalt des Generalstreiks ein wenig anders: Während die Kriegsgewalt immer eine Rechtsetzung auf der Grundlage eines schicksalshaften Übergangs der Macht von Privilegierten auf Privilegierte bedeutet, ist dies beim Generalstreik nur bedingt der Fall; nämlich nur dann, wenn dieser „nur eine äußerliche Modifikation der Arbeitsbedingungen veranlaßt"[49], die daher rechtsetzend ist, und an den vorherrschenden Privilegien sowie der Unterordnung der Einzelnen unter das – wenn auch reformierte – Recht nichts ändert. Diese Form des Generalstreiks bezeichnet Benjamin – sich auf Georges Sorel beziehend – als „politischen Generalstreik", der sich vom „proletarischen" unterscheidet.[50] Während der *politische* die Staatlichkeit nicht aufhebt und

---

45 Vgl. ibid., S. 187.

46 Ibid., S. 188.

47 Ibid., S. 202.

48 Vgl. ibid.

49 Ibid., S. 194.

50 Viele Kommentare betrachten die Bezugnahme Benjamins auf Sorel als sehr problematisch, denn Sorels Texte sind auch für den italienischen Faschismus inspirierend gewesen. Allerdings erweist sich Benjamins Rezeption Sorels nur dann als derartig problematisch, wenn die subtile Änderung in der begrifflichen Konstellation zwischen politischem und proletarischem Generalstreik übersehen wird, die Benjamin vornimmt. Sorel selbst kam es im Wesentlichen darauf an, die vermeintlich schöpferische Kraft des Mythos, die er im Generalstreik am Werk sah, als Mobilisierungskraft für einen Umsturz der gesellschaftlichen Macht- und Herrschaftsverhältnisse fruchtbar zu machen (vgl. Sorel, Georges 1981: Über die Gewalt [1908]. Mit einem Nachwort

etatistisch rechtsbegründend bleibt, richtet sich der *proletarische* Generalstreik auf „die Vernichtung der Staatsgewalt": Er „lehnt alle Reformen als 'bürgerlich' ab. Der proletarische Generalstreik verlangt eine vollständige Transformation der Gesellschaft"[51], die den Bann der Unterordnung des Einzelnen unter das Allgemeine bricht und sich der Einzigartigkeit des Individuums sowie seiner je besonderen Verletzlichkeit zuwendet,[52] ja das Individuelle freisetzt und freigibt. Zudem ist der proletarische Generalstreik – Benjamin zufolge – „als reines Mittel gewaltlos."[53]

Wie aber kann eine Gewalt, als welche der Generalstreik – und insofern auch der proletarische – von Benjamin charakterisiert wurde, *gewaltlos* sein? Wie ist eine „gewaltlose Gewalt" denkbar? Zunächst ist mit Hannah Arendt zu konstatieren, dass Gewalt einen instrumentellen Charakter hat.[54] Worauf Benjamin darüber hinaus aufmerksam macht, ist, dass das Wort „Gewalt" eben nicht bloß eine instrumentelle Bedeutung hat, dass Gewalt nicht nur als bestimmtes Mittel zum Zweck verstanden werden muss, und dass Gewalt sich nicht notwendig im Sinne eines zweckbestimmten Mittels äußern muss, sondern dass Gewalt immer auch „Manifestation"[55] ist. Verliert Gewalt ihren instrumentellen Charakter oder ist dieser abwesend beziehungsweise ganz und gar negiert, dann lässt sich in der

---

von George Lichtheim. Suhrkamp, Frankfurt/M., S. 143-147): eine politische Effektivität des Mythischen, die seine Überlegungen für Benito Mussolini wie auch für Carl Schmitt interessant gemacht hat. Benjamin geht es dagegen gerade darum, den Bann der mythischen Kraft zu *durchbrechen*.

51 Benjamin, Walter 1991: Zur Kritik der Gewalt, S. 194.

52 Dieser Gedanke ist bei Benjamin in negativer Form formuliert, als Negation eines abstrakt gedachten Menschen und in Form einer Kritik der vitalistischen Vorstellung vom „bloßen Leben" (vgl. ibid., S. 201-202).

53 Ibid., S. 194. – Diese Aussage Benjamins ist insbesondere deshalb bemerkenswert und hervorzuheben, weil Benjamins Aufsatz von vielen Kommentatoren auf eine problematische Weise als Legitimierung von Gewalt (im Sinne von Violation) missverstanden worden ist. So liest beispielsweise Honneth den Text als eine Überlegung, „deren Begriff von Recht terroristisch, deren Ideal von Gewalt theokratisch und deren Vorstellung von Revolution eschatologisch" sei (Honneth, Axel 2006: „Zur Kritik der Gewalt", S. 209). Derrida meint in Benjamins Aufsatz gar Gedanken zu erkennen, „deren Gestalt zumindest virtuell mit 'Endlösung' zusammenhängen" (Derrida, Jacques 1996: Gesetzeskraft, S. 62). – Ich möchte eine wesentlich andere, ja geradezu entgegengesetzte Deutung vorschlagen; diese ist insbesondere im zweiten Abschnitt der vorliegenden Abhandlung ausgeführt.

54 Vgl. Arendt, Hannah 2009: Macht und Gewalt [1970]. Pieper, München, S. 52.

55 Benjamin, Walter 1991: Zur Kritik der Gewalt, S. 196.

Tat von einer „gewaltlosen Gewalt" sprechen. Gewalt wäre dann ihre „bloße Manifestation" ohne den *instrumentalen* Bedeutungsaspekt des Wortes „Gewalt".[56] Eine Manifestation muss sich demzufolge also nicht unbedingt auf einen vorausgesetzten Zweck beziehen; sie kann sich spontan ereignen, unmittelbar. Benjamin erläutert dies zum einen an der Äußerung menschlicher Leidenschaften, insbesondere am Beispiel des Zorns, als einem sichtbaren Ausdruck von Gewalt,[57] und zum anderen anhand der Manifestation der Götter, wie sie im griechischen Mythos dargestellt ist. Allein aufgrund ihres geoffenbarten Daseins kann eine Manifestation überwältigend sein, auch ohne einen instrumentellen Charakter zu haben, ohne Werkzeuge einsetzen zu müssen. Dadurch ist es allerdings immer auch möglich, dass sie einen Charakter von Macht annimmt oder mit Rechtsetzung zusammenfällt und in den Kreislauf der schon erwähnten mythischen Gewalt hineingezogen wird; hierfür dient Benjamin das Beispiel der griechischen Götter. Diese setzen dem menschlichen Handeln Grenzen und fordern bei Übertretung Opfer. Diese Form der Gewaltmanifestation ist letztlich eine „Blutgewalt über das bloße Leben, um ihrer selbst [...] willen."[58] Die andere Form der Manifestation, wie sie sich etwa im bloßen Zorn äußert, kann zwar auch in mythische Gewalt übergehen, muss dies aber nicht zwingend. Zorn als eine Form

---

56 In ihrem Aufsatz „Macht und Gewalt" wendet sich Hannah Arendt allerdings gegen die Vorstellung, dass Gewalt und Macht miteinander identifiziert und vermischt werden, oder dass Gewalt „als eklatanteste Manifestation von Macht" betrachtet wird (Arendt, Hannah 2009: Macht und Gewalt, S. 36). Demgegenüber definiert sie *Macht* als ein miteinander verbundenes Verhalten von Vielen, als von Zahlen abhängig (vgl. ibid., S. 43). Als menschliche „Fähigkeit, nicht nur zu handeln oder etwas zu tun, sondern sich mit anderen zusammenzuschließen und im Einvernehmen mit ihnen zu handeln" (ibid., S. 45), habe Macht einen essentiellen Charakter. Gewalt dagegen sei funktioneller Art und wie alle Mittel und Werkzeuge immer auf einen Zweck bezogen, „der sie dirigiert und ihren Gebrauch rechtfertigt" (ibid., S. 52). Mit dieser begrifflichen Unterscheidung einhergehend übersieht Arendt allerdings jenen spezifischen – von Benjamin hervorgehobenen – Manifestationscharakter von Gewalt und – auf Grundlage dieses begrifflichen Moments – den *inneren Zusammenhang* von Macht und Gewalt. Auch wenn die Unterscheidung zwischen Macht und Gewalt von Arendt höchstwahrscheinlich als analytische Unterscheidung intendiert wurde, stellt sich in ihrer Argumentation und in ihren Beispielen der Zusammenhang von Macht und Gewalt doch allzu oft als ein äußerlicher dar (vgl. ibid., S. 53ff.), der nun auf ihrer Begriffsgrundlage schwerlich als ein dialektischer rekonstruiert werden kann (Arendt selbst wendet sich sogar explizit gegen eine dialektische Deutung; vgl. ibid., S. 57-58).

57 Benjamin, Walter 1991: Zur Kritik der Gewalt, S. 196-197.

58 Ibid., S. 200.

leidenschaftlicher Gewalt kann sich auch ohne die Konsequenzen der mythischen Gewalt äußern. Er kann sich als eine vernünftige Manifestation erweisen, indem er in seiner Äußerung Unrecht anklagt und auf einen Mangel an Gerechtigkeit hinweist. Das heißt insgesamt: Eine Manifestation kann geäußerte vernünftige Leidenschaft sein, und leidenschaftliche Vernunft kann sich manifestieren. Zur Einführung dieses vernunftbestimmten Aspekts der Gewalt gebraucht Benjamin den Ausdruck „göttliche Gewalt".

Die göttliche und die mythische Gewalt sind in Benjamins Essay genau gegenteilig charakterisiert: Die *mythische Gewalt* ist schuldigmachend – oder wie Benjamin sich ausdrückt: „verschuldend"; des Weiteren ist sie sühnend, drohend, blutig letal, rechtsetzend, und sie fordert Opfer. Die *göttliche Gewalt* hingegen ist entsühnend, schlagend, auf unblutige Weise letal, sie nimmt Opfer an, ohne diese zu fordern.[59] Die göttliche Gewalt ist „reine Gewalt über das Leben um des Lebendigen willen"; sie ist die „Abwesenheit jeder Rechtsetzung. Insofern ist es zwar berechtigt, diese Gewalt auch vernichtend zu nennen; sie ist dies aber nur relativ, in Rücksicht auf Güter, Recht, Leben u. dgl., niemals absolut in Rücksicht auf die Seele des Lebendigen."[60] Die mythische Gewalt mit ihren Momenten der „schaltenden" (rechtsetzenden) und „verwaltenden" (rechtserhaltenden) Gewalt lässt sich mit politischen Machtmanifestationen und ihrer Verrechtlichung identifizieren. Dieser Kreislauf ist ein Bann, in dem das Recht diejenige Gewalt nachträglich legitimiert, die im Namen des nun herrschenden Rechts ausgeübt wurde (und während ihres Bestehens weiter praktiziert wird). Indem das Recht sich derart begründet, macht es eine bestimmte – ihrerseits vorab nicht legitimierte – Gewalt zu seiner dynamischen Grundlage. Der revolutionäre proletarische Generalstreik hingegen ist die Form von Gewalt, die Benjamin in eine begriffliche Nähe zu der Bestimmung der göttlichen Gewalt rückt, ohne jedoch beide miteinander zu identifizieren (wie unten in 2. erläutert ist).[61] Der

---

59 Vgl. ibid., S. 199-200.

60 Ibid., S. 200.

61 Es stellt sich hier die Frage, was damit gewonnen ist, dass Benjamin den revolutionären proletarischen Generalstreik begrifflich in die Nähe zu der von ihm beschriebenen „göttlichen Gewalt" rückt. Zunächst lässt sich behaupten, dass damit keinesfalls eine Identifizierung vorgenommen, sondern vielmehr ein „Überraschungseffekt" erzeugt wird, der es ermöglicht, althergebrachte Vorstellungen und „Selbstverständlichkeiten" hinsichtlich „Revolution", „Proletariat" und „Gewalt" zu erschüttern, um damit neue Denkmöglichkeiten zu eröffnen. Die Kluft zwischen einer „göttlichen Sphäre" und der profanen Welt wird von Benjamin dabei gerade nicht nivelliert oder zum Verschwinden gebracht (was der folgende Abschnitt 2. näher ausführt).

revolutionäre proletarische Generalstreik ist, als reine Manifestation von Gewalt, eine „gewaltlose Gewalt"[62]. Diese Gewalt vermag auf der Grundlage des vom Staat eingeräumten Streikrechts das bestehende Rechtsverhältnis aus den Angeln zu heben, also ohne dabei selbst *Unrecht* zu sein. Mit dieser revolutionären Bestimmung des proletarischen Generalstreiks zeigt Benjamin einen Ausweg aus dem Bannkreis des herrschenden Rechts auf.

Aus der bisherigen Rekonstruktion des Benjamin'schen Essays ergibt sich bezüglich „Gerechtigkeit" nun folgendes Bild: In der mythologischen Form, die das individuelle Leben in den ewigen Bann von Schuld und Sühne zieht, kann Gerechtigkeit – wenn sie nicht der Willkür der Götter anheimgefallen ist – entweder überhaupt nur überindividuell als abstrakt-allgemeine zur Geltung gelangen; oder – wie im Kriegsrecht – als eine Gerechtigkeit der Sieger, die bestimmen, was als „gerecht" und als „ungerecht" zu gelten habe. Die „göttliche" Form der Gerechtigkeit richtet sich dagegen an die „Seele" des einzelnen Menschen, ist mit ihren Geboten ihm gegenüber aufrichtig und fordert „als erzieherische Gewalt"[63] eine aufrichtige Auseinandersetzung mit diesen Geboten. Die „göttliche Gewalt" ist „Insignum und Siegel, niemals Mittel heiliger Vollstreckung"[64]. Sie richtet den einzelnen Menschen nicht, sondern *richtet ihn auf,* nämlich als eine verantwortungsvolle Person. Denn auf der Grundlage von Geboten erfolgen keine Urteile.[65] Vielmehr zwingen Gebote den handelnden Menschen, selbst über seine Verantwortung beim Handeln nachzudenken. Benjamin belegt die

---

62 Auch wenn Hannah Arendt die auf Unterlassung basierende Form der revolutionären „gewaltfreien Gewalt" nicht als „Gewalt" bezeichnen würde, so kennt sie doch eine analoge Form: Auf der Grundlage ihrer strikten begrifflichen Trennung von Macht und Gewalt unterscheidet sie Revolution und Bürgerkrieg. Ihrer Begriffsbestimmung nach ist für eine *Revolution* der „plötzliche dramatische Machtzusammenbruch [...] charakteristisch" (Arendt, Hannah 2009: Macht und Gewalt, S. 50). Dies geschieht dann, wenn die Unterstützung der Bürgerinnen und Bürger im Sinne einer Macht der Menge nicht mehr gegeben ist. Dementsprechend ist etwa infolge von Befehlsverweigerung und der Weigerung, Gewaltmittel anzuwenden, die Revolution „*im Beginn* zumeist sehr unblutig" (ibid.). Sie kann allerdings zum revolutionären Bürgerkrieg werden, wenn Waffengewalt oder andere Gewaltinstrumente zum Einsatz kommen, wenn also „Gewalt der Gewalt gegenübersteht" (ibid., 49). Allerdings weist Arendt darauf hin, dass sich in solchen Fällen bisher „noch immer die Staatsgewalt als Sieger erwiesen" habe (ibid.).

63 Benjamin, Walter 1991: Zur Kritik der Gewalt, S. 200.

64 Ibid., S. 203.

65 Vgl. ibid.

„göttliche Gewalt" daher am Schluss seiner Abhandlung mit dem Ausdruck „waltende Gewalt".

2.

Wenn Benjamin die „waltende Gewalt" als wesentliches Charakteristikum der „göttlichen Gewalt" in seinem Text ein letztes Mal gegen die „mythische Gewalt" in Stellung bringt, entlässt er den Leser jedoch mit dem Rätsel, wie eine „waltende Gewalt" den Bannkreis von Recht und Unrecht unterbrechend und wie sie rechtsvernichtend sein kann. Denn „unterbrechen" und „vernichten" bezeichnen eher ereignishafte, plötzliche Akte, während die Formbestimmung „walten" dagegen einen durativen Tätigkeitsvollzug ausdrückt. Dieser Widerspruch ließe sich aufheben, wenn die waltende Gewalt als eine vorgestellt würde, die außerhalb des „normalen" Geschehens waltet und plötzlich, wie aus dem Nichts, in diese eingreift. Das wäre jedoch eine problematische Vorstellung[66], die nur dann ein stückweit plausibilisiert werden könnte, wenn sie einer transzendentalen Logik folgen würde, was aber – mit Blick auf Benjamins Vorhaben einer dialektischen Kritik der Gewalt[67] – seinerseits problematisch wäre.

Im Versuch, dieser Vorstellung entgegenzutreten und den Ausdruck „waltende Gewalt" mit einer anderen Logik als der transzendentalen in Verbindung zu bringen, soll nun der Umweg gewagt werden, einen Rückgriff auf die grammatikalische Verwendungsweise des hebräischen Wortes „bara" (ברא) in den Schöpfungsberichten des Alten Testaments (Genesis 1 bis 3.24) zu unternehmen.[68]

---

66 Wäre dem so in Benjamins Argumentation, dann könnte sich hierin in der Tat eine allzu „problematische Nähe" zu Carl Schmitts Souveränitätskonzeption mit ihrem grundlegenden Begriff des „Ausnahmezustandes" abzeichnen, wie einige Interpreten und Interpretinnen nahelegen (vgl. Heil, Susanne 1996: „Gefährliche Beziehungen", S. 55).

67 Vgl. Benjamin, Walter 1991: Zur Kritik der Gewalt, S. 202.

68 Allzu groß ist dieses interpretierende Wagnis allerdings nicht, denn Benjamin hat sich mit seinem Freund und Lehrer Gershom Scholem intensiv über die kabbalistische Bedeutung der „Schöpfung" auseinandergesetzt, was insbesondere in seinem 1916 geschriebenen Aufsatz „Über Sprache überhaupt und über die Sprache des Menschen" zum Ausdruck kommt (vgl. z.B. Palmier, Jean-Michel 2009: Walter Benjamin. Lumpensammler, Engel und bucklicht Männlein. Ästhetik und Politik bei Walter Benjamin. Suhrkamp, Frankfurt/M., S. 629; Benjamin, Walter 1991: Über Sprache überhaupt und über die Sprache des Menschen [1916]. In: Ders.: Aufsätze, Essays, Vorträge. Gesammelte Schriften, Band II/1. Suhrkamp, Frankfurt/M., S. 140-157, hier: S. 147-150).

„Bara" ist mit „göttlicher Schöpfung" nur unzulänglich übersetzt. Es steht in der jüdischen Theologie ausschließlich für „Gottes Schaffen" und ist einzig für den Zusammenhang der „Schöpfung Gottes" reserviert. Bei der Übersetzung mit „Er schuf" muss berücksichtigt werden, dass als grammatikalisches Subjekt für „bara" in der hebräischen Sprache einzig und allein „Gott" in Frage kommen kann: „Seine Verwendung ist auf Gott allein beschränkt, und sein Objekt ist immer ein ursprüngliches und machtvolles Werk."[69] Dies lässt sich auch so ausdrücken, dass das Verb „bara" „Gott" als grammatikalisches Subjekt hervorruft. Das heißt: Mit „bara" ist zugleich „Gott" als Subjekt dieses Tuns mitbezeichnet. In begrifflicher Hinsicht kann daraus geschlossen werden: „bara" und „Gott" sind gleichursprünglich. Eine weitere begriffliche Konsequenz hieße: Das Subjekt „Gott" steht nicht außerhalb des Vollzugs „bara"; es ist ihm nicht vorgeordnet (weder logisch noch historisch oder gar ontologisch); Gott selbst ist nicht immer schon „Sein", sondern vielmehr „Werden"[70].

Diese grammatikalische Logik unterläuft somit die gängige Vorstellung eines Schöpfergottes, der a) als Subjekt immer schon das Vermögen des Schaffens der Schöpfung innehat, b) eines Vermögens, das dem Vollzug der Schöpfung vorgängig und vorrangig wäre, c) eines Gottes, der sich als immer schon daseiendes Subjekt plötzlich entschließen könnte, die Schöpfung zu bewerkstelligen – gemäß der Logik des Handwerks; und: der dies auch unterlassen könnte. Wenn dagegen

---

69 Galling, Kurt (Hg.): Die Religion in Geschichte und Gegenwart (1956 – 1963). Handwörterbuch für Theologie und Religionswissenschaft. Band 5. Mohr, Tübingen, Sp. 1474.

70 Diesen dynamischen, *werdenden* Aspekt heben vor allem Martin Buber und Franz Rosenzweig hervor. Rosenzweig zufolge ist das Verb „sein", das dem Gottesnamen „JHWH" zu Grunde liegt, im Deutschen „hoffnungslos platonisiert" (Rosenzweig, Franz 1984: Sprachdenken im Übersetzen. 2. Band: Arbeitspapiere zur Verdeutschung der Schrift. In: Ders.: Der Mensch und sein Werk, Gesammelte Schriften 4. Nijhoff, Dordrecht, S. 93). Gegen eine solche Platonisierung richtet sich insbesondere die Buber'sche und Rosenzweig'sche Übersetzung einer alttestamentarischen Textstelle: Es handelt sich um die Szene, in der Mosche (in anderen Übersetzungen: „Moses") die Stimme, die aus dem brennenden Dornbusch zu ihm spricht, fragt, welchen Namen er den Leuten der israelischen Stämme mitteilen solle. Die Antwort dieser Stimme „ehyeh äšer ehyeh" (hebr.) übersetzen Buber und Rosenzweig mit: „Ich werde dasein, als der ich dasein werde." (Ex 3,14; Die Schrift 1992. Verdeutscht von Martin Buber und Franz Rosenzweig [1954]. 10. verb. Aufl. 1992. Deutsche Bibelgesellschaft, Stuttgart, S. 158.) Indem Buber und Rosenzweig also die gängige Übersetzung der Einheitsübersetzung „Ich bin der 'Ich-bin-da'" verwerfen, machen sie sowohl auf einen Sprechakt (ein Versprechen) als auch auf ein dynamisches Verhältnis (ein interaktives zwischen Gott und Israel), oder allgemein: auf ein „tätiges Werden" aufmerksam.

„bara" die schaffende Gewalt „Gottes" im grammatikalisch dreifachen Sinne des Genitivs als gleichermaßen genitivus subjectivus, objectivus und possessivus bezeichnet, dann lässt sich die begriffliche Konsequenz daraus folgendermaßen zusammenfassen: Im Vollzug „bara" ist „Gott" dessen Subjekt, ein werdendes Subjekt; und das Tun dieses Subjekts ist „bara".[71] „Gott" ist „bara" immanent, und seine Tätigkeit ist Schöpfung; indem Gott „bara" tut, ist er „Gott".

Mit dieser Logik wäre die Vorstellung eines außerhalb des Vollzugs stehenden Subjekts, das etwas zu tun vermag und sich dann eventuell entschließt tätig zu sein, destruiert. Hinzu kommt, dass auch Schöpfung – so besehen – nicht mehr als *creatio ex nihilo*, als Schöpfung aus dem Nichts, vorgestellt werden kann.[72] Man kann die Logik der Grammatik von „bara" auch als *Immanenzlogik* bezeichnen: In dieser Logik lässt sich „Gott" nicht mehr als transzendentales Subjekt auffassen im Sinne der Bedingung der Möglichkeit der Schöpfung; vielmehr deutet jene Grammatik auf eine Umkehrung der transzendentalen Logik hin: Vom werdenden Wirken „bara" lässt sich auf das Vermögen, die Macht „Gottes" schließen. Damit wären „bara" und „Gott" die Bedingungen der Wirklichkeit der Schöpfung; das Vermögen „Gottes" wäre immanent enthalten. Dieser Logik folgend wäre die werdende Wirklichkeit das übergreifende Moment über sich selbst – als ein sich vollziehendes aktuelles Wirken – und übergreifendes Moment über die *potentia*, die das Vermögen Gottes mit allen seinen Möglichkeiten sowie den Möglichkeiten, die der Schöpfung innewohnen, beinhaltet. Die transzendente wie auch transzendentale Vorstellung eines über und außerhalb der Schöpfung stehenden Sprechakt-Gottes (z.B. in Genesis 1.1 bis 2.4a) beziehungsweise Handwerker-Gottes (z.B. in Genesis 2.4b bis 3.24) wäre damit destruiert.

Sollte also der Ausdruck „waltende Gewalt" einer „bara" analogen Immanenzlogik folgen, dann hieße eine Konsequenz daraus, dass die mit dieser Gewalt einhergehende „Gerechtigkeit" nicht eine ist, die – im handwerklichen Sinne – herstellbar wäre. Wenn Benjamin bezüglich der „göttlichen Gewalt" jedoch formuliert, dass „Gerechtigkeit [...] das Prinzip aller göttlichen Zwecksetzung

---

71 Ähnlich hebt auch Gershom Scholem die Vollzugsdimension des Schöpfungsvorgangs Gottes hervor, aber mit dem Primat Gottes; vgl. Scholem, Gershom 1973: Zur Kabbala und ihrer Symbolik. Suhrkamp, Frankfurt/M., S. 135-146.

72 Gershom Scholem macht darauf sehr deutlich aufmerksam: „Die Schöpfung ist nichts als eine äußere Entwicklung jener Kräfte, die in Gott selbst aktiv und lebendig sind. Nirgends ist hier ein Sprung, eine Diskontinuität, [...oder] eine neue Schöpfung aus dem Nichts, eine *creatio ex nihilo*" (Scholem, Gershom 2013: Die jüdische Mystik in ihren Hauptströmungen. Suhrkamp, Berlin, S. 243.)

ist"[73], dann scheint dies zunächst jener Immanenzlogik zu widersprechen, denn: sind gesetzte Zwecke nicht immer dem ausführenden Vollzug vorgängig? Und verschwindet dieser Vollzug nicht immer, sobald der Zweck realisiert ist? Der Zusammenhang zwischen Zwecksetzung und Tätigkeitsvollzug muss jedoch nicht zwingend so gedacht werden: Zwecksetzungen sind immer auch möglich *innerhalb* des Vollzugs der Tätigkeit, also als dessen innere Momente[74]; sie haben dann ihrerseits einen expressiven Charakter im Vorgang des Vollzugs und wären im Benjamin'schen Sinne als Manifestationen zu verstehen. Gerade die grammatikalische Logik der Schöpfung im Sinne von „bara" macht auf diese Möglichkeit aufmerksam.

Entsprechend der Zurückweisung der Vorstellung, dass Gerechtigkeit herstellbar wäre, weist Benjamin darauf hin, dass Gerechtigkeit als solche sich nicht sinnvoll *fordern* beziehungsweise einfordern lässt.[75] Weiter stellt er fest, dass „Gerechtigkeit letzten Endes nur sein [kann], als Zustand der Welt, oder als Zustand Gottes."[76] Gerechtigkeit im „Zustand der Welt" ist nicht etwas Selbständiges, sondern abhängig von diesem Zustand: Einerseits ist sie eine Funktion des Rechts (1); und andererseits sind Gerechtigkeitsvorstellungen durch und durch vom Zustand der Welt geprägt (2) – gerade auch dann, wenn diese kritisch gegen herrschende Verhältnisse in Anschlag gebracht werden.

Ad 1) „Gerechtigkeit" ist in dem Sinne abhängig vom Recht, weil unter seinem Maß ein Urteil, eine Handlung oder ein Sachverhalt als gerecht oder ungerecht, als rechtens oder nicht rechtens, als berechtigt oder nicht berechtigt beurteilt werden kann. Hier bedeutet „Gerechtigkeit" im Wesentlichen *juristische* Gerechtigkeit. Bestehendes Recht und Gesetz dienen dabei als Maßstab. In dieser Funktion lassen sich Recht und Gesetz die Eigenschaft, „gerecht" zu sein, nicht sinnvoll zuschreiben. Entsprechend stellt Derrida fest: „Man folgt und gehorcht ihnen nicht, weil sie gerecht und angemessen sind, sondern weil sie über Ansehen und Anerkennung verfügen, weil ihnen Autorität innewohnt."[77] Wenn darüber hinaus Marx' Feststellung hinzugezogen wird, dass die gesellschaftlichen Verhältnisse

---

73 Benjamin, Walter 1991: Zur Kritik der Gewalt, S. 198.

74 Vgl. Baumann, Claus 2012: Mittel, Zwecke und das übergreifende Allgemeine. In: Fischer, P.; Luckner, A.; Ramming, U. (Hrsg.): Die Reflexion des Möglichen. Zur Dialektik von Handeln, Erkennen und Werten. Lit, Berlin, S. 65-86.

75 Vgl. Benjamin, Walter 1995: Notizen zu einer Arbeit über die Kategorie der Gerechtigkeit [1916]. In: Frankfurter Blätter IV. Hrsg. vom Theodor W. Adorno Archiv. text + kritik, München, S. 41-42, hier: S. 41.

76 Ibid.

77 Derrida, Jacques 1996: Gesetzeskraft, S. 25.

der bürgerlich-kapitalistischen Herrschaft als sachliche und versachlichte Verhältnisse zwischen Personen erscheinen,[78] dann lässt sich daraus folgern, dass die bestehende bürgerliche Rechtsordnung dazu beiträgt, Herrschaft zu verschleiern. In diesem Sinne hebt Christoph Menke hervor, dass Herrschaftsverhältnisse durch die bürgerliche Rechtsordnung „als Verhältnisse rechtlicher Gleichheit erscheinen"[79] und damit die Ungleichheit, die der politisch-ökonomischen Herrschaft eingeschrieben ist, verdunkeln. Somit ist auch das in der bürgerlich-kapitalistischen Gesellschaft herrschende Recht eine „'Bedingung der Existenz' der sozialen Herrschaft."[80]

Ad 2) Allerdings begleiten immer auch bestimmte Vorstellungen von Gerechtigkeit die Kämpfe gegen wirkliches oder vermeintliches Unrecht; soziale und ökonomiekritische Vorstellungen, die über die juristischen Gerechtigkeitsvorstellungen hinausgehen. Im Kampf gegen wirkliches, weil wirkendes Unrecht ist – Benjamin zufolge – „Gerechtigkeit [...] das Streben, die Welt zum höchsten Gut zu machen."[81] Aber auch im Kampf gegen vermeintliches Unrecht drückt sich ein Gerechtigkeitsstreben aus. Innerhalb solcher Kämpfe ist dieses Gerechtigkeitsstreben „widerspenstig"[82] gegen herrschendes Recht und kann sogar rechtsvernichtend werden, etwa im Fall des revolutionären proletarischen Generalstreiks. Jedoch lässt sich diesen Kämpfen selbst, auch in ihrem Streben nach Gerechtigkeit, nicht die Charakterisierung „gerecht" im Sinne einer Eigenschaft zuweisen, sondern „gerecht" fungiert hier als Orientierungsform, insbesondere orientiert daran, was als *nicht gerecht* erfahren wird. Weder in ihrer Rolle als juristische Gerechtigkeit noch als Gerechtigkeitsstreben ist Gerechtigkeit etwas Selbstständiges, Unabhängiges oder gar Absolutes, denn sie bleibt abhängig vom gegebenen Zustand der Welt, von den herrschenden Verhältnissen und den Vorstellungen über diese – wesentlich vom *Mangel an Gerechtigkeit*. Wird hingegen „Gerechtigkeit" begrifflich von ihren weltlichen Aspekten abgelöst und durch diese Abstraktion etwa in die Vorstellung „ewiger Werte" umgemodelt, dann verwandelt sich die Konzeption der Gerechtigkeit in eine *theologische*:

---

78 Vgl. Marx, Karl 1972: Das Kapital. MEW 23, S. 352.

79 Menke, Christoph 2013: Die 'andre Form' der Herrschaft. Marx' Kritik des Rechts. In: Jaeggi, Rahel; Loick, Daniel (Hrsg.): Nach Marx. Philosophie, Kritik, Praxis. Suhrkamp, Berlin, S. 273-295, hier: S. 275.

80 Ibid.

81 Benjamin, Walter 1995: Notizen zu einer Arbeit über die Kategorie der Gerechtigkeit, S. 41.

82 Derrida, Jacques 1996: Gesetzeskraft, S. 44.

Gerechtigkeit ist in dieser Konsequenz gewissermaßen der Welt entrückt und gleicht insofern dem von Benjamin angesprochenen „Zustand Gottes". In diesem von der Welt entrückten „Reich" ist „Gott" nun auch diejenige Instanz, die über Gerechtigkeit entscheidet.[83] An diesem theologischen Motiv können dann moralistische Konzeptionen wie auch demagogisches Machtstreben anknüpfen. Unter dem moralistischen Zugriff nimmt der Ausdruck „Gerechtigkeit" in aller Regel eine apologetische Funktion an. Mit der demagogischen Indienstnahme lassen sich im Namen der Gerechtigkeit herrschende Interessen durchsetzen, indem den Unterdrückten die Verallgemeinerbarkeit nicht verallgemeinerbarer Interessen suggeriert wird. In beiden Formen dient das Wort „Gerechtigkeit" bestehendem Unrecht zur Verschleierung.[84]

Das heißt: Der Ausdruck „göttliche Gewalt" geht im zweiten Fall mit der Konzeption von Gerechtigkeit als einer absoluten einher; hinter einer solchen Konzeption verbirgt sich ein theologisches Motiv. Der Ausdruck „göttliche Gewalt" wäre hierbei als „Gewalt Gottes" gefasst, einer transzendenten Instanz, die über Gerechtigkeit entscheidet. Bezüglich des weltlichen Rechts weist Benjamin allerdings darauf hin, dass zwischen diesem und einer *absoluten Gerechtigkeit* eine „ungeheure Kluft [...] dem Wesen nach klafft."[85] Analog lässt sich behaupten, dass auch zwischen der „göttlichen Gewalt" – verstanden als „Gewalt Gottes" – und der revolutionären proletarischen Gewalt dieselbe Kluft klafft, weil es sich letztlich um die Kluft zwischen dem „Reich Gottes" und der Welt des Profanen handelt.

Der Ausdruck „göttliche Gewalt" lässt sich aber auch als gott*ähnliche* Gewalt (im Gegensatz zu „Gewalt Gottes") interpretieren; „göttliche Gewalt" kann so als eine Metapher dienen, die in dem Sinne notwendig ist, „weil ohne sie das Gemeinte überhaupt nicht erscheinen würde"[86]. Der durch die Metapher „göttlich" in Erscheinung getretene Reflexionsraum macht es nun auch möglich, das theologische Motiv dieser Metapher zu profanisieren. Bekanntlich strebt Benjamin eine solche Profanisierung an,[87] um die inhärenten Versprechen aus der Nacht

---

83 Vgl. Benjamin, Walter 1991: Zur Kritik der Gewalt, S. 196.

84 Vgl. Bloch, Ernst 1961: Naturrecht und menschliche Würde. Suhrkamp, Frankfurt/M., S. 11.

85 Benjamin, Walter 1995: Notizen zu einer Arbeit über die Kategorie der Gerechtigkeit, S. 42.

86 Holz, Hans Heinz 2005: Weltentwurf und Reflexion. Versuch einer Grundlegung der Dialektik. Metzler, Stuttgart und Weimar, S. 285.

87 Benjamin bedient sich hierfür eines Vergleichs: „Mein Denken verhält sich zur Theologie wie das Löschblatt zur Tinte. Es ist ganz von ihr vollgesogen. Ginge es aber nach dem Löschblatt, so würde nichts was geschrieben ist, übrig bleiben" (Benjamin, Walter

der „Nebelregion der religiösen Welt"[88] in den Tag der weltlichen Gegenwart zu überführen; sie zu säkularisieren, um den Blick auf die dort formulierten und im Alltagsleben oft vergessenen „spirituellen"[89] Einsichten zu richten. Denn diese können – so Benjamins Zutrauen – die in den proletarischen Kämpfen wirkenden Motive unterstützen, welche „als Zuversicht, als Mut, als Humor, als List, als Unentwegtheit lebendig [sind] und [...] in die Ferne der Zeit zurück[wirken]."[90]

Um dieses Benjamin'sche Motiv der Profanisierung zu verdeutlichen, ist sein – von Adorno nachträglich so bezeichnetes – „Theologisch-politisches Fragment"[91] hinzuzuziehen. Denn dort setzt sich Benjamin mit dem Verhältnis des Theologischen zum politisch Profanen eingehend auseinander. Ersichtlich ist in diesem Textfragment, dass es sich bei Benjamins Rückgriff auf theologische Motive nicht um eine (Re-)Theologisierung des Politischen handelt. Denn, so heißt es darin, „die Ordnung des Profanen [kann] nicht am Gedanken des Gottesreiches aufgebaut werden, darum hat die Theokratie keinen politischen sondern allein religiösen Sinn."[92] Benjamin geht es im Wesentlichen darum, mittels des messianischen Motivs die politisch fatale Vorstellung einer homogenen und kontinuierlichen Zwangsläufigkeit der Geschichte zu durchbrechen. Im Unterschied zum jüdischen Messianismus als einer Erlösung „von außen" ist Benjamins Profanisierung des messianischen Motivs radikal innergeschichtlich und eine *in* sowie *mit* den Klassenkämpfen begründete.[93] Wie die „göttliche Gewalt" auf „das Kommen des messianischen Reiches"[94] gerichtet ist, so ist auch die profanisierte Gestalt der Gewalt des revolutionären proletarischen Generalstreiks, die „zwar keine Kategorie des Reichs, aber eine Kategorie [...] seines leisesten Nahens"[95] ist, Benjamin zufolge an etwas Bestimmtem orientiert: Sie strebt nach einem glücklichen Leben.

1991: Das Passagen-Werk. In: Ders.: Gesammelte Schriften, Band V/1. Suhrkamp, Frankfurt/M., S. 589).

88 Marx, Karl 1972: Das Kapital. MEW 23, S. 86.

89 Vgl. Benjamin, Walter 1991: Über den Begriff der Geschichte [1940]. In: Ders.: Abhandlungen. Gesammelte Schriften, Band I/2. Suhrkamp, Frankfurt/M., S. 691-704, hier: S. 694.

90 Ibid.

91 Benjamin, Walter 1991: Theologisch-politisches Fragment [1922]. In: Ders.: Aufsätze, Essays, Vorträge. Gesammelte Schriften, Band II/1. Suhrkamp, Frankfurt/M., S. 203-204.

92 Ibid. S. 203.

93 Vgl. Benjamin, Walter 1991: Über den Begriff der Geschichte, S. 694.

94 Benjamin, Walter 1991: Theologisch-politisches Fragment, S. 204.

95 Ibid.

Wie aber lässt sich aus dieser Konzeption einer revolutionären proletarischen Gewalt dem Einwand begegnen, dass diese Gewalt doch auch eine barbarisch-grausame Form annehmen kann? Und zwar etwa dergestalt, wie sie sich nur kurze Zeit nach Benjamins Überlegungen „Zur Kritik der Gewalt" mit dem italienischen Faschismus zu etablieren begann und wie sie dann im deutschen NS-Faschismus ihre grausam-gründliche mörderischste Ausführung fand. Zunächst nimmt die proletarische Gewalt mit dem Generalstreik ein Recht in Anspruch, das die bestehende Ordnung von innen heraus zu sprengen trachtet und Recht gegen Recht setzt. Sie ist nicht „unsittlich": Weder setzt sie auf „bloße" noch auf „regressive" Gewalt – gemessen am bürgerlichen Recht. Sie ist damit *Manifestation* und *Vollzug von Sittlichkeit*. Als eine „gewaltlose Gewalt" hat die revolutionär proletarische in Benjamins Konzeption die analoge Formbestimmung zur „göttlichen", die von ihm ja als „unblutig letal" charakterisiert worden ist. Diese ist nur „letal" bezüglich der Rechtsordnung und hinsichtlich des Unrechts, nicht aber gegenüber der „Seele des Lebendigen"; vielmehr setzt sie „alles Leben um des Lebendigen willen"[96] ins Recht. Der Opferwille der Faschisten im Namen eines entindividualisierten Kollektivs und die mörderische Gewalt der NS-Vernichtungsideologie ist das grausame Gegenteil dieser Formbestimmung: das Nicht-Sittliche par excellence, die Vernichtung bestimmter Formen des Lebens um der Vernichtung willen, die Zerstörung der „Seele des Lebendigen" und aller Sittlichkeit.

Die proletarische revolutionäre Gewalt ist dagegen weder eine Mythologisierung von Gewalt wie der Faschismus, noch auf die Verwirklichung eines absoluten Gerechtigkeitszustands hin orientiert, sondern sie „hat sich aufzurichten an der Idee des Glücks."[97] Diese Idee des Glücks im Sinne eines Strebens nach Glück transformiert die theologischen Vorstellungen von Gerechtigkeit: Während dort „Gerechtigkeit" ein allgemeines Konzept ist, ein allgemeines Streben, in dem die Welt zum höchsten Gut gemacht wird, bleibt die Idee des „Glücks" hier strikt auf das individuelle Leben bezogen, in dem das Individuum sich selbst als ein hohes Gut begreift: „Glücklich sein heißt ohne Schrecken seiner selbst innewerden zu können."[98]

---

96 Benjamin, Walter 1991: Zur Kritik der Gewalt, S. 200. – Hinter der Bestimmung des „Lebendigen des Lebens" verbirgt sich kein Vitalismus; vielmehr geht es um den Ausbruch aus den fetischistischen, *versteinerten* bürgerlich-kapitalistischen Verhältnissen und um eine Überwindung der Verdinglichung des Rechts.

97 Benjamin, Walter 1991: Theologisch-politisches Fragment, S. 203.

98 Benjamin, Walter 1991: Einbahnstraße [1931]. In: Ders.: Kleine Prosa. Baudelaire-Übertragungen. Gesammelte Schriften, Band IV/1. Suhrkamp, Frankfurt/M., S. 83-148, hier: S. 113.

In der profanisierten Form der „Erlösung" hebt sich das „Streben nach Gerechtigkeit" im Streben also nach einem individuellen Glück auf, das dabei zugleich auch gegen ungerechte Sachlagen kämpft. Wenn dementsprechend auch dem revolutionären proletarischen Generalstreik das individuelle Streben nach einem glücklichen Leben zugrundeliegt, dann wäre damit die Vorstellung vom „Proletariat" im Sinne eines monolithischen Blocks oder eines *homogenen* Kollektivs passé. Mit der Übertragung der Immanenzlogik von „bara" ließe sich zudem die Vorstellung eines den proletarischen Kämpfen vorgelagerten Subjekts namens „Proletariat" destruieren, was im Zusammenhang mit Benjamins Überlegungen zum Begriff „Glück" weitere Konsequenzen birgt: Das Proletariat ist nur ein kämpfendes; nur in den proletarischen Kämpfen konstituiert und formt es sich zum Proletariat. Es manifestiert sich darin zugleich als das Streben nach der Aufhebung der Proletarität um des individuellen Glücks willen, ein Streben gegen die Deklassierung – gemessen am gesellschaftlichen Reichtum sowie an den objektiven Möglichkeiten der herrschenden Verhältnisse hinsichtlich individueller Genuss- und Fähigkeitsentwicklungen;[99] was insgesamt wiederum unter den Titel „glückliches Leben" gestellt werden kann. Da die individuellen Vorstellungen von Glück in der Regel vielgestaltig, verschiedenartig und nicht zu vereinheitlichen sind, lässt sich das Streben des revolutionären proletarischen Aufstands nicht sinnvoll als ein homogenes vorstellen. Es wäre nur gewaltförmig homogenisierbar; würde es aber homogenisiert, so ginge das Individuelle verloren. Ein gemäß dieser Begriffslogik verstandenes revolutionäres Proletariat hat somit eine unhintergehbar pluralistische Form. Auch die von Benjamin geäußerte Klassenkampfperspektive stellt nicht ein wie auch immer geartetes homogenes Kollektiv in den Mittelpunkt, sondern das im Klassenkampf um sein Glück kämpfende gesellschaftliche Individuum; nur so „schwingt [...] in der Vorstellung des Glücks unveräußerlich die der Erlösung mit."[100]

Mit dem Ausbleiben des durchaus möglichen revolutionären proletarischen Generalstreiks 1933 sowie auch nur eines effektiven gewaltlosen Widerstands, insbesondere seit 1935 gegen das in Gesetzesform gegossene Unrecht der Nürnberger Gesetze, wurde gemeinsam mit vielen Millionen Menschen auch Walter

---

99 Vgl. Baumann, Claus 2012: Die Kunst der Avantgarde und ihr Verhältnis zum Klassenkampf. Walter Benjamins, Theodor W. Adornos und Guy Debords kritische Reflexionen der Kunst. In: Völk, M.; Römer, O. u.a. (Hrsg.): „...wenn die Stunde es zuläßt." Zur Traditionalität und Aktualität kritischer Theorie. Westf. Dampfboot, Münster, S. 315-354, hier: S. 329-330.

100 Benjamin, Walter 1991: Über den Begriff der Geschichte, S. 693.

Benjamin das Recht auf ein glückliches Leben verwehrt; Erlösung war ihnen nicht vergönnt. Stattdessen nahm die nahende Katastrophe als Resultat der deutschen Geschichte, die ihre Kulmination im systematischen Vernichtungskrieg, in Auschwitz und den anderen industriellen Vernichtungswerken erreichte, ihren Lauf – dieses scheinbar mythische „Schicksal" und tatsächlich größte geschichtliche Unrecht konnte sich aber in Wirklichkeit nicht ohne breite, aktive Entscheidung und Mitwirkung der Bürger und Bürgerinnen des Reiches vollziehen. Während der eingangs erwähnte Hans Filbinger sich im NS-Faschismus nicht nur einzurichten wusste, sondern sich 1940 freiwillig für den Vernichtungskrieg bei der Kriegsmarine meldete und zwischen 1943 und 1945 etliche Todesurteile fällte, wurde der exilierte Walter Benjamin auf der Flucht vor den deutschen Okkupanten und Schergen interniert und, an der Grenze zwischen Frankreich und Spanien, am 26. September 1940 in den Tod getrieben.

Ulrike Ramming

Kritische Aneignung – Zur Darstellungsform im ersten Exkurs der *Dialektik der Aufklärung*

1. Noch einmal: Universalistische Verallgemeinerung und geschichtsphilosophisches Narrativ?

Die *Dialektik der Aufklärung* ist zu einem Anti-Buch geworden seit der wirkungsvollen Kritik von Habermas in den 80er Jahren: ein Buch, das sich angeblich mit seiner totalisierenden Rationalitätskritik die Legitimationsgrundlagen für die eigene Kritik entzieht. In seinen Vorlesungen von 1985[1] warnte Habermas einerseits vor der postmodernen Vereinnahmung, vor einer einseitig vernunft-kritischen Lektüre des Werks und diagnostizierte andererseits, dass in diesem vorrangig der gattungsgeschichtliche Verfallsprozess von Vernunft behauptet werde, wodurch eine derartige Lesart begünstigt würde. Bereits 1981 legte er die systematischen Voraussetzungen dar:[2] diese bestünden in einer Verabsolutierung der Lukács'schen Verdinglichungskritik, deren Anwendung auf den Prozess der Zivilisation, woraus folge, dass Verdinglichung nicht mehr aus dem Lohnarbeitsverhältnis abgeleitet werde. Eine derartige Abstraktion löse sich von der Analyse konkreter gesellschaftlicher Verhältnisse und verfahre in der Weise verallgemeinernd, dass kein Ort mehr bestimmt werden könne, von dem aus Kritik noch zu formulieren wäre. Vor dem Hintergrund dieser Argumente lasse sich die *Dialektik der Aufklärung* nur noch historisch lesen, als Text, der für das philosophische Schaffen seiner Autoren einen Wendepunkt markiert. Nicht anzuzweifeln seien die gesellschaftstheoretisch orientierten Arbeiten aus den frühen 30er Jahren, mit denen Horkheimer die theoretischen Grundlagen der Kritischen Theorie wirkungsvoll formulierte; wie die Schriften Horkhei-

---

1 Habermas, Jürgen 1985: Der philosophische Diskurs der Moderne. Zwölf Vorlesungen. Suhrkamp, Frankfurt/M., S. 130-157.

2 Habermas, Jürgen 1981: Theorie des kommunikativen Handelns. Bd. 1: Handlungsrationalität und gesellschaftliche Rationalisierung. Suhrkamp, Frankfurt/M., S. 455-534.

mers und Adornos nach der *Dialektik der Aufklärung* zu bewerten seien, wurde kontrovers diskutiert.

In den vergangenen Jahren hat sich wieder eine differenzierte Auseinandersetzung mit dem Gesamtwerk Adornos herausgebildet. So machte Richard Klein darauf aufmerksam, wie sehr die Perspektive von Habermas der „Entwicklung seiner eigenen Theorie"[3] geschuldet gewesen sei und damit zentrale Aspekte der Philosophie Adornos überhaupt nicht in den Blick bekommen habe. Gegenüber den von Habermas konstatierten demokratietheoretischen Defiziten arbeiteten Angela Keppler und Martin Seel heraus, dass Adornos kulturpolitisches Engagement in den 50er und 60er Jahren gerade durch Überlegungen zur Demokratie geprägt war.[4]

Vor dem Hintergrund dieser positiv zu bewertenden Veränderungen ist es bemerkenswert, dass Herbert Schnädelbach, unter Berufung auf seinen Schülerstatus, vor einigen Jahren die alte Kritik wiederholte. Bei der *Dialektik der Aufklärung* handele es sich um den „Rückzug der kritischen Gesellschaftstheorie Horkheimers und Adorno in eine universalistische Geschichtsphilosophie"; die Autoren „erzählen die Hauptstadien der Zivilisationsgeschichte vom Animismus bis Auschwitz, was sie als Belege für das welthistorische Walten der Dialektik der Aufklärung verstehen"[5]. Im Werk wechselten theoretische Elemente mit eher narrativ angelegten Passagen, die den behaupteten Verfallsprozess belegen sollten.

Die vielmals wiederholte Kritik wäre einsichtig, würde die ihr zu Grunde liegende Annahme zutreffen, dass die Sätze der *Dialektik der Aufklärung* ausschließlich assertorisch, als dialektisch formulierte Feststellungen und Diagnosen zu lesen seien. Liegt einer derartigen Perspektive nicht bereits die postmodern getönte Unterstellung voraus, es handele sich bei dem Werk um eine der letzten, geschichtsphilosophisch motivierten „großen Erzählungen"? Es lohnt sich, einen der zentralen Texte des Werks, den viel gescholtenen ersten Exkurs, die Beschäftigung mit Homers *Odyssee*, daraufhin zu untersuchen, was in der Entwicklung seiner Argumente geschieht. Die These, die ich vertreten möchte, behauptet, dass

---

3 Klein, Richard 2011: Deutschland II. Philosophische plus politische Resonanz. In: Ders.; Kreuzer, Johann; Müller-Doohm, Stefan (Hrsg.): Adorno Handbuch. Leben – Werk – Wirkung. Metzler, Stuttgart/Weimar, S. 438.

4 Vgl. Keppler, Angelika; Seel, Martin 2008: Adornos reformistische Kulturkritik. In: Kohler, Georg; Müller-Doohm, Stefan (Hrsg.): Wozu Adorno? Beiträge zur Kritik und zum Fortbestand einer Schlüsseltheorie des 20. Jahrhunderts. Velbrück, Weilerswist, S. 223-234.

5 Schnädelbach, Herbert 2008: Adorno und die Geschichte. In: Kohler, Georg; Müller-Doohm, Stefan (Hrsg.): Wozu Adorno? Velbrück, Weilerswist, S. 132.

dieser Exkurs nicht geschichtsphilosophisch zu lesen, nicht narrativ zu verstehen ist. Vielmehr zeichnet sich bereits jenes Denken in Modellen ab, das Adorno in seiner späteren Philosophie, vor allem in der *Negativen Dialektik,* praktiziert.

2. Unmittelbarkeit – kulturkonservativ gedacht und marxistisch

Seit der kritischen Ausgabe der *Dialektik der Aufklärung* im Kontext der Ausgabe von Horkheimers gesammelten Schriften[6] wissen wir, dass die Autorschaft des ersten Exkurses beinahe vollständig auf Adorno zurückgeht.[7] Dies ist entscheidend für den methodischen Zugang zum Text. Denn während sich Horkheimer an der kantischen Differenz von Verstand und Vernunft orientiert und diese vor allem in seiner Kritik des Positivismus fruchtbar macht – ein Verfahren, das er auch in *Zur Kritik der instrumentellen Vernunft* anwendet –, widmet sich Adorno seit seinem Aufsatz *Die Idee der Naturgeschichte,* wie noch zu zeigen sein wird, sehr viel stärker der Instanz des Einzelnen, Singulären zu.

Für die philosophische Arbeitsweise Adornos und deren sprachphilosophische Grundierung hat Jan Müller das Folgende festgestellt: Seine

> Überlegungen sind wesentlich sprachphilosophisch deshalb, weil [seine, U.R.] gesellschaftstheoretischen, politisch-philosophischen und ästhetiktheoretischen Vorschläge notwendig unter dem Fragevorbehalt stehen, ob und unter welchen Voraussetzungen sich die für diese Vorschläge relevanten Argumente *überhaupt* sinnvoll formulieren und beurteilen lassen. Sie sind wesentlich kritisch deshalb, weil sie ernst nehmen, dass mögliche Antworten als begriffliche auf die prädikative Form des Sprechens bezogen bleiben – und dass sie in einer erläuterungsbedürftigen Weise zugleich nicht auf diese prädikative Form reduziert werden dürfen.[8]

Wenngleich die Überlegungen des ersten Exkurses nicht sprachphilosophisch motiviert sind, so wird doch auch hier deutlich, dass sich Adorno nicht vorschnell auf neue Festsetzungen einlässt. Der Spalt zwischen Kritik und positiven Bestimmungen bleibt offen, skeptisch gegenüber jedem neuen, vorschnellen Versuch

---

6 Horkheimer, Max; Adorno, Theodor W. 1987: Dialektik der Aufklärung. In: Horkheimer, Max: Gesammelte Schriften Bd. 5: Dialektik der Aufklärung und Schriften 1940-1950, hg. von Gunzelin Schmid Noerr. Fischer, Frankfurt/M.

7 Schmid Noerr, Gunzelin 1987: Nachwort des Herausgebers. In: Horkheimer, Max: Gesammelte Schriften Bd. 5, S. 430.

8 Müller, Jan 2012: Begriffliches Sprechen. Zur sprachphilosophischen Grundkonstellation der frühen Kritischen Theorie. In: Völk, Malte u.a. (Hrsg.): „... wenn die Stunde es zuläßt." Zur Traditionalität und Aktualität kritischer Theorie. Westfälisches Dampfboot, Münster, S. 173.

zur Totalisierung. Zugleich greift Adorno, immanenter Kritik verpflichtet, auf, was ihm bewahrenswert erscheint. Dieses Verfahren der kritischen Aneignung, wie ich es nennen möchte, erweist sich bereits am Beginn des ersten Exkurses. Die Frage nach der Einordnung des homerischen Epos und seiner Stellung zum Roman verweist auf zwei Autoren, von denen nur einer genannt ist: Rudolf Borchardt und Georg Lukács.[9] Die Frage, die verhandelt wird, lässt sich an zwei Zitaten verdeutlichen. So schreibt Borchardt über Homers Epos: „Das Epos [...] ist eine Schöpfung der helleno-asiatischen Auswanderung, entstanden in den rasch emporgeschossenen und auf jungen Reichtum gelagerten Kauf- und Schifferstädten der Küsten Kleinasiens"[10]. Lukács' Klassifizierung lautet dagegen wie folgt: „Die Epopöe gestaltet eine von sich aus geschlossene Lebenstotalität, der Roman sucht gestaltend die vorherige Totalität des Lebens aufzudecken und aufzubauen."[11] Das Epos sei Zeugnis einer „abgerundete[n] Welt"[12], der Roman dagegen, so die berühmte Formulierung, „Ausdruck der transzendentalen Obdachlosigkeit."[13]

Es überrascht nicht, wenn auf den kulturkonservativen Zungenschlag in Borchardts Formulierung die Idealisierung folgt, die griechische autochthone Urbevölkerung habe in einer herrschaftsfreien Gemeinschaft gelebt; das Epos sei Zeugnis einer späteren Stufe, die durch soziale Hierarchien und Arbeitsteilung geprägt gewesen sei. Adorno knüpft an diese These von der Epochenschwelle an; indirekt grenzt er sich damit von Lukács ab, und zwar sowohl bezüglich der ästhetischen Einschätzung als auch im Hinblick auf die Konzeption von Ideologiekritik. Denn Lukács' Deutung des Epos als Ausdruck einer in sich geschlossenen, sinnhaften Welt bietet die Grundlage, an der Idee von Totalität festzuhalten. Diese Option hatte Adorno bereits 1931 problematisiert, und zwar aus der Frage heraus, ob die Kategorie der Totalität nach dem Scheitern idealistischer Systeme

---

9 Da es sich bei der *Dialektik der Aufklärung* um Selbstverständigungstexte handelt, die ursprünglich nur als Diskussionsgrundlage innerhalb des Instituts für Sozialforschung gedacht waren, musste letzterer nicht explizit aufgeführt werden; seine Position konnte als bekannt vorausgesetzt werden.

10 Borchardt, Rudolf 1959: Einleitung in das Verständnis der pindarischen Poesie. In: Ders.: Prosa II. Klett, Stuttgart, S. 161.

11 Lukács, Georg 2009: Die Theorie des Romans. Ein geschichtsphilosophischer Versuch über die Formen der großen Epik. Aisthesis, Bielefeld, S. 46.

12 Ibid., S. 24.

13 Ibid., S. 30.

nicht obsolet geworden sei.[14] Ebenso widerspricht er Lukács, wiederum implizit, in seinem Aufsatz *Über epische Naivetät*, der als eine Vorarbeit zur *Dialektik der Aufklärung* einzustufen ist, wenn er den paradoxen Status des epischen Erzählers betont: Episches Erzählen sei einerseits dem Mythos zugewandt, dem es seinen Stoff entnimmt; andererseits ziele es auf das Einzelne, von dem es berichten will.[15] Epische Rede sei daher in sich widerspruchsvoll: ihre Sprache sei, wie alle Sprache, rational und kommunikativ – hier paraphrasiert Adorno wiederum implizit Borchardt, der die Funktion des Epos in der sprachlichen Homogenisierung der diversen griechischen „Dialekte" vermutete – und ziele aus dieser Allgemeinheit doch auf das Singuläre. Zugleich wohne ihr ein anachronistisches Element inne: sie rufe eine Archaik auf, für deren Überwindung sie selbst stehe.

Aus diesen Bestimmungen resultiert, dass Adorno das homerische Epos unter die Lukács'sche Kategorie des Bildungsromans einordnet, eine Kategorie, die einerseits Entfremdung zum Gegenstand hat, andererseits, hierin ist sich Adorno mit Lukács einig, die Idee der Versöhnung aufbewahrt. In diesen Zusammenhang gehört dann auch eine Passage zum Abenteuerroman im Text Adornos, in der er Lukács wiederum widerspricht. Dieser attestiert nämlich dem Helden, exemplifiziert an Cervantes' *Don Quixote*, eine „Verengerung der Seele"[16], deren Resultat der Widerspruch zwischen dem Handeln des Helden und der Wirklichkeit, in der er handelt, darstellt. Dagegen erhebt die folgende Passage der *Dialektik der Aufklärung* Einspruch: „das Selbst macht nicht den starren Gegensatz zum Abenteuer aus, sondern formt in seiner Starrheit sich erst durch diesen Gegensatz, Einheit bloß in der Mannigfaltigkeit dessen, was jene Einheit verneint."[17] So liest Adorno die *Odyssee* als Zeugnis einer Irrfahrt, deren einzelne Stationen mythisches Zeitbewusstsein lokalisieren und in deren Verlauf sich der epische Held zum aufgeklärten Gegenpol des mythischen Weltbildes entwickelt.

3. Kein einfacher Ausgangspunkt der Kritik

Man kann diese Vorgehensweise mit einem Ausdruck Derridas als doppelte Durchstreichung beschreiben. Weder dem kulturkonservativen Schriftsteller

---

14 Vgl. Adorno, Theodor W. 1973: Die Aktualität der Philosophie. In: Ders.: Gesammelte Schriften 1. Philosophische Frühschriften. Suhrkamp, Frankfurt/M., S. 339.

15 Ders. 1973: Über epische Naivetät. In: Ders.: Gesammelte Schriften Bd. 11. Noten zur Literatur. Suhrkamp, Frankfurt/M., S. 34.

16 Lukács, Georg 2009: Die Theorie des Romans, S. 81.

17 Horkheimer Max; Adorno, Theodor W. 1987: Dialektik der Aufklärung, S. 71.

Borchardt noch dem nachkantianischen und später marxistischen Theoretiker Lukács lässt Adorno die Annahme eines einfachen Ausgangspunkts durchgehen, und zwar nicht nur aus philosophischen oder ästhetischen, sondern gerade auch aus gesellschaftstheoretischen Gründen. Dies mag nach ausführlicher Lektüre der Schriften Adornos heute nicht mehr überraschen, historisch betrachtet nimmt er damit, nach dem Tod Benjamins, eine singuläre Position ein. Analoge Formulierungen bezüglich eines anderen Themenfeldes finden sich in seinen kulturtheoretischen Überlegungen, die dies noch einmal verdeutlichen.

So macht Adorno im viel gescholtenen Essay zur Kulturindustrie, der ebenfalls vorrangig auf seine Autorschaft zurückgeht, deutlich, dass gegenüber den Erzeugnissen dieser Industrie kein einfacher Ausgangspunkt einzunehmen sei. Entgegen dem Vorwurf, er selbst argumentiere in diesem Kontext, als Ästhet, kulturkonservativ, betont Adorno, dass sich eine derartige Kritik von selbst erledige:

> Der Glaube, die Barbarei der Kulturindustrie sei eine Folge des 'cultural lag', der Zurückgebliebenheit des amerikanischen Bewußtseins hinter dem Stand der Technik, ist ganz illusionär [...]. In Deutschland hatte die mangelnde Durchdringung des Lebens mit demokratischer Kontrolle paradox gewirkt. Vieles blieb von jenem Marktmechanismus ausgenommen, der in den westlichen Ländern entfesselt wurde. Das deutsche Erziehungswesen samt den Universitäten, die künstlerisch maßgebenden Theater, die großen Orchester, die Museen standen unter Protektion. Die politischen Mächte [...], denen solche Institutionen als Erbe vom Absolutismus zufielen, hatten ihnen ein Stück jener Unabhängigkeit von den auf dem Markt deklarierten Herrschaftsverhältnissen bewahrt, die ihnen bis ins neunzehnte Jahrhundert hinein die Fürsten und Feudalherren schließlich noch gelassen hatten.[18]

Diese Textstelle markiert deutlich die Unmöglichkeit für den Theoretiker der Kulturindustrie, einen einfachen Ausgangspunkt für seine Überlegungen einzunehmen, von dem aus deren neue Produkte einfach zu problematisieren wären. Ähnlich äußert sich Adorno in einem späteren Aufsatz in der Weise, dass der Kulturkritiker, der sich im Gegensatz zur Kulturindustrie wähnt, doch immer schon Teil dieses Systems und der Wirklichkeit ist. Es ist folglich nicht allein die ideologiekritische Haltung gegenüber kulturkonservativen Positionen, die Adornos Verfahren in der *Dialektik der Aufklärung* kennzeichnet, sondern ebenso die Skepsis gegenüber „einfachen" Gegenperspektiven aus der linken Theorie. Die Entwicklung, die Odysseus während der Prüfungen, welche die einzelnen Stationen seiner Irrfahrt bereithalten und die er bestehen muss, durchläuft, lässt

---

18 Ibid., S. 157.

sich deshalb in Adornos Darstellung als Gegenmodell zu der Annahme einer einfachen, ungebrochenen Subjektivität interpretieren.

4. Das Opfer als ritualisierte soziale Praxis

Dies wird deutlich, wenn man die Ausführungen zum Opfer genau untersucht. Auch hier greift Adorno zunächst eine zeitgenössische Position auf, wenn er sich mit dem Opferbegriff von Ludwig Klages, und damit exemplarisch mit den theoretischen Grundlagen der deutschen Neuromantik und Lebensphilosophie auseinander setzt. Für Klages stellt das Menschenopfer den paradigmatischen Fall des Opfers dar – dieses indiziert einerseits einen frühen Bewusstseinszustand; sarkastisch formuliert: archaischen Gesellschaften sei die Brutalität dieser Opferform deshalb nicht gewärtig gewesen, weil sie sich auf einem niedrigen Bewusstseinszustand befunden hätten, der verbiete, ihre Praktiken nach heutigen Maßstäben zu bewerten. Andererseits entspricht es, auf höherer Ebene, der Aufopferung für die Gemeinschaft und steht damit in der Nähe zum heroischen Opfertod des Einzelnen: „Wenden wir aber von solchen uns fremd gewordenen Formen des Opferdienstes den Blick auf den rauschhaften Preisgebungsüberschwang, indem wir etwa an das Blutopfer des Kriegers im Kampfe denken, die bevorzugte Opferform heroischer Völker"[19]. Adornos Überlegungen zum Doppelcharakter des Opfers zielen gegen die propagandistische Vereinnahmung einer Mythologie des Opfers. Sie setzen an mit dem Nachweis, dass bereits in der Annahme einer mystischen Einheit von Opfer und Kollektiv der Gegensatz zwischen Einzelnem und Allgemeinheit angelegt ist. Denn als sich Opferndes oder zu Opferndes steht das Individuum in einem einfachen Gegensatz zur Gemeinschaft, der durch das Opfer wiederum überwunden werden soll. Das Opfer kann daher nicht als Überwindung moderner Individualität verherrlicht werden, weil es den Keim zu dieser Individualität bereits in sich enthält.

Wichtiger als diese ideologiekritischen Argumente ist deren Weiterführung. Gegenüber Lesarten, die die viel zitierte Introversion des Opfers psychoanalytisch lesen oder in ihr eine kognitivistische Verkürzung erkennen, möchte ich die These vertreten, dass Ritual und Opfer zusammen gehören. Hieraus leitet sich ab, dass im Sinne Adornos das Opfer als ritualisierte Form gesellschaftlicher Praxis zu verstehen ist, aus der heraus sich spezifische Formen von Individualität, Selbstbewusstsein und Rationalität bilden.

---

19 Klages, Ludwig 1932: Nachtrag über den Ursinn des Opfers. In: Ders.: Der Geist als Widersacher der Seele, Bd. 3.1. Barth, Leipzig, S. 1408.

Adorno knüpft in diesem Zusammenhang an Walter Benjamin an, der in seinen Arbeiten zu Baudelaire die Relevanz ritualisierter Formen der Erinnerung für den Menschen der Moderne betont:

> Wo Erfahrung im strikten Sinn obwaltet, treten im Gedächtnis gewisse Inhalte der individuellen Vergangenheit mit solchen der kollektiven in Konjunktion. Die Kulte mit ihrem Zeremonial, ihren Festen [...] führten die Verschmelzung zwischen diesen beiden Materien des Gedächtnisses immer von neuem durch. Sie provozieren das Eingedenken zu bestimmten Zeiten und bleiben Handhaben desselben auf Lebenszeit.[20]

In den ritualisierten Handlungen des Opfers, verstanden als derartige Zeremonien, verbinden sich demnach Elemente gesellschaftlicher Vergangenheit mit den Erfahrungen im Gedächtnis Einzelner, über die sich die Einheit von Individuum und Gesellschaft immer aufs Neue rekonstituiert. Die Rationalität des Opfers erweist sich daher doppelt: in seiner restaurativen Funktion – „Jedes Opfer ist Restauration"[21] – sowie in der Einübung in soziale Mechanismen. Auf diese Weise ist das Opfer nicht zu trennen von gesellschaftlicher Herrschaft. Es ist das „Mal einer historischen Katastrophe, ein Akt von Gewalt"[22].

Aus der restaurativen Funktion des Opfers resultieren zwei mögliche Strategien, die sich wechselseitig bedingen: Die erste besteht in dessen Rationalisierung im Sinn der Legitimierung vor der eigenen Person; sie führt konsequent zur Introversion des Opfers. Die andere nutzt die Widersprüche zwischen scheinbarer gesellschaftlicher Notwendigkeit und der Irrationalität des Opfers, die darin zu sehen ist, dass dieses die von ihm versprochene Versöhnung mit der Gesellschaft letztlich nicht leistet, um sich im Sinn der Selbstbehauptung der Übermacht gesellschaftlicher Repression zu entziehen. Für die erste steht die Durchfahrt bei den Sirenen, für letztere die Überlistung Polyphems. Die Konstituierung eines autonomen Selbst muss beide Wege gehen: den der Unterwerfung und Verinnerlichung sozialer Werte und Normen sowie den der Selbstbehauptung. Das Opfer, und nicht seine Introversion, stellt somit den systematischen Ausgangspunkt der sich selbst erhaltenden Subjektivität dar.

Unter dieser Prämisse kann das Ritual im engeren Sinn als kultische Handlung, im weiteren Sinn als allgemein-gesellschaftliche Praxis interpretiert werden. Die Introversion des Opfers, die Internalisierung sozio-kultureller Werte und

---

20 Benjamin, Walter 1978: Über einige Motive bei Baudelaire. In: Ders.: Gesammelte Schriften, Band I.2. Suhrkamp, Frankfurt/M., S. 611.

21 Horkheimer, Max; Adorno, Theodor W. 1987: Dialektik der Aufklärung, S. 75.

22 Ibid.

Normen, ist als Resultat spezifischer Sozialisierungsmechanismen zu verstehen, als eine bestimmte Art und Weise des Umgangs mit sich selbst und der äußeren Welt, seien es Objekte oder Menschen, die im kollektiven Ritual tradiert werden. Dass diese Interpretation nicht willkürlich ist, erweist sich in Parallelen, die sich zu Ernst Cassirers Darstellung der religiösen Bedeutung des Verzichts im Kultus finden lassen. Introversion des Opfers verweist ja auf Verzicht und Versagung, auf das Zurückdrängen spontaner Bedürfnisse und Impulse zu Gunsten längerfristig orientierter Zwecksetzungen. Cassirer bezieht sich auf Hegels Begriff des Kultus, den dieser als Moment der Aufhebung von Entzweiung bestimmt, in dem Ich und Gott als bestimmte Momente einander gegenüber treten. Das Opfer steht zwischen beiden: sein positives Moment besteht darin, dass in ihm religiöser Glauben sichtbar wird. Das negative Moment erweist sich in der „Einschränkung des sinnlichen Begehrens, einem Verzicht, den das Ich sich auferlegt. Hier liegt eines der wesentlichen Motive, durch die es sich von Anfang an über die Stufe der magischen Weltansicht erhebt."[23] Entsagung ist somit bereits zentrales Moment des Opfergedankens und lässt sich aus dem magischen Ritual selbst entwickeln. Neben dem gemeinsamen Bezug auf Hegels Idee der Versöhnung lässt sich eine weitere Gemeinsamkeit zwischen Cassirer und Adorno konstatieren: Auch Cassirer erkennt Formen gesellschaftlicher Arbeitsteilung in der totemistischen Gliederung menschlicher Gemeinschaften:

> die spezifische Eigenart der Erscheinungen, die wir unter dem Allgemeinbegriff des Totemismus zusammenzufassen pflegen, liegt nicht darin, daß hier zwischen dem Menschen *überhaupt* und bestimmten Tierarten gewisse Verknüpfungen angenommen, gewisse mystische Identitäten gesetzt werden, sondern darin, daß je eine besondere Gruppe ihr *besonderes* Totemtier beisetzt, zu dem sie in einer bestimmten Beziehung steht [...]. Erst diese *Differenzierung* nebst ihren sozialen Folge- und Begleiterscheinungen [...] macht die Grundform des Totemismus aus.[24]

Adorno interpretiert die damit indizierte soziale Ausdifferenzierung im Sinn sozialer Herrschaft; Verzicht und Arbeitsteilung wären somit bereits selbst als Teilaspekte magischer Praktiken aufzufassen.

Der Unterschied zwischen Cassirer und Adorno ist allerdings darin zu sehen, dass ersterer von einer allmählichen Entfaltung der im mythischen Weltverständnis angelegten Momente ausgeht, während für Adorno die Institutionalisierung des Opfers einen Bruch markiert, den Beginn der Geschichte im Sinn

---

23 Cassirer, Ernst 1987: Philosophie der symbolischen Formen. Zweiter Teil: Das mythische Denken. 8. Auflage, Wiss. Buchgesellschaft, Darmstadt, S. 264.

24 Ibid., S. 220.

von Klassengeschichte, hinter den zurückzugehen unmöglich ist. Werden in der geschilderten Weise das Opfer, die Entwicklung der Individualität und der Arbeitsteilung als konsequente Entfaltung jener Momente betrachtet, die bereits in frühen Stufen des kultischen Rituals zu finden sind, so markiert die Introversion des Opfers seine Säkularisierung, mit der die Ausübung direkten Zwangs von der psychischen Integration der Individuen in den Reproduktionsprozess von Herrschaft abgelöst wird.

5. Mythos

Damit bedarf abschließend der von Adorno eingesetzte Begriff des Mythos einer Klärung. Geläufige Darstellungen unterstellen ein lineares Entwicklungsmodell, das von den magisch-mythischen Ursprüngen der Historie über die westliche Aufklärung bis hin zum Stadium der selbstreflexiv gewordenen Aufklärung verläuft.[25] Eine derartige Lesart ist eher dem ersten Essay geschuldet, der aber vor allem auf Horkheimer zurück geht.[26]

In *Die Idee der Naturgeschichte* führt Adorno dagegen einen Begriff des Mythischen ein, den er zunächst mit den folgenden Worten nur vage umreißt: „Es ist damit gemeint das, was von je da ist, was als schicksalhaft gefügtes, vorgegebenes Sein die menschliche Geschichte trägt, in ihr erscheint, was substantiell ist in ihr."[27] Dazu steht in zunächst einfachem Gegensatz der Begriff der Geschichte. Dieser besagt „jene Verhaltensweise der Menschen, jene tradierte Verhaltensweise, die charakterisiert wird vor allem dadurch, daß in ihr qualitativ Neues erscheint, [...] in der Neues vorkommt und die ihren wahren Charakter durch das in ihr als Neues Erscheinende gewinnt."[28] Anders formuliert: Das Mythische, das Adorno in die Nähe zu Lukács' Begriff der „zweiten Natur" stellt,[29] erscheint als erstarrt, unveränderlich, und steht damit im Gegensatz zu Geschichte, für die Veränderung, bis hin zum Auftreten eines qualitativ Neuen, bestimmend ist. „Gesichtet ist von Lukács die Verwandlung des Historischen als des Gewesenen

---

25 Vgl. exemplarisch Thyen, Anke 1989: Negative Dialektik und Erfahrung. Zur Rationalität des Nicht-Identischen bei Adorno. Suhrkamp, Frankfurt/M., S. 67ff.

26 Schmid Noerr, Gunzelin 1987: Nachwort des Herausgebers. S. 427.

27 Adorno, Theodor W. 1973: Die Idee der Naturgeschichte. In: Ders.: Gesammelte Schriften 1. Philosophische Frühschriften. Suhrkamp, Frankfurt/M., S. 346.

28 Ibid.

29 Ibid., S. 355.

in die Natur, die erstarrte Geschichte ist Natur, oder das erstarrt Lebendige der Natur ist bloße geschichtliche Gewordenheit."[30]

Es lässt sich leicht eine Komplementarität zwischen dem hier eingeführten Begriffspaar Natur/Mythos – Geschichte und jenem der *Dialektik der Aufklärung*, Mythos – Aufklärung/Epos feststellen. So charakterisiert Adorno die mythischen Mächte als „mythische Ungetüme [...,] allesamt gleichsam versteinerte Verträge, Rechtsansprüche aus der Vorzeit"[31], gegen die sich Odysseus, das aufgeklärte Individuum, behaupten muss. Und in dem früheren Aufsatz schreibt er an anderer Stelle: „Nun stellt sich diese Diskontinuität [...] zunächst einmal dar als eine zwischen dem mythisch-archaischen, natürlichen Stoff der Geschichte, des Gewesenen und dem, was dialektisch neu in ihr auftaucht, neu im prägnanten Sinn."[32] In diesem Sinn steht Odysseus für das Neue.

Adorno nimmt folglich das Material der *Odyssee* zum Ausgangspunkt, um aus ihm die Dialektik der hier skizzierten Idee der Naturgeschichte zu entwickeln. Er orientiert sich hierbei methodisch an Benjamin, wenn er den Begriff der Konstellation aufgreift und ihn interpretiert als Deutung der „konkrete[n], historische[n] Faktizität, die im Zusammenhang jener Momente in ihrer *Einmaligkeit* sich erschließt."[33] Konstellation bedeutet in diesem Kontext Konstellation von Ideen, die nicht in platonischer Invarianz aufgegriffen, sondern in ihrer spezifischen, kontextuellen Situierung rekonstruiert und gedeutet werden. Die Interpretation Adornos entspräche dem zufolge einer konstellativen Deutung der Ideen von Natur und Geschichte bzw. von Mythos und Aufklärung. Es ist daher kein wirklicher Einwand, wenn Schnädelbach gegen Adorno behauptet, dieser habe einen „eigentümliche[n], und in der Mythenforschung des 20. Jahrhunderts völlig exterritoriale[n] Begriff des Mythischen"[34] verwendet. Adornos Anspruch war nie, einen Beitrag zur Mythenforschung zu leisten; vielmehr bettet er den von ihm verwendeten Mythenbegriff ein in die Debatte der 30er Jahre um das Verfahren einer materialistischen Analyse.

---

30 Ibid., S. 357.
31 Horkheimer Max; Adorno, Theodor W. 1987: Dialektik der Aufklärung, S. 81.
32 Adorno, Theodor W. 1973: Die Idee der Naturgeschichte, S. 362.
33 Ibid., S. 359.
34 Schnädelbach, Herbert 2008: Adorno und die Geschichte, S. 132.

6. Kritische Aneignung und Deutung von Konstellationen

Weshalb Homers *Odyssee*? Aus dem bisher Darstellten lassen sich zwei Gründe
nennen. Erstens greift Adorno die altphilologische Forschung der 20er Jahre auf
und problematisiert in der gezeigten Weise deren kulturkonservative Deutung,
die zur propagandistischen Vereinnahmung taugt. Nietzsche ist ihm dafür Ge-
währsmann, auf den er zu Beginn des ersten Exkurses verweist und dessen Einfluss
auf die deutsche Altphilologie er betont. Nietzsche steht für Adorno aber vor
allem für eine bestimmte Form der Ideologiekritik, worauf Norbert Rath bereits
1987 hinwies.[35] In einer Diskussion am Institut für Sozialforschung äußerte sich
Adorno in der folgenden Weise:

> Er [Nietzsche, U.R.] hat gesehen, daß nicht nur die Demokratie, sondern auch der
> Sozialismus eine Ideologie geworden ist. Man muß den Sozialismus so formulieren,
> daß er seinen ideologischen Charakter verliert. Nietzsche ist in gewissen kritischen
> Dingen weiter gegangen als Marx, insofern als er in gewissem Maße eine schärfere
> Witterung gegen den Bürger hatte.[36]

Hieraus leitet sich der zweite Grund ab. Adornos Interpretation des homerischen
Epos zielt auf derartige ideologische Momente in der zeitgenössischen Theorie.
Ohne Lukács zu diffamieren, auf den er sich in *Die Idee der Naturgeschichte* in
positiver Weise bezieht, problematisiert er doch vor dem aktuellen politischen
Hintergrund die Annahme eines nicht-entfremdeten Zustands als Projektionsfo-
lie für sozialistische Revolutionsszenarien; zugleich macht die Analyse deutlich,
dass auch der homerische Held im Kampf gegen die mythischen Mächte kein
ungebrochenes, von den herrschenden Zuständen unversehrtes Bewusstsein
besitzt, womit er implizit den optimistischen Szenarien widerspricht, die Lukács
1923 in *Geschichte und Klassenbewußtsein* entwickelt hatte.

Es ist Michael Städtler darin zuzustimmen, dass dasjenige, was „an der *Dia-
lektik der Aufklärung* Bestand hat, [...] nur [...] aus der Perspektive der späteren
Arbeiten zu beurteilen [ist].“[37] Aus dieser Perspektive ließen sich die einzelnen
Teile des ersten Exkurses als modellartige Analysen lesen, in denen die Deutung

---

35 Vgl. Rath, Norbert 1987: Zur Nietzsche-Rezeption Horkheimers und Adornos. In:
    v. Reijen, Willem; Schmid Noerr, Gunzelin (Hrsg.): Vierzig Jahre Flaschenpost:
    Dialektik der Aufklärung 1947 bis 1987. Fischer, Frankfurt/M, S. 75-110.

36 Diskussionen aus einem Seminar über die Theorie der Bedürfnisse [1942]. In: Hork-
    heimer, Max 1988: Gesammelte Schriften Bd. 12. Fischer, Frankfurt/M., S. 559-560.

37 Städtler, Michael 2012: Negativität. Adorno und Hegel. In: Völk, Malte u.a. (Hrsg.):
    „... wenn die Stunde es zuläßt.“ Zur Traditionalität und Aktualität kritischer Theorie.
    Westfälisches Dampfboot, Münster, S. 133.

der Konstellationen auf das Singuläre zielt. Dieser Einschätzung wäre hinzuzufügen, dass sich der erste Exkurs aber auch erst dann vollständig erschließt, wenn die in ihm enthaltenen impliziten Verweise aufgearbeitet und gewürdigt werden. Erst dann lässt sich dieser Text als Beitrag zur materialistischen Philosophie und zu den entsprechenden Diskussionen der 20er Jahre lesen, lassen sich seine Argumente beurteilen. Diese Mühe haben sich die „Söhne der reeducation"[38] nicht gemacht.

Was bleibt? Horkheimer und Adorno betonten in ihrem Vorwort aus dem Jahr 1969 selbst, dass sie nicht uneingeschränkt an allen Aussagen des Werks festhielten. Eine Würdigung spezifischer Inhalte bedarf der Diskussion.[39] Nicht zu bestreiten ist aber das hohe Niveau der entwickelten Argumentation, von deren Grad an Differenzierung immer noch zu lernen ist, vorausgesetzt, man nivelliert sie nicht unter einseitig geschichtsphilosophischem Vorzeichen.

---

38 Lenk, Elisabeth 1990: Adorno gegen seine Liebhaber verteidigt. In: Hager, Frithjof; Pfütze, Hermann (Hrsg.): Das unerhört Moderne. Berliner Adorno-Tagung. Zu Klampen, Lüneburg, S. 12.

39 Städtler betont beispielsweise, in welcher Weise die Beschädigung des Selbst weiterhin Konstante in Adornos Denken geblieben sei; vgl. Städtler 2012: Negativität.

Annette Ohme-Reinicke

„Ich weiß auch etwas" – Motive männlicher Philosophen für die Gleichberechtigung der Geschlechter, eine Spurensuche

Nachdem die Frau dem Mann die Kunst der körperlichen Liebe gezeigt hatte, lief ihr der Mann wie von Sinnen unentwegt hinterher und schien die Orientierung verloren zu haben. Um diese Form der Abhängigkeit zu beenden, sagte er schließlich: „Ich weiß auch etwas", drehte die Frau, um mit ihr zu schlafen, auf den Rücken und wies ihr anschließend einen Arbeitsplatz im Haus zu. Damit begann die Herrschaft der Männer. So jedenfalls erzählt es die Mythologie kabylischer Bergbauern.[1] Dass der Mann durch diese Form der von ihm gewollten Arbeits- und Rollenteilung nicht frei wurde, dass Herrschaft auch die Beherrschenden unfrei macht, ist inzwischen ein alter Hut. Schon Étienne de la Boétie wies darauf hin, dass der Herrschende sich sozial außerhalb „der Freundschaft, die auf Gleichheit und Gleichberechtigung beruht", befindet[2] und deshalb strukturell im Unglück verfangen ist. Doch derlei Erkenntnisse, Reflexionen der Bewusstseinsformen von Herr und Knecht, waren Jahrtausende lang implizit auf das Verhältnis unter Männern bezogen. Selbst die Bezeichnung „Macht" war ja ursprünglich ganz naturalistisch begriffen, Macht ohne ein männliches Gemächt undenkbar. Noch vor wenigen Jahrzehnten – so verriet ein im Schwäbischen sozialisierter Philosoph – gehörten Drohungen wie „Hältsch' Du's Moul, sunscht krigsch eins ins G'mächt" zur Erziehungspraxis. Angesichts solcher Kastrationsdrohungen mag ein Klammern an die Macht verständlich scheinen und es nicht verwundern, dass es ein langer Weg war von Apollodors' Ausspruch, „wir Männer" haben „Hetären für die Freuden des Geistes, Pallaken für die Sinnenfreude und Gattinnen, um uns Söhne zu schenken" bis hin zu der Einsicht: „Der gesellschaftliche Fortschritt lässt sich exakt messen an der gesellschaftlichen Stellung des schönen Geschlechts."[3]

---

1 Bourdieu, Pierre 2012: Die männliche Herrschaft. Suhrkamp, Berlin, S. 37.
2 Boétie, Étienne de la 1968: Von der freiwilligen Knechtschaft des Menschen. Europäische Verlagsanstalt, Frankfurt/M., S. 62.
3 Marx, Karl 1973: Marx an Ludwig Kugelmann. 12. Dezember 1868. In: Marx-Engels-Werke (MEW). Bd. 32. Dietz, Berlin, S. 583.

Doch es gab sie immer mal wieder, jene mutigeren philosophierenden Männer, die ihre eigene, spezifisch männliche Verknechtung zu erkennen begannen und deshalb mit der Anerkennung der Frau liebäugelten oder sie sogar forderten. Auf letzteres Ereignis mussten wir allerdings bis zur Mitte des 18. Jahrhunderts warten. Immerhin werden seither auch von Männern immer wieder Begründungen dafür angeführt, warum die Befreiung der Frau gesellschaftlich erstrebenswert ist. Aber derlei *Begründungen* stehen hier nicht im Mittelpunkt. Zwar dreht sich der Aufsatz um die Sicht männlicher Philosophen auf die Notwendigkeit der Befreiung der Frauen. Aber gefragt ist vornehmlich nach deren ganz persönlicher *Motivation*. Ein Motiv ist Anlass zu einer Handlung. Es kann, muss aber nicht begründet sein, oft ist es dem Handelnden selbst gar nicht bewusst. In der Motivation können sich Gründe zeigen, die über die angegebenen Begründungen hinausweisen. Das Sprechen in Form des Verfassens von Essays oder wissenschaftlicher Abhandlungen wird hier als Tun, als Tätigkeit aufgefasst, und es wird gefragt, welche Motivationen sich in Texten einiger viel gelesener philosophierender Männer finden lassen, die mit dem Gedanken der Gleichberechtigung der Frau schwanger gingen oder diese forderten. Welche eigenen, ganz persönlichen Vorteile sehen Männer darin, sich für die Anerkennung der Frauen als Menschen gleicher Rechte einzusetzen? Und nebenbei: Welche persönliche Furcht des Mannes liegt der Herabwürdigung der Frau zugrunde? Freilich ist es an dieser Stelle nicht möglich, eine systematische Untersuchung vorzunehmen. Allerdings kann anhand viel gelesener Werke philosophierender, denkender Männer Motivlagen nachgespürt werden, um eine bestimmte Dimension männlichen „Bewußtsein des Geistes von sich selbst [...,] der nun einmal Philosophie ist"[4], ein wenig zu illuminieren.

Natürliche Minderwertigkeit

Für die altgriechischen Klassiker ist die Sache klar: Frauen seien von Natur aus nun einmal für bestimmte Aufgaben ungeeignet. Aristoteles meint, im Verhältnis der Geschlechter ist „das Männliche von Natur das Bessere, das Weibliche das Geringerwertige, und das eine herrscht, das andere wird beherrscht"[5]. Deshalb müsse der Mann regieren, und zwar die Frau „staatsmännisch" und die Kinder

---

4   Adorno, Theodor W. 1971: Erziehung zur Mündigkeit. Suhrkamp, Frankfurt/M.,
    S. 31.

5   Aristoteles 1991: Politik. Buch I. Übers. von Eckart Schütrumpf. Wiss. Buchgesellschaft, Darmstadt. S. 17.

„königlich"[6]. Zwar stellt er Frauen nicht mit Sklaven auf die gleiche Stufe (dies sei nur bei den Barbaren üblich), doch über eine mögliche Gleichheit der Geschlechter spekuliert Aristoteles nicht einmal, es bleibt bei der Konstatierung eines naturalen Unterschieds.[7] Auf die angeblich natürliche Minderwertigkeit der Frau beriefen sich in den folgenden Jahrhunderten fast alle philosophierenden Männer. Montaigne etwa meinte, Frauen seien zum Höchsten, zur Freundschaft nämlich, nicht in der Lage, und er fasst zusammen: Frauen seien „nach einstimmigem Urteil der Schulen des Altertums davon ausgeschlossen"[8].

Natürliche Beschützer der Schwächeren

Aber selbst in der Antike gab es jene Gestalten, denen autoritäre soziale Verkehrsformen offenbar auf die Nerven gingen. Zu einer Symbolfigur lässiger Autoritätskritik wurde etwa der Kyniker Diogenes von Sinope. Ihm gelang bekanntlich mit wenigen Worten eine zwar situative, aber durchschlagende Kritik der Verhältnisse.[9] Obgleich Diogenes, wie hin und wieder behauptet wird, „keine weitere Diskussion angestoßen" habe (Weingarten), kann er doch als einer der ersten gelten, die mit der Befreiung der Frau liebäugelten. Bei ihm schimmert bereits die Ahnung durch, dass jedes Geschlecht nur im Verhältnis zum anderen existiert und somit männliche Verknechtung – bei Diogenes vornehmlich in Gestalt lustfeindlicher Bürokratie anzutreffen – mit dem unmittelbaren Verhältnis zu Frauen zu tun hat.

Diogenes, der sich zum Ziel gesetzt hatte, „keine Bedürfnisse zu haben; oder, wenn man nun einmahl nicht umhin kann einige zu haben, doch wenigstens nichts mehr zu haben, als man schlechterdings haben muß, und sich so wenig

---

6 Ibid., S. 30.
7 Platon argumentiert auf den ersten Blick egalitärer: Frauen könnten dieselben Tätigkeiten ausüben wie Männer, nichts spreche dagegen. Allerdings bezieht sich seine Vorstellung auf die Gleichheit innerhalb eines Standes, des Wächterstandes, während die Menschen gehalten waren, „ihren" Stand nicht zu verlassen. Das wäre zu vergleichen etwa mit der Forderung: „Frauen in die Bundeswehr!". Damit ist zwar eine bestimmte Form der Gleichheit hergestellt, aber kein Schritt zur Befreiung aus irrationalen Abhängigkeitsverhältnissen unternommen.
8 Montaigne, Michel de 2006: Von der Freundschaft. Beck, München, S. 13.
9 In Sätzen wie „Geh mir aus der Sonne!" oder „Ja wenn's der Wahrheitsfindung dient!" kulminiert zuweilen der emanzipationstheoretische Logos mit überhistorischer Sprengkraft und konterkariert darin eine Ontologie kleinbürgerlicher Verknechtung.

damit zum thun zu machen, als nur immer möglich ist"[10], gestand doch ein, dass er „Brot und oder Wurzeln haben muß, um zu leben, einen Mantel, um nicht zu frieren, eine Hütte oder wenigstens ein Faß, um sich ins Trockene legen zu können, und – ein Weibchen seiner Gattung, wenn er Menschen pflanzen will"[11]. Bei aller Bescheidenheit ging Diogenes' Interesse an Frauen aber weit über ein rein reproduktives Gattungsverhalten hinaus. Gut gelaunt und mutig beäugt er neugierig das andere Geschlecht, gibt darüber redselig Auskunft und stellt seine Erkenntnisgewinne zuweilen wie Trophäen zur Schau. Süffisant schildert er „Beyspielchen [... ,] ihr möchtet eifersüchtig werden"[12]. Das „ihr" dürfte nicht zuletzt an die vorwiegend männliche Leserschaft gerichtet sein, und so scheint bei seinen Forschungsexpeditionen stets eine gewisse Konkurrenz zu und Provokation gegenüber dem eigenen Geschlecht eine motivierende Rolle zu spielen. Diese Provokation richtet sich offenbar gegen eine bestimmte, die Gesellschaft dominierende Form der Männlichkeit im Besonderen und gegen die gesellschaftlichen Verhältnisse im Allgemeinen. Für Diogenes sind Genuss und gelebte Leidenschaften Bedingungen für ein gutes Leben. Obwohl dies für alle Männer gelte, werde nicht danach gehandelt: „Es ist ein schwaches Ding, liebe Leute, um unser Herz. Und doch, so schwach es ist, und so leicht es uns irre gehen macht, ist es die Quelle unserer besten Freuden, unserer besten Triebe, unserer besten Handlungen. Unmöglich kann ich anders, ich muß den Mann, der das nicht verstehen kann, oder nicht verstehen will, – bedauern oder verachten"[13]. So

Gegen die wirkliche, lustfeindliche Welt träumt Diogenes von einer befreiten Republik. Sie gründet auf einer grundlegenden Kritik an Aristoteles' Verständnis von Herrschaft. Die Frage nach der richtigen Verfassung, von Aristoteles immer wieder gestellt, sei für die bessere Gesellschaft gar nicht so wichtig. Grundlegend gelte vielmehr – und Aristoteles möge es ihm nicht übel nehmen –, dass er, Diogenes, „den Satz: 'der Stärkere sey der natürliche Herr des Schwächeren', für einen der garstigsten Sätze halte, die jemahls von dem Gehirn eines Filosofen abgegangen sind. Der Stärkere ist der natürliche Beschützer des Schwächeren, das ist alles. Seine Stärke giebt ihm kein Recht, sie legt ihm nur eine Pflicht auf"[14]. So

---

10 Diogenes von Sinope 1995: Nachlaß des Diogenes von Sinope. In: Wieland, Christoph Martin: Sämtliche Werke. Buch IV, Band 13. Hamburger Stiftung zur Förderung von Wissenschaft und Kultur, Hamburg, S. 5.

11 Ibid., S. 6-7.

12 Ibid., S. 7.

13 Ibid., S. 56.

14 Ibid., S. 193.

nimmt Diogenes, der Frauen zwar als die Schwächeren ansah, ihnen gegenüber doch die Rolle eines „Beschützers" ein. Beschützer fühlen sich zwar als Stärkere, aber wenigstens treten sie weniger aggressiv auf als Despoten.

Im täglichen Handgemenge erlebte Diogenes Frauen durchaus als mächtig. So war es etwa Lysistrata, von der er jene Kompromisslosigkeit lernte, die sich in seinem berühmten, an Alexander den Großen gerichteten Wunsch ausdrückte. Diogenes hatte Lysistrata einen Besuch abgestattet, um seinen in Schieflage geratenen Ruf wieder aufzurichten. Offenbar ging er der Frau dabei heftig auf die Nerven, denn sie soll zu ihm gesagt haben: „Ich verstehe dich in der That nicht [...,] aber du würdest mir einen Gefallen thun, wenn du mich allein lassen wolltest"[15]. Als mächtige, ja korrumpierende Frau erlebte er außerdem Danae. Er beobachtete sie ihren Schoßhund mit Honigkuchen füttern, während der Philosoph Aristipp nebenher lief. Diesen sah Diogenes offenbar als einen – wie Pierre Bourdieu es viel später ausdrückte – „Kollaborateur" mit den Herrschenden, und beim Anblick der beiden fällt ihm folgende Analogie ein: „Schmeichelt der Eitelkeit der Reichen und Großen, liebkoset ihre Leidenschaften, oder befördert ihre geheimen Wünsche, ohne zu thun als ob ihr sie merket; – so werden sie euch den Mund mit Honigplätzchen füllen: das ist das ganze Geheimnis"[16]. Die Frau, in Gestalt der Danae, verkörpert für Diogenes die symbolische Gewalt der Korruption des Philosophen, ja der Philosophie.

Gegen derlei männliche Korrumpierbarkeit ging Diogenes auch mit alltagspraktischer Aufklärung der Frauen selbst vor. Seine Beschützerrolle gerät ihm dabei zur Waffe gegen jene männlichen Konkurrenten, die den Sozialcharakter der Bürokratie verkörpern. Als er etwa ein attraktives, einsames Mädchen traf, das geflohen war, um einer Zwangsheirat zu entgehen, nahm Diogenes sie mit nach Hause. Das Mädchen schlief ein und er schaute sie fasziniert an. Da geschah etwas, das den egalitäre Impetus kynischen Frauenverständnisses wenn nicht sprachlich, so doch immerhin farblich sichtbar werden ließ: „Ihr Erröthen", erzählte er, „brachte mich plötzlich wieder zu mir selbst, und eine natürliche Folge davon war, daß ich wenigstens eben so sehr erröthete als das Mädchen"[17]. In Abwandlung eines berühmten Wortes Ernst Blochs könnte man sagen: Sie waren, aber sie hatten sich nicht, darum wurden sie erst – einmal rot.[18] Sodann erteilt er der schönen Hilflosen Ratschläge, seine Aufklärungsarbeit ist im Vollzug:

---

15 Ibid., S. 85.
16 Ibid., S. 20.
17 Ibid., S. 47.
18 Zur Erinnerung: „Ich bin, aber ich habe mich nicht, darum werden wir erst."

'Eine Schöne', so rät er, 'hat tausend Dinge zu verschenken, die von keiner Erheblichkeit sind; aber ihr Herz muß in ihrer Gewalt bleiben. So lange du diese Palladiois erhältst, wirst du unbezwinglich seyn. Bemühe dich, allen deinen Liebhabern gut zu begegnen, ohne Einen zu begünstigen. Theile die Gnaden, die du, ohne dir selbst zu schaden, verschenken kannst, in unendlich kleine Theilchen. [...] Aber hüte dich, bei diesem Spiele deine Absicht merken zu lassen: das wäre so viel, als wenn du sie warntest, sich in Acht zu nehmen. Gleich schädlich würde es sein, wenn du die Meinung von dir erwecktest, als ob dein Herz nicht gerührt werden könne. Laß einem jeden, der er werth zu seyn scheint, einen Strahl von Hoffnung, daß es möglich sey dich zu gewinnen; aber dabey richte alle deine Bewegungen so ein, daß es immer in deiner Macht bleibe, denjenigen zu begünstigen, der zärtlich und schwach genug ist, sich und sein Glück deinen Reizungen und Gnade oder Ungnade zu ergeben; – wohl verstanden, daß, nach bedächtlichster Abwägung aller Umstände, der Mann und sein Glück das Opfer werth sey, das du ihm dagegen von dir und deiner Freyheit machst'.[19]

Trotz aller angeratenen „Spielchen" wird hier doch zur Damenwahl aufgefordert. Diogenes inszeniert sich als einen Komplizen der Frauen. Denn seine Ratschläge richten sich gegen eine In-Besitznahme der Frauen. Sie sind es, die abwägen und entscheiden sollen. Diogenes' Empfehlungen an die Frauen richten sich gleichzeitig gegen diejenigen Männer, die Frauen nur besitzen wollen. Hier dürfte wieder jener lustfeindliche Männertypus gemeint sein, den Diogenes zutiefst verachtet, der aber die sozialen Verhältnisse maßgeblich prägte. So betätigt sich Diogenes im Stil des freien Herrn Knigge als Anstifter weiblichen Selbstbewusstseins wider männlicher Despotie.[20]

Den vorgefundenen sozialen Verkehrsformen stellt Diogenes die Bewohner seiner befreiten Republik gegenüber. Diese sind „eine gutherzige, muntre, jovialische Art von Geschöpfen, die sich mit einander freuen daß sie da sind, und keinen Begriff davon haben, wie man es machen müßte um einander das Leben zu verbittern, oder warum man es thun sollte"[21]. Doch beim Ausmalen der zukünftigen, besseren Gesellschaft taucht ein gegenwärtiges Problem auf. Diogenes weiß nämlich, dass Gleichberechtigung in Beziehungsangelegenheiten – damit sich die Freude in den sozialen Verhältnissen wirklich entfalten kann – auch für Frauen gelten müsste. Dann aber wäre es ja möglich, dass eine Frau „zwei

---

19 Ibid., S. 53.

20 Auch der freie Herr Knigge, ein Jakobiner, bezweckte viele Jahre später nicht etwa eine „Benimm-Dressur", sondern eine Beförderung des Selbstbewusstseins der unteren Klassen durch Bekanntmachen der Etikette der Aristokratie, quasi als Anleitung zur Überwindung der Grenzen des Habitus.

21 Ibid., S. 189.

Liebhaber zugleich begünstigen"²² könnte. Was tun gegen den Affekt der Eifersucht, offenbar eine der höchsten Bedrohungen männlicher Macht, lässt er doch Kontrolle und Besitztümer ins Wanken geraten? Diogenes sieht zwei recht verschiedene Lösungen. Die Frau mit den zwei Liebhabern würde grausam bestraft. Sie müsste bei allen Festen und öffentlichen Geselligkeiten mit „sechs Daumen hohen spitzigen Schuhen, und einem achtzehn Daumen hoch aufgethürmten Aufsatz von Ziegenhaaren"²³ erscheinen. Der betrogene Ehemann seinerseits erhielte das Recht auf die Frau des Liebhabers. Um das Problem der Eifersucht in den Griff zu bekommen, wäre aber etwas anderes noch viel sinnvoller, nämlich ein tugendhaftes Wegschauen. Denn bei Lichte besehen sei es zutiefst unhöflich, die eigene Frau mit einem anderen Mann zu überraschen. Deshalb solle in der zukünftigen Gesellschaft anstatt zu bestrafen besser „die Behutsamkeit [...] zu einer der bedeutsamsten Tugenden"²⁴ und „das Wort Eifersucht [...] gänzlich ausgeschlossen" werden²⁵. Allerdings traut es Diogenes seinem eigenen Entwurf einer anderen Republik nicht zu, gegen die Wirklichkeit standzuhalten. Die Republik müsse unsichtbar bleiben, damit Alexander sie nicht finde.

Fürs Erste aber paktiert Diogenes – freilich nicht ohne Eigennutz – mit den Frauen gegen eine bestimmte Form männlicher Herrschaft, und er darf getrost als ein provokanter „Frauenversteher" der Antike gesehen werden.

Kein Grund zur Aufregung

Weder als Frauenversteher noch als Liebäugler kann Baruch de Spinoza gelten. Er sei hier dennoch erwähnt, da er sowohl vom Jubilar dieser Festschrift hoch geschätzt wird, als auch deutliche Hinweise auf die Furcht philosophierender Männer vor der Anerkennung der Frauen als gleichwertige Menschen gibt.

Spinoza, der nicht wie Montaigne die Freundschaft, sondern die Nächstenliebe als ideales gesellschaftliches Verhältnis begreift, begründet den Ausschluss der Frauen von Regierungsämtern mit deren „natürlicher Schwäche", ganz in der Tradition der griechischen Klassiker. Diese Schwäche zeige nun einmal „die tatsächliche Erfahrung"²⁶. So dürfte sich sein Wunsch, „ein Mensch sei dem

---

22 Ibid., S. 183.

23 Ibid.

24 Ibid., S. 185.

25 Ibid.

26 Spinoza, Baruch de 1994: Politischer Traktat. Meiner, Hamburg, S. 225.

Anderen ein Gott"[27], vornehmlich auf die männlichen Menschen beziehen. Denn in seinen Gedanken zur Demokratie legt Spinoza Wert darauf, aus den obersten Entscheidungsgremien eines Landes „Frauen und Knechte auszuschließen"[28]. Immerhin fragt er sich, „ob Frauen von Natur aus oder durch institutionelle Regelung unter der Gewalt ihrer Männer stehen. Denn ist es nur der Tatbestand institutioneller Regelung, hätten wir die Frauen von der Regierung ohne triftigen Grund ausgeschlossen"[29]. Doch es gebe eben historisch keinerlei Beispiel dafür, dass Frauen und Männer jemals gleichzeitig regiert hätten, und so dürfe man „getrost behaupten, daß Frauen von Natur aus nicht ein gleiches Recht haben wie Männer, sondern ihnen notwendigerweise unterworfen sind und daß es deshalb nicht möglich ist, daß beide Geschlechter gleichberechtigt regieren"[30]. „Getrost behaupten", das heißt so viel wie: „Kein Grund zur Aufregung, die Geschlechterunterschiede sind schon in Ordnung." Aber: Aufregung *worüber* eigentlich? Welche Form der Unruhe würde entstehen, falls man Frauen einschließen müsste? Die Liebe der Männer zu Frauen sei nur „sinnliche Leidenschaft"[31], Männer schätzten „Geist und Klugheit bei Frauen nur so weit [...], wie sie mit Schönheit vereint sind"[32]. Und nachdem Spinoza zuvor die Begründung für die Nichtanerkennung der Frau gab, legt er sogleich seine Motivation dafür dar. Wir erfahren einmal mehr, „daß Männer es außerdem nur schwer ertragen, wenn die von ihnen geliebten Frauen auch anderen die Gunst erweisen, dem sich weiteres dieser Art hinzufügen ließe"[33]. So sei ersichtlich, daß es „ohne große Beeinträchtigung des Friedens nicht möglich ist, daß Männer und Frauen gleichberechtigt regieren"[34]. Daraus lässt sich schlussfolgern: Männer fürchten sich vor Anerkennung, da sie die Kontrolle über die Frau verlieren könnten. Dann würde die Eifersucht der Männer in gegenseitige Konkurrenz umschlagen und allgemeiner „Unfrieden" entstehen. Die Verantwortung, derlei Verderben abzuwenden, sieht Spinoza bei den Frauen: Nicht etwa sollten die Männer lernen, mit Affekten umzugehen, sondern sie sollten die Frauen einfach aus der Politik heraushalten. Das Motiv

---

27 Spinoza, Baruch de 1967: Opera. Werke. Bd. 2. Wiss. Buchgesellschaft, Darmstadt, S. 431.

28 Spinoza, Baruch de 1994: Politischer Traktat, S. 225.

29 Ibid.

30 Ibid.

31 Ibid., S. 227.

32 Ibid.

33 Ibid.

34 Ibid.

der Nicht-Anerkennung der Frau scheint die Eifersucht der Männer, die aber nicht problematisiert, sondern mit dem Verweis auf „Erfahrungen" der antiken Philosophen begründet wird.

Endlich: Leidende Männer mit Umsturzgedanken

Erst als sich die Französische Revolution anbahnt, beginnen sie sich offenbar zu emanzipieren, die Männer. Sie bringen nun einen Aspekt in die Geschlechterdiskussion ein, ohne den diese gar nicht geführt werden kann: die Erfahrung der Verknechtung des Mannes in seinem persönlichen, alltäglichen Verhältnis zur Frau, normiert durch gesellschaftliche Institutionen, allen voran die Ehe. Kurz: der Mann als spezifisch *männliches* Subjekt betritt die Bühne der Geschichte. Als erster erkennt es Charles Fourier und spricht es aus: das „Leiden der Männer". Das muss die sich emanzipierende Frau hoffnungsvoll stimmen, denn ohne Leidensdruck – das wissen wir aus der Psychoanalyse – ändert sich kaum jemand substantiell. Fourier, der „über die bürgerlichen Lebenssitten [...] zuweilen ein Lachen an[stimmt], das schon das befreite derer ist, die der alten Welt entronnen sind"[35], wie Elisabeth Lenk im Vorwort schreibt, postulierte gegen die alten Verhältnisse eine „neue Ordnung".

Dabei stellte er nicht nur Herrschaftsverhältnisse zwischen arm und reich in Frage, sondern auch die sozialen Verkehrsformen zwischen den Geschlechtern. Fourier, der wie Diogenes die Geselligkeit und die Abwechslung gleichermaßen liebte und ein Genießer war, fürchtete sich vor Langeweile und Eintönigkeit, vornehmlich in Gestalt von „isolierten Haushalten" und der Ehe. Diese Einrichtungen gewährten „niemals irgendein positives Glück"[36]. Gequält von irgendwelchen Ehepflichten bezeichnet er die Ehe als einen „Kriegszustand"[37] und nennt genau acht Unannehmlichkeiten, unter denen die Männer in der „alten Ordnung" besonders litten. So sei etwa die Ehe nicht nur teuer, sondern der Mann wäre auch gezwungen, sich durch Amüsement wie den Besuch von Cafés oder Bällen von jener Eintönigkeit des Ehelebens zu erholen, die für die Frau noch schlimmer sei – entsprechend der Einsicht „Das Vergnügen befördert die Resignation, die sich

---

35 Fourier, Charles 1966: Theorie der vier Bewegungen und der allgemeinen Bestimmungen. Europäische Verlagsanstalt, Frankfurt/M., S. 13.

36 Ibid., S. 168.

37 Ibid., S. 172.

in ihm vergessen will."[38] Eine weitere Unannehmlichkeit entstehe dadurch, dass man durch die Heirat eine neue Verwandtschaft bekäme, ob sie einem nun passt oder nicht. Einen besonderen Nachteil des Geschlechterverhältnisses sieht Fourier im „Hahnreitum" der Männer. „Hahnrei" nannte man einen Mann, dessen Frau Beziehungen zu anderen Männern hatte. Dies scheint so häufig der Fall gewesen zu sein, dass Fourier die Folgen sprachlich als einen kollektiven Zustand fasst, eine irgendwie negativ kultivierte Verfassung „betrogener" Männer. Dies führt er nicht weiter aus, gerade so, als sei sie so selbstverständlich, dass ohnehin jeder wisse, was damit gemeint ist.

An der Perpetuierung der unglücklichen Zustände arbeiteten übrigens nicht zuletzt die Philosophen. Denn sie predigten „Fatalismus", indem sie den Zustand der Ehe als naturgegeben darstellten und außerdem die Menschen am guten Leben hinderten: „Freiheit in der Liebe, gute Küche, Unbekümmertheit und andere Genüsse, nach denen es die Zivilisierten nicht einmal gelüstet, weil die Philosophen sie daran gewöhnt haben, den Wunsch nach diesen wahren Gütern als Laster anzusehen"[39]. Bei Fouriers Verärgerung über „die Philosophen" scheint auch eine ganz persönliche Enttäuschung über Frauen eine Rolle gespielt zu haben: Der Mann, der

> es verdient, eine Frau an sich zu fesseln, gerät an die leichtfertigste und treuloseste. Die Rechtschaffenheit eines solchen Gatten wird ausgenützt, um ihn zu hintergehen; er fällt leichter als ein anderer auf die gespielte Schamhaftigkeit, auf diese Unschulds-mienen herein, wie sie die philosophische Erziehung allen jungen Mädchen verleiht, um die Natur zu verbergen[40].

Vielleicht war Fourier einer Frau begegnet, die durch die Schule des Diogenes gegangen war.

Doch Fourier macht nicht in erster Linie die Frauen für das Unglück verant-wortlich. Vielmehr empört er sich über „die Torheit des männlichen Geschlechts" angesichts der „unauflöslichen Ehe". Auch diese Erregung eines Mannes über seinesgleichen lässt hoffen, denn jede wirkmächtige Kritik an den sozialen Ver-hältnissen beginnt immer mit einer Selbstkritik derer, die sie bislang erduldeten. Fouriers Hauptkritik richtet sich an die Männer, die sich paradox verhielten. Denn schließlich seien sie es, die die Gesetze der Ehe gemacht haben, aber eben nicht

---

38 Horkheimer, Max; Adorno, Theodor W. 1988: Dialektik der Aufklärung. Fischer, Frankfurt/M., S. 150.

39 Fourier, Charles 1966: Theorie der vier Bewegungen und der allgemeinen Bestim-mungen, S. 172.

40 Ibid., S. 171-172.

zu ihrem eigenen Vorteil, sondern zu ihrer Verknechtung: „Man ist versucht zu glauben, diese Ordnung sei das Werk eines dritten Geschlechts, das die beiden anderen zu diesen Unannehmlichkeiten verurteilen wollte"[41]. Scharfsinnig folgert er: Männer „müssen erkennen, daß die Unterdrückung der Frau dem Mann keineswegs zum Vorteil gereicht. Wie betrogen sind doch die Männer, die ihre Ketten mit Entsetzen tragen müssen, und wie ist der Mann durch die Widerwärtigkeiten dieser Bindung dafür bestraft, daß er die Frau zur Sklavin gemacht hat!"[42]

So steht der Mann als „Sklave seiner Frau" auch noch unter einem erheblichen Leistungsdruck: Er muss nämlich „seine ehelichen Pflichten eifrig erfüllen [...], wenn anders er Stellvertretern nicht den Zugang erleichtern und mit zweifelhaften Kindern beschenkt werden will, die er dem Gesetze nach anerkennen muß"[43]. Was so viel heißt wie: Der Mann ist dem Mann ein ständiger Konkurrent, ein Wolf. Dies, so Fourier, sei eine Falle, die Männer machten sich tagtäglich zum Narren: „Es gibt nichts amüsanteres als die Instruktionen, die sie (die Männer) sich gegenseitig geben, wie man die Frau dem Joch der Ehe gefügig macht und sie durch Moral in Bann schlägt."[44] Zwar lebe man in reichen Haushalten besser. Aber von acht sei nur einer reich, „sieben vegetieren dahin und sind auf das Wohlleben der anderen neidisch"[45]. Auch im Erkaufen der Erholung von der Eintönigkeit der Ehe herrsche Ungleichheit. Denn „selbst die kümmerliche Erholung ist nur dem Reichen möglich"[46]. Fouriers Motivation ist die Veränderung der eigenen, als unerträglich empfundenen Situation. Er spricht nicht als Stellvertreter, sondern in der Ersten Person.

Aus ureigensten Bedürfnissen seien die Männer gefordert, die Verhältnisse zu verändern: Sie

> sind es, die sich beschweren, sie, die das Gesetz gemacht haben und zu ihrem Vorteil hätten machen können! Was würden erst die Frauen sagen, wenn sie das Recht hätten, sich zu beklagen? Was soll man von einer Einrichtung halten, die das starke Geschlecht, das sie geschaffen hat, bedrückt und für das schwache Geschlecht noch bedrückender ist, dem man aber keine Klage darüber zugesteht?[47]

---

41 Ibid., S. 166.
42 Ibid., S. 167.
43 Ibid., S. 169.
44 Ibid.
45 Ibid., S. 170.
46 Ibid. – Ausnahmen bildeten allerdings ganze Nationen, wie die Deutschen, „deren geduldiger und phlegmatischer Charakter sie für die Sklaverei der Ehe tauglicher macht" (ibid., S. 171).
47 Ibid., S. 172.

Seufzend sinniert er:

> Die Unterdrückung, wenn auch in den oberen Kreisen weniger augenfällig, ist doch nicht weniger wirklich. [...] Ach, warum erheben sich nicht beide Geschlechter gegen eine häusliche Ordnung, die so vielen Widrigkeiten aussetzt? Warum kommt man angesichts dieses häuslichen Krieges in allen Schichten nicht zu der Einsicht, die Ehe sei nicht das dem Menschen zugedachte Schicksal? Statt nur ein Linderungsmittel für die häuslichen Leiden der Gatten zu suchen, müßte man ein Mittel finden, die Menschen vom Leben im Haushalt zu befreien.[48]

Dieses „Mittel" sieht er in einer „neuen Ordnung". Unglücklicher Zustände wie der Eintönigkeit und der Eifersucht entledigt sich Fourier, indem er etwa die Ehe theoretisch ganz einfach abschafft. Dies geschehe nicht von heute auf morgen, sondern könne nur sukzessive, im Verlauf verschiedener „Perioden" vollzogen werden, um schließlich in einem glücklichen Leben in großen Gemeinschaften, sogenannten „Phalanstères", zu münden.

Bewegt von dem Bedürfnis, das eigene Unterdrücktsein aufzuheben, stellt Fourier fest, dass eine wirkliche Veränderung der Gesellschaft mit der Befreiung der Frauen (und damit korrespondierend: der Männer!) einhergehen müsse und stellt die These auf: „Der soziale Fortschritt und der Übergang von einer Periode zur anderen erfolgt auf Grund der Fortschritte in der Befreiung der Frau, und der Niedergang der Gesellschaftsordnung wird durch die Abnahme der Freiheit für die Frau bewirkt. [...] Die Erweiterung der Privilegien der Frauen ist die allgemeine Grundlage allen sozialen Fortschritts."[49]

Auch Marx, „der alte Patriarch" (Baumann), hatte Fourier bekanntlich gelesen. Fourier war seiner Zeit weit voraus. Das geschah, weil er sich als von männlicher Herrschaft über Frauen beherrschtem Mann seiner eigenen Verknechtung bewusst war. Er nennt höchstpersönliche Motive, um seine unmittelbare Lebenssituation, die sozialen Verhältnisse zu verändern, weil er darunter leidet. Seine Begründungen basieren auf Motiven, die ihm selbst bewusst sind.

Doch sind derlei Einsichten noch längst nicht ins allgemeine gesellschaftliche Bewusstsein vorgedrungen. Darauf verweist etwa ein eigentümliches Phänomen in Frankreich, das sich sprachlich ausdrückt, jedoch nur dem auffällt, der die Akademien verlässt. Hintergrund mag die während der Französischen Revolution beginnende Emanzipation der Geschlechter im Verbund mit der Säkularisierung sein. Tagtäglich finden tausendfach transzendente Anrufungen an eine Frau statt. Nicht ein „Mutter Maria!", ein „Madonna!" oder ein „Mama mia!" ent-

---

48 Ibid.
49 Ibid., S. 190.

fährt einem Mann, wenn ihm ein Missgeschick passiert ist. Die in Frankreich am häufigsten angerufene Frau ist die „Putain!", die Hure. Immer noch sind Heilserwartungen vornehmlich an diejenige Frau gerichtet, die ihre Rolle als Dienende gut zu spielen vermag und von der der Mann – wie es sich in Situationen des Missgeschicks äußert – Entlastung ersehnt.

Entweiblichung des Mannes

Knapp zweihundert Jahre nach Fourier waren bekanntlich seitens diverser Frauenbewegungen zahlreiche Versuche unternommen worden, die Anerkennung von Frauen als gleichwertigen Menschen durchzusetzen. Jenen Mann aus der kabylischen Mythologie, der der Frau orientierungslos hinterherläuft, lässt Federico Fellini in „Die Stadt der Frauen" in Gestalt des Marcello wieder auferstehen. Marcello gelang es jedoch in den 70er Jahren des vergangenen Jahrhunderts nicht mehr, die Frau zu beherrschen und ihr einen Platz in der gesellschaftlichen Arbeitsteilung zuzuweisen. Das männliche Selbstverständnis schien ins Wanken geraten. Marcello beendet seine Orientierungslosigkeit vorerst damit, dass er die Frau – hier im Kollektivsingular – *anschaut* und fragt: „Wer bist du?" – Damit könnte ein gleichberechtigter Dialog der Geschlechter beginnen.

Bald darauf, 1998, mischte sich Pierre Bourdieu in die Geschlechterdebatte ein. Als wende er sich an die Erkenntnisfähigkeit philosophierender Männer vorvergangener Zeiten, schreibt er: Der

> Analytiker, der in dem gefangen ist, was er zu verstehen wähnt, kann, da er, ohne es zu wissen, Rechtfertigungsabsichten gehorcht, nicht nur die Voraussetzungen, die er selbst an den Gegenstand herangetragen hat, für Einsichten in die Voraussetzungen der Akteure ausgeben. Er läuft vor allem auch Gefahr, Wahrnehmungs- und Denkschemata als Erkenntnismittel zu verwenden, die er als Erkenntnisgegenstände zu behandeln hätte.[50]

Die aristotelische Tradition habe „aus dem Mann das aktive Prinzip und aus der Frau das passive Element"[51] gemacht. Das von Fourier imaginierte „dritte Geschlecht", jene unsichtbare Hand, die für die Malaise verantwortlich sei, beschreibt Bourdieu in Formen symbolischer Gewalt, die die soziale Ordnung kennzeichnen. Derlei Herrschaftsstrukturen seien *„das Produkt einer unablässigen (also geschichtlichen) Reproduktionsarbeit"*[52]. Bourdieus Hauptkritik an der

---

50 Bourdieu, Pierre 2012: Die Männliche Herrschaft, S. 197.

51 Ibid., S. 151.

52 Ibid., S. 67.

vor sich gehenden Geschlechterdebatte lautete, man solle nicht nur der Familie, sondern vor allem „Instanzen wie der Kirche, der Schule oder dem Staat und deren offen erklärten oder versteckten, offiziellen oder offiziösen Aktionen"[53] kritisch begegnen.

Bourdieu skizziert einige Mechanismen männlicher Herrschaft. „Ihre besondere Kraft zieht die männliche Soziodizee daraus, daß sie zwei Operationen zugleich vollzieht und verdichtet: *sie legitimiert ein Herrschaftsverhältnis, indem sie es einer biologischen Natur einprägt, die selbst eine naturalisierte gesellschaftliche Konstruktion ist*"[54]. Das von Diogenes, Spinoza und Fourier festgestellte Problem der Eifersucht ist, so lässt sich mit Bourdieu fassen, kein individuelles. Die Frau dient vielmehr der „Erhaltung oder Mehrung der symbolischen Macht"[55], ist Teil des symbolischen Kapitals und: „Insofern ist die Ehre der Brüder oder der Väter, die zu einer ebenso eifersüchtigen, ja paranoiden Wachsamkeit wie die der Ehemänner führt, eine Form des wohlverstandenen Interesses"[56].

Doch diese männliche Dominanz produziert spezifisch männliches Leiden. Darin ist sich Bourdieu mit Fourier einig, obgleich ersterer nicht das Wort „Leiden" gebraucht. Männer sind „Gefangene und auf versteckte Weise Opfer der herrschenden Vorstellung. Denn genau wie die weiblichen Dispositionen zur Unterwerfung sind auch die Dispositionen, die die Männer dazu bringen, die Herrschaft zu beanspruchen und auszuüben, nichts Naturwüchsiges"[57]. Dabei ist es das „Seinsollen" des Mannes, gesellschaftliche Erwartungen, Ansprüche und Normen, das „seine Gedanken und Praktiken wie eine Macht"[58] dirigiert. Das scheinbare Privileg der Männer ist in Wirklichkeit „eine Falle und findet seine Kehrseite in der permanenten, bisweilen ins Absurde getriebenen Spannung und Anspannung, in der Pflicht, seine Männlichkeit unter allen Umständen zu bestätigen"[59]. Dieses Gehabe ist zuweilen sogar gesundheitsgefährdend: Männlichkeitsprüfungen führen nicht nur zu Unfällen[60]; das sozialisierte Selbstbild, die „illusio bewirkt, daß die Männer [...] gesellschaftlich so konstituiert und konditioniert sind, daß sie sich wie Kinder von allen ihren gesellschaftlich zuge-

---

53 Ibid., S. 198.
54 Ibid., S. 44-45.
55 Ibid., S. 81.
56 Ibid., S. 84.
57 Ibid., S. 90.
58 Ibid., S. 91.
59 Ibid., S. 92.
60 Ibid., S. 95.

wiesenen Spielen packen lassen, deren Form par excellence der Krieg ist"[61]. Und was als männlicher Mut erscheint, ist tatsächlich nichts anderes als eine „Form von Feigheit"[62], getrieben von der Angst vor Statusverlust. Es ist eine „reichlich pathetische Anstrengung [... ,] die jeder Mann unternehmen muß, um seiner kindlichen Idee vom Manne zu entsprechen"[63]. Selbst wenn sich Männer dagegen wehren, dass Frauen die gleichen Berufe ergreifen, tun sie dies, weil sie „ihre basale Vorstellung von sich selbst als Männer schützen wollen"[64].

Gegen derlei Erfahrungen beherrschender Herrschaft versucht Bourdieu in seinem „Postskriptum über die Herrschaft und die Liebe"[65] eine Art Gegenentwurf anzudeuten. Der „Kälte der Berechnung" und der „Gewalt des Interesses" könnte eine „verzauberte [...] Insel der Liebe" entzogen, diese Insel gleichsam von Zweckrationalität und Egoismus befreit werden. Dann würde sich „Wunder an Wunder"[66] reihen, es würden etwa Gewaltlosigkeit, Anerkennung und Uneigennutz[67] um sich greifen. Der geneigte Leser fragt sich, wie dies zu bewerkstelligen sei. Durch „beständige Arbeit"[68], so Bourdieu. Genaueres über den Charakter dieser Arbeit verrät er aber nicht, und so bleibt der heilvolle Zustand, die befreite „Insel der Liebe" eine zwar rührende, aber transzendente Angelegenheit.

Was aber verrät Bourdieu über die Motivation seines eigenen, persönlichen Tuns, etwa seiner Ausführungen über die männliche Herrschaft? In seiner Beschreibung männlichen Selbstverständnisses zeigt sich der Mann längst nicht mehr als der von Natur aus überlegene Beherrscher oder Beschützer, sondern als ein von gesellschaftlichen Normen und Kapitalisierungsformen zurechtgestutztes Wesen, das an den Verhältnissen leidet und dem etwas genommen wurde, nämlich die Weiblichkeit. „Was ist Männlichkeit letzten Endes anderes als Nichtweiblichkeit?"[69]. Deutet diese Frage etwa auf einen Gefühlszustand, in dem sich der Mann gegenüber der Frau als Mängelwesen empfindet? Könnte es sein, dass Bourdieu selbst jene konstatierte „Entweiblichung"[70] des Mängelwesens

---

61 Ibid., S. 132-133.
62 Ibid., S. 96.
63 Ibid., S. 123.
64 Ibid., S. 166.
65 Ibid., S. 186-187.
66 Ibid., S. 189.
67 Ibid.
68 Ibid.
69 Ibid., S. 111.
70 Ibid., S. 50.

„Mann", jenes „entweiblichten Menschen" also, zu überwinden sucht und dabei auch nach persönlicher Vollkommenheit strebt?[71] Eine erklärte Absicht Bourdieus ist es, in die laufende Debatte einzugreifen, dem Diskurs um die Geschlechterverhältnisse „eine andere Orientierung (zu) geben"[72]. Überdies möchte er andere aufklären und spricht von der geheimen Leidenschaft der Desillusionierung, die der Soziologie Passion verleiht. Mit seiner Intention, die Richtung der Diskussion über die Geschlechterverhältnisse zu ändern, imaginiert sich Bourdieu – und hier könnte ein Hinweis auf seine Motivation liegen –, quasi in der Rolle eines Steuermannes an der Spitze des Diskurses.

Schluss

Seit Bourdieus „Die männliche Herrschaft" ist meines Wissens zum Geschlechterdiskurs von Seiten philosophierender Männer wenig Bewegendes in die Welt gesetzt worden. Aktivitäten von Frauen, die sich zu emanzipieren versuchen, diffundieren zuweilen in wissenschaftliche Institutionen sowie in die Erzeugung vermännlichter Herrschercharaktere weiblichen Geschlechts, die den Schein der Gleichberechtigung perpetuieren. Die männliche Verknechtung wiederum scheint sich nicht aufzuheben, sondern andere Formen anzunehmen. Verkäufer von Muskelaufbaupräparaten etwa oder plastische Chirurgen verdienen an männlichen Minderwertigkeitsgefühlen immer besser. Darüber hinaus inszenieren sich philosophierende Männer wie etwa Peter Sloterdijk ganz im Sinne der christlichen Soziallehre und der neoliberalen Ideologie als Gönner der „Schwachen" und Minderbemittelten, und weisen Frauen die Rolle der empfangenden Bittsteller zu.[73]

---

71 So etwas wie eine „Entweiblichung" beschrieb übrigens der türkische Kabarettist Muhsin Omurca im September 2012 während der 141. Montagsdemonstration in Stuttgart am Beispiel seiner Beschneidung. Vor dem nämlichen Ereignis war er in der Obhut der Mutter und durfte mit ihr ins öffentliche Frauenbad. Dort duftete es gut, es gab süße Sachen, „alles im Überfluss", Gedichte, Gesang. Nachdem Omurca aber im Alter von sechs Jahren beschnitten worden war, galt er als Mann und durfte fortan nur noch ins öffentliche Männerbad: „Grausam!" Es gab nichts mehr zu essen, nichts zu trinken, keinen Tanz, keine Musik, aber viele Regeln und Verbote. „Eine Männergesellschaft unter sich: lauter Orang-Utans, die sich gegenseitig einseifen".

72 Ibid., S. 198.

73 Über die Analogie dieser Auffassung zum Selbstverständnis von Freiern und der Ideologie von Arbeitgebern siehe Ohme-Reinicke, Annette 2013: „Sowas wie Liebe". In: kontext: Wochenzeitung. 101. Ausgabe, 9./10. März 2013, S. 2.

Was lässt diese kleine Spurensuche in den Schriften einiger Denker hinsichtlich
der anfangs in Frage gestellten männlichen Motivationslage erkennen? Trotz der
hartnäckigen Behauptung von einer natürlichen Minderwertigkeit der Frau gab
es bereits in der Antike die Vorstellung, Frauen seien altruistisch zu beschützen.
Was Diogenes, der weder Reichtümer noch Frauen besitzen möchte, aufzuheben
versucht, zeigt sich bei Spinoza wiederum als Motiv der Nicht-Anerkennung
der Frau, nämlich die Furcht vor dem Verlust der Macht über die Frau. Frau-
en, so scheint es, wurden oft abgewertet, weil Männer andernfalls gezwungen
wären, mit ihren eigenen Affekten wie Hass auf die Begehrte – der angesichts
des Neides auf einen Dritten auch als Eifersucht daherkommt – umzugehen.
Eifersucht spielt in fast allen Gedanken zum Thema implizit eine große Rolle.
Ohne die Problematisierung seiner eigenen Befürchtungen, so scheint es, bleibt
der philosophierende Mann, zumindest was das Geschlechterverhältnis angeht,
in seinen eigenen Affekten verfangen. Erst dort, wo das unmittelbare Leiden an
den Beziehungen zwischen Mann und Frau benannt wird, ist es möglich, über
die herrschenden gesellschaftlichen Verhältnisse in der Weise hinauszudenken,
dass Frauen als gleichwertige Menschen gedacht werden können. So ist ein Bewusstsein von dem ureigenen Leiden an den Verhältnissen die Voraussetzung für
die verallgemeinerbare Aussage, dass die gesellschaftliche Emanzipation nur bei
gleichzeitiger, Emanzipation der Frau und des Mannes möglich ist. Grundlegende
Kritik an den Verhältnissen setzt eben Selbstkritik voraus.

Der geschulte philosophierende Mann mag gegen das Geschriebene einwenden, dass die hier angesprochenen Herrschaftsverhältnisse – wenn auch historisch
nicht unbedingt auf das Verhältnis von Männern und Frauen bezogen, so doch
als Abstraktionen, etwa in der Darstellung von Bewusstseinsformen – längst
gedacht worden sind. Mag sein. Gleichwohl könnte sich gezeigt haben, dass die
Anerkennung der Frau als gleichwertiger Mensch vor allem in jenen männlichen
Gesellschaftskritiken auftaucht, die mit konkreten Imaginationen einer vermeintlich besseren Lebensform – Diogenes' Republik, Fouriers Phalanstères, ja
selbst Bourdieus irgendwie rührende „Insel der Liebe" – arbeiten. Vielleicht ist
dies ein Hinweis darauf, dass so manche Abstraktion einer Verschleierung der
eigenen Motive Vorschub leistet und dabei das Besondere – in diesem Fall: das
wirkmächtig Männliche – im Dunkeln bleibt. Und so sehr ein philosophierender
Mann das Allgemeine im Blick haben mag – er tut es sicher nicht zuletzt zur
Pflege seiner höchstpersönlichen Besonderheit.

Sebastian Schreull

Ewige Wiederkehr des Lumpenintellektuellen –
Zum Verhältnis von Erbe, Parteilichkeit und Praxis

1.

Kritische Theorie ist nicht ohne jene Auseinandersetzungen zu begreifen, die darum geführt wurden und werden, wer angemessen kritisiert und wer nur behauptet zu kritisieren, aber es nicht wirklich tut. Historisch hat man letzteres in den Anfängen dieser Theorie als „wahre Lumperei"[1] kritisiert. Ist eine solche Kritik eine „im Handgemenge"[2], dann ist ihr Vollzug etwas anderes als die Darlegung, dass die Lumperei bloß falsch sei. In aller gebotenen Ernsthaftigkeit einen Begriff des Lumpenintellektuellen zu entfalten, bedeutet dann keineswegs, nur eine Grenzziehung vorzunehmen. Dies wäre genau so merkwürdig, als würde man behaupten, dass Marx solch eine klare Grenze gegen das Lumpenproletariat, diesen „Auswurf, Abfall, Abhub aller Klassen"[3], gezogen hätte, ohne darauf zu reflektieren, dass die „lächerlichen Züge", mit denen das Lumpenproletariat versehen ist, „auch die Possenhaftigkeit der Fauna der Bohemiens, Parasiten und Abfälle der deutschen Revolution im Exil [sind]"[4]. Nehmen wir jene materiellen Verhältnisse ernst, in denen Marx wirkte, so ist es absurd zu behaupten, dass der Lumpenintellektuelle bereits durch diese bestimmt, bloß dadurch „bereitwilliger" sei, „sich zu reaktionären Umtrieben erkaufen zu lassen"[5]. Die Schwierigkeiten einer Praxis der Theorie wären nicht ernstgenommen, begegneten wir ihnen als Frage nach einer Ethik oder Moral, die den Lumpenintellektuellen als Korrum-

---

1 Engels, Friedrich; Marx, Karl 1990: Deutsche Ideologie. In: Marx-Engels-Werke (MEW), Bd. 3. Dietz, Berlin, S. 141.

2 Marx, Karl 1988: Kritik der Hegelschen Rechtsphilosophie. Einleitung. In: Marx-Engels-Werke (MEW), Bd. 1. Dietz, Berlin, S. 381.

3 Ders. 1988: Der achtzehnte Brumaire des Louis Bonaparte. In: Marx-Engels-Werke (MEW), Bd. 8. Dietz, Berlin, S. 161.

4 Rancière, Jacques 2010: Der Philosoph und seine Armen. Passagen, Wien, S. 142.

5 Engels, Friedrich; Marx, Karl 1990: Das Manifest der kommunistischen Partei. In: Marx-Engels-Werke (MEW), Bd. 1. Dietz, Berlin, S. 472.

pierten oder Verräter auswiesen – und doch stellt sich in einer solchen Praxis notwendig die Frage nach Treue und Verrat, nach Schuld, Verantwortung und Versprechen. Und diese Frage wäre keineswegs dadurch beantwortet, dass die Figur des Lumpenintellektuellen die äußere Grenze des angemessenen, vernünftigen intellektuellen Tuns bildet, das der Lehre treu ist, das Versprechen hält und so weiter. Ein Begriff des Lumpenintellektuellen dient nicht der Selbstberuhigung.

Ich will ihn als Problemtitel dafür gebrauchen, dass ein intellektuelles Tun nicht jenseits des Streits, genauer: des Handgemenges zu begreifen ist, welches die ihm äußeren Maßstäbe für ein miss- oder gelingendes Tun bestimmt, sie in bestimmter Hinsicht außer Kraft setzt, wo eine Reflexion dieses Handgemenges angestrebt ist. Der Lumpenintellektuelle steht so für das Problem, dass die Verachtung des Anderen (so als wäre er vor jedem Handgemenge bereits verachtenswert) als Selbstverachtung wiederkehrt – und dies ist kein individuelles, subjektives Problem, sondern eines der Praxis der Theorie, gerade dann, wenn sie sich als Theorie der Praxis, als parteiliches Moment gesellschaftlicher Praxis begreift.

2.

Ich *glaube*, dass der Begriff des Lumpenintellektuellen mein aktuelles Tun trifft. Mir scheint gewiss, dass Schreiben anmaßend ist – so als ob ich es begriffen haben müsste, um es einfach zu tun, um zu schreiben. Altes Gespenst der weißen Seite, fürchterliche Gewissheit, dass es Anmaßung ist, um mich als Schüler zu wissen, da die Dummheit per definitionem jede Grenze „überbordet und unterläuft", da sie „in den Fängen der Verleugnung nach Haus geschleppt [wird] – um wiederzukehren"[6]. So abstrakt genommen ist damit gewiss *das* traditionelle Problem des Philosophierens benannt, aber eben auch das eines Tradierens, gerade wenn es von der Ewigkeit der durch es überlieferten Wahrheit ausginge, die linear von Generation zu Generation weitergegeben wird. Ein solches Modell traditioneller Theorie ist für ein Begreifen kritischer Theorie – der „Kritik im Handgemenge" – unterbestimmt, aber es kann zumindest Probleme in diesem Handgemenge markieren.

So ein Modell traditioneller Theorie ist vertraut: Das, was der Lehrer lehrte, wird Maß meines Tuns, wenn ich mich in eine solche Tradition stelle. Das Maß ist die Differenz von Lehrer und Schüler, die auch dann bestehen wird, wenn ich durch mein Tun lehre, was ich lernte. Diese Gegenwärtigkeit des Lehrers erscheint dann als Gegenwart der Vergangenheit, als 'wirkliche' Tradition. Genüge ich dann aber *je*, da ich es nur durch mein Tun erweise, dem, was der Lehrer lehrte?

---

6   Ronell, Avital 2005: Dummheit. Brinkmann und Bose, Berlin, S. 9.

Oder werde ich stets ein Lump gewesen sein? Wäre die Tradition bloß die „Gegenwart einer Vergangenheit", dann behauptete sie stets eine (endliche) Einheit von Lehrer und Schüler, da ich *nur* das täte, was der Tradition entspricht, und zugleich die (unendliche) Differenz von Lehrer und Schüler anerkannt wäre, da nur so die Tradition als ein meinem Tun äußerer Maßstab dienen kann. Tradition müsste „mit Rücksicht auf die Autorität von Gewesenem fesseln, was anders"[7], was notwendig, aber nicht nur der Schüler ist.

Tradition, die von dieser merkwürdigen Einheit *und* Differenz des Lehrers und des Schülers ausgehen muss, mag als Maß dafür dienen, diejenigen Lumpen zu bestimmen, die noch nicht einmal Schüler, die offenkundig unfähig sind, „sich in den Schranken einer gemäßigten Denkungsart zu halten"[8]. Die Merkwürdigkeit der Tradition zeigt sich aber darin, dass sie von einer Differenz im Tun des Schülers selbst heimgesucht wird: Der Epigone, klassische Figur des Lumpenintellektuellen, steht dadurch für diese Unmöglichkeit ein, dass er genau das tut, was der Lehrer tat, und zugleich die Tradition wahrt, die bereits im Tun seines Lehrers zu einem Ende gekommen sein müsste, der er also *nichts* hinzufügt, was anders wäre, und trotzdem etwas tut. Genau darin scheitert der Epigone, indem er so die Tradition *vollendet* als „Abklatsch [seiner] Vorgänger"[9]: Weist sich die Tradition nur dadurch als solche aus, dass sie etwas Gegebenes ist, dann stellt sich Tradition als äußerer Maßstab erst in ihrem Scheitern dar. Erst im Scheitern zeigt sich das, was mir gegeben wäre, aber nicht *wirklich* ist. Dies heißt freilich nicht, dass Scheitern und Gelingen dasselbe wären, aber das Scheitern ist der Anfang der Bestimmung *dieses* Verhältnisses: Die Gewissheit des Gegebenen, das wirkliche, nicht bloß mögliche Gelingen der Tradition stellt sich erst in ihrem Scheitern als Gelingen dar – die Gegenwart der Vergangenheit nur in der Vergangenheit *einer* Gegenwart dessen, was mir *gegenwärtig* nicht gegeben ist. Tradition müsste nämlich nicht bloß die Gegenwart einer Vergangenheit, sondern reine Gegenwart sein, die als äußerer Maßstab eines gegenwärtigen Tuns scheitern muss, weil sie nicht das vergangene von einem gegenwärtigen Tun *unterscheiden* kann, da deren bloße Einheit oder Verschiedenheit je schon in ihr *gegenwärtig* (als Vergangenes *und* Zukünftiges) sein müsste. Wäre sie dem gegenwärtigen Tun nicht bloß äußerer Maßstab, dann wäre sie nicht einfach *die* Tradition, nicht bloß äußerlich durch ein gegenwärtiges Tun bestimmt. Als äußerer Maßstab muss sie jedoch zugleich die je schon gegenwärtige

---

7   Adorno, Theodor W. 1998: Tradition. In: Ders.: Gesammelte Schriften, Bd. 14. Wiss. Buchgesellschaft, Darmstadt, S. 310-320, hier: S. 311.

8   Stirner, Max 2005: Der Einzige und sein Eigentum. Area, Erftstadt, S. 119.

9   Ryle, Gilbert 1969: Der Begriff des Geistes. Reclam, Stuttgart, S. 50.

Kontinuität im Tun des Lehrers *und* dem des Schülers sein, die sich nur im Bruch durch das Tun des Schülers vergegenwärtigte als *vergangene* Kontinuität – und dies nimmt die Position des Lehrers anmaßend ein: Unendliches Unglück des Schülers, der scheitern, der zu spät kommen muss: „Furcht, aktiv sich Irrtum zu schaffen, ist die Behaglichkeit und die Begleitung von absolut passivem Irrtum"[10].

3.

Eine solche ungetrübte Vorstellung von Tradition wirkt überholt, weil ihr es an Strenge mangelt: Die Differenz von Schüler und Lehrer wird sich in keinem Wir beruhigen lassen. Wir, als Lehrer und Schüler „sind immer schon die, die wir nicht sind"[11]. Der Andere, Lehrer oder Schüler, ist kein mir äußerer, sondern Moment meines Selbstverhältnisses: Nur im Verhältnis zum Lehrer begreift sich der Schüler als derjenige, der noch Schüler ist *und* der, der bereits etwas gelernt hat, der in gewissem Sinne *sich* etwas lehrt; der Lehrer begreift sich im Verhältnis zum Schüler als derjenige, der etwas lehrt, indem der *Andere* etwas lernt, *und* als derjenige, der etwas sagt, was Lehre sein mag, aber noch nicht wirklich ist, weil „neuer Zuwachs wenigstens noch nicht sichtbar"[12] ist. Lehrer und Schüler sind als solche nur im Verhältnis zueinander, indem sie *selbst* dieses Verhältnis im Vollzug des Verhältnisses sind – sie beziehen sich auf sich selbst als Lehrer oder Schüler nur durch das jeweils Andere. Maßstab mag dann in gewissem Sinne ein vergangenes Tun sein, an welchem sich ein gegenwärtiges Tun als gelingendes erweist, aber nur indem der Maßstab im Verhältnis zum gegenwärtigen Tun begriffen, die Kriterien des gelingenden Tuns reflexiv in seinem Scheitern wirklich gegenwärtig bestimmte geworden sind. Der Vollzug selbst ist dann der wirkliche, beurteilte Maßstab des Tuns von Lehrer und Schüler, welches notwendig ein gemeinsames Tun gewesen sein wird, da dieser Vollzug nicht durch das Tun des Lehrers *oder* des Schülers zu gewährleisten ist. „Gemeinsam" ist hier also so zu lesen, dass es keine vollzogene Einheit von Lehrer und Schüler anzeigt (ebenso, wie ein vollständiger Bruch zwischen Lehrer und Schüler strikt unmöglich ist, weil sie, wenn ein solcher statthätte, *gar nicht mehr* aufeinander bezogen wären und sich nicht als Lehrer

---

10 Hegel, Georg W. F. 1986: Aphorismen aus Hegels Wastebook [1803-06]. In: Ders.: Werke, Bd. 2. Suhrkamp, Frankfurt/M., S. 550.

11 Düttmann, Alexander Garcia 2008: Derrida und ich. Das Problem der Dekonstruktion. Transcript, Bielefeld, S. 19.

12 Marx, Karl 1972: Brief an Friedrich Engels vom 13. Februar 1863. In: Marx-Engels-Werke (MEW), Bd. 30. Dietz, Berlin, S. 324.

und Schüler verstehen ließen). Dieses gemeinsame Tun ist nur als Handgemenge zu begreifen, welches sich eben nicht nur zwischen Lehrer und Schüler vollzieht, sondern *in* diesen selbst, *insofern* es sich vollzieht. Dieses Handgemenge kann sich nicht einfach auf ein Vollzogenes stützen, noch ist es in seinem Vollzogensein zu beruhigen – das *Verhältnis* dieser Verhältnisse ist dieser Vollzug.

Den Begriff des Handgemenges gebrauche ich hier nicht nur, weil er einer bestimmten Tradition „entstammt˙. Er ist nicht einfach ein Synonym für den Streit. Das Handgemenge kennt keine klare Front, keine Scheidung der in es Verwickelten durch einen linearen Verlauf. Unübersichtlichkeit bestimmt es, das Verwischen der Grenzen, nie frei von Irrtum, von der Dummheit. Das Handgemenge ist eben kein bloßer Streit, in dem sich nur das durchsetzen müsste, was bereits vor ihm be- oder feststünde[13]. Der Begriff des Handgemenges verweist darauf, dass das Handgemenge zwischen Lehrer und Schüler nicht eine bloß theoretische Auseinandersetzung um eine ewige Wahrheit, die außerhalb ihrer bereits feststünde, sondern eine praktische ist, da das Handgemenge nur in seiner Zeitlichkeit, Wahrheit nur in diesem Vollzug zu begreifen sein wird. „Wahrheit" ist auch damit wesentlich umstritten, keine „neutrale" Haltung zu ihr möglich, die außerhalb des Vollzugs wäre; vielmehr verunmöglicht das Handgemenge, dass man *nicht* Partei ergreift. Und diese Parteinahme ist „jeglicher Bestimmung zu entreißen, die in letzter Instanz psychologistisch, subjektivistisch, moralisch und voluntaristisch ist"[14].

Ist das Handgemenge ein Sich-Messen am Anderen, der Maßstab nur im miteinander geteilten Tun, dann muss das Tun des Schülers nicht in dem aufgehen, was der Lehrer lehrte, ebenso wie etwas die Lehre des Lehrers sein mag, was im Tun des Schülers unabgegolten bleibt. Dann ist das Tun des Schülers oder Lehrers in sich selbst so auf das Andere bezogen, dass es jenes Tun *ist*, welches nicht *das* Tun des Lehrers *oder* Schülers gewesen sein wird. Wer ist nun hier der Lump, der in seinem Tun scheiterte, der zwar etwas versprach, aber es nicht hielt, der das verriet, weswegen wir ihm im Anfang glauben mussten?

Und dies mag noch nicht einmal im Jetzt des Handgemenges aufgehen, es wird im Kommen bleiben, wer nun der Lump gewesen sein wird. Die Furcht, „aktiv sich Irrtum zu schaffen", verliert so ihren Gegenstand, da kein Maßstab *gegeben* ist, der das Irren verständlich macht; indes ist so nur das Unglück der *einen* Tra-

---

13 Vgl. Schürmann, Volker 2002: Heitere Gelassenheit. Grundriß einer parteilichen Skepsis. Scriptum, Magdeburg, S. 123.

14 Derrida, Jacques 1986: Brief an Jean-Louis Houdebine vom 16. Juli 1971. In: Peter Engelmann (Hg.): Jacques Derrida – Positionen. Passagen, Wien, S. 180.

dition abgewendet, dass der Schüler stets der Dumme bleibt. Im Handgemenge gibt es derweil Spannungen aller Orten und wir wären zu sehr dem Begriff *der* Tradition verhaftet, könnten wir nicht eingestehen, dass sich die Lehrer und Schüler vervielfältigen, immer mal wieder in Schulen, Generationsabfolgen, ihren Fehden, Brüchen und ihren Familienähnlichkeiten modelliert werden, die Ausdrücke „geronnene[r] politische[r] Kräfteverhältnisse"[15] sind, die uns den Glauben daran lassen, wir wüssten, wer der Lump, wer eben kein Lehrer oder Schüler sei, sondern jenseits dieser geronnenen Kräfteverhältnissen stehe.

Das Handgemenge ist in diesen geronnenen Kräfteverhältnissen nicht zu fixieren, weil das Andere kein Außerhalb markiert, oder nur um den Preis, dass wir wieder auf die Gegenwart einer Vergangenheit pochen müssten, die ein *gegenwärtig* Anderes als bereits Subsumiertes behauptete. Als Sich-Messen am Anderen entzündet das Handgemenge sich je und je wieder nicht bloß an der Frage, ob unser Tun rechtmäßig ist, die Schriften des Lehrers angemessen liest oder fortführt – der Begriff der Tradition im engeren Sinne ist für unser Problem unzureichend, gerade wenn wir die zeitliche Wirklichkeit des Handgemenges begreifen. Das Handgemenge entzündet sich vielmehr daran, ob unser Tun dem gerecht wird, *was* überhaupt das *Erbe*[16] ist, *wer* die Erben sind und *wie* das Erben ist – die Punkte also, an denen das Gespenst des Lumpenintellektuellen umgeht. Nur folgerichtig, dass ein Schüler, dessen Ansätze zur Tradierung und Aktualisierung des Erbes notabene umstritten sind, ausrief: „Es hilft nichts: philosophisch sind wir immer noch Zeitgenossen der Junghegelianer"[17].

„Philosophisch" will ich hier so lesen, dass diese Form der Auseinandersetzung unausweichlich ist. Das Handgemenge um Hegels Erbe ist als *ein* Anfang kritischer Theorie lesbar. In ihm ist der Vorwurf allgegenwärtig, dass der jeweils Andere der Lumpenintellektuelle sei – kein Junghegelianer, nicht Bauer, Feuerbach, Stirner, Ruge, Marx, Engels, Hess und so weiter, der nicht vom anderen so etikettiert wurde. Und doch geht mit dieser fraglosen Identifikation des Lumpen die Fixierung, die Stillstellung des Handgemenges einher, was aber unweigerlich

---

15 Schürmann, Volker 1999: Zur Struktur hermeneutischen Sprechens. Alber, Freiburg/ München, S. 58.

16 Ich gestehe: Der Begriff des Erbes wurde streng begrifflich von einem entfaltet, der gewissen Traditionen als Lumpenintellektueller par excellence gilt; meine vorläufigen Überlegungen sind in dieser Hinsicht nur Randnotizen zu Derridas „Marx' Gespenster" (Vgl. Derrida, Jacques 2004: Marx' Gespenster. Der Staat der Schuld, die Trauerarbeit und die neue Internationale. Suhrkamp, Frankfurt/M.).

17 Habermas, Jürgen 1992: Nachmetaphysisches Denken. Philosophische Aufsätze. Suhrkamp, Frankfurt/M., S. 277.

die Wiederkehr ihres Anderen als Erbe bedeutet – traditionelle Theorie. Lesen wir Habermas so, dass dieses Vergangene uns gegenwärtig ist, dann wäre das ein Hinweis darauf, dass das Erbe kritischer Theorie stets gefährdet ist, weil ihr Erben ein Handgemenge ist und durch nichts garantiert werden kann, dass sie nicht schon zur gegenwärtigen Form traditioneller Theorie geworden ist. Es bedarf so eines Begriffs des Erbe(n)s als Bestimmung der Praxis kritischer Theorie, will sie sich ihrer Umstrittenheit und ihrer 'Streitkraft' vergewissern, um im doppelten Sinne „Kritik der Theorie" zu sein – Reflexion der Theorie als bestimmte Praxis, die, indem sie Moment *gesellschaftlicher* Praxis ist, diese selbst verändert. Und letztlich müsste fraglich werden, ob sich der kritische Theoretiker je davon freisprechen kann, (auch) ein Lumpenintellektueller gewesen zu sein.

4.

Traditionelle Theorie ist zu solchen Streitereien nicht genötigt, die immer lächerlich, unsinnig, schon längst entschieden wirken. Traditionelle Theorie muss keineswegs über diese Lumpen sprechen, kann sie dem Vergessen überantworten, da sie auf sich als Tradition verweisen kann. Das Andere, das ihrem Maßstab nicht entspricht oder ihr maßstabslos erscheint, ist ihr gleichgültig. Dies klagen die Junghegelianer als „blutleere Abstraktion" an, als die Selbstbezüglichkeit traditioneller Theorie überhaupt (offenkundig mit der Gefahr, Hegel in Gänze zu verfehlen) und fordern als Maßstab den wirklichen Lebensvollzug. Wird in der traditionellen Theorie der Streit um die Fortsetzung des Erbes als *Tradition*, die Angemessenheit des Tuns der Schüler und die Unangemessenheit desjenigen des Lumpen geführt, so der Streit der Junghegelianer im Gegensatz zur Tradition: Im *Tun* des Lumpen kehre jene Tradition wieder, die der Lump durch sein Tun erledigt glaubte, die es *praktisch* aber nicht *ist*. Sein Tun, wirft man dem Lumpen vor, verrate ihn als bloßen Schüler Hegels, der zwar verspreche, nicht länger in den Abstraktionen der Philosophie zu verharren, doch das wirkliche Leiden nicht begreife oder *praktisch* aufhebe (nichts als kritische Kritik, wirkungslose Gedankendichtung, Verselbstständigung der Sprache, das ganze Arsenal der Markierungen des Lumpenintellektuellen wird hier schon für die künftige „eine" Tradition bereitgestellt). Wirkliches Tun sei aber nur als Bruch mit dem Erbe zu denken, was in letzter Konsequenz heißt: „Wo die Worte aufhören, da fängt erst das Leben an, erschließt sich erst das Geheimnis des Seins."[18]

---

18 Feuerbach, Ludwig 1990: Grundsätze der Philosophie der Zukunft. In: Ders.: Gesammelte Werke, Bd. 9. Akademie, Berlin, S. 308.

In dieser Konsequenz ergreift Stirner Partei für den vollständigen Bruch mit dem Erbe und für eine „reine Praxis"[19], die an sich selbst ihren Maßstab habe: „Nach Begriffen wird alles abgeleiert, und der wirkliche Mensch, d.h. *ich* werde nach diesen Begriffsgesetzen zu leben gezwungen"[20]. Die Selbstbezüglichkeit der Theorie, die auch dann wiederkehre, wenn der Hegel'sche Geist etwa durch das Feuerbach'sche „Gattungswesen Mensch" substituiert werde, sei daran zu messen, dass der individuelle Lebensvollzug nicht gefasst werde: „Kein Begriff drückt mich aus, nichts, was man als mein Wesen angibt, erschöpft mich; es sind nur Namen"[21]. Damit versucht Stirner, das Dogma der Tradition zu kritisieren, die die Theorie als Abbild der Wirklichkeit oder als Anleitungen für das gute Leben missversteht. Stirners Parteinahme für das Andere, welches gegenüber dem Begriff das Nichtidentische sei, erscheint als Verwirklichung des Handgemenges, da sie keine Wahrheit außerhalb des (je individuellen) Vollzugs anerkennt, nur das leibhaftige „Interesse" des Mannes gegenüber „den reinen Gedanken [...], wie Wahrheit, Freiheit, Menschentum, *der* Mensch usw.", die nur „erleuchten und begeistern die jugendliche Seele"[22].

Stirner bestimmt sein Tun als geschichtliches in dem Sinne, dass es den Lehrer als Jüngling ausweist, der sich selbst „an den *allgemeinen* Geist" verloren habe, während das von ihm theoretisch postulierte Tun „sich zum Mann hinausarbeite, dem egoistischen, der mit den Dingen und Gedanken nach Herzenslust umgeht und sein persönliches Interesse über alles setzt"[23]. Geschichte kommt in diesem Sinne zu sich, doch muss sie sich sogleich verflüchtigen: Das Tun des Mannes vollziehe sich in reiner Gegenwärtigkeit[24], müsse sich stets wieder erneuern, indem es sich vom Vergangenen befreie. Es ist die Wiederkehr eines reinen Selbst, das sich an sich selbst misst, da es der je *Einzige*, der mit sich selbst identisch, dem Wahrheit nie mehr als „*mein* Mittel"[25] sei. Dieser Einzige sei der „lachende

19 Stirner, Max 1986: Das unwahre Prinzip unserer Erziehung oder der Humanismus und Realismus. In: Heinz und Ingrid Pepperle (Hrsg.): Die Hegelsche Linke. Röderberg, Frankfurt/M., S. 427.

20 Stirner, Max 2005: Der Einzige und sein Eigentum, S. 101-102.

21 Ibid., S. 400.

22 Ibid., S. 11-13.

23 Ibid.

24 Vgl. Stirner, Max 1986: Das unwahre Prinzip unserer Erziehung oder der Humanismus und Realismus, S. 426.

25 Stirner, Max 2005: Der Einzige und sein Eigentum, S. 386.

Erbe"[26], weil er das Erbe dem Vergessen überantworten könne: Es verunmögliche als solches ein dem Einzigen angemessenes Tun, da es den Einzigen stets einem Anderen unterwerfe, sei's Geist oder Gattung Mensch, da die unmittelbare Gegenwärtigkeit nur durch die Vergangenheit vermittelt werde. Stirners Behauptung einer reinen Gegenwärtigkeit, in der die Frage der Theorie nach dem, was zu tun sei, obsolet werde, ist die Einkehr in die Zeitlosigkeit: Die Gegenwart selbst hat sich je schon verunreinigt, da sie nur als „Ungleichzeitigkeit der Gegenwart mit sich selbst" *gegenwärtig*, sie nur als „noch gegenwärtige Vergangenheit *und* schon zukünftige Gegenwart"[27] *ist*. Der lachende Erbe ist ein um sich selbst Trauernder, da er stets wieder die Diskontinuität mit dem Vergangenen vollziehen müsste, die aber zugleich die Kontinuität des Selbst verunmöglichte. Das reine Selbst in reiner Gegenwärtigkeit *ist* nicht(s): Wer mit der Lumperei endgültig brechen will, der stellt sie dar, der beschwört durch sein Tun ein Gespenst, von dem er behauptet, es ein für allemal vertrieben zu haben.

Stirner muss also selbst das, was für jeden Einzigen selbst unmittelbar evident sein soll, als *theoretisch wahr* behaupten, damit es überhaupt *praktisch* für Andere Geltung beanspruchen kann. Die Relativität der Wahrheit wird durch ihre *unbedingte* Geltung, nämlich die des Einzigen, gesetzt. Stirners Kritik der Theorie verbleibt selbst in den Grenzen *einer* reinen, traditionellen Theorie, da sie sich nicht am Anderen misst, sondern dieses je als verschieden von sich setzen muss. Seine Kritik, dass der Begriff, die Gattung bloße Homogenität gegenüber dem ihm Heterogenen, dem Individuellen oder Einzigen bezeichne, vollzieht er selbst, indem er das Heterogene als *die* Homogenität setzt. Was Stirner als den „Spuk"[28] der Theorie denunzierte, kehrt so wieder. Seine Versicherung, dass der Einzige von der Angemessenheit seines Tuns in „unvermittelte[r] Unmittelbarkeit"[29] „wisse", ist der „Traum" einer reinen Praxis, die selbst ihr theoretisches Sprechen als *Selbst*gespräch ausweisen müsste, das sich für jeden Einzigen unmittelbar von selbst verstünde – „ein Traum, weil er am Tage und im Augenblick des Aufgehens der Sprache dahinschwindet"[30], denn die „unmittelbare Wirklichkeit des

---

26 Ibid., S. 230.

27 Descombes, Vincent 1981: Das Selbst und das Andere. Suhrkamp, Frankfurt/M., S. 169.

28 Stirner, Max 2005: Der Einzige und sein Eigentum, S. 267.

29 Arndt, Andreas 2004: Unmittelbarkeit. Transcript, Bielefeld, S. 9.

30 Derrida, Jacques 1976: Die Schrift und die Differenz. Suhrkamp, Frankfurt/M., S. 231.

Gedankens ist die *Sprache*"[31], die nur als Sprechen der *gesellschaftlichen* Individuen begreifbar ist.[32]

In Stirners Schrift vollzieht sich unweigerlich eine Wiederkehr des Erbes, da es dem eigenen Tun nicht äußerlich ist: In allen Verrat schreibt sich Treue ein, da auch der Verrat angemessen, maßvoll vollzogen sein will, *ist* er die Widerlegung dessen, was als Erbe galt – Zitate lauern im verräterischen Schreiben wie „Räuber am Weg"[33], die gegenwärtig machen, was das Vergangene, das Widerlegte ist. Die Vorstellung des reinen Bruchs ist vielmehr der je und je wieder scheiternde Versuch, sich dem Handgemenge zu entziehen. Eine Kritik des Erbes, und dies macht uns Hegel wieder gegenwärtig, kann nicht „von außen" kommen, kann nicht *kein* Sich-Messen am Anderen sein. Selbst ein methodisches Tun, das vor dem Handgemenge schon setzt, wie es zu verfahren habe, trifft das Andere nur insofern, als dieses Andere in den Zwecksetzungen aufgeht, die ein dem Anderen äußerlicher Maßstab sind. Das Andere ist so nur als das Selbe reflektiert – Wesensmerkmal traditioneller Theorie. Im Handgemenge wird ein solcher Maßstab zum Problem: „Die wahrhafte Widerlegung muß in die Kraft des Gegners eingehen und sich in den Umkreis seiner Stärke stellen; ihn ausserhalb seiner selbst angreiffen und da Recht zu behalten, wo er nicht ist, fördert die Sache nicht."[34] Erst ein solches theoretisches Tun reflektiert sich als Praxis, die nicht in dem aufgeht, womit sie anfängt, sondern das Andere *als* Anderes begreift. Eine Reflexion der Theorie als praktischer Vollzug bedeutet dann, dass jene Theorie, mit der ich anhebe, auf den Gegenstand wirkt, aber ihm nur angemessen ist, indem der Gegenstand auf sie wirkt. Der Gegenstand selbst ist uns aber nicht losgelöst von Theorie in einer Praxis irgendwie gegeben. Kritische Theorie kann sich nicht unmittelbar als Praxis setzen, sie ist nur als „Parasit", immanente Kritik traditioneller Theorie, um die *Gesellschaftlichkeit* des Gegenstandes zu begreifen und um so ihren Gegenstand

---

31 Marx, Karl; Engels, Friedrich 1990: Deutsche Ideologie, S. 432.

32 Vgl. Müller, Jan 2012: Begriffliches Sprechen. Zur sprachphilosophischen Grundkonstellation der frühen Kritischen Theorie. In: Völk, Malte; Römer, Oliver; Schreull, Sebastian u.a. (Hrsg.): „...wenn die Stunde es zuläßt.". Zur Traditionalität und Aktualität kritischer Theorie. Westf. Dampfboot, Münster, S. 172-202.

33 Walter Benjamin 1985: Einbahnstraße. Suhrkamp, Frankfurt/M., S. 108.

34 Hegel, Georg W. F. 1981: Wissenschaft der Logik. Zweiter Bd.: Die subjective Logik oder Lehre vom Begriff. In: Ders.: Gesammelte Werke, Band 12. Meiner, Hamburg, S. 15.

wirklich zu treffen. Und so ist jedes Kritisieren, wenn es in die „Kraft des Gegners" eingeht, ihn als ein Anderes begreift, ein Erben[35].

Den Habermas'schen Ausspruch, dass wir noch Zeitgenossen der Junghegelianer seien, könnte man nun als Trauer darüber lesen, dass wir als kritische Theoretiker auf keine Tradition vertrauen können, die behauptet, das Hegel'sche, das junghegelianische, das Marx'sche Erbe etc. überwunden zu haben. Eine solche *immanente* Kritik wäre je und je wieder zu leisten. Unterscheidet sich kritische Theorie von traditioneller Theorie, indem sie ihr theoretisches Tun selbst als Praxis, als ein Handgemenge reflektiert, dann muss das, was ihr Erbe war, was längst widerlegt schien oder als Unwiderlegtes überliefert wurde, radikal in Frage gestellt werden. Denn im Gegensatz zur traditionellen Theorie ist ihr die überkommene Bestimmtheit von Mitteln, Formen oder Gegenständen ihres Tuns problematisch, da sie selbst „*ihre Zeit in Gedanken erfasst*"[36] – sie kann weder auf eine Vergangenheit der Gegenwart noch auf eine bloße Gegenwärtigkeit vertrauen: Dies ist nicht *ihre* Zeit.

Kritischer Theorie ist ihr Erbe nicht die bloße Tradierung dessen, was einst als kritische Theorie galt. Das Erbe ist ihr ein in sich selbst Unterschiedenes: in etwas, das traditionelle Theorie ist, weil es dem Gegenwärtigen, dem wirklich Vernünftigen unangemessen geworden ist, und in etwas, an dem oder durch das *Leiden* gegenwärtig „begriffen" ist (was die Grenzen der Theorie überschreitet, indem es die Gesellschaftlichkeit ihrer Gegenstände ernstzunehmen zwingt). In dieser Hinsicht ist die Treue zum Erbe der Verrat, da es kritisiert, aktualisiert werden muss, und der Verrat des Erbes die Treue, da nur so das Erbe kritischer Theorie überliefert wird. Die Traditionalität kritischer Theorie bestünde so nur in ihrer Aktualisierung, ihre Aktualität bestünde nur, indem sie ihre Traditionalität reflektiert.

Durch diesen notwendigen Vollzug der Reflexion ihrer Historizität ist sie selbst und ihr Erbe auf keine Einheit mit sich selbst zu bringen: Ihre „vorgebliche Einheit, wenn es sie gibt, kann nur in der *Verfügung* bestehen, *zu reaffirmieren, indem man wählt.* Man *muß*, das heißt: Man *muß* filtern, sieben, kritisieren, man muss aussuchen unter den verschiedenen Möglichkeiten, die derselben Verfügung

---

35 Dieses Erben muss sich notwendig mit Anderem „verunreinigen", was nicht schon Erbe kritischer Theorie ist – und indem das Erbe kritischer Theorie *immanente* Kritik an Anderem gewesen ist, ist etwas in das Erbe eingeschrieben, was notwendig die Grenzen des Erbes überschreitet, was als das Andere des Erbes und als Erbe des Anderen Gegenstand des *Erbens* ist.

36 Hegel, Georg W. F. 1986: Grundlinien der Philosophie des Rechts. In: Ders.: Werke, Bd. 7. Suhrkamp, Frankfurt/M., S. 26.

innewohnen"[37]. Die Einheit des Erbes ist dann nur *in* unserem Umgang mit ihm, da wir uns in unserem Tun auf etwas anderes als unsere je gegenwärtigen Interpretationen und unsere Gegenwart beziehen. Das Erbe ist so aber keine vor diesem Tun wirkliche Einheit, die rein als solche gegeben wäre, sondern ist nur in der „Verunreinigung" durch ein Tun, das nie identisch mit dem Erbe sein wird. Es muss sich selbst als Praxis, als *Parteinahme* reflektieren, da seine Zwecke, Mittel, seine Form und das Erbe als sein Gegenstand im Gegenwärtigen bestimmte sind. Die Gegenwart der Vergangenheit kritischer Theorie ist so nur, indem sie *Vergangenheit* des „Ewige[n ist], das gegenwärtig ist"[38]. Diese Ewigkeit des Jetzt ist keine theoretisch einzunehmende Position, sondern ein praktisches Problem, das sich in der Praxis der Theorie stellt: Kritische Theorie liest im je und je Gegenwärtigen wieder neu ihr Erbe, und so ist auch das Vergangene kein Homogenes, sondern etwas, was sie je und je wieder neu auszulegen hat. In ihrem Tun zeigt sich das Vergangene als verändertes, da wir es aus je gegenwärtigen „Hinsichten" interpretieren, und verändernd auf ihre Gegenwart wirkend, begreift sie es als Anderes, welches das in Frage stellt, was sie gegenwärtig selbst ist, wenn sie sich selbst als *Vollzug* des Erbes, als wirkliches Erben begreift.

Das Erbe wird so „niemals ein *Gegebenes*", sondern „immer eine Aufgabe"[39] sein, da wir nicht etwas mit *dem* Erbe als solchem tun, sondern ein bestimmtes Tun mit ihm rechtfertigen, für dieses Tun *Partei* ergreifen – was je und je wieder als ein bestimmtes Verhältnis „des" Gegenwärtigen zu *einem* Vergangenen zu reflektieren ist. Das Erbe ist eine Aufgabe, die uns als Erben zu einer Verantwortung zwingt, die das übersteigt, was wir jetzt verantworten können, die eine Offenheit und Fraglichkeit des Erbens verfügt, da das Erbe in seiner Andersheit nie das rein Vergangene, sondern zugleich das ist, was „noch *vor uns* lieg[t]"[40]: „ein Erbe, das nur aus dem kommen kann, was noch nicht angekommen ist – aus dem Ankommenden selbst"[41]. Es wird uns in unserem Tun je und je wieder heimsuchen, als das, was nicht in dem aufgeht, was wir als unser Erbe glaubten, was uns unser Tun als unangemessenes begreifen lässt: Das Erben kritischer Theorie ragte so, je und je wieder, in die Lumperei hinein, und ließe die Frage offen, ob *wir* nicht Lumpenintellektuelle sind.

---

37 Derrida, Jacques 2004: Marx' Gespenster, S. 32.
38 Hegel, Georg W. F. 1986: Grundlinien der Philosophie des Rechts, S. 25.
39 Derrida, Jacques 2004: Marx' Gespenster, S. 81.
40 Ibid., S. 33
41 Ibid., S. 237.

5.

Lesen wir so noch einmal Habermas: „Es hilft nichts: philosophisch sind wir immer noch Zeitgenossen der Junghegelianer". Der Satz bekommt seinen präzisen Sinn dadurch, dass der Lumpenintellektuelle ein gegenwärtiges Problem der hegemonialen Formen kritischer Theorie ist. Diese Formen können durchwegs als Extreme des Erbes angesprochen werden, da sie sich wechselseitig Lumpenintellektuelle schimpfen, die das Erbe kritischer Theorie verunmöglichten.

Das gegenwärtige Handgemenge vollzieht sich zwischen jenen beiden Extremen, die für sich beanspruchen, das gegenwärtige Erbe kritischer Theorie anzutreten. Das eine Extrem könnten wir orthodox nennen; es geht von der ungebrochenen und unabgegoltenen Aktualität des Erbes aus, in dem alles schon geschrieben sei, was ausreiche, um die heutigen gesellschaftlichen Verhältnisse zu begreifen. Am Erbe hätte das gegenwärtige Erben seinen Maßstab; jede Abweichung, etwa die Verunreinigung mit anderen Theorien, sei Verrat, das Tun von Lumpenintellektuellen – und wenn sie doch einmal etwas träfen, dann nur als „Pfeile aus der 'Dialektik der Aufklärung', der 'Negativen Dialektik' oder der 'Ästhetischen Theorie', die [...] aus dem Köcher hervorgezogen werden, wenn auch in bereits arg abgestumpften Zustand"[42]. Zeitgenossenschaft mit den Junghegelianern bekundet nicht nur diese geschichtsträchtige Metaphorik, sie weist das Tun der Anderen als bloße Wiederholung dessen aus, was bereits im Erbe gegeben sei. Das Erbe wird so zu einem überhistorischen, das stets Geltung beanspruchen kann und dennoch erst durch das Tun des Erbens gegenwärtig ist, was zugleich das vergangene Erbe sein müsste – das Erbe wäre so die reine Aktualität.

Das andere Extrem ließe sich als diskursethisches markieren. Es meint, das Erbe als rein vergangenes ansprechen zu können, da es Vorannahmen überführt sei, die als solche nicht mehr vertretbar seien. Zeitgenosse der Junghegelianer ist es, weil es den Bruch mit dem Erbe behauptet: Solle kritische Theorie Wirkung entfalten, dann müsse sie einen Maßstab ausweisen, auf welchen sie sich in ihrem Tun beziehe, um nicht in eine bodenlose Vernunftskepsis oder einen planen Ästhetizismus[43] zu regredieren; dies müsse hinter dem zurückbleiben, was kritische Theorie in ihren Anfängen versprochen, aber nicht gehalten habe. Dem Handgemenge ist so ein Maßstab vorausgesetzt, der „zwanglose Zwang des

---

42 Tiedemann, Rolf 2009: Mythos und Utopie. Edition Text und Kritik, München, S. 157.

43 Habermas, Jürgen 1995: Theorie des kommunikativen Handelns, Bd. 1. Suhrkamp, Frankfurt/M., S. 514.

besseren Arguments"[44], dem die im Handgemenge Begriffenen unterliegen, und der ihrem Tun doch äußerlich ist – *dieses* Erbe ist so die reine Traditionalität.

Beide Extreme sind sich darin einig, dass sie von *einer* kritischen Theorie sprechen; beide sind nicht abgeneigt, von einer „frühen" oder einer „späten" kritischen Theorie so zu reden, dass sie keine kritische Theorie mehr sei. Sie begreifen das Erbe selbst als Einheit, reflektieren ihr Tun nicht wirklich als Erben, sondern identifizieren es mit dem Resultat ihres Tuns, ihrer Interpretation. Der Selbstunterschied des Erbes, das *Verhältnis* von Aktualität und Traditionalität kritischer Theorie, wird so nicht als Vollzug des Erbens reflektiert[45], sondern es wird etwas durch die Bestimmung des Lumpenintellektuellen vom Erbe Verschiedenes gesetzt, das das vergangene Erbe verdränge, was als solches ein gültiges sei, oder eben einem Erbe verhaftet, das schon längst vergangen sei. Als Extreme fixieren sie die Momente des Vollzugs des Erbens, behaupten eine Einheit, die nur im Erben *als Handgemenge* wirklich ist – als immanente Kritik *des* Erbes.

Es wäre daher absurd, schickten wir uns an, diese Extreme selbst als Lumpenintellektuelles zu markieren, um das wirkliche Erbe und in eins damit *unser* Erben als das rechtmäßige auszuweisen. Die Extreme vergegenwärtigen uns Züge des Erbes, seines Gewordenseins; gleich, wie unrechtmäßig sie als *Erben* auch gewesen sein mögen: Dieses Tun galt einmal als kritische Theorie, als Erbe, oder war als solches umstritten. Gerecht werden wir diesem Gewordensein nur, wenn es uns nicht als „Anspruch auf das letzte Wort [gilt], sondern auf die vorgängige Lektüre all dieser Texte"[46], auf die Möglichkeit eines *dem* Erbe *gerecht* werdenden Tuns: 1. Man ist nur *rechtmäßiger* Erbe, wenn möglich ist, dass auch *Andere* rechtmäßige Erben sind – wenn also ein bestimmtes Tun nicht identisch mit dem Erbe ist, sondern sich als bestimmte *Praxis* mit dem Erbe als ihrem Gegenstand *und* als ihrem Mittel begreift. 2. Dem Erbe wird nur dasjenige Tun *gerecht*, das als rechtmäßiges bestritten wird, da nur so von etwas als Erbe *kritischer Theorie* gesprochen werden kann – wird es nicht bestritten, muss unklar sein, ob es überhaupt als kritische Theorie angesprochen werden kann, denn die bloße Tradierung verdrängt die Reflexion der Historizität, die erst dieses tätige Erben

---

44 Habermas, Jürgen 1984: Wahrheitstheorien. In: Ders.: Vorstudien und Ergänzungen zur Theorie des kommunikativen Handelns. Suhrkamp, Frankfurt/M., S. 127-183, hier: S. 161.

45 Und nicht zuletzt herrscht eine merkwürdige Einigkeit zwischen diesen Parteien, wenn es um die Abwehr jener Aneignung des Erbes geht, die sich Dekonstruktion nennt und die die Reflexion des Vollzugs selbst zum Gegenstand hat.

46 Derrida, Jacques 2004: Marx & Sons. Suhrkamp, Frankfurt/M., S. 21-2.

verwirklichte. 3. Inwiefern es Erbe ist, zeigt sich daran, dass das Erben nicht nur gesellschaftliche Praxis wäre, sondern sich selbst *in* gesellschaftlicher Praxis vollzieht. Der Versuch, den Vollzug des Erbens zu begreifen, ist bezogen auf ein Ziel. Kritische Theorie ist bezogen auf die je aktuellen gesellschaftlichen Kämpfe; sie bedarf des Entgegenkommens „soziale[r] Triebkräfte"[47], die sie freilich nicht bewirken kann. Sie steht notwendig im Handgemenge mit jenen Triebkräften, denen sie nicht einfach mit dem Anspruch theoretischer Erklärung begegnen kann – denn sie begreift sich selbst als Praxis, die sich in der Auseinandersetzung erst verwirklicht, nicht ihr vorausgeht. Das Erbe *ist* nur, indem es so auf ein Anderes bezogen ist. Unsere Reflexion des Erbens verfehlte das Ererbte, wäre unser Erben bloß *ein Übernehmen des Ererbten*, denn „es geht nicht um die Verkündigung irgendwelcher als wahr behaupteter Prinzipien, sondern um die Bestimmung von Widerspruchsverhältnissen", in welche sowohl die Triebkräfte als auch die Theoretiker *gegenwärtig* „als Unterdrückte eingebunden sind"[48]. 4. Das Gelingen des Erbes besteht so in seinem Misslingen, da es kritisiert, aktualisiert werden muss, um als kritische Theorie gelten zu können, die dem angemessen ist, was aktuelle gesellschaftliche Auseinandersetzungen sind. 5. Das Misslingen des Erbes besteht umgekehrt in seinem Gelingen, da es immanent kritisiert werden muss. Andernfalls müssten wir eine Position einnehmen können, die nicht selbst als Praxis ausgewiesen werden müsste – das Erbe wäre so in gewisser Weise schon subsumiert, das Erben nicht in seiner Gegenwärtigkeit begriffen und unfähig, das Gewordensein der gesellschaftlichen Auseinandersetzungen zu begreifen, deren Moment das Erbe(n) ist. 6. Das dem Erbe kritischer Theorie gerecht werdende Erben ist notwendig ein *unreines* Erben, da es sich weder auf eine Reinheit des Erbes noch auf einen reinen Bruch mit ihm berufen kann. Der Erbe, der einer kritischen Theorie gerecht werden kann, muss den *Traditionen* kritischer Theorie als Lumpenintellektuelles gelten können.

---

47 Weingarten, Michael 2012: Notizen zum Begriff der Kritik bei Marx. In: In: Völk, Malte; Römer, Oliver; Schreull, Sebastian u.a. (Hrsg.): „...wenn die Stunde es zuläßt.". Zur Traditionalität und Aktualität kritischer Theorie. Westf. Dampfboot, Münster, S. 306-314, hier: S. 306.

48 Ibid., S. 309.

Die Autorinnen und Autoren

Claus Baumann (*1967), Dr. phil., Dipl. Ing., ist Lehrbeauftragter für Philosophie an der Universität Stuttgart sowie für Gesellschaftstheorie und Sozialphilosophie an der Fakultät für Sozialwesen der Dualen Hochschule Baden-Württemberg in Stuttgart. 2009 Promotion in Philosophie zur Formbestimmung von Arbeit. Arbeitsschwerpunkte: Dialektik, Geschichts- und Entwicklungstheorie, Politische Philosophie, Philosophie des Rechts, Kritik der politischen Ökonomie und Philosophie der Ästhetik. Publikationen: Was tun wir, wenn wir arbeiten? –Überlegungen zur Formbestimmung von „Arbeit" (2009); Mittel, Zwecke und das übergreifende Allgemeine (2012); Die Kunst der Avantgarde und ihr Verhältnis zum Klassenkampf. Walter Benjamins, Theodor W. Adornos und Guy Debords kritische Reflexionen der Kunst (2012).

Mathias Gutmann (*1966), Prof. Dr. phil., Dr. phil. nat., ist seit 2008 Professor für Technikphilosophie an der Universität Karlsruhe (TH) und Leiter der NFG „Autonome Systeme". 1995 Promotion in Philosophie an der Philipps-Universität Marburg, 1998 in Biologie an der Johann-Wolfgang-Goethe-Universität, Frankfurt/M. 1996-1999 wiss. Mitarbeiter der Europäischen Akademie Bad Neuenahr/Ahrweiler; 1999-2002 Hochschulassistent an der Universität Marburg, von 2002 bis zum Antritt der Professur Juniorprofessor und Leiter der NFG „Anthropologie zwischen Biowissenschaften und Kulturforschung" ebd. Arbeitsschwerpunkte: Technik- und Kulturphilosophie, Anthropologie, Theorie der Lebenswissenschaften und der Evolution. Ausgewählte Publikationen: Die Evolutionstheorie und ihr Gegenstand – Beitrag der Methodischen Philosophie zu einer konstruktiven Theorie der Evolution (1996); Biodiversität. Wissenschaftliche Grundlagen und gesellschaftliche Relevanz (Hrsg. mit Peter Janich und Kathrin Prieß, 2002); Erfahren von Erfahrungen. Dialektische Studien zur Grundlegung einer philosophischen Anthropologie (2004); Information und Menschenbild (Hrsg. mit Michael Bölker und Wolfgang Hesse, 2010); zahlreiche Buch- und Zeitschriftenbeiträge.

Daniel Hackbarth (*1981), M.A., promoviert in Stuttgart zu Louis Althusser. Studium der Philosophie und Geschichte in Stuttgart. Arbeitsschwerpunkte: Neuere französische Philosophie, kritische Theorie.

Christoph Hubig (*1952), Prof. Dr. phil., lehrt seit 2010 Philosophie der wissenschaftlich-technischen Kultur an der TU Darmstadt. Studium der Philosophie, Musikwissenschaft, Germanistik, Soziologie und Maschinenbau in Saarbrücken und in Berlin (TU). Professuren für Praktische Philosophie und Technikphilosophie in Berlin, Karlsruhe und Leipzig. Von 1997 bis 2009 Professor für Wissenschaftstheorie und Technikphilosophie an der Universität Stuttgart; ebd. Prorektor Struktur von 2000 bis 2003 und Direktor des Internationalen Zentrums für Kultur- und Technikforschung. Honorarprofessor an der University of Technology Dalian/China. Arbeitsschwerpunkte: Technik- und Kulturphilosophie, Wissenschaftstheorie, Anwendungsbezogene Ethik. Ausgewählte

Publikationen: Dialektik und Wissenschaftslogik (1978); Handlung, Identität, Verstehen (1985); Technik- und Wissenschaftsethik (2. Aufl. 1995); Die Kunst des Möglichen, Bd. 1: Technikphilosophie als Reflexion der Medialität (2006), Bd. 2: Ethik der Technik als provisorische Moral (2007).

Andreas Luckner (*1962), Prof. Dr. phil., lehrt Philosophie an der Universität Stuttgart. Studium der Philosophie, Musikwissenschaft und Germanistik in Freiburg i. Brsg. und Berlin (TU); dort 1992 Promotion über den Zeitbegriff in Hegels Phänomenologie des Geistes; 1992 bis 1998 Assistent am Lehrstuhl für Praktische Philosophie an der Universität Leipzig; 1998 bis 2001 Stipendiat der DFG; 2001 Habilitation an der Universität Leipzig über die Philosophie der Klugheit. Seit 2001 an der Universität Stuttgart, seit 2006 als Professor. Arbeitsschwerpunkte: Ethik, Phänomenologie, Ästhetik (Musikphilosophie) und Philosophie der Existenz. Ausgewählte Publikationen: Genealogie der Zeit (1992); Kommentar zu Martin Heideggers „Sein und Zeit" (2. korr. Aufl. 2001); Klugheit (2005); Freies Selbstsein (zus. mit Julius Kuhl, 2007); Heidegger und das Denken der Technik (2008).

Jan Müller (*1979), Dr. phil., studierte Philosophie und „Deutsche Sprache und Literatur" in Marburg/Lahn. 2010 Promotion in Stuttgart mit einer handlungsphilosophischen Rekonstruktion philosophischer Arbeits-Konzepte. Ab 2008 wiss. Mitarbeiter an der Universität Stuttgart; seit 2010 an der TU Darmstadt. Forscht und publiziert zu Fragen im Spannungsfeld von Sprachphilosophie, Handlungsphilosophie, Rechtsphilosophie und Metaethik. Letzte Veröffentlichungen: „'Anerkennen' und 'Anrufen'. Figuren der Subjektivierung", in: Andreas Gelhard u.a. (Hrsg.): Techniken der Subjektivierung (2013); „Begriffliches Sprechen. Zur sprachphilosophischen Grundkonstellation der frühen Kritischen Theorie", in: Malte Völk u.a. (Hrsg.): „... wenn die Stunde es zuläßt." Zur Traditionalität und Aktualität kritischer Theorie (2012).

Lisa Neher (*1986), B.A., studiert Politische Theorie (MA) an der Goethe-Universität Frankfurt/M. und der TU Darmstadt. 2009 bis 2012 Studium der Philosophie und Kunstgeschichte in Stuttgart.

Annette Ohme-Reinicke (*1961), Dr. phil., ist Lehrbeauftragte am Institut für Philosophie der Universität Stuttgart. Sie studierte Politologie und Soziologie an der Universität Frankfurt/M.; 1999 promovierte sie mit der Arbeit „Computer für die Räteverfassung? – Zum Technikbegriff Sozialer Bewegungen seit 1968 (Moderne Maschinenstürmer)". Anschließend war sie 12 Monate Fellow am Institute for Advanced Studies on Science, Technology and Society in Graz. Arbeitsschwerpunkte: Politische Theorie, soziale Bewegungen. Ausgewählte Publikationen: Das große Unbehagen. „Stuttgart 21": Aufbruch zu neuem bürgerlichen Selbstbewusstsein? (2011); „Oben bleiben!" Die Protestbewegung gegen „Stuttgart 21": politische und emanzipatorische Dimensionen (im Erscheinen).

Alexandra Popp (*1976), Dr. phil., Dozentin und Lektorin in Berlin. 1994-2000 Studium der Philosophie und Psychologie an der Universität Leipzig; 2000 bis 2001 Pensionnaire étrangère an der ENS Paris; 2003 DEA an der Universität Paris 8; 2007 Promotion über das Tätigkeitskonzept von Hannah Arendt an der Universität Stuttgart. Arbeitsschwerpunkte: Politische Philosophie von Hannah Arendt, Arbeitstheorien, Nietzsche und die französische Nietzsche-Rezeption. Publikationen: Einführung zu Hannah Arendt (erscheint 2014); Arbeiten und Handeln (2007); Arbeit als gesellschaftliche Übereinkunft (2007); Philosophie als ästhetisches Verhalten – Nietzsches Konzept einer kritischen Geisteswissenschaft (2003); „Ich habe Nietzsche wegen Bataille gelesen." Foucaults Rekurs auf Batailles Nietzsche (2001).

Ulrike Ramming (*1959), Dr. phil., ist wiss. Mitarbeiterin am Institut für Philosophie der Universität Stuttgart. Studium der Philosophie, Politikwissenschaft und Soziologie in Berlin (TU und FU), nach einem Kirchenmusikstudium in Heidelberg (B-Examen); 2005 Promotion an der Universität Stuttgart in Philosophie über Ansätze zu einem philosophischen Medienbegriff. Arbeitsschwerpunkte: Medienphilosophie, Semantischer Externalismus, „Extended Mind", Kritische Theorie, Feministische Philosophie. Ausgewählte Publikationen: Die Reflexion des Möglichen – Zur Dialektik von Handeln, Erkennen und Werten (Hrsg. mit Peter Fischer und Andreas Luckner, 2012); Mit den Worten rechnen. Ansätze zu einem philosophischen Medienbegriff (2006); Wider das schlichte Vergessen – Der deutsch-deutsche Einigungsprozess. Frauen im Dialog (Hrsg. mit Christine Kulke u. Heidi Kopp-Degethoff, 1992); Die Revolution hat (nicht) stattgefunden. Dokumentation des V. Symposiums der Int. Assoziation von Philosophinnen (Hrsg. mit Astrid Deuber-Mankowski und Elfriede Walesca Tielsch, 1989).

David Salomon (*1979), Prof. Dr. phil., lehrt Politikwissenschaft mit dem Schwerpunkt Politische Bildung an der Universität Siegen. Studium der Politikwissenschaft, Philosophie und Germanistik an der Universität Marburg; 2010 Promotion zur „Politik des jungen Brecht"; seit 2012 Vertretung der Professur für Politische Bildung an der Universität Siegen. Arbeitsschwerpunkt: Theorie und Didaktik der Politischen Bildung, Demokratietheorie, Politische Ästhetik. Letzte Publikation: Demokratie (Köln 2012).

Alexander Schlager (*1979), M.A,. ist Leiter des Regionalbüros Stuttgart der Rosa-Luxemburg-Stiftung. Studium der Soziologie, Politikwissenschaft und Neueren Geschichte an der Universität Tübingen.

Sebastian Schreull (*1982), Studienrat, arbeitet als Gymnasiallehrer in Hamburg und an einem Promotionsprojekt zur literarischen Form kritischer Theorie. Er studierte Germanistik, Politikwissenschaft, Pädagogik und Philosophie an den Universitäten Göttingen und Marburg. Arbeitsschwerpunkte: Politische Philosophie, Ästhetik und Sprachphilosophie. Publikationen: „...wenn die Stunde es zuläßt." – Zur Traditionalität und Aktualität kritischer Theorie (Hrsg. mit Malte Völk, Oliver Römer u.a., 2012); Als ob eine Gattung ohne Art – Essay und Aphorismus als literarische Formen kritischer Theorie (2012).

Volker Schürmann (*1960), Prof. Dr. phil., lehrt Philosophie, insbesondere Sportphilosophie an der Deutschen Sporthochschule Köln. Studium der Mathematik, Philosophie und Erziehungswissenschaften in Bielefeld; 1992 Promotion zur „Praxis des Abstrahierens"; 1998 Habilitation in Philosophie an der Universität Bremen; von 2001 bis 2009 Hochschuldozent und wissenschaftlicher Mitarbeiter an der Sportwissenschaftlichen Fakultät der Universität Leipzig; seitdem Professor in Köln. Arbeitsschwerpunkte: Philosophische Anthropologie, Hermeneutik, Sportphilosophie, Modernetheorien. Ausgewählte Publikationen: Zur Struktur hermeneutischen Sprechens – Eine Bestimmung im Anschluß an Josef König (1999); Heitere Gelassenheit – Grundriß einer parteilichen Skepsis (2002); Muße (2003); Die Unergründlichkeit des Lebens (2011); Sport und Zivilgesellschaft (Hg., 2012).

Ruwen Stricker (*1980) studiert Ethik, Philosophie, Politikwissenschaft und Geschichte an der Universität Stuttgart und ist studentische Hilfskraft am Institut für Philosophie. Arbeitsschwerpunkte: Politische Philosophie, Gesellschaftstheorie, Kritische und marxistische Theorie, Geschichte der Weimarer Republik und der Themenkomplex „Konservative Revolution".

Tareq Syed (*1972), Dr. phil. nat., ist wissenschaftlicher Angestellter am Karlsruhe Institute of Technology (KIT). Studium der Biologie (Diplom) in Frankfurt/M.; 2006 Promotion „Zur Großphylogenie der Metazoa – molekularbiologische Befunde ('New Animal Phylogeny') und morphologische Rekonstruktionen in der Synthese." Arbeitsschwerpunkte: Evolutionsbiologie, Morphologie, Geschichte der Lebenswissenschaften. Publikationen: Wie neu ist die „New Animal Phylogeny"? Eine mögliche Synthese morphologischer und molekularer Befunde zur Bauplan-Evolution (2004); Rekonstruktion der Bauplan-Evolution – ein vernachlässigtes Kapitel der Evolutionsforschung (mit Michael Gudo und Manfred Grasshoff, 2009); De vermis mysteriis – Zoologie, Evolution und das Problem des Außenseiters (mit Mathias Gutmann, 2013).

Kaja Tulatz (*1983), M.A., ist Mitarbeiterin am Internationalen Zentrum für Ethik in den Wissenschaften an der Universität Tübingen. Ihr Studium der Philosophie und Politikwissenschaft in Stuttgart schloss sie 2009 mit einer Magisterarbeit zum Konzept des epistemologischen Bruchs bei Gaston Bachelard ab. Derzeit schreibt sie ihre Dissertation über „Technikinduzierte Epistemische Räume". Sie war Promotionsstipendiatin am DFG-GK „Topologie der Technik" an der TU Darmstadt und ist wiederkehrend Lehrbeauftragte an der Fakultät für Sozialwesen der Dualen Hochschule Baden-Württemberg in Stuttgart. Arbeitsschwerpunkte: Technikphilosophie, Wissenschaftsphilosophie, Historische Epistemologie und Sozialphilosophie. Publikationen: Wissensräume und theoretische Felder. Louis Althusser als Vordenker des topological turn (2014); Rezension zu Georges Canguilhem: Wissenschaft, Technik, Leben. Beiträge zur historischen Epistemologie (im Erscheinen).

Jörg Zimmer (*1964), Prof. Dr. phil., lehrt Philosophie an der Universität Girona (Spanien). 1985 bis 1990 Studium der Philosophie und Literaturwissenschaft in Osnabrück; 1993 Promotion an der Rijksuniversiteit Groningen (Niederlande); seit 1993 Professor an der Universität Girona. Arbeitsschwerpunkte: Dialektik, Ästhetik, deutsche Philosophie des 19. und 20. Jahrhunderts. Ausgewählte Publikationen: Die Kritik der Erinnerung. Metaphysikkritik, Ontologie und geschichtliche Erkenntnis in der Philosophie Ernst Blochs (1993); Schein und Reflexion – Studien zur Ästhetik (1996); Metapher (1999); Reflexion (2001); La realitat de l'aparença. Estudis sobre dialèctica (2010); La filosofia alemanya contemporània (2011).

Verzeichnis der Schriften von Michael Weingarten

Als Begründer und Mit-Herausgeber

(1) Jahrbuch für Geschichte und Theorie der Biologie (1994-2003)

(2) Studien zur Theorie der Biologie (bisher 5 Bände)

(3) Theory in Biosciences (früher: Biologisches Zentralblatt) (1997-2006)

(4) Reihe *Panta rhei* (transcript Verlag Bielefeld)

I. Monographien und Herausgeberschaften

(1) Evolutionäre Erkenntnistheorie und neue Weltbilder. Frankfurt a.M. 1987 (Sozial-ökologische Arbeitspapiere AP 33, 72 S.), 2. Auflage Frankfurt a.M. 1989 (IKO Verlag für Interkulturelle Kommunikation).

(2) (mit K. Edlinger und W. Fr. Gutmann): Evolution ohne Anpassung. Frankfurt a.M. 1991 (Aufsätze und Reden der Senckenbergischen Naturforschenden Gesellschaft Nr. 37, Kramer Verlag, 92 S.).

(3) Organismuslehre und Evolutionstheorie. Hamburg 1992 (Verlag Dr. Kovac, 334 S.).

(4) Organismen – Objekte oder Subjekte der Evolution? Philosophische Studien zum Paradigmenwechsel in der Evolutionsbiologie. Darmstadt 1993 (Wissenschaftliche Buchgesellschaft, 314 S.).

(5) (mit W. Fr. Gutmann) (Hg.): Geschichte und Theorie des Vergleichs in den Biowissenschaften. Aufsätze und Reden der Senckenbergischen Naturforschenden Gesellschaft Nr. 40. Frankfurt a.M. 1993 (Kramer Verlag, 188 S.)

(6) (mit H.-J. Rheinberger) (Hg.): Jahrbuch für Geschichte und Theorie der Biologie I. Berlin 1994 (VWB Verlag für Wissenschaft und Bildung, 211 S.)

(7) (mit A. Geus und W. Fr. Gutmann) (Hg.): Miscellen zur Geschichte der Biologie. Ilse Jahn und Hans Querner zum 70. Geburtstag. Frankfurt a.M. 1994 (Aufsätze und Reden der Senckenbergischen Naturforschenden Gesellschaft Nr. 41, Kramer Verlag, 209 S.).

(8) (mit H.-J. Rheinberger) (Hg.): Jahrbuch für Geschichte und Theorie der Biologie II. Berlin 1995 (VWB Verlag für Wissenschaft und Bildung, 218 S.)

(9) (mit W. Fr. Gutmann) (Hg.): Konstruktion der Organismen II. Struktur und Funktion. Frankfurt a.M. 1995 (Aufsätze und Reden der Senckenbergischen Naturforschenden Gesellschaft Nr. 43, Kramer Verlag, 211 S.).

(10) (mit H.-J. Rheinberger) (Hg.): Jahrbuch für Geschichte und Theorie der Biologie III. Berlin 1996 (VWB Verlag für Wissenschaft und Bildung, 200 S.).

(11) (mit H.-J. Rheinberger) (Hg.): Jahrbuch für Geschichte und Theorie der Biologie IV. Berlin 1997 (VWB Verlag für Wissenschaft und Bildung, 218 S.).

(12) Wissenschaftstheorie als Wissenschaftskritik. Beiträge zur kulturalistischen Wende in der Philosophie. Bonn 1998 (Pahl-Rugenstein Nachf., 239 S.).

(13) (mit M. Gutmann) (Hg.): Jahrbuch für Geschichte und Theorie der Biologie V. Berlin 1998 (VWB Verlag für Wissenschaft und Bildung, 240 S.).

(14) (mit E.-M. Engels und Th. Junker) (Hg.): Ethik der Biowissenschaften – Theorie und Geschichte. 6. Jahrestagung der Deutschen Gesellschaft für Geschichte und Theorie der Biologie in Tübingen 1997. Berlin 1998 (Verhandlungen zu Geschichte und Theorie der Biologie 1, VWB Verlag für Wissenschaft und Bildung, 426 S.).

(15a) (mit P. Janich): Wissenschaftstheorie der Biologie. Methodische Wissenschaftstheorie und die Begründung der Wissenschaften 1. München 1999 (UTB Fink, 315 S.).

(15b) wie 15a, Studienbrief der Fern-Universität Hagen (255 S.).

(16) (mit A. Geus, Th. Junker, H.-J. Rheinberger und Chr. Riedl-Dorn) (Hg.): Repräsentationsformen in den biologischen Wissenschaften. Wiener Jahrestagung 1996 und Neuburger Jahrestagung 1999. Berlin 1999 (Verhandlungen zu Geschichte und Theorie der Biologie 3, VWB Verlag für Wissenschaft und Bildung, 324 S.).

(17) (mit E.-M. Engels und M. Gutmann) (Hg.): Jahrbuch für Geschichte und Theorie der Biologie VI. Berlin 1999 (VWB Verlag für Wissenschaft und Bildung, 233 S.).

(18) Wahrnehmen. Bielefeld 1999 (Bibliothek dialektischer Grundbegriffe 3, Aisthesis Verlag, 48 S.).

(19) (mit Chr. Görg, Chr. Hertler, E. Schramm) (Hg.): Zugänge zur Biodiversität. Marburg 1999 (Metropolis Verlag, 327 S.).

(20) (mit D. St. Peters) (Hg.): Organisms, Genes and Evolution – Evolutionary Theory at the Crossroads. Stuttgart 2000 (Schriften der Wissenschaftliche Gesellschaft an der Johann Wolfgang Goethe-Universität Frankfurt a.M. 14, Steiner Verlag, 243 S.).

(21) Entwicklung und Innovation. Bad Neuenahr 2000 (Graue Reihe Bd. 21, Selbstverlag der Europäischen Akademie zur Erforschung der Folgen wissenschaftlich-technischer Entwicklungen, 98 S.).

(22) (mit E.-M. Engels und M. Gutmann) (Hg.): Jahrbuch für Geschichte und Theorie der Biologie VII. Berlin 2000 (VWB Verlag für Wissenschaft und Bildung, 209 S.).

(23) (Hg.): Warum Hannah Arendt? Aufklärungsversuche linker Mißverständnisse. Bonn 2000 (Pahl-Rugenstein Nachf., 191 S.).

(24) (mit G. Schlosser) (Hg.): Formen der Erklärung in der Biologie. Berlin 2002 (Studien zur Theorie der Biologie, Band 2, VWB Verlag für Wissenschaft und Bildung, 253 S.).

(25) (mit E.-M. Engels und M. Gutmann) (Hg.): Jahrbuch für Geschichte und Theorie der Biologie VIII. Berlin 2002 (VWB Verlag für Wissenschaft und Bildung, 209 S.).

(26) (mit M. Gutmann, D. Hartmann und W. Zitterbarth) (Hg.): Kultur – Handlung – Wissenschaft. Festschrift zum 60. Geburtstag von Peter Janich. Weilerswist 2002 (Velbrück Verlag, 362 S.).

(27) Leben (bioethisch). Bielefeld 2003 (Bibliothek dialektischer Grundbegriffe 4, transcript Verlag, 50 S.).

(28) Wahrnehmen (2. überarbeitete Auflage von Nr. 18). Bielefeld 2003 (Bibliothek dialektischer Grundbegriffe 6, transcript Verlag, 50 S.).

(29) Sterben (bioethisch). Bielefeld 2004 (Bibliothek dialektischer Grundbegriffe 13, transcript Verlag, 50 S.).

(30) (mit M. Gutmann und N. Rupke) (Hg.): Jahrbuch für Geschichte und Theorie der Biologie IX/2003. Berlin 2004 (VWB Verlag für Wissenschaft und Bildung, 217 S.).

(31) (mit S. Blasche und M. Gutmann) (Hg.): Repraesentatio Mundi. Bilder als Ausdruck und Aufschluss menschlicher Weltverhältnisse. Bielefeld 2004 (transcript Verlag, 339 S.).

(32) (Hg.): Strukturierung von Raum und Landschaft. Konzepte in Ökologie und der Theorie gesellschaftlicher Naturverhältnisse. Münster 2005 (Verlag Westfälisches Dampfboot, 337 S.).

(33) (mit M. Gutmann) (Hg.): Josef König: Denken und Handeln. Aristoteles-Studien zur Logik und Ontologie des Verbums. Bielefeld 2005 (Aus dem Nachlass 1, transcript Verlag, 188 S.).

(34) (Hg.): Eine »andere« Hermeneutik. Georg Misch zum 70. Geburtstag – Festschrift aus dem Jahr 1948. Bielefeld 2005 (transcript Verlag, 359 S.).

II. Aufsätze in Zeitschriften und Sammelbänden

(1) Kontinuität und Stufenleitern der Natur. Zum Verhältnis von Leibniz und Bonnet. – In: H. Bien u.a. (Hg.): Materialistische Wissenschaftsgeschichte. Argument Sonderband Nr. 54, Berlin 1981, S. 87-107.

(2) Menschenarten oder Menschenrassen? Die Kontroverse zwischen Georg Forster und Immanuel Kant. – In: G. Pickerodt (Hg.): Georg Forster in seiner Epoche. Argument Sonderband Nr. 87, Berlin 1982, S. 117-148.

(3) Gegen künstliche Kritik-Tabus. Oder: Auch Darwin und der Darwinismus sind nicht unfehlbar. – In: Wechselwirkung Nr. 19, 1983, S. 6-7.

(4) Für eine wissenschaftstheoretisch reflektierte Evolutionstheorie. – In: Dialektik 6, 1983, S. 207-213.

(5) Überlegungen zum rassistischen Diskurs in der bürgerlichen Gesellschaft. – In: BdWi (Hg.): Materialien des Kongresses 'Wissenschaftler gegen Ausländerfeindlichkeit'. Marburg 1984, S. 71-73.

(6) Voraussetzungen des Wahlerfolges von Le Pen. – In: lendemains Nr. 36, 1984, S. 86-90.

(7) 'Traditionsmarxisten' und 'Alternative'. – In: Das Argument Nr. 146, 1984, S. 600-601.

(8) Nochmals: 'Nationalrevolutionäre' und 'Identität der Nation'. – In: Das Argument Nr. 150, 1985, S. 252-253.

(9) (mit M. Böhm): Evolution und feministische Mythen von Überfluß und Harmonie? – In: Das Argument Nr. 153, 1985, S. 725-727.

(10) (mit M. Böhm): Zur Funktion der Elitediskussion im 'Neokonservatismus'. – In: IMSF (Hg.): Intelligenz, Intellektuelle und Arbeiterbewegung in Westeuropa. Frankfurt a.M. 1985, S. 267-271.

(11) Zur Funktion der Evolutionären Erkenntnistheorie im Weltbild der 'Neuen Rechten'. – In: Dialektik 10, 1985, S. 108-118.

(12) Frankensteins Monster. Oder die Natur der Reproduktion und die Reproduktion der Natur. – In: Forum Wissenschaft Nr. 4, 1985, S. 11-13.

352

(13) (mit M. Böhm): Die Widersprüche nicht im Unbewußten lassen, sondern zum Hebel der Veränderung machen. – In: Demokratische Erziehung, Heft 7/8, 1985, S. 53-56.

(14) (mit E. Schramm): Ein 'neues Weltbild' in der Geschichte. – In: Wechselwirkung, Heft 3, 1985, S. 20-23.

(15) Evolutionstheorien – Orthogenese – Organismus. – In: W. Ziegler (Hg.): Organismus und Selektion – Probleme der Evolutionstheorie. Aufsätze und Reden der Senckenbergischen Naturforschenden Gesellschaft Nr. 35, Frankfurt a.M. 1985, S. 39-56.

(16) Zur Kritik der vergleichenden Morphologie und Homologienforschung. – In: W. Ziegler (Hg.): Organismus und Selektion – Probleme der Evolutionstheorie. Aufsätze und Reden der Senckenbergischen Naturforschenden Gesellschaft Nr. 35, Frankfurt a.M. 1985, S. 189-193.

(17) Ideologieproduktion in den Naturwissenschaften. Polemische Aufforderung zu einer ernsthaften Auseinandersetzung. – In: Das Argument Nr. 155, 1986, S. 67-73.

(18) Herrschaft der Schamanen. Der Naturwissenschaftler auf dem Weg zum organischen Intellektuellen des Kapitals? – In: Forum Wissenschaft, Heft 3, 1986, S. 43-48.

(19) Konservative Naturvorstellung in grünem Gewande? Entwicklungsdenken als ideologisches Kampffeld. – In: J. P. Regelmann und E. Schramm (Hg.): Wissenschaft der Wendezeit – Systemtheorie als Alternative? Frankfurt a.M. 1986, S. 16-36.

(20) (mit W. Fr. Gutmann): Die Autonomie der organismischen Biologie und der Versklavungsversuch der Biologie durch Synergetik und Thermodynamik von Ungleichgewichtsprozessen. – In: Dialektik 13, 1987, S. 227-234.

(21) (mit E. Schramm): Biologische Moral- und Ethikkonzeptionen zwischen Weltanschauung und reaktionärer Ideologie. – In: Dialektik 14, 1987, S. 192-210.

(22) Gentechnologie und Evolutionsforschung. – In: Marxistische Blätter, Heft 9, 1987, S. 47-53.

(23) Naturgegebene Harmonie als erster Wert. – In: Deutsche Volkszeitung/Die Tat Nr. 42 vom 16.10.1987, S. 15.

(24) (mit M. Böhm): Konservative Politik und Ideologie im Bildungssektor. – In: Argument Sonderband Nr. 148, Berlin 1988, S. 41-64.

(25) Die Bastler und ihr Kritiker. Chargaffs Auseinandersetzung mit den Gentechnologen. – In: Ästhetik und Kommunikation, Heft 69, 1988, S. 23-27.

(26) Notwendige Anmerkungen zur kritischen Funktion der Philosophie gegenüber den Naturwissenschaften. – In: Zu den Umwälzungen in den heutigen Naturwissenschaften. Schriften der Marx-Engels-Stiftung Nr. 10, Düsseldorf 1988, S. 128-133.

(27) (mit W. Fr. Gutmann): Mechanische Arbeit von lebenden Konstruktionen sichert das thermodynamische Nicht-Gleichgewicht. Organismus und Konstruktion III. – In: Natur und Museum Bd. 118, Heft 3, 1988, S. 83-92.

(28) Auf der Suche nach der verlorengegangenen Lebenstotalität. Anmerkungen zu den Ganzheitsvorstellungen. – In: BdWi (Hg.): Wissenschaft – Geschichte und Verantwortung. Forum Wissenschaft Studienheft 5, Marburg 1988, S. 79-82.

(29) Ist Evolution ein Vorgang von Selbstorganisation? Historisch-systematische und kritische Überlegungen zu den neuen Selbstorganisationstheorien. – In: Marxistische Blätter, Heft 7, 1988, S. 34-43.

(30) (mit W. Fr. Gutmann): Organismen als Konstruktionen. Theoreme, die eine Eigenständigkeit der Biologie gegenüber der Physik sichern. – In: Biologische Rundschau, Jahrgang 26, 1988, S. 331-345.

(31) Selbstorganisation versus Konstruktion. Das morphologische Defizit der Selbstorganisationstheorien. – In: Sonderforschungsbereich 230 (Hg.): Natürliche Konstruktionen. Band 2, Stuttgart 1988, S. 133-140.

(32) Zur Kritik der ökologischen Vernunft. Eine Auseinandersetzung mit den neuen Heilslehren. – In: Fachschaft Biologie Tübingen (Hg.): Ökologie und Politik. Vom biologischen Wissen zum politischen Handeln? Tübingen 1988, S. 41-55.

(33) Autopoiesis: Zwischen Naturtheorie und Weltanschauung. – In: Argument Sonderband 162, Berlin 1989, S. 54-68.

(34) (mit W. Fr. Gutmann): Studien zur Theoriengeschichte der Evolution. – In: Natur und Museum, Bd. 119, Heft 2, 1989, S. 55-62.

(35) (mit K. Edlinger und W.Fr. Gutmann): Biologische Aspekte der Evolution des Erkenntnisvermögens. – In: Natur und Museum, Bd. 119, Heft 4, 1989, S. 113-128.

(36) Die Beweisstruktur von Darwins Evolutionstheorie. Die künstliche Zuchtwahl als Modell des evolutionären Geschehens. – In: Natur und Museum, Bd. 119, Heft 10, 1989, S. 315-327.

(37) (mit W .Fr. Gutmann): Das Problem der Form biologischer Systeme. – In: K. Edlinger (Hg.): Form und Funktion. Ihre stammesgeschichtlichen Grundlagen. Wien 1989, S. 21-34.

(38) Form, Selbstorganisation, Konstruktion. Die Notwendigkeit der Neubegründung der Morphologie aus der Biomechanik. – In: K. Edlinger (Hg.): Form und Funktion. Ihre stammesgeschichtlichen Grundlagen, Wien 1989, S. 173-182.

(39) Artikel „Aggression". – In: Europäische Enzyklopädie zu Philosophie und Wissenschaften, Band 1, Hamburg 1990, S. 72-74.

(40) Artikel „Eugenik". – In: Europäische Enzyklopädie zu Philosophie und Wissenschaften, Band 1, Hamburg 1990, S. 944-945.

(41) (mit W. Fr. Gutmann): Artikel „Evolution". – In: Europäische Enzyklopädie zu Philosophie und Wissenschaften, Band 1, Hamburg 1990, S. 951-958.

(42) Artikel „Genetik". – In. Europäische Enzyklopädie zu Philosophie und Wissenschaften, Band 2, Hamburg 1990, S. 268-270.

(43) Artikel „Gentechnologie". – In: Europäische Enzyklopädie zu Philosophie und Wissenschaften, Band 2, Hamburg 1990, S. 270-272.

(44) Artikel „Molekularbiologie". – In: Europäische Enzyklopädie zu Philosophie und Wissenschaften, Band 3, Hamburg 1990, S. 439-441.

(45) (mit W. Fr. Gutmann): Artikel „Morphologie". – In: Europäische Enzyklopädie zu Philosophie und Wissenschaften, Band 3, Hamburg 1990, S. 474-479.

(46) Artikel „Protophysik/Konstruktivismus". – In: Europäische Enzyklopädie zu Philosophie und Wissenschaften, Band 3, Hamburg 1990, S. 956-958.

(47) Artikel „Rasse". – In: Europäische Enzyklopädie zu Philosophie und Wissenschaften, Band 4, Hamburg 1990, S. 14-16.

(48) (mit W. Fr. Gutmann): Die biotheoretischen Mängel der Evolutionären Erkenntnistheorie. – In: Zeitschrift für allgemeine Wissenschaftstheorie, Jahrgang 21, 1990, S. 309-328.

(49) Darwin, der frühe Darwinismus und das Problem des Fortschritts. – In: Natur und Museum, Band 121, Heft 5, 1991, S. 129-136.

(50) (mit W. Fr. Gutmann): Maschinentheoretische Grundlagen der organismischen Konstruktionslehre. – In: Philosophia naturalis, Heft 2, 1991, S. 231-256.

(51) Moderne Kognitionswissenschaft – Eine Herausforderung für die marxistische Erkenntnistheorie. – In: Marxistische Blätter, Heft 4, 1992, S. 5-7.

(52) (mit W. Fr. Gutmann): Grundlagen von Konstruktionsmorphologie und organismischer Evolutionstheorie. – In: W. Fr. Gutmann (Hg.): Die Konstruktion der Organismen I. Kohärenz, Energie und simultane Kausalität. Aufsätze und Reden der Senckenbergischen Naturforschenden Gesellschaft Nr. 38, Frankfurt a.M. 1992, S. 51-68.

(53) (mit W. Fr. Gutmann): Gibt es überhaupt noch eine darwinistische Evolutionstheorie? – In: W. Fr. Gutmann (Hg.): Die Konstruktion der Organismen I. Kohärenz, Energie und simultane Kausalität. Aufsätze und Reden der Senckenbergischen Naturforschenden Gesellschaft Nr. 38, Frankfurt a.M. 1992, S. 179-184.

(54) Ende des Darwinismus? Themen und Aspekte der neuen Evolutionstheorie. – In: Biologie in der Schule, Heft 2, 1993, S. 71-76.

(55) Die Krise der gesellschaftlichen Naturverhältnisse. Annäherung an ein Konzept. – In: Marxistische Blätter, Heft 3, 1993, S. 52-57.

(56) Perspektiven der Biologiegeschichte. – In: Biologisches Zentralblatt 112, Heft 2, 1993, S. 121-125.

(57) Sind die Naturwissenschaften dialektisch? – In: Dialektik, Heft 3, 1993, S. 141-146.

(58) (mit M. Gutmann): Kann Erkenntnistheorie in Naturwissenschaft aufgelöst werden? – In: G. Bien, Th. Gil und J. Wilke (Hg.): „Natur" im Umbruch, Stuttgart-Bad Cannstatt 1993, S. 91-108.

(59) (mit M. Gutmann): Artbegriffe und Evolutionstheorie. – In: Carolinea, Beiheft 8, Karlsruhe 1993, S. 60-74.

(60) (mit M. Gutmann): Art oder Population? Fragen an Peter Beurton. – In: Carolinea, Beiheft 8, Karlsruhe 1993, S. 20-22.

(61) (mit W. Fr. Gutmann): Problemdarstellung. – In: M. Weingarten und W. Fr. Gutmann (Hg.): Geschichte und Theorie des Vergleichs in den Biowissenschaften. Aufsätze und Reden der Senckenbergischen Naturforschenden Gesellschaft Nr. 40, Frankfurt a.M. 1993, S. 7-12.

(62) Die Wiederentdeckung der Form. Entwicklungen in der modernen evolutionsbiologischen Diskussion. – In: Marxistische Blätter, Heft 1, 1994, S. 43-49.

(63) Konstruktion und Verhalten von Maschinen. – In: W. Maier und Th. Zoglauer (Hg.): Technomorphe Organismuskonzepte. Modellübertragungen zwischen Biologie und Technik, Stuttgart-Bad Cannstatt 1994, S. 162-173.

(64) (mit M. Gutmann): Taxonomie, Systematik und Naturgeschichte. – In: B.-M. Baumunk und J. Rieß (Hg.): Darwin und Darwinismus. Ausstellungskatalog des Hygiene-Museums in Dresden, Berlin 1994, S. 25-32.

(65) Darwinismus und mechanischer Materialismus. – In: B.-M. Baumunk und J. Rieß (Hg.): Darwin und Darwinismus. Ausstellungskatalog des Hygiene-Museums in Dresden, Berlin 1994, S. 74-82.

(66) (mit M. Gutmann): Veränderungen in der evolutionstheoretischen Diskussion: Die Aufhebung des Atomismus in der Genetik. – In: Natur und Museum, Band 124, Heft 6, 1994, S. 189-195.

(67) Invarianz der Formen – Katastrophen als Evolutionsmechanismen? In: A. Geus, W. Fr. Gutmann und M. Weingarten (Hg.): Miscellen zur Geschichte der Biologie. Ilse Jahn und Hans Querner zum 70. Geburtstag. Aufsätze und Reden der Senckenbergischen Naturforschenden Gesellschaft Nr. 41, Frankfurt a.M. 1994, S. 183-195.

(68) Konstruktionsmorphologie als Typologie – ein Mißverständnis. – In: Ethik und Sozialwissenschaft, Jahrgang 5, Heft 2, 1994, S. 266-268.

(69) Die Genetik der Gentechnologen. – In: links, Nr. 292/293, 1994, S. 23-25.

(70) Bemerkungen über Wissenschaft und Krise. – In: Topos 4, 1994, S. 57-75.

(71) Wissenschaftstheoretische Grundlagen der Evolutionstheorie. – In: W. Fr. Gutmann, D. Mollenhauer und D. St. Peters (Hg.): Morphologie und Evolution. Symposien zum 175jährigen Bestehen der Senckenbergischen Naturforschenden Gesellschaft, Senckenberg-Buch 70, Frankfurt a.M. 1994, S. 269-280.

(72) Grundzüge einer Prototheorie der Biologie. – In: E. Jelden (Hg.): Prototheorien – Praxis und Erkenntnis? Leipziger Schriften zur Philosophie 1, Leipzig 1995, S. 135-146.

(73) (mit M. Gutmann): Die Struktur des systemtheoretischen Argumentes. – In: (8), S. 7-15.

(74) Einleitung: Form, Funktion und Struktur. – In: (9), S. 7-14.

(75) (wie Nr. 40) Konstruktion versus Selbstorganisation. – In: (9), S. 75-86.

(76) Probleme der Dialektik der Natur am Beispiel der Biologie. – In: Marxistische Blätter, Heft 4, 1995, S. 43-49.

(77) (mit M. Gutmann): Ein gescheiterter Bestseller? Bemerkungen zu Gould und seinen Kritikern. – In: Natur und Museum, Heft 9, 1995, S. 271-281.

(78) Wieso Darwin abwickeln? Systematische Mißverständnisse und offene Fragen. – In: Topos, Heft 6, 1995, S. 93-108.

(79) Von der Bestimmung der Natur als Subjekt zur Naturalisierung des Subjektes. – In: links Nr. 308/309, Heft 1, 1996, S. 15-17.

(80) (mit M. Gutmann): Form als Reflexionsbegriff. – In: (10), S. 109-130.

356

(81) Evolution als schöpferischer Prozeß? – In: Evangelische Akademie Mühlheim an der Ruhr (Hg.): Schöpfung und Evolution. Vom Ursprung des Lebens und von seiner Geschichte, Begegnungen, Heft 4, 1995, S. 46-64.

(82) Sind Organismen geometrische Konstruktionen? – In: W. Hahn und P. Weibel (Hg.): Evolutionäre Symmetrietheorie. Hirzel Verlag Stuttgart 1996, S. 53-61.

(83) Funktionsbestimmung ohne Funktionalismus in der Kognitionswissenschaft. – In: A. Ziemke und O. Breidbach (Hg.): Repräsentationismus – Was sonst? Braunschweig 1996, S. 99-118.

(84) Anfänge und Ursprünge. Programmatische Überlegungen zum Verhältnis von logischer Hermeneutik und hermeneutischer Logik. – In: D. Hartmann und P. Janich (Hg.): Methodischer Kulturalismus. Zwischen Naturalismus und Postmoderne, Frankfurt a.M. 1996, S. 285-314.

(85) Was ist der Gegenstand biologischer Forschung: das Leben oder der Organismus? – In: H. Klenner, D. Losurdo, J. Lensink und J. Bartels (Hg.): Repraesentatio Mundi. Festschrift zum 70. Geburtstag von Hans Heinz Holz, Köln 1997, S. 503-526.

(86) Revolution und/oder Reform – eine für uns heute falsch gestellte Frage? – In: Topos, Heft 9, 1997, S. 99-110.

(87) (mit M. Gutmann): Überlegungen zu Innovation und Entwicklung. – In: TA-Datenbank-Nachrichten, 7. Jahrgang, Nr. 1, 1998, S. 11-19.

(88) Veränderung und Konstanz. Die Evolution von Organismen, Arten und Populationen. – In: Kunst- und Ausstellungshalle der BRD (Hg.): „Gen-Welten", Bonn 1998, S. 16-26.

(89) Überlegungen zu der Frage „Was will Biologie?" – In: Was wissen Biologen schon vom Leben? Loccumer Protokolle 14/97, Loccum 1998, S. 59-68.

(90) (mit M. Gutmann und Chr. Hertler): Ist das Leben überhaupt ein wissenschaftlicher Gegenstand? Fragen zu einem grundlegenden biologischen Selbst(miß)verständnis. – In: Was wissen Biologen schon vom Leben? Loccumer Protokolle 14/97, Loccum 1998, S. 111-128.

(91) Sind die Schwierigkeiten inter- und transdisziplinärer Gespräche überwindbar? – In: A. J. Bucher und D. St. Peters (Hg.): Evolution im Diskurs. Grenzgespräche zwischen Naturwissenschaft, Philosophie und Theologie, Eichstätter Studien Neue Folge XXXIX, Regensburg 1998, S. 289-304.

(92) Gedächtnis als Metapher. Überlegungen zur Gegenstandskonstitution in der Kognitionswissenschaft. – In: P. Gold und A. Engel (Hg.): Der Mensch in der Perspektive der Kognitionswissenschaften, Frankfurt a.M. 1998, S. 395-420.

(93) (mit der AG BioPolitik): Vieles ist verschieden: Biodiversität in den Biowissenschaften. – In: M. Flitner, Chr. Görg und V. Heins (Hg.): Konfliktfeld Natur. Biologische Ressourcen und globale Politik, Opladen 1998, S. 169-192.

(94) Die Krise der gesellschaftlichen Naturverhältnisse. Annäherung an die kulturell konstituierte Differenzierung von Natur und Kultur. – In: D. Hartmann und P. Janich (Hg.): Die kulturalistische Wende. Zur Orientierung des philosophischen Selbstverständnisses, Frankfurt a.M. 1998, S. 371-414.

(95) Gene und Medizin. Arbeitsgruppenbericht. – In: Wie weit reicht die Macht der Gene? Loccumer Protokolle 22/98, Loccum 1998, S. 71-76.

(96) Wahrnehmen und Erfahren. Zum Verhältnis von Philosophie des Leibes und Handlungstheorie. – In: P. Janich (Hg.): Wechselwirkungen. Zum Verhältnis von Kulturalismus, Phänomenologie und Methode, Würzburg 1999, S. 169-186.

(97) (mit Chr. Görg, Chr. Hertler und E. Schramm): Die biologische Vielfalt als interdisziplinäres Forschungsfeld. – In: (19), S. 9-20.

(98) (mit M. Grasshoff): Für eine pragmatische Taxonomie. In: (19), S. 71-90.

(99) (mit Chr. Görg, Chr. Hertler und E. Schramm): Gesellschaftliche Naturverhältnisse – Ein integrierender Rahmen für die Biodiversitätsforschung? – In: (19), S. 307-328.

(100) Art. „Evolution". – In: Enzyklopädie Philosophie, Band 1, Hamburg 1999, S. 366-370.

(101) Wahrnehmungen haben und Erfahrungen machen? – In: O. Breidbach und K. Clausberg (Hg.): Video ergo sum. Repräsentation nach innen und außen zwischen Kunst- und Neurowissenschaften. Interface 4, Hamburg 1999, S. 158-180.

(102) (mit M. Gutmann): Gibt es eine Darwinsche Theorie? Überlegungen zur Rekonstruktion von Theorie-Typen. – In: R. Brömer, U. Hoßfeld und N. Rupke (Hg.): Evolutionsbiologie von Darwin bis heute. Verhandlungen zur Geschichte und Theorie der Biologie Band 4, Berlin 2000, S. 105-130.

(103) Mit Hannah Arendt in die „Berliner Republik"? – In: (23), S. 7-18.

(104) Arbeit als Natur? Die Fragwürdigkeit der Unterscheidung von Arbeiten, Herstellen und Handeln. – In: (23), S. 59-83.

(105) (mit Chr. Hertler): Ernst Haeckel. – In: I. Jahn und M. Schmitt (Hg.): Darwin und Co, Bd. 1, München 2001, S. 434-455 und 536-537.

(106) Bewegen, Verhalten, Handeln. Thesen zu ungeklärten Grundbegriffen der Philosophischen Anthropologie. – In: V. Schürmann (Hg.): Menschliche Körper in Bewegung. Philosophische Modelle und Konzepte der Sportwissenschaft, Frankfurt a.M. 2001, S. 245-261.

(107) (mit M. Gutmann): Die Bedeutung von Metaphern für die biologische Theorienbildung. – In: Deutsche Zeitschrift für Philosophie, Heft 4, 2001, S. 549-566.

(108) System – Entwicklung – Evolution. Warum Luhmanns Theorie sozialer Systeme keine Entwicklungstheorie ist. – In: A. Demirovic (Hg.): Komplexität und Emanzipation. Kritische Gesellschaftstheorie und die Herausforderung der Systemtheorie Niklas Luhmanns, Münster 2001, S. 289-314.

(109) Der falsche Traum der Schöpfung. – Oder: Wie Befürworter und Kritiker der Gentechnik auf dem falschen Terrain streiten. – In: Das Argument 242/2001, S. 562-574.

(110) Art. „Gentechnologie". – In: Historisch-kritisches Wörterbuch des Marxismus, Band 5, Berlin 2001, Sp. 300-310.

(111) (mit Chr. Hertler): Evolutionskonzepte vor Darwin. – In: O. Breidbach und D. v. Engelhardt (Hg.): Hegel und die Lebenswissenschaften. Ernst-Haeckel-Haus-Studien Bd. 5, Berlin 2002, S. 195-224.

358

(112) (mit G. Schlosser): Einleitung. – In: (24), S. 7-16.

(113) Versuch über das Mißverständnis, der Mensch sei von Natur aus ein Kulturwesen. – In: (25), S. 137-172.

(114) (mit M. Gutmann): Das Leibapriori – ein nicht ausgearbeitetes Fundament der Diskursethik? – In: (25), S. 173-180.

(115) Die Biologie auf dem Weg zur Technik-Wissenschaft? Anmerkungen zu den Lifesciences. – In: J. Schulz (Hg.): Focus Biologiegeschichte. Zum 80. Geburtstag der Biologiehistorikerin Ilse Jahn, Berlin 2002, S. 159-168.

(116) (mit P. Janich): Verantwortung ohne Verständnis? Wie die Ethikdebatte zur Gentechnik von deren Wissenschaftstheorie abhängt. – In: Zeitschrift für allgemeine Wissenschaftstheorie/Journal for General Philosophy of Science, Jahrgang 33/2002, S. 85-120.

(117) Alte und neue Kriege. Versuch einer Selbstverständigung. – In: Topos, Heft 19, 2002, S. 99-120.

(118) Überlegungen zur reproduktionstheoretischen Bestimmung gesellschaftlicher Naturverhältnisse. – In: A. Lotz und J. Gnädinger (Hg.): Wie kommt die Ökologie zu ihren Gegenständen? Gegenstandskonstitution und Modellierung in den ökologischen Wissenschaften, Frankfurt a.M. 2002, S. 17-34.

(119) Von der Beherrschung der Natur zur Strukturierung gesellschaftlicher Naturverhältnisse. Philosophische Grundlagen der Umweltwissenschaften. – In: G. Matschonat und A. Gerber (Hg.): Wissenschaftstheoretische Perspektiven für die Umweltwissenschaften, Weikersheim 2003, S. 127-144.

(120) (mit B. Werlen): Zum forschungsintegrativen Gehalt der (Sozial)Geographie. Ein Diskussionsvorschlag. – In: P. Meusburger und Th. Schwan (Hg.): Humanökologie. Ansätze zur Überwindung der Natur-Kultur-Dichotomie, Stuttgart 2003, S. 197-216.

(121) Die Vielfalt der Genetiken und ihre Reduktion auf eine Technik. – In: H. Reuter, B. Breckling und A. Mittwollen (Hg.): Gene, Bits und Ökosysteme. Implikationen neuer Technologien für die ökologische Theorie, Frankfurt a.M. 2003, S. 89-100.

(122) (mit M. Gutmann): Preludes to a reconstructive „environmental science". – In: Poesis und Praxis, Jahrgang 3, Heft 1-2, 2004, S. 37-61.

(123) Gesundheit als „Normalstandard". – In: Widerspruch 42/2004, S. 59-62.

(124) Produktivkräfte, Produktionsinstrumente und schöpferische Entwicklung. Überlegungen im Anschluß an Schumpeter. – In: N. Karafyllis und T. Haar (Hg.): Technikphilosophie im Aufbruch. Festschrift für Günter Ropohl, Berlin 2004, S. 123-136.

(125) Die ausnehmende Besonderheit des Spiegelbildes. Bemerkungen zu einer Metapher im Anschluss an König und Leibniz. – In: (31), S. 97-108.

(126) (mit M. Gutmann): Spiegeln und Spiegelung – Wirken und Wirkung. >Mittlere Eigentlichkeit< zwischen Ontologie und Tätigkeitstheorie. – In: (31), S. 291-298.

(127) Strukturierung von Raum und Landschaft. Einführende Überlegungen zu einem tätigkeitstheoretischen Forschungsprojekt. – In: (32), S. 7-26.

(128) (mit B. Werlen): Tun, Handeln, Strukturieren – Gesellschaft, Struktur und Raum. – In: (32), S. 177-221.

(129) (mit B. Werlen): Integrative Forschung und „Anthropogeographie". – In: (32), S. 314-333.

(130) Philosophische Anthropologie als systematische Philosophie – Anspruch und Grenzen eines gegenwärtigen Denkens. – In: G. Gamm, M. Gutmann und A. Manzei (Hg.): Zwischen Anthropologie und Gesellschaftstheorie. Zur Renaissance Helmuth Plessners im Kontext der modernen Lebenswissenschaften, Bielefeld 2005, S. 15-31.

(131) (mit M. Gutmann): Das Typus-Problem in philosophischer Anthropologie und Biologie – Nivellierungen im Verhältnis von Philosophie und Wissenschaft. – In: G. Gamm, M. Gutmann und A. Manzei (Hg.): Zwischen Anthropologie und Gesellschaftstheorie. Zur Renaissance Helmuth Plessners im Kontext der modernen Lebenswissenschaften, Bielefeld 2005, S. 183-194.

(132) (mit M. Gutmann): Spiegeln und Handeln. Von der metaphorischen zur tätigkeitstheoretischen Bestimmung der Denkens. – In: (33), S. 141-188.

(133) (mit J. Müller): Das dekonstruktive Gespenst der Dialektik. Zum systematischen Verhältnis von Dialogizität und Widerspiegelung. – In: Z. Zeitschrift marxistische Erneuerung Nr. 62, 2005, S. 136-154.

(134) Zur Edition. – In: (34), S. 7-13.

(135) Spuren einer anderen Hermeneutik – Hermeneutik als Tätigkeitstheorie. – In: (34), S. 349-359.

(136) Qualitative Modellierungen und quantitative Modelle des Zusammenhangs von Bevölkerungswissenschaft und Versorgungssystemen. – In: D. Hummel u.a. (Hg.): Bevölkerungsdynamik und Versorgungssysteme – Modelle für Wechselwirkungen. demons working paper 5, Frankfurt a.M. 2005, S. 9-45.

(137) Wissenschaftstheorie als Nachfolgeprojekt der Naturphilosophie? – In: P. Janich (Hg.): Wissenschaft und Leben. Philosophische Begründungsprobleme in Auseinandersetzung mit Hugo Dingler, Bielefeld 2006, S. 85-98.

(138) „Hunger nach Ganzheit" – Probleme einer fachwissenschaftlichen Kontroverse. – In: W. Essbach, Th. Keller und G. Raulet (Hg.): Leben und Geschichte. Anthropologische und ethnologische Diskurse der Zwischenkriegszeit, München 2006, S. 61-81.

(139) Kurt Goldstein – Zwischen Philosophischer Anthropologie, Phänomenologie und der Philosophie der symbolischen Formen. – In: W. Essbach, Th. Keller und G. Raulet (Hg.): Leben und Geschichte. Anthropologische und ethnologische Diskurse der Zwischenkriegszeit, München 2006, S. 171-187.

(140) Von Darwins Evolutionstheorie zum Darwinismus. – In: K. Bayertz, M. Gerhard und W. Jaeschke (Hg.): Weltanschauung, Philosophie und Naturwissenschaft im 19. Jahrhundert. Band 2: Der Darwinismus-Streit, Hamburg 2006, S. 83-105.

(141) (mit M. Gutmann): Paleoanthropology and the Foundation of Ethics: Methodological Remarks on the Problem of Criteriology. – In: W. Henke und I. Tattersall

(Hg.): Handbook of Paleoanthropology. Vol. 3., Berlin/Heidelberg/New York 2007, S. 2039-2069.

(142) Die abhängige Unabhängigkeit der Philosophie von den Einzelwissenschaften. – In: P. Janich (Hg.): Naturalismus und Menschenbild. Deutsches Jahrbuch Philosophie, Hamburg 2008, S. 276-287.

(143) Biologie/Ökologie. – In: St. Günzel (Hg.): Raumwissenschaften, Frankfurt a.M. 2009, S. 77-92.

(144) Destruktion mit verteilten Rollen: Wie Neoliberalismus, Neokonservatismus und Neue Rechte gemeinsam den Geist aus der Universität vertreiben – und wie eine Alternative aussehen könnte. – In: C. Adam, J. Müller, R. Thun und W. Warnecke (Hg.): Die bedingte Universität. Die Institution der Wissenschaft zwischen »Sachzwang« und »Bildungsauftrag«, Stuttgart 2010, S. 79-92.

(145) Prolegomena zu einer möglichen dialektischen Naturphilosophie. In: Topos 33, 2010, S. 75-95.

(146) Philosophie der Biographie – Grundriss. – In: G. Jüttemann (Hg.): Biographische Diagnostik, Lenegerich 2011, S. 85-93.

(147) (mit A. Ohme-Reinicke): Vom Bahnhof in die Welt – und zurück. Ambivalenzen und Ungleichzeitigkeiten im Gleichzeitigen. – In: P. Fischer, A. Luckner und U. Ramming (Hg.): Die Reflexion des Möglichen, Münster 2012, S. 179-194.

(148) (mit A. Ohme-Reinicke): Krise und Bewusstsein. Zur Aktualität sozialpsychologischer Grundlagen des Krisenbegriffs der Kritischen Theorie. – In: M. Hawel und M. Blanke (Hg.): Kritische Theorie der Krise. rls-Texte 72, Berlin 2012, S. 92-116.

(149) Das Politische der Ökonomie. Versuch einer Bestimmung des Verhältnisses. – In: M. Völk u.a. (Hg.): „… wenn die Stunde es zulässt." Zur Traditionalität und Aktualität kritischer Theorie, Münster 2012, S. 235-257.

(150) Notizen zum Begriff der Kritik bei Marx. – In: M. Völk u.a. (Hg.): „… wenn die Stunde es zulässt." Zur Traditionalität und Aktualität kritischer Theorie, Münster 2012, S. 306-314.

(151) Die reproduktionstheoretische Bestimmung gesellschaftlicher Naturverhältnisse – Eine historisch-systematische Skizze. – In: J. C. Enders und M. Remig (Hg.): Perspektiven nachhaltiger Entwicklung, Marburg 2012, S. 211-240.

(152) (mit B. Werlen): Alltägliches Geographie-Machen, Regionalisierung und die Grenzen des Materialismus-Paradigmas. – In: O. Brand, St. Dörhöfer und P. Eser (Hg.): Die konflikthafte Konstitution der Region, Münster 2013, S. 74-91.

III. Im Druck & in Vorbereitung

(153) Der Tod – Die stärkste Nicht-Utopie. Annäherung an Ernst Blochs Versuch der Überwindung des Todes, i.V.

(154) (Hg.): Bücherverbrennung – Zäsur und Kontinuität, Stuttgart 2014.

(155) Einleitung. – In: (154).

(156) Der 10. Mai 1933 – Kontinuität und Bruch. – In: (154).

(157) Verschweigen als Bedingung des Erfolgs? Zum literarischen Feld nach 1845. – In: (154).

(158) (Hg. mit A. Bühler-Dietrich): Topos Tier, München 2014.

(159) (mit A. Bühler-Dietrich): Einleitung. – In: (158).

(160) Das Tier, das ich (in mir) bin. – In: (158).

(161) (mit A. Ohme-Reinicke): Die Dialektik der Mediation. – In: M. Wilk (Hg.): Mediation, o.O. 2014.

Muharrem Açıkgöz

Die Permanenz der Kritischen Theorie: Die zweite Generation als zerstrittene Interpretationsgemeinschaft

2014 – 247 Seiten – 29,90 €
ISBN 978-3-89691-951-9

Malte Völk/ Oliver Römer/ Sebastian Schreull/
Christian Spiegelberg/ Florian Schmitt/
Mark Lückhof/ David Nax (Hrsg.)

„... wenn die Stunde es zuläßt."
Zur Traditionalität und Aktualität kritischer Theorie

2012 – 385 Seiten – 34,90 €
ISBN 978-3-89691-919-9

Susanne Martin / Christine Resch (Hrsg.)

Kulturindustrie und Sozialwissenschaften
2014 – 213 Seiten – 24,90 €
ISBN 978-3-89691-963-2

Frieder Otto Wolf

Rückkehr in die Zukunft - Krisen und Alternativen
Beiträge zur radikalen Philosophie
2012 – 534 Seiten – 39,90 €
ISBN 978-3-89691-783-6

2. Auflage

Frieder Otto Wolf

Radikale Philosophie
Aufklärung und Befreiung in der neuen Zeit
2009 – 292 Seiten – 29,90 €
ISBN 978-3-89691-498-9

WESTFÄLISCHES DAMPFBOOT
e-mail: info@dampfboot-verlag.de
http://www.dampfboot-verlag.de